Prüfungsfragen in Testform

# Prüfungsfragen in Testform

## Repetitorium des steuerrechtlichen Grundwissens

**410 Mehrfachwahlaufgaben**

mit Lösungen

aus

**Abgabenordnung mit Steuererhebung**

**Buchführung**

**Einkommensteuer**

**Eigenheimzulage**

**Lohnsteuer**

**Körperschaftsteuer**

**Gewerbesteuer**

**Bewertung**

**Umsatzsteuer**

10. Auflage
2004

 ERICH FLEISCHER VERLAG · ACHIM

# Verfasser

Oberregierungsrat Gerhard Dammeyer, Diplom-Finanzwirt (FH)
Einkommensteuer
Eigenheimzulage
Lohnsteuer
Gewerbesteuer
Umsatzsteuer

Steueroberinspektorin Almut Luhmann, Diplom-Finanzwirtin (FH)
Abgabenordnung (ohne Steuererhebung)

Steueroberamtsrat Peter Wojcik, Diplom-Finanzwirt (FH)
Abgabenordnung (Teil Steuererhebung)
Buchführung
Körperschaftsteuer
Bewertung

**Bibliografische Information Der Deutschen Bibliothek**

Die Deutsche Bibliothek verzeichnet diese Publikation in der Deutschen Nationalbibliografie; detaillierte bibliografische Daten sind im Internet über http://dnb.ddb.de abrufbar.

ISBN 3-8168-5100-2

Gesamtherstellung: Berlin Druck GmbH & Co. KG, 28832 Achim

# Vorwort zur 10. Auflage

Die hier vorgelegte Aufgabensammlung soll allen, die während ihrer Berufsausbildung Kenntnisse des Steuerrechts erwerben müssen, eine Auswahlhilfe bieten. In den Aufgabengruppen werden Grundfragen der jeweiligen Fachgebiete angeschnitten, die die künftige Steuerfachkraft beherrschen sollte. Wer die einzelnen Aufgaben zu lösen versucht, wird schnell erkennen, wo seine Wissenslücken liegen. Die Lösungshinweise werden deutlich machen, ob Faktenwissen fehlte oder falsch kombiniert wurde; sie sollen das Lehrbuch nicht ersetzen, sondern u. a. dazu anregen, einzelne Lehrbuchabschnitte noch einmal gezielt durchzuarbeiten.

Mehrere Gründe sprechen dafür, als Aufgabenform die Mehrfachwahlaufgabe zu präsentieren. Diese Aufgabenform hat sich bei den modernen Leistungstests bewährt, weil sich herausgestellt hat, dass mit ihr nicht nur Faktenwissen, sondern auch das Verständnis für komplizierte Zusammenhänge kontrolliert werden kann. Mehrfachwahlaufgaben werden zwar häufig zunächst als schwierig empfunden, weil sie ungewohnt sind; andererseits reizen sie aber eher zur Bearbeitung als herkömmliche Aufgabenstellungen, weil sie es dem Anfänger scheinbar leichter machen.

Unter den gebotenen Auswahlantworten ist eine oder sind mehrere richtig; die verschiedenen denkbaren Lösungsmöglichkeiten brauchen also – anders als bei den herkömmlichen Aufgabenstellungen – nicht ausfindig gemacht zu werden. Bei näherem Hinsehen zeigt sich allerdings, dass diese Mehrfachwahlaufgaben ihre Tücken haben. Die Auswahlantworten klingen ähnlich; auch die falschen Antworten (Distraktoren) sind nicht ganz unwahrscheinlich. Die Verfasser – mit Erfahrung als Dozenten an Bildungseinrichtungen der Finanzverwaltung – sind bemüht gewesen, sog. „Känguruhs" (völlig unsinnige Distraktoren) zu vermeiden. Die angebotenen Distraktoren entstammen zum großen Teil der Unterrichtspraxis. Auszubildende haben in schriftlichen Aufsichtsarbeiten oder mündlich diese falschen Ansichten vertreten. Damit wird ein weiterer Vorzug der Mehrfachwahlaufgabe deutlich: Die Auswahlantworten bieten neben den richtigen auch die denkbaren falschen Lösungen. Wer sich nur für die richtige(n) Lösung(en) entscheidet, zeigt, dass er über das geforderte Wissen sicher verfügt. Bei herkömmlichen Aufgabenstellungen wird die richtige Lösung oftmals nur deshalb gefunden, weil die Bearbeiter die Probleme nicht erkennen, die in die Irre führen könnten.

Um dem Benutzer eine gezielte Bearbeitung zu ermöglichen, sind die Aufgaben innerhalb der einzelnen Fachgebiete nach systematischen Gesichtspunkten geordnet. Inhaltsverzeichnisse und Zwischenüberschriften erleichtern den Überblick über die behandelten Themen. Die vorliegende 10. Auflage berücksichtigt die inzwischen eingetretenen Rechtsänderungen bis zum 1. Dezember 2003. Die umfangreichen Rechtsänderungen, insbesondere im Bereich der Einkommen- und Lohnsteuer, machten teilweise erhebliche Änderungen gegenüber der Vorauflage erforderlich.

Die Verfasser hoffen, dass die dem neuesten Rechtsstand angepasste Aufgabensammlung wie bisher eine nützliche Hilfe insbesondere zur Vorbereitung auf Prüfungen sein wird.

Bad Eilsen, im Dezember 2003 Die Verfasser

# Inhalt

## A. Abgabenordnung mit Steuererhebung

---

* Erste Seitenzahl = Aufgabe, zweite Seitenzahl = Lösung.

## B. Buchführung

## C. Einkommensteuer

* Erste Seitenzahl = Aufgabe, zweite Seitenzahl = Lösung.

## D. Eigenheimzulage

---

* Erste Seitenzahl = Aufgabe, zweite Seitenzahl = Lösung.

# E. Lohnsteuer

# F. Körperschaftsteuer

---

* Erste Seitenzahl = Aufgabe, zweite Seitenzahl = Lösung.

---

* Erste Seitenzahl = Aufgabe, zweite Seitenzahl = Lösung.

---

* Erste Seitenzahl = Aufgabe, zweite Seitenzahl = Lösung.

# Arbeitsanleitung

Die folgenden Mehrfachwahlaufgaben enthalten jeweils einen Aufgabenstamm, der mit einer Frage endet. Bei jeder Aufgabe sind Antworten oder Aussagen vorgegeben, von denen mindestens eine Antwort oder Aussage richtig ist. Es können aber auch mehrere oder alle vorgegebenen Antworten oder Aussagen zutreffend sein. Soweit das Wort „sind" in der Fragestellung verwendet wird, soll daraus nicht gefolgert werden, dass mindestens zwei Antworten oder Aussagen zutreffen. Eine Aufgabe ist nur dann gelöst, wenn alle richtigen und keine falschen Lösungen angegeben werden.

Dem Buch ist ein Antwortbogen beigefügt, auf dem für jedes Fachgebiet die Aufgabennummern und Lösungsbuchstaben angegeben sind. Durchkreuzen Sie auf diesem Antwortbogen zu jeder Aufgabe die Buchstaben, die die richtige(n) Lösung(en) bezeichnen. Anschließend können Sie dann Ihre Ergebnisse durch Vergleich mit den richtigen Lösungsbuchstaben kontrollieren, die jeweils den Lösungshinweisen vorangestellt sind. In diesen Lösungshinweisen werden die Lösungen im Einzelnen erläutert. Das Studium der Lösungshinweise bietet den großen Vorteil, dass bereits vorhandenes Wissen wiederholt und damit vertieft wird und gleichzeitig Wissenslücken durch diese Art der Kurzkommentierung geschlossen werden.

# A. Abgabenordnung mit Steuererhebung

Steuerliche Begriffsbestimmungen

Zuständigkeit der Finanzbehörden

Steuergeheimnis

Verfahrensgrundsätze

Fristen, Wiedereinsetzung

Verwaltungsakte

Verspätungszuschlag

Steuerfestsetzung

Gesonderte Feststellung
von Besteuerungsgrundlagen

Außergerichtliches Rechtsbehelfsverfahren

Fälligkeit von Ansprüchen
aus dem Steuerschuldverhältnis

Stundung

Zahlung, Aufrechnung

Zahlungsverjährung

Verzinsung

Säumniszuschläge

# Steuerliche Begriffsbestimmungen

AO §§ 3–15

## Aufgabe 1

Welche Personen sind Amtsträger?

A. Amtlich zugezogener Sachverständiger.

B. Steuerberater.

C. Angestellter Bote im Finanzamt.

D. Regierungsinspektor.

## Aufgabe 2

Welche Personen sind Angehörige?

A. Großvater der geschiedenen Ehefrau.

B. Nichte.

C. Ehefrau des Bruders.

D. Onkel.

# Zuständigkeit der Finanzbehörden

AO §§ 16–29

## Aufgabe 3

Für welche Aufgaben ist das Lagefinanzamt örtlich zuständig?

A. Ermittlung der Einkünfte aus der Vermietung eines dem Stpfl. gehörenden Zweifamilienhauses.

B. Feststellung der Einkünfte aus einem Mietwohngrundstück, das den Brüdern Anton und Bertold je zur Hälfte gehört.

C. Feststellung der Einkünfte aus Land- und Forstwirtschaft, wenn mehrere Personen an den Einkünften beteiligt sind.

D. Feststellung des Einheitswerts für ein Betriebsgrundstück.

## Aufgabe 4

Für welche Aufgaben ist das Betriebsfinanzamt örtlich zuständig?

A. Feststellung des Einheitswerts für ein Betriebsgrundstück.

B. Einheitliche und gesonderte Feststellung des Gewinns aus selbstständiger Arbeit.

C. Feststellung des Einheitswerts für Betriebe der Land- und Forstwirtschaft.

D. Gesonderte Feststellung des Gewinns aus Gewerbebetrieb.

## Aufgabe 5

Welche Aussagen über die örtliche Zuständigkeit des Wohnsitzfinanzamts sind richtig?

A. Das Wohnsitzfinanzamt ist für die Festsetzung der Einkommensteuer zuständig.

B. Das Wohnsitzfinanzamt ist für die Ermittlung der nicht selbstständig anfechtbaren Besteuerungsgrundlagen für Zwecke der Einkommensbesteuerung zuständig.

C. Das Wohnsitzfinanzamt ist für die gesonderte Feststellung von Einkünften zuständig.

D. Dem Stpfl. gehört ein vermietetes Grundstück, das in einem anderen Finanzamtsbezirk liegt. Das Wohnsitzfinanzamt ist für die Ermittlung der Einkünfte aus der Vermietung des Grundstücks zuständig.

## Aufgabe 6

A wohnt mit seiner Ehefrau in Goslar. In Hildesheim betreibt er eine Gastwirtschaft und in Herzberg einen Betrieb der Land- und Forstwirtschaft. Die Geschäftsleitung für beide Betriebe befindet sich in Hildesheim. Die Ehefrau des A übt in Wolfenbüttel eine Rechtsanwaltspraxis aus.

Welche Aussagen über die örtliche Zuständigkeit für die Umsatzbesteuerung sind richtig?

A. Das Finanzamt Goslar ist für die Umsatzbesteuerung des A zuständig.

B. Das Finanzamt Herzberg ist für die Umsatzbesteuerung des Betriebs der Land- und Forstwirtschaft zuständig, das Finanzamt Hildesheim für die Umsatzbesteuerung der Gastwirtschaft.

C. Das Finanzamt Hildesheim ist für die Umsatzbesteuerung des A zuständig.

D. Das Finanzamt Goslar ist für die Umsatzbesteuerung der Ehefrau des A zuständig.

## Aufgabe 7

Sachverhalt wie unter Aufgabe 6.

Welche Aussagen über die örtliche Zuständigkeit sind richtig?

A. Das Finanzamt Wolfenbüttel hat den Gewinn aus der Rechtsanwaltspraxis festzustellen.

B. Das Finanzamt Herzberg hat den Gewinn aus Land- und Forstwirtschaft festzustellen.

C. Das Finanzamt Hildesheim hat den Gewinn aus Land- und Forstwirtschaft festzustellen, weil sich die Geschäftsleitung im Bezirk des Finanzamts Hildesheim befindet.

D. Das Finanzamt Hildesheim hat den Gewinn aus der Gastwirtschaft festzustellen.

## Aufgabe 8

Sachverhalt wie unter Aufgabe 6.

Welche Aussagen über die örtliche Zuständigkeit sind richtig?

A. Der Einheitswert für den Betrieb der Land- und Forstwirtschaft ist vom Finanzamt Herzberg festzustellen.

B. Das Finanzamt Hildesheim hat den Einheitswert für den Betrieb der Land- und Forstwirtschaft festzustellen, weil sich die Geschäftsleitung im Bezirk des Finanzamts Hildesheim befindet.

C. Das Finanzamt Goslar ist für die Einkommensteuerveranlagung der Ehegatten zuständig.

D. Das Finanzamt Wolfenbüttel ist für die Einkommensteuerveranlagung der Ehefrau zuständig.

# Steuergeheimnis

AO § 30

## Aufgabe 9

Steuerinspektor A lässt die Steuerakten des in seinem Teilbezirk geführten Bauunternehmers Kalk versehentlich in der Kantine des Finanzamts Y liegen.

Die dort mit Kantinenarbeiten beschäftigte Verwaltungsarbeiterin Putz benutzt die Gelegenheit, sich anhand der Akten einen Überblick über die Einkommensverhältnisse des Kalk zu verschaffen. Abends teilt sie das Gelesene ihrem Ehemann mit. Herr Putz, der als Sachbearbeiter in der Grunderwerbsteuerstelle des Finanzamts Y tätig ist, erzählt am folgenden Tag das Erfahrene seinem Mitarbeiter.

Frau Putz ist bei ihrer Einstellung für den öffentlichen Dienst besonders verpflichtet worden.

Welche Aussagen über die Verletzung des Steuergeheimnisses sind richtig?

A. A hat das Steuergeheimnis verletzt.

B. A hat das Steuergeheimnis nicht verletzt, weil er nicht die Absicht hatte, die Verhältnisse des Kalk zu offenbaren.

C. Frau Putz hat das Steuergeheimnis nicht verletzt, weil sie die Verhältnisse des Kalk einem Amtsträger offenbart.

D. Herr Putz hat das Steuergeheimnis nicht verletzt, weil er die Verhältnisse des Kalk einem Amtsträger während der Dienststunden mitteilt.

## Aufgabe 10

Steuerinspektor B ist im Finanzamt als Amtsprüfer tätig. In welchen Fällen verletzt er das Steuergeheimnis?

A. B erzählt auf einer Gartenparty, in seinem Wohnort lebten mehrere bekannte Schauspieler. Einer sei bereits dreimal geschieden. B sind diese Verhältnisse im Steuerfestsetzungsverfahren bekannt geworden.

B. B erzählt seinem Nachbarn X, er habe dienstlich erfahren, dass der Bauunternehmer Kalk für einen Sanatoriumsaufenthalt 10.000 € aufgewandt habe. X war diese Tatsache aus Gesprächen mit seinem Freund Kalk bereits bekannt.

C. B erzählt seiner Ehefrau, dass der Kreistagsabgeordnete Y einen Strafprozess verloren habe. B hat diese Tatsache einem Gespräch entnommen, das zwei Kollegen beim Mittagessen in der Kantine des Finanzamts führten.

D. B erzählt dem befreundeten Steuerinspektor Y, die Ehefrau des Autofabrikanten Z habe zwei uneheliche Kinder. B hat diese Tatsache im Veranlagungsverfahren erfahren.

## Verfahrensgrundsätze

AO §§ 78–107

## Aufgabe 11

In welchen Fällen ist ein Amtsträger nach § 82 AO ausgeschlossen?

A. Fertigung der Abschrift eines für seine Cousine bestimmten Verwaltungsakts.

B. Fertigung des Entwurfs der Einkommensteuerfestsetzung für den Stiefvater.

C. Abschließende Zeichnung der für seinen Freund bestimmten Einkommensteuerfestsetzung.

D. Anforderung der Einkommensteuererklärung 01 von seinem Neffen auf Weisung eines Vorgesetzten.

## Aufgabe 12

Welche Aussagen zu § 83 AO (Besorgnis der Befangenheit) sind richtig?

A. Ein Amtsträger hat sich der Mitwirkung zu enthalten, wenn der Steuerpflichtige ernste private Auseinandersetzungen mit ihm behauptet.

B. Ein Amtsträger hat gem. § 83 AO den Vorsteher zu unterrichten, wenn der Steuerpflichtige erklärt, der Amtsträger dürfe seine Einkommensteuerveranlagung nicht durchführen, weil er fachlich nicht hinreichend vorgebildet sei.

C. § 83 AO räumt dem Steuerpflichtigen kein selbstständiges Recht zur Ablehnung von Amtsträgern ein.

D. Ein Amtsträger hat den Vorsteher zu unterrichten, wenn er seine Verlobte veranlagen will.

## Aufgabe 13

Welche Aussagen zur Handlungsfähigkeit sind zutreffend?

A. Die rechtswirksame Abgabe einer Steuererklärung setzt Handlungsfähigkeit voraus.

B. Wer nach BGB rechtsfähig ist, ist auch handlungsfähig.

C. Volljährige sind immer handlungsfähig.

D. Beschränkt Geschäftsfähige können in bestimmtem Umfang handlungsfähig sein.

## Aufgabe 14

Welche Aussagen zu den Besteuerungsgrundsätzen sind zutreffend?

A. Das Finanzamt hat im Besteuerungsverfahren von Amts wegen die für den Stpfl. günstigen Umstände zu berücksichtigen.

B. Das Finanzamt hat die Steuer nach Maßgabe der Gesetze gleichmäßig festzusetzen.

C. Das Finanzamt darf dritte Personen ohne weitere Voraussetzung zur Klärung eines Steuerfalls zur Auskunftserteilung heranziehen.

D. Das Finanzamt kann in jedem Fall eine Auskunftserteilung an Amtsstelle anordnen.

## Aufgabe 15

Welche der folgenden Personen haben der Finanzbehörde gegenüber ein Auskunftsverweigerungsrecht?

A. Der Gewerbetreibende G in seiner Einkommensteuerangelegenheit.

B. Der Bruder des G in der Einkommensteuersache des G.

C. Die Tante des G in der Einkommensteuersache des G.

D. Der Verleger einer Tageszeitung hinsichtlich der Identität eines Inserenten zwecks unbefugter Hilfe in Steuersachen (Chiffreanzeige).

## Fristen, Wiedereinsetzung

AO §§ 108–110, BGB §§ 187–193

### Aufgabe 16

Welche Aussagen zu Fristen sind richtig?

A. Es handelt sich um eine Frist, wenn das Finanzamt den Steuerpflichtigen A auffordert, zur Erteilung einer mündlichen Auskunft am 15. 12. 01 im Finanzamt zu erscheinen.

B. Gesetzliche Fristen können stets verlängert werden.

C. Behördliche Fristen können stets verlängert werden.

D. Die Rechtsbehelfsfrist ist eine Ausschlussfrist.

### Aufgabe 17

Der Einkommensteuerbescheid 01 wurde am 25. Februar 03 mit einfachem Brief zur Post gegeben.

Kalenderauszug:

| | | | |
|---|---|---|---|
| 25. 2. 03 | Donnerstag | 26. 3. 03 | Freitag |
| 26. 2. 03 | Freitag | 27. 3. 03 | Samstag |
| 27. 2. 03 | Samstag | 28. 3. 03 | Sonntag |
| 28. 2. 03 | Sonntag | 29. 3. 03 | Montag |
| 1. 3. 03 | Montag | 30. 3. 03 | Dienstag |
| 2. 3. 03 | Dienstag | 31. 3. 03 | Mittwoch |
| 3. 3. 03 | Mittwoch | 1. 4. 03 | Donnerstag |

Wann ist der Einkommensteuerbescheid 01 unanfechtbar geworden?

A. Mit Ablauf des 28. 3. 03.

B. Mit Ablauf des 29. 3. 03.

C. Mit Ablauf des 31. 3. 03.

D. Mit Ablauf des 1. 4. 03.

### Aufgabe 18

Welche der folgenden Aussagen zur Wiedereinsetzung in den vorigen Stand sind zutreffend?

A. Für die Annahme eines Verschuldens i. S. d. § 110 AO genügt einfache Fahrlässigkeit.

B. Eine Wiedereinsetzung ist nur auf Antrag zulässig.

C. Auch bei Versäumnis der Monatsfrist (§ 110 Abs. 2 Satz 1 AO) kann eine Wiedereinsetzung in Betracht kommen.

D. Das Verschulden von Hilfspersonen ist dem Stpfl. stets zuzurechnen.

## Aufgabe 19

In welchen der folgenden Fälle liegt kein Verschulden i. S. d. § 110 AO vor?

A. Der Stpfl. beruft sich auf Arbeitsüberlastung.

B. Der Stpfl. beurteilt die Rechtslage falsch und legt deshalb keinen Einspruch ein.

C. Während eines 5-wöchigen Spanienurlaubs eines Arbeitnehmers wird der Einkommensteuerbescheid bekannt gegeben und unanfechtbar.

D. Die Einspruchsfrist wurde um nur einen Tag überschritten.


# Verwaltungsakte

AO §§ 118–133

## Aufgabe 20

In welchen Fällen handelt es sich um einen Verwaltungsakt im Sinne der AO?

A. Bewilligung einer Stundung.

B. Ablehnung eines Erlassantrags.

C. Niederschlagung einer Einkommensteuerabschlusszahlung gem. § 261 AO.

D. Vertrag zwischen einem Finanzamtsvorsteher und einem Grundstückseigentümer über die Anmietung von Diensträumen.

## Aufgabe 21

In welchen Fällen liegt eine wirksame Bekanntgabe eines Verwaltungsakts vor?

A. Der Einkommensteuerbescheid 01 ist vom Briefträger in den Hausbriefkasten des A eingeworfen worden. Der minderjährige Sohn des A vernichtet den Verwaltungsakt.

B. Der Einkommensteuerbescheid 01 wird dem Steuerpflichtigen im Finanzamt ausgehändigt.

C. Der Vorsteher des Finanzamts teilt dem Steuerpflichtigen mündlich mit, die Einkommensteuerabschlusszahlung 01 in Höhe von 2.000 € werde ihm hiermit erlassen.

D. Dem Steuerpflichtigen ist der Einkommensteuerbescheid durch die Post übermittelt worden. Der Bescheid weist aufgrund fehlerhafter Rechtsanwendung eine falsche Steuerschuld aus.

## Aufgabe 22

Welche Rechtsfolgen treten mit Bekanntgabe eines Verwaltungsakts ein?

A. Der Verwaltungsakt wird wirksam.

B. Der Verwaltungsakt wird anfechtbar.

C. Der Verwaltungsakt darf vom Finanzamt grundsätzlich nicht mehr jederzeit geändert werden.

D. Die Rechtsbehelfsfrist beginnt.

## Aufgabe 23

A hat eine ESt-Abschlusszahlung 01 in Höhe von 5.000 € zu entrichten. Der Betrag ist am 1. 7. 02 fällig.

Am 25. 6. 02 bittet A fernmündlich den zuständigen Sachgebietsleiter M, die Abschlusszahlung bis zum 1. 11. 02 zu stunden, da er bei termingerechter Zahlung in erhebliche Zahlungsschwierigkeiten geraten würde. M erklärt dem Stpfl., er sei mit einer Stundung bis zum 1. 11. 02 einverstanden.

Welche Aussagen zu dem Sachverhalt sind richtig?

A. Mit der Zustimmungserklärung von M ist ein Verwaltungsakt entstanden.

B. Der Verwaltungsakt ist mit der Zustimmungserklärung wirksam geworden.

C. Der Verwaltungsakt darf widerrufen werden, wenn dem Finanzamt der Stundungszeitraum nachträglich als zu lang bemessen erscheint.

D. Ein Widerruf der Stundung ist nicht zulässig.

## Aufgabe 24

Die Ehegatten Herbert und Luise Grabert (G) leben lt. Angabe in der ESt-Erklärung 01 seit dem 1. 7. 01 dauernd getrennt. Sie beantragen für 01 die Zusammenveranlagung. Herbert G wohnt in Hannover, Gartenstraße 2, Luise G in Hannover, Gartenstraße 8.

Das Finanzamt veranlagt die Ehegatten am 1. 7. 02 für das Jahr 01 zu einer ESt von 3.000 €. Es erlässt einen zusammengefassten Steuerbescheid, gerichtet an

> Herrn Herbert Grabert
> Gartenstraße 2
>
> und Frau Luise Grabert
>
> Gartenstraße 8
> 30453 Hannover

Im Übrigen erteilt das Finanzamt einen Steuerbescheid, den es mit folgender Anschrift am 5. 7. 02 zur Post aufgibt:

> Herrn und Frau
> Herbert Grabert
>
> Gartenstraße 2
> 30453 Hannover

Herr G leitet den Bescheid am 20. 7. 02 seiner Ehefrau zur Kenntnisnahme zu.

Welche Aussagen zu dem erlassenen Verwaltungsakt sind richtig?

A. Es ist zulässig, dass für die Ehegatten G ein zusammengefasster Steuerbescheid erging.

B. Der Einkommensteuerbescheid ist beiden Ehegatten wirksam bekannt gegeben worden.

C. Der Einkommensteuerbescheid gilt dem Ehemann am 8. 7. 02 als bekannt gegeben.

D. Der Einkommensteuerbescheid ist keinem Ehegatten gegenüber wirksam bekannt gegeben worden.

## Aufgabe 25

A ist 17 Jahre alt. Er ist von seinen Eltern mit Genehmigung des Vormundschaftsgerichts zum selbstständigen Betrieb eines Lederwarengeschäfts ermächtigt worden. Neben den Einkünften aus Gewerbebetrieb bezieht A noch Einkünfte aus Kapitalvermögen.

Welche Aussagen zu den A betreffenden Bescheiden sind richtig?

A. Der Umsatzsteuerbescheid ist A bekannt zu geben.

B. Der Einkommensteuerbescheid ist den Eltern von A bekannt zu geben.

C. A ist Schuldner der Einkommensteuer und Umsatzsteuer.

D. Alle A betreffenden Steuerbescheide sind seinen Eltern bekannt zu geben.

## Aufgabe 26

Das Finanzamt veranlagte den Stpfl. D für das Jahr 01 zu einer ESt von 5.000 €. Der Bescheid wurde im Dezember 02 bekannt gegeben. Im Februar 03 geht beim Finanzamt folgendes Schreiben des D ein:

„Beim Ausfüllen meiner ESt-Erklärung 01 habe ich die Einkünfte aus selbstständiger Arbeit (Vergütung für die Tätigkeit als Aufsichtsratsmitglied) versehentlich mit 6.320 € statt mit 3.620 € angegeben. Ich bitte, den Steuerbescheid 01 entsprechend zu berichtigen."

Bei Bearbeitung des Antrags stellt das Finanzamt fest, dass der Bescheid noch einen weiteren Fehler enthält. Die Steuer wurde aufgrund eines Eingabefehlers nach der Grundtabelle festgesetzt. Der Sachbearbeiter hatte zu Recht den Splittingtarif vorgegeben.

Eine Gewinnermittlung zu den Einkünften aus § 18 EStG lag dem Finanzamt nicht vor.

Welche Aussagen über eine Berichtigung des Bescheides nach § 129 AO sind richtig?

A.  Der Einkommensteuerbescheid darf nicht nach § 129 AO berichtigt werden.

B.  Der Einkommensteuerbescheid darf bezüglich des Schreibfehlers des D nach § 129 AO berichtigt werden.

C.  Der Einkommensteuerbescheid darf hinsichtlich des Tabellenfehlers nach § 129 AO berichtigt werden, obwohl er bereits unanfechtbar geworden ist.

D.  Der Einkommensteuerbescheid darf nach § 129 AO berichtigt werden. Der Stpfl. hat jedoch keinen Rechtsanspruch auf die Berichtigung (Ermessensentscheidung).

## Aufgabe 27

Gegen A ist wegen verspäteter Beantwortung einer Rückfrage zur Einkommensteuererklärung 01 ein Verspätungszuschlag in Höhe von 30 € (5 % der Einkommensteuerschuld) festgesetzt worden.

Welche Aussagen über den erlassenen Verwaltungsakt sind richtig?

A.  Es handelt sich um einen nicht begünstigenden Verwaltungsakt.

B.  Es handelt sich um einen rechtmäßigen Verwaltungsakt.

C.  Der Verwaltungsakt darf nach § 130 Abs. 1 AO zurückgenommen werden.

D.  Der Verwaltungsakt darf nach § 129 AO berichtigt werden.

## Aufgabe 28

A begründet den Antrag auf Stundung der Einkommensteuerabschluss-zahlung 01 damit, dass er bei termingerechter Entrichtung des Betrages in erhebliche Zahlungsschwierigkeiten geraten würde.

Das Finanzamt entspricht seinem Antrag. 3 Monate später erfährt das Finanzamt, dass A bei Beantragung der Stundung entgegen seinen Angaben ein Sparguthaben von 50.000 € hatte.

Welche Aussagen zu dem erlassenen Verwaltungsakt (Stundung) sind richtig?

A. Der Verwaltungsakt ist rechtswidrig.

B. Der Verwaltungsakt darf zurückgenommen werden.

C. Der Verwaltungsakt darf mit rückwirkender Kraft zurückgenommen werden.

D. Der Verwaltungsakt darf nur mit zukünftiger Wirkung zurückgenommen werden.

## Aufgabe 29

Das Finanzamt hat A am 5. 7. 02 die Einkommensteuerabschlusszahlung 01 in Höhe von 3.000 € mit Wirkung vom 10. 7. 02 bis zum 1. 12. 02 gestundet. Die Voraussetzungen des § 222 AO waren erfüllt. Einen Widerruf des Verwaltungsakts hat sich das Finanzamt nicht vorbehalten. Am 1. 8. 02 erbt A 50.000 €.

Welche Aussagen zu dem erlassenen Verwaltungsakt sind richtig?

A. Die Stundung ist ein rechtswidriger begünstigender Verwaltungsakt.

B. Die Stundung ist ein rechtmäßiger begünstigender Verwaltungsakt.

C. Das Finanzamt darf die Stundung nach dem Erbfall widerrufen.

D. Das Finanzamt darf die Stundung auch mit Wirkung für die Vergangenheit widerrufen.

# Verspätungszuschlag

AO § 152

## Aufgabe 30

Welche Aussagen zum Verspätungszuschlag sind richtig?

A. Ein Verspätungszuschlag darf festgesetzt werden, wenn ein Steuerpflichtiger die Einkommensteuerabschlusszahlung schuldhaft verspätet entrichtet.

B. Ein Verspätungszuschlag darf festgesetzt werden, wenn ein Steuerpflichtiger eine Steueranmeldung schuldhaft verspätet einreicht.

C. Der Verspätungszuschlag ist auf 50 € festgesetzt worden (Einkommensteuerschuld 500 €). Nach Unanfechtbarkeit des Einkommensteuerbescheides wird die Einkommensteuerschuld auf 300 € geändert. Der
Verspätungszuschlag ist ebenfalls herabzusetzen.

D. Die Festsetzung des Verspätungszuschlags ist – auch wenn sie mit der
Steuerfestsetzung verbunden ist – ein selbstständig anfechtbarer Verwaltungsakt.

## Steuerfestsetzung

AO §§ 155–177

### Aufgabe 31

Welche Aussagen über Steuerbescheide sind richtig?

A. Steuerbescheide sind stets schriftlich zu erteilen.

B. Bei allen Steuerbescheiden beginnt die Rechtsbehelfsfrist nur, wenn
dem Steuerpflichtigen eine Rechtsbehelfsbelehrung bekannt gegeben
worden ist.

C. Freistellungsbescheide sind Steuerbescheide.

D. Schriftliche Steuerbescheide müssen die Höhe der festgesetzten Steuer
ausweisen.

### Aufgabe 32

Welche Verwaltungsakte können unter dem Vorbehalt der Nachprüfung
erteilt werden?

A. Freistellungsbescheide.

B. Feststellungsbescheide.

C. Steuermessbescheide.

D. Stundungsverfügungen.

### Aufgabe 33

Welche Aussagen über Steuerfestsetzungen unter dem Vorbehalt der
Nachprüfung sind richtig?

A. Die Steuerfestsetzungen können bis zum Ablauf der Festsetzungsfrist
jederzeit geändert werden.

B. Die Steuerfestsetzungen müssen vor Ablauf der Festsetzungsfrist
abschließend geprüft werden.

C. Es ist zulässig, den Vorbehalt der Nachprüfung auf einzelne Besteuerungsgrundlagen des Steuerbescheides zu beschränken.

D. Steuerfestsetzungen unter dem Vorbehalt der Nachprüfung liegen nur vor, wenn der Vorbehalt ausdrücklich im Steuerbescheid angegeben ist.

## Aufgabe 34

Bei Durchführung der Einkommensteuerveranlagung 01 stellt das Finanzamt fest, dass die AfA nach § 7 EStG nicht genau berechnet werden kann, weil Meinungsverschiedenheiten zwischen dem Stpfl. und dem Bauunternehmer über die Höhe der Baukosten des vermieteten Zweifamilienhauses bestehen. Außerdem hat der zuständige Sachbearbeiter Zweifel, ob geltend gemachte Aufwendungen als außergewöhnliche Belastungen berücksichtigt werden können.

Welche Aussagen zur Vorläufigkeit der Steuerfestsetzung sind richtig?

A. Das Finanzamt kann die Einkommensteuer 01 in vollem Umfang vorläufig festsetzen.

B. Das Finanzamt kann die Einkommensteuer 01 nur insoweit vorläufig festsetzen, als sie auf die beiden unklaren Punkte entfällt.

C. Das Finanzamt kann die Einkommensteuer 01 nur insoweit vorläufig festsetzen, als sie auf die AfA nach § 7 EStG entfällt.

D. Das Finanzamt darf die Einkommensteuer 01 nur insoweit vorläufig festsetzen, als Ungewissheit in tatsächlicher Hinsicht über Besteuerungsgrundlagen besteht.

## Aufgabe 35

Welche Aussagen über Steueranmeldungen sind richtig?

A. Steueranmeldungen sind Steuererklärungen, in denen der Steuerpflichtige die Steuerschuld selbst berechnet hat.

B. Mit Eingang einer Steueranmeldung beim Finanzamt liegt stets eine Steuerfestsetzung unter Vorbehalt der Nachprüfung vor.

C. Umsatzsteuerjahreserklärungen, Lohnsteueranmeldungen und Umsatzsteuervoranmeldungen sind Steueranmeldungen.

D. Gegen Steueranmeldungen ist als Rechtsbehelf der Einspruch gegeben.

## Aufgabe 36

U hat die Umsatzsteuerjahreserklärung 01 mit einer selbst errechneten Zahllast von 3.000 € am 6. 6. 02 beim Finanzamt eingereicht. Die Erklärung wird vom zuständigen Bearbeiter des Innendienstes am 21. 6. 02 abschließend geprüft. Da sich Beanstandungen nicht ergeben, nimmt das Finanzamt keine weiteren Handlungen vor. Am 1. 9. 02 geht beim Finanzamt eine Kontrollmitteilung ein. Daraus ergibt sich, dass U im Kalenderjahr 01 Umsätze in Höhe von 8.000 € nicht der Umsatzsteuer unterworfen hat.

Welche Handlungen hat das Finanzamt vorzunehmen?

A. Die Umsatzsteuer 01 in Höhe von 3.000 € ist durch schriftlichen Bescheid festzusetzen.

B. Der Vorbehalt der Nachprüfung ist nach der abschließenden Prüfung des Steuerfalles am 21. 6. 02 aufzuheben.

C. Der Umsatzsteuerbescheid 01 ist nach Eingang der Kontrollmitteilung gem. § 173 Abs. 1 Nr. 1 AO zu ändern.

D. Ein schriftlicher Änderungsbescheid ohne Vorbehalt der Nachprüfung ist zu erteilen.

## Aufgabe 37

A hat die Umsatzsteuerjahreserklärung 01 mit einer selbst errechneten Zahllast von 5.000 € am 5. 5. 02 beim Finanzamt eingereicht. Auf die Einlegung eines Einspruchs hat A für den Fall verzichtet, dass die Steuer nicht abweichend von der Erklärung festgesetzt wird.

Am 20. 5. 02 gibt der Steuerpflichtige eine berichtigte Umsatzsteuerjahreserklärung 01 über eine Zahllast von 4.200 € ab.

Wie ist der Sachverhalt zu beurteilen?

A. Mit Eingang der Umsatzsteuerjahreserklärung beim Finanzamt liegt eine unanfechtbare Steuerfestsetzung über 5.000 € vor.

B. Auf die Einlegung des Rechtsbehelfs kann erst nach Erlass des Steuerbescheides verzichtet werden.

C. Die Steuerfestsetzung kann auch nach Unanfechtbarkeit bis zum Ablauf der Festsetzungsfrist geändert werden.

D. Mit Eingang der berichtigten Umsatzsteuerjahreserklärung beim Finanzamt liegt eine neue Steuerfestsetzung über 4.200 € vor.

## Aufgabe 38

A hat die Einkommensteuererklärung 00 am 2. 9. 02 und die Gewerbesteuererklärung 01 am 5. 2. 05 beim Finanzamt eingereicht. Die Einkommensteuererklärung 01 ist trotz Festsetzung eines Zwangsgeldes nicht eingereicht worden.

Welche Aussagen zur Festsetzungsverjährung sind richtig?

A. Die Steuern (Gewerbesteuermessbetrag, Einkommensteuer 00 und 01) dürfen nach Ablauf des 31. 12. 05 nicht mehr festgesetzt werden.

B. Die Einkommensteuer 00 darf nach Ablauf des 31. 12. 06 nicht mehr festgesetzt werden.

C. Der Gewerbesteuermessbetrag darf nach Ablauf des 31. 12. 08 nicht mehr festgesetzt werden.

D. Die Einkommensteuer 01 darf nach Ablauf des 31. 12. 08 nicht mehr festgesetzt werden.

## Aufgabe 39

Die Festsetzungsfrist für die Durchführung der Einkommensteuerveranlagung 01 des A endet mit Ablauf des 31. 12. 06. Der Steuerbescheid wird am 31. 12. 06 mit der Post aufgegeben und am 3. 1. 07 in den Hausbriefkasten des A eingeworfen. Gegen den Bescheid legt A Ende Januar Einspruch ein, über den mit Ablauf des 20. 6. 07 unanfechtbar entschieden wird.

Welche Aussagen zur Festsetzungsverjährung sind richtig?

A. Die Steuerfestsetzung durfte wegen Ablaufs der Festsetzungsfrist nicht mehr erfolgen.

B. Der Einspruch musste der Sache nach erfolglos bleiben, weil die Festsetzungsfrist bereits abgelaufen war.

C. Die Festsetzungsfrist endet mit Ablauf des 20. 6. 07.

D. Die Festsetzungsfrist für die Einkommensteuer 01 ist gewahrt, weil der Steuerbescheid vor Ablauf der Festsetzungsfrist den Bereich der Finanzbehörde verlassen hat.

## Aufgabe 40

Aufgrund eines Additionsfehlers des Sachbearbeiters wird die ESt-Schuld des A für das Jahr 01 statt mit 5.000 € auf 500 € festgesetzt. Die Bekanntgabe des Bescheides erfolgte am 1. 10. 06. Im April 07 entdeckt das Finanzamt diesen Fehler. Gleichzeitig stellt es anhand einer Kontrollmitteilung fest, dass bei der Veranlagung 01 Einkünfte aus Kapitalvermögen mit einer steuerlichen Auswirkung von 800 € nicht erfasst worden sind. Insoweit liegen neue Tatsachen vor. Eine leichtfertige Steuerverkürzung durch A ist nicht anzunehmen. Die Einkommensteuererklärung 01 hat A am 1. 4. 02 eingereicht.

Welche Aussagen zur Änderung des Steuerbescheides sind richtig?

A. Das Finanzamt darf den Einkommensteuerbescheid 01 im Jahre 07 nicht mehr ändern.

B. Das Finanzamt darf den Einkommensteuerbescheid 01 bis zum Ablauf des 1. 10. 07 ändern.

C. Das Finanzamt darf bis zum Ablauf des 1. 10. 07 einen Steuerbescheid 01 mit einer auf 5.800 € geänderten Steuerschuld erlassen.

D. Das Finanzamt darf nur den Additionsfehler bis zum 1. 10. 07 berichtigen.

## Aufgabe 41

Bei Feststellung des Einheitswerts für den land- und forstwirtschaftlichen Betrieb des A sind dem Finanzamt zwei Rechtsfehler zuungunsten des Stpfl. unterlaufen. Innerhalb der Rechtsbehelfsfrist beantragt A mündlich eine schlichte Änderung des Feststellungsbescheids gem. § 172 Abs. 1 Nr. 2 a AO bezüglich des einen Fehlers über 20.000 €. Nach Ablauf der Rechtsbehelfsfrist, aber vor Änderung des fehlerhaften Verwaltungsakts bittet A, auch den zweiten Rechtsfehler über 30.000 € in die Korrektur einzubeziehen.

Wie ist zu entscheiden?

A. Den Anträgen des A kann nicht entsprochen werden, weil Feststellungsbescheide nicht nach § 172 Abs. 1 Nr. 2 a AO geändert werden dürfen.

B. Eine mündliche Antragstellung steht einer schlichten Änderung nicht entgegen.

C. Das Finanzamt darf den Bescheid bezüglich des Rechtsfehlers über 20.000 € nach § 172 Abs. 1 Nr. 2 a AO ändern.

D. Das Finanzamt darf auch den begründeten Erweiterungsantrag über 30.000 € in die Änderung einbeziehen.

## Aufgabe 42

A ist am 1. 3. 03 nach Erklärung zur Einkommensteuer 01 veranlagt worden. Der Bescheid wurde ihm am 20. 3. 03 bekannt gegeben. Aus einer der zuständigen Amtsprüfungsstelle am 15. 3. 03 von der Außenprüfungsstelle zugeleiteten Kontrollmitteilung ergibt sich, dass A aus der Anlage eines Anfang 01 erzielten Lottogewinns im Jahre 01 Einkünfte aus Kapitalvermögen von 15.000 € bezogen hat. A hatte diese Einkünfte nicht erklärt.

Die Außenprüfungsstelle hatte die Kontrollmitteilung am 15. 2. 03 ausgefertigt, aufgrund eines Versehens jedoch erst am 15. 3. 03 der Amtsprüfungsstelle zugeleitet.

Liegen hinsichtlich der Einkünfte aus Kapitalvermögen neue Tatsachen gem. § 173 AO vor?

A. Neue Tatsachen liegen nicht vor, weil die zuständige Amtsprüfungsstelle vor Bekanntgabe des Bescheides Kenntnis von den Einkünften erlangt hat.

B. Es liegen neue Tatsachen vor, weil die zuständige Amtsprüfungsstelle im Zeitpunkt der Veranlagung (Unterzeichnung der Verfügung) keine Kenntnis von den Einkünften hatte.

C. Neue Tatsachen liegen nicht vor, weil das Finanzamt (Außenprüfungsstelle) im Zeitpunkt der Veranlagung Kenntnis von den Einkünften hatte.

D. Neue Tatsachen liegen nicht vor, weil das Finanzamt seine Ermittlungspflicht verletzt hat.

## Aufgabe 43

Am 1. August 02 setzte das zuständige Finanzamt die Einkommensteuerschuld 01 des Stpfl. F auf 4.000 € fest. Der Einkommensteuerbescheid 01 wurde im September 02 unanfechtbar.

Im November 02 erfährt das Finanzamt durch eine Kontrollmitteilung, dass F im Jahre 01 bezogene Einkünfte aus Kapitalvermögen mit einer einkommensteuerlichen Auswirkung von 320 € nicht erklärt hat.

Zur Stellungnahme aufgefordert, teilt F mit, dass er die Einkünfte aus Kapitalvermögen versehentlich nicht angegeben habe. Einer Berichtigung des Bescheids bezüglich dieser Einkünfte würde er jedoch nicht zustimmen. Im Übrigen sei ihm bei Durchsicht seiner Unterlagen aufgefallen, dass er Sonderausgaben mit einer einkommensteuerlichen Auswirkung von 420 € bisher nicht geltend gemacht habe. Insoweit beantrage er nunmehr die Berichtigung des Einkommensteuerbescheids 01.

Die Angaben des Stpfl. sind zutreffend. Den Stpfl. trifft kein grobes Verschulden, dass die Sonderausgaben erst nachträglich bekannt werden.

Wie ist der Sachverhalt im Hinblick auf § 173 AO zu beurteilen?

A. Bezüglich der Einkünfte aus Kapitalvermögen liegen neue Tatsachen vor.

B. Der Steuerbescheid ist nach § 173 Abs. 1 AO zu ändern.

C. Die berichtigte Einkommensteuerschuld beträgt 3.900 €.

D. Hinsichtlich der Sonderausgaben liegen neue Tatsachen vor.

## Aufgabe 44

| Unanfechtbare Einkommensteuerschuld | Erhöhung der Steuer durch neue Tatsachen gem. § 173 Abs. 1 Nr. 1 AO | Minderung der Steuer durch neue Tatsachen gem. § 173 Abs. 1 Nr. 2 AO (kein grobes Verschulden des Stpfl.) | Erhöhung der Steuer durch Rechtsfehler des Finanzamts | Minderung der Steuer durch Rechtsfehler des Finanzamts |
|---|---|---|---|---|
| € | € | € | € | € |
| a) 20.000 | + 3.000 | – | + 1.000 | ∕. 1.500 |
| b) 20.000 | + 3.000 | – | + 1.000 | ∕. 800 |
| c) 20.000 | – | ∕. 3.000 | + 2.000 | ∕. 2.500 |
| d) 20.000 | + 4.000 | ∕. 3.000 | + 2.000 | ∕. 6.500 |

Wie hoch ist die berichtigte Einkommensteuer?

A. Im Fall a)   22.500 €.
B. Im Fall b)   23.000 €.
C. Im Fall c)   17.000 €.
D. Im Fall d)   17.000 €.

## Gesonderte Feststellung von Besteuerungsgrundlagen

AO §§ 179–183

### Aufgabe 45

Welche Aussagen über Feststellungsbescheide sind richtig?

A. Feststellungsbescheide sind mit Rechtsbehelfen selbstständig anfechtbare Verwaltungsakte.
B. In Feststellungsbescheiden werden Besteuerungsgrundlagen stets gesondert festgestellt.
C. Feststellungsbescheide enden mit der Feststellung der Besteuerungsgrundlage.
D. Es steht im Ermessen des Finanzamts, Feststellungsbescheide der Besteuerung zugrunde zu legen.

### Aufgabe 46

A wohnt in einer gemieteten Eigentumswohnung in Lüneburg. In Uelzen betreibt er zusammen mit seinem Bruder eine Rechtsanwaltspraxis. Ferner ist er Eigentümer eines vermieteten Zweifamilienhauses in Celle. Ihm gehören zusammen mit seiner Schwester bei der Deutschen Bank in Hamburg deponierte Aktien (ungeteilte Erbengemeinschaft).

Welche Einkünfte sind für Besteuerungszwecke des A gesondert festzustellen?

A. Die Einkünfte aus der Rechtsanwaltspraxis.
B. Die Einkünfte aus Kapitalvermögen.
C. Die Einkünfte aus der Eigentumswohnung in Lüneburg.
D. Die Einkünfte aus dem Zweifamilienhaus in Celle.

### Aufgabe 47

Ein in Osnabrück wohnender Stpfl. betreibt in Bielefeld ein Fuhrunternehmen auf eigenem Betriebsgrundstück. Er erzielt hohe Gewinne.

Wie viele gesonderte Feststellungen sind für Besteuerungszwecke des Stpfl. durchzuführen?

A. Keine gesonderte Feststellung.

B. Eine gesonderte Feststellung.

C. Zwei gesonderte Feststellungen.

D. Drei gesonderte Feststellungen.

**Aufgabe 48**

G wohnt in Hannover in einem Sechsfamilienhaus, das ihm und seinem Bruder je zur Hälfte gehört. Die Ehefrau des G wohnt ebenfalls in Hannover und ist Eigentümerin eines in Celle gelegenen Betriebes der Land- und Forstwirtschaft.

Die Ehegatten leben dauernd getrennt.

Wie viele gesonderte Feststellungen sind für Besteuerungszwecke der Ehegatten G durchzuführen?

A. Zwei gesonderte Feststellungen.

B. Drei gesonderte Feststellungen.

C. Vier gesonderte Feststellungen.

D. Fünf gesonderte Feststellungen.

# Außergerichtliches Rechtsbehelfsverfahren

AO §§ 347–368

**Aufgabe 49**

In welchen Fällen ist ein Einspruch formgerecht eingelegt worden?

A. Der Einspruch wird zu Protokoll erklärt.

B. Der Einspruch wird per Telefax eingelegt.

C. Der Einspruch wird durch Telegramm eingelegt.

D. Der Einspruch wird fernmündlich erklärt.

**Aufgabe 50**

Das Finanzamt hat einem Stpfl. den Einkommensteuerbescheid 01 ohne Beifügung einer Rechtsbehelfsbelehrung durch die Post übermittelt.

Welche Rechtsfolgen hat das Fehlen der Rechtsbehelfsbelehrung?

A. Der Steuerbescheid gilt als noch nicht bekannt gegeben.

B. Die Rechtsbehelfsfrist beginnt nicht.

C. Gegen den Einkommensteuerbescheid ist grundsätzlich auch nach Ablauf mehrerer Jahre seit Bekanntgabe der Einspruch zulässig.

D. Der Steuerbescheid ist nichtig.

## Aufgabe 51

Welche Wirkungen hat die Einlegung eines zulässigen Einspruchs?

A. Der angefochtene Verwaltungsakt ist nur hinsichtlich der Punkte der Anfechtung auf seine Richtigkeit zu überprüfen.

B. Der angefochtene Verwaltungsakt muss der Oberfinanzdirektion zur Überprüfung vorgelegt werden.

C. Der angefochtene Verwaltungsakt wird mit Ablauf der Rechtsbehelfsfrist unanfechtbar.

D. Der angefochtene Verwaltungsakt kann auch zum Nachteil des Stpfl. geändert werden.

## Aufgabe 52

A legt gegen den Einkommensteuerbescheid 01 fristgerecht Einspruch ein. Er trägt vor, dass der dem Einkommensteuerbescheid zugrunde gelegte unanfechtbare Gewinnfeststellungsbescheid aufgrund eines Rechenfehlers des Finanzamts den Gewinn um 10.000 € zu hoch ausweist.

Wie ist der Sachverhalt zu beurteilen?

A. Der Einspruch gegen den Einkommensteuerbescheid ist als unbegründet zurückzuweisen.

B. Der Gewinnfeststellungsbescheid ist zu berichtigen.

C. Dem Einkommensteuerbescheid ist der berichtigte Gewinnfeststellungsbescheid zugrunde zu legen.

D. Dem Einspruch gegen den Einkommensteuerbescheid ist zu entsprechen.

## Aufgabe 53

Das Finanzamt hat die unanfechtbare Einkommensteuerfestsetzung 01 in Höhe von 10.000 € zulässigerweise gem. § 129 AO auf 10.800 € berichtigt. Gegen den Berichtigungsbescheid legt der Stpfl. fristgerecht Einspruch ein und beantragt – begründet – die Berücksichtigung bisher nicht geltend gemachter Sonderausgaben, die zu einer Steuerminderung von 2.000 € führen würden. Den Stpfl. trifft kein grobes Verschulden daran, dass die Sonderausgaben nachträglich bekannt werden.

Was hat das Finanzamt zu veranlassen?

A. Die Einkommensteuer 01 ist auf 8.800 € herabzusetzen.

B. Der Berichtigungsbescheid ist aufzuheben.

C. Der Einspruch ist als unzulässig zu verwerfen, weil die ursprüngliche Steuerfestsetzung von 10.000 € bereits unanfechtbar war.

D. Dem Einspruch kann durch Erlass eines Abhilfebescheides entsprochen werden.

## Aufgabe 54

A wohnt in Braunschweig. In Gifhorn betreibt er eine Radio- und Elektrogroßhandlung.

Die zuständigen Finanzämter haben A für das Jahr 01 für alle in Betracht kommenden Steuern veranlagt und die Bescheide bekannt gegeben. Etwaige gesonderte Feststellungen sind den Steuerbescheiden zugrunde gelegt worden.

Bei Durchsicht der Bescheide stellt A fest, dass das Finanzamt aufgrund eines Rechtsirrtums den Gewinn aus Gewerbebetrieb um 8.000 € zu hoch festgestellt hat.

Er legt daher unter Angabe der Gründe beim zuständigen Finanzamt form- und fristgerecht den zulässigen Rechtsbehelf ein.

Welche Aussagen zum Sachverhalt sind richtig?

A. Gegen den anzufechtenden Verwaltungsakt ist der Einspruch gegeben.

B. Das Finanzamt Gifhorn kann dem Rechtsbehelf durch Einspruchsentscheidung entsprechen.

C. Das Finanzamt Gifhorn kann dem Rechtsbehelf durch Erlass eines Änderungsbescheides abhelfen.

D. Der Rechtsbehelf ist gegen den Gewinnfeststellungsbescheid 01 einzulegen.

## Aufgabe 55

Sachverhalt wie unter Aufgabe 54.

Welche Aussagen zum Sachverhalt sind richtig?

A. Um eine Herabsetzung der Einkommensteuerschuld zu erreichen, muss A Einspruch gegen den Einkommensteuerbescheid 01 einlegen.

B. Das Finanzamt kann dem Stpfl. keine Rechtsbehelfskosten auferlegen, weil dem Finanzamt der Fehler bei der Gewinnermittlung unterlaufen ist.

C. Nach abschließender Bearbeitung des Rechtsbehelfs durch das zuständige Finanzamt hat das Finanzamt Braunschweig eine Folgeänderung durchzuführen.

D. Nach abschließender Bearbeitung des Rechtsbehelfs hat das Finanzamt Gifhorn einen weiteren Änderungsbescheid zu erlassen.

## Aufgabe 56

A eröffnete 2002 ein gewerbliches Transportunternehmen. Das der Einkommensteuerveranlagung 2002 zugrunde gelegte Einkommen betrug 20.000 € (Einkünfte aus Gewerbebetrieb 24.000 € abzüglich Sonderausgaben von 4.000 €).

Für den Veranlagungszeitraum 2003 erging im Juli 2004 folgender Einkommensteuerbescheid:

| | |
|---|---|
| Einkünfte aus Gewerbebetrieb | ⁒ 50.000 € |
| Gesamtbetrag der Einkünfte | 0 € |
| Sonderausgaben | 4.000 € |
| Einkommen | 0 € |
| zu versteuerndes Einkommen | 0 € |
| Einkommensteuerschuld | 0 € |

Ende Juli 2004 geht beim zuständigen Finanzamt folgendes Schreiben des A ein:

Gegen den Bescheid für 2003 lege ich den zulässigen Rechtsbehelf ein.

Begründung:

Im November 2003 habe ich Löhne in Höhe von 5.000 € für meine beiden im Transportunternehmen tätigen Kraftfahrer aus privaten Mitteln bezahlt. Dieser Vorgang ist irrtümlich weder gebucht noch bei der Gewinnermittlung berücksichtigt worden. Der im Einkommensteuerbescheid 2003 ausgewiesene Verlust aus Gewerbebetrieb muss folglich auf 55.000 € erhöht werden.

Hochachtungsvoll

gez. A

Die Angaben des A sind zutreffend.

Welche Aussagen zum Sachverhalt sind zutreffend?

A. Zur Wahrung seiner Interessen muss A gegen den Einkommensteuerbescheid 2003 Einspruch einlegen.

B. A ist durch den Einkommensteuerbescheid 2003 beschwert.

C. Der Einkommensteuerbescheid 2003 ist aufgrund des Einspruchs des A antragsgemäß zu ändern.

D. A muss den Einspruch gegen einen Feststellungsbescheid richten.

## Aufgabe 57

Gegen die Festsetzung eines Zwangsgeldes legt ein Stpfl. Rechtsbehelf ein. Der Rechtsbehelf ist zulässig, aber unbegründet.

Was hat das Finanzamt zu veranlassen?

A. Das Finanzamt legt den Rechtsbehelf der Oberfinanzdirektion zur Entscheidung vor.

B. Das Finanzamt weist den Rechtsbehelf nach Rücksprache mit der Oberfinanzdirektion zurück.

C. Das Finanzamt weist den Rechtsbehelf als unbegründet zurück.

D. Das Finanzamt leitet den Rechtsbehelf an das Finanzgericht weiter.

## Aufgabe 58

A hat gegen den Gewinnfeststellungsbescheid 01 fristgerecht den zulässigen Rechtsbehelf eingelegt.

Er beantragt, den Gewinn von 13.000 € auf 9.000 € herabzusetzen. Der Rechtsbehelf des Stpfl. ist begründet.

Wie kann das Finanzamt dem Rechtsbehelf des Stpfl. entsprechen?

A. Das Finanzamt kann den Feststellungsbescheid nach § 131 Abs. 1 AO ändern.

B. Das Finanzamt kann dem Antrag des A durch eine Einspruchsentscheidung entsprechen.

C. Das Finanzamt kann dem Antrag des A nicht entsprechen.

D. Das Finanzamt kann den Feststellungsbescheid gem. § 172 Abs. 1 Nr. 2 a AO ändern.

## Aufgabe 59

Sachverhalt wie unter Aufgabe 58.

Mit der Erweiterung, dass A ferner beantragt, die auf den Differenzbetrag von 4.000 € entfallende Einkommensteuer bis zur Entscheidung über den Einspruch zu stunden. Der Stpfl. befindet sich nicht in Zahlungsschwierigkeiten.

Was wird das Finanzamt aufgrund des Stundungsantrags veranlassen?

A. Es wird die Vollziehung des Einkommensteuerbescheides über den strittigen Betrag aussetzen.

B. Es wird dem Stpfl. Vollstreckungsaufschub gewähren.

C. Es wird dem Stundungsantrag entsprechen.

D. Es wird die Vollziehung des Feststellungsbescheides über den strittigen Betrag aussetzen.

## Aufgabe 60

Bei A wurde eine Betriebsprüfung für die Jahre 01 und 02 durchgeführt.

Gegen den am 12. 1. 04 übersandten Betriebsprüfungsbericht legt er am 20. 1. 04 „Widerspruch" ein, weil er sich durch die darin ausgewiesenen Gewinnerhöhungen beschwert fühlt. Die Nachforderungsbescheide für 01 und 02 wurden A am 14. 4. 04 bekannt gegeben.

Im Hinblick auf seinen Widerspruch vom 20. 1. 04 verzichtet A auf eine Anfechtung dieser Bescheide.

Welche der folgenden Aussagen sind zutreffend?

A. Der am 20. 1. 04 eingelegte Rechtsbehelf ist unzulässig, weil er falsch bezeichnet wurde.

B. Der Betriebsprüfungsbericht ist kein Verwaltungsakt. Ein Rechtsbehelf ist nicht gegeben.

C. Der Widerspruch vom 20. 1. 04 ist als Einspruch gegen die Nachforderungsbescheide umzudeuten.

D. Ein Rechtsbehelf ist erst ab 14. 4. 04 statthaft.

# Fälligkeit der Ansprüche aus dem Steuerschuldverhältnis

AO §§ 220–221

## Aufgabe 61

Am 10. 3. 03 (03 = 2003) werden ein Einkommensteuerbescheid, ein Bescheid über die Festsetzung eines Zwangsgeldes, eine Umsatzsteuer-Voranmeldung Februar 03 und ein Haftungsbescheid für die Inanspruchnahme eines Arbeitgebers wegen nicht einbehaltener Lohnsteuer im Speicherkonto zum Soll gestellt und, soweit erforderlich, auch zur Post gegeben.

Für welche Ansprüche ist der Fälligkeitstag richtig angegeben?

A. Einkommensteuer-Abschlusszahlung, fällig am 10. 4. 03.

B. Zwangsgeld, fällig am 20. 3. 03.

C. Umsatzsteuer-Vorauszahlung Februar 03, fällig am 10. 3. 03.

D. Lohnsteuer lt. Haftungsbescheid, fällig am 20. 3. 03.

## Aufgabe 62

Der Unternehmer U hat seine Voranmeldung zur Umsatzsteuer wiederholt mit erheblicher Verspätung eingereicht und die selbst ermittelte Vorauszahlung verspätet entrichtet. Da durch die Festsetzung von Verspätungszuschlägen keine Änderung seines Verhaltens herbeigeführt werden konnte, prüft der zuständige Sachbearbeiter die Möglichkeit der Vorverlegung des gesetzlichen Fälligkeitstages.

Welcher Tag darf als von der gesetzlichen Regelung abweichender Fälligkeitstag bestimmt werden?

A.  Als abweichender Fälligkeitstag darf der letzte Werktag des Voranmeldungszeitraumes bestimmt werden.

B.  Der auf den letzten Kalendertag des Voranmeldungszeitraumes folgende Werktag ist der frühestmögliche abweichende Fälligkeitstag.

C.  Jeder Kalendertag, der nach Ablauf des Voranmeldungszeitraumes und vor dem gesetzlichen Fälligkeitstag liegt, darf bestimmt werden.

D.  Die Vorverlegung eines gesetzlich bestimmten Fälligkeitstages ist rechtlich nur zulässig, wenn sie angekündigt worden ist.

## Aufgabe 63

Am 16. 4. 03 werden die Vorauszahlungen zur Einkommensteuer 03 festgesetzt. Für das Kalenderjahr 03 und die folgenden Kalenderjahre wird sich voraussichtlich eine Einkommensteuer in Höhe von 9.000 € ergeben. Bis zum Tage der Sollstellung des Vorauszahlungsbescheides, die am 18. 4. 03 vorgenommen wird, hatte der Stpfl. keine Vorauszahlungen zu entrichten.

Wann und in welcher Höhe sind Vorauszahlungen für 03 und 04 zu entrichten?

A.  Am 10. 6. 03, 10. 9. 03 und 10. 12. 03 sind jeweils 3.000 € zu entrichten.

B.  Ab 10. 3. 03 sind bis zur Neufestsetzung der Vorauszahlungen vierteljährlich 2.250 € zu entrichten.

C.  Ab 10. 6. 03 sind bis zur Neufestsetzung der Vorauszahlungen vierteljährlich 3.000 € zu entrichten.

D.  Ab 10. 3. 04 sind bis zur Neufestsetzung der Vorauszahlungen vierteljährlich 2.250 € zu entrichten.

## Aufgabe 64

Der Unternehmer U gibt seine Umsatzsteuererklärung 02 am 22. 9. 03 ab. Die ermittelte Jahressteuer beträgt 12.215 €, alle Vorauszahlungen leistete U vollständig und rechtzeitig, insgesamt 9.000 €. Durch Steuerbescheid vom 29. 10. 03 wird die Jahressteuer auf 12.793 € festgesetzt.

Wann und in welcher Höhe sind die Abschlusszahlungen (Erklärung und Steuerbescheid) fällig?

A.  Leistet U die Abschlusszahlung von 578 € nach dem 1. 12. 03, sind für den ersten Monat der Säumnis zusätzlich 5,50 € Säumniszuschlag zu entrichten.

B. Die Abschlusszahlung lt. Erklärung ist am zehnten Tag nach Eingang der Erklärung zu entrichten.

C. Spätestens am 22. 10. 03 hat U 3.215 € zu entrichten.

D. Der durch Abrechnung des Steuerbescheides ermittelte Mehrbetrag ist innerhalb eines Monats nach Aufgabe des Bescheides zur Post zu entrichten.

## Stundung

AO § 222

### Aufgabe 65

Die Einkommensteuer in Höhe von 980 € ist am 20. 4. 03 (Sonntag) fällig. Der Stpfl. beantragt mit Schreiben vom 26. 4. 03 (Sonnabend), das am 28. 4. 03 (Montag) beim Finanzamt eingeht, die fällige Zahlung zu stunden. Der Antrag ist begründet. Besondere Gründe, die die verspätete Antragstellung rechtfertigen, werden nicht vorgebracht und können auch bei einer Rückfrage nicht ermittelt werden.

Welche Entscheidungen über die beantragte Stundung sind richtig?

A. Die beantragte Stundung darf nicht gewährt werden, weil der Antrag nach Ablauf des Fälligkeitstages eingereicht worden ist.

B. Da der Stundungsantrag begründet ist, ist dem Antrag ab Fälligkeitstag zu entsprechen.

C. Die Stundung ist mit Wirkung vom Eingangstag des Antrages zu bewilligen, weil der Antrag erst nach Ablauf des Fälligkeitstages beim Finanzamt eingegangen ist.

D. Die Stundung ist ab Fälligkeit zu gewähren, weil der Antrag innerhalb der Schonfrist eingereicht worden ist.

### Aufgabe 66

Die am 10. 3. 03 fällige Einkommensteuer ist antragsgemäß ab Fälligkeit in Raten zu 2.500 € gestundet. Die Raten sind jeweils am 10. 4. 03, 10. 5. 03 und 10. 6. 03 zu entrichten. Die Stundung ist unter dem Vorbehalt des Widerrufs erlassen worden. Am 21. 5. 03 stellt der Bearbeiter der Stundungsstelle fest, dass nur am 9. 4. 03 2.500 € entrichtet worden sind. Er widerruft sofort die gewährte Stundung.

Welchen Gesamtbetrag fordert der Bearbeiter unverzüglich an?

A. 5.025 €.

B. 2.525 €.

C. 5.175 €.

D. 5.050 €.

## Aufgabe 67

A hat sein Einzelhandelsgeschäft an B veräußert und eine Tätigkeit als leitender Angestellter übernommen. Die Versteuerung des Gewinns aus der Geschäftsveräußerung führt zu einer Einkommensteuer-Nachzahlung in Höhe von 4.200 €, die am 10. 6. 03 fällig ist. Da A die Zahlung nicht termingerecht leisten kann, beantragt er, die Abschlusszahlung bis zum 10. 9. 03 zu stunden.

Zur Begründung führt A aus, dass er im Augenblick mit seiner Familie (4 Personen) ausschließlich von seinem Gehalt von netto 1.500 € leben müsse. Sein Sparguthaben von 3.000 € sei für Notfälle zurückgelegt und dürfe nicht verbraucht werden. Zur Tilgung der Steuerschuld wolle er eine Teilzahlung von 5.000 € verwenden, die er am 1. 9. 03 aus der Geschäftsveräußerung erwarte.

Welche Aussagen bezeichnen die Gründe, die für die Entscheidung über den Stundungsantrag maßgebend sind?

A. Die Stundung wird gewährt, weil die Einziehung des Betrages mit Rücksicht auf die wirtschaftliche Lage des A unbillig ist.

B. Die Verwendung des Sparguthabens zur Tilgung der Steuerschuld ist A nicht zuzumuten.

C. 1.200 € dürfen antragsgemäß gestundet werden.

D. Soweit die Tilgung aus eigenen Mitteln nicht möglich ist, darf von A die Aufnahme eines Kredits verlangt werden.

# Zahlung, Aufrechnung

AO §§ 224–226

## Aufgabe 68

Der Vollziehungsbeamte legt dem Vollstreckungsschuldner V am Montag, 7. 4. 03, einen Auftrag vor, nach dem er berechtigt ist, wegen 337 € Umsatzsteuer, fällig 6. 3. 03, und der zu erhebenden Säumniszuschläge zu pfänden. V will die Pfändung durch Übergabe eines Schecks abwenden; die Pfändungsgebühr entrichtet V durch Übergabe von Bargeld.

Wann und in welcher Höhe ist in der dargestellten Weise eine Zahlung an den Vollziehungsbeamten bewirkt?

A. Der Vollziehungsbeamte ist zur Annahme des Schecks berechtigt. Als Einzahlungstag gilt der Tag der Gutschrift des Betrages.

B. Die Zahlung gilt am 7. 4. 03 als entrichtet.

C. Der Scheck lautet über 343 €.

D. V tilgt die Ansprüche teilweise durch unbare Zahlung und teilweise durch Barzahlung.

## Aufgabe 69

In welchem der nachfolgend beschriebenen Fälle ist eine Zahlung wirksam geleistet worden und der Einzahlungstag richtig bestimmt?

A. Am Bankschalter der X-Bank wird Bargeld zur Gutschrift auf dem Konto der Finanzkasse bei der Y-Bank übergeben. Als Einzahlungstag gilt der Tag der Übergabe des Bargeldes.

B. Übersendung eines Banküberweisungsauftrages an die beauftragte Bank zur Überweisung des Betrages auf ein Konto der Finanzkasse. Als Einzahlungstag gilt der Tag der Gutschrift auf dem Konto der Finanzkasse.

C. Übersendung einer Postanweisung an die Postbank zur Gutschrift des Betrages auf dem Postbankkonto der Finanzkasse. Als Einzahlungstag gilt der Tag der Gutschrift.

D. Abbuchung vom Konto des Steuerpflichtigen nach Ablauf des Fälligkeitstages. Eine Einzugsermächtigung liegt vor. Als Einzahlungstag gilt der Fälligkeitstag.

## Aufgabe 70

Am 11.12.03 übersendet der Schlachtermeister S dem Finanzamt einen Postscheck über 350 € ohne Angabe des Verwendungszwecks. Der Kontenverwalter ermittelt durch Abfrage des Speicherkontos folgende Ansprüche, die noch nicht getilgt sind:

| | | |
|---|---|---|
| Einkommensteuer | 150 €, fällig | 1.12.03 |
| Umsatzsteuer | 150 €, fällig | 20.11.03 |
| Zwangsgeld | 150 €, fällig | 10.12.03 |

Welche Ansprüche werden durch die geleistete Zahlung getilgt?

| | | | |
|---|---|---|---|
| A. Zwangsgeld | 150 € | Umsatzsteuer | 150 € |
| Einkommensteuer | 49 € | Säumniszuschlag zur Umsatzsteuer | 1 € |
| B. Zwangsgeld | 150 € | Umsatzsteuer | 150 € |
| Einkommensteuer | 50 € | | |
| C. Zwangsgeld | 150 € | Umsatzsteuer | 100 € |
| Einkommensteuer | 100 € | | |
| D. Umsatzsteuer | 150 € | Einkommensteuer | 150 € |
| Zwangsgeld | 50 € | | |

## Aufgabe 71

Der Unternehmer U übersendet am 10. 9. 03 einen Scheck über 600 €.
Der Betrag ist zur Tilgung der Einkommensteuer 03 bestimmt. Der Sendung ist ein weiterer Scheck über 470 € beigefügt, für dessen Buchung vom Steuerpflichtigen keine Angaben gemacht worden sind. Folgende Ansprüche hat U noch nicht entrichtet:

| | | |
|---|---|---|
| Zwangsgeld | 50 €, | fällig 1. 9. 03 |
| Zwangsgeld | 150 €, | fällig 22. 9. 03 |
| Einkommensteuer | 600 €, | fällig 10. 9. 03 |
| Lohnsteuer | 200 €, | fällig 10. 9. 03 |
| Umsatzsteuer | 100 €, | fällig 1. 9. 03 |
| Verspätungszuschlag | 50 €, | fällig 10. 9. 03 |

Wie ist die geleistete Zahlung auf die Ansprüche aufzuteilen?

A. Die vom Steuerpflichtigen getroffene Bestimmung ist nicht zu beachten.

B. 200 € sind zur Tilgung des Zwangsgeldes zu verwenden.

C. Umsatzsteuer und Lohnsteuer sind in der Reihenfolge ihrer Fälligkeit zu tilgen.

D. Für die Tilgung des Verspätungszuschlags reicht die geleistete Zahlung nicht aus.

## Aufgabe 72

Der Unternehmer U schuldet 219 € Umsatzsteuer und 229 € Kirchensteuer. Beide Ansprüche sind am 20. 5. 03 fällig. Weitere Beträge schuldet U nicht. Am 23. 5. 03 (Einzahlungstag) überweist U 250 € auf das Bankkonto des Finanzamts. Eine Bestimmung für die Verwendung der Zahlung hat U nicht getroffen.

Wie ist die geleistete Zahlung vom Kontenverwalter aufzuteilen?

A. 125 € Umsatzsteuer, 125 € Kirchensteuer.

B. 219 € Umsatzsteuer,  31 € Kirchensteuer.

C. 120 € Umsatzsteuer, 130 € Kirchensteuer.

D.  21 € Umsatzsteuer, 229 € Kirchensteuer.

## Aufgabe 73

Der Bäckermeister B hat gegen das Bundesland eine Forderung aus der Lieferung von Brötchen an die Landesfinanzschule in Höhe von 1.000 €. Die Rechnung ist bereits bei der Geschäftsstelle eingegangen und zur Zahlung durch die zuständige Kasse angewiesen worden. B schuldet seinerseits 1.000 € Umsatzsteuer, die bereits fällig ist.

Unter welchen Voraussetzungen und von wem darf die Aufrechnung erklärt werden?

A. Die Aufrechnung darf durch die Kasse nur in Höhe des Landesanteils an der Umsatzsteuer erklärt werden.

B. Der Bäckermeister kann die Forderungen durch Aufrechnung miteinander ausgleichen.

C. Für die Aufrechnung ist das jeweilige Bundesland Gläubiger der Umsatzsteuer.

D. Eine Aufrechnung ist nicht möglich, weil Gläubiger und Schuldner nicht identisch sind.

## Zahlungsverjährung

AO §§ 228–232

### Aufgabe 74

Durch den Steuerbescheid vom 17. 12. 03 wird ein Einkommensteueranspruch in Höhe von 10.000 € festgesetzt. Nach Erhalt einer Mahnung vom 20. 2. 04 beantragt der Steuerpflichtige die Stundung dieses Anspruchs. Dem Antrag wird vom Tage der Antragstellung an bis zum 10. 12. 04 stattgegeben.

Welche Auswirkungen haben Stundung und Mahnung auf Beginn und Ende der Zahlungsverjährung?

A. Die Zahlungsverjährung beginnt mit Ablauf des 31. 12. 03.

B. Die Zahlungsverjährung wird durch die Mahnung und Stundung des Anspruchs unterbrochen.

C. Die Verjährungsfrist beträgt 5 Jahre.

D. Der Anspruch erlischt durch Verjährung mit Ablauf des 31. 12. 09.

## Verzinsung

AO §§ 233–239

### Aufgabe 75

Die Einkommensteuer wird ab Fälligkeitstag (20. 2. 03) in Raten zu 500 € gestundet, die am 20. 3. 03, 20. 4. 03 und 20. 6. 03 zu entrichten sind. Gründe, die die Erhebung von Stundungszinsen ausschließen oder ihre

Erhebung unbillig erscheinen lassen, liegen nicht vor. Der Steuerpflichtige leistet folgende Zahlungen:

| am 19. 3. 03 | 500 € |
|---|---|
| am 21. 4. 03 | 500 € |
| am 21. 6. 03 | 500 € |

Wie viel und für welchen Zeitraum sind Stundungszinsen festzusetzen?

A.  Der Zinszeitraum beginnt mit Ablauf des Fälligkeitstages.

B.  Die Stundungszinsen werden nach Ablauf der Stundung festgesetzt.

C.  Die Zinsen betragen einhalb vom Hundert für jeden vollen Zinsmonat.

D.  Die festzusetzenden Stundungszinsen betragen 17,50 €.

**Aufgabe 76**

A beantragt für 02 die Veranlagung zur Einkommensteuer. Die im Veranlagungsjahr einbehaltenen Lohnsteuerabzugsbeträge sind mit 1.752 € in der Lohnsteuerkarte bescheinigt. Die mit Bescheid vom 18. 10. 04 festgesetzte Steuer beträgt 812 €.

Welche der nachfolgenden Aussagen zur Zinsfestsetzung sind zutreffend?

A.  Für die Berechnung der Zinsen werden 900 € als zu verzinsender Betrag zugrunde gelegt.

B.  Der Zinslauf beginnt mit Ablauf des Kalenderjahres, in dem die Steuer entstanden ist.

C.  Der Zinszeitraum endet mit der Bekanntgabe der Steuerfestsetzung.

D.  Die festzusetzenden Zinsen betragen 27 €.

# Säumniszuschläge

AO § 240

**Aufgabe 77**

An den gesetzlichen Fälligkeitstagen sind jeweils 1.120 € Einkommensteuer-Vorauszahlungen zu entrichten. Der Steuerpflichtige leistet folgende Zahlungen durch Überweisung:

| Einzahlungstag | Betrag | Zeitraum |
|---|---|---|
| 10. 3. 03 | 400 € | I/03 |
| 11. 3. 03 | 519 € | I/03 |
| 19. 3. 03 | 201 € | I/03 |
| 17. 6. 03 | 1.120 € | II/03 |
| 15. 9. 03 | 1.120 € | III/03 |
| 11. 2. 04 | 1.120 € | IV/03 |

Wie viel Säumniszuschläge sind für 03 insgesamt zu erheben?

A. 49 €.

B. 46 €.

C. 62 €.

D. 51 €.

## Aufgabe 78

Für 03 sind an den gesetzlichen Fälligkeitstagen jeweils 2.000 € Einkommensteuer-Vorauszahlungen zu entrichten. Die IV. Vorauszahlung ist rückständig. Mahnung und Einleitung der Zwangsvollstreckung sind erfolglos geblieben. Am 17. 8. 04 wird der Steuerbescheid 03 abgerechnet und zur Post gegeben. Die festgesetzte Einkommensteuer beträgt 8.535 €.

Welchen Betrag hat der Steuerpflichtige am 7. 10. 04 an den Vollziehungsbeamten zur Abwendung der Pfändung (ohne Pfändungsgebühr) zu entrichten?

A. 2.740 €.

B. 2.560 €.

C. 2.735 €.

D. 2.540 €.

## Aufgabe 79

Der Unternehmer U gibt seine Umsatzsteuer-Voranmeldung für den Monat März 03 am 22. 4. 03 ab. Die selbst ermittelte Vorauszahlung beträgt 582 € und wird von U am 12. 5. 03 per Scheck entrichtet.

Welche der folgenden Aussagen über die zu erhebenden Säumniszuschläge sind richtig?

A. Der erste Monat der Säumnis beginnt mit Ablauf des gesetzlichen Fälligkeitstages.

B. Die Schonfrist endet am 26. 4. 03.

C. Es sind 11 € Säumniszuschlag zu entrichten.

D. Voraussetzung für die Vollstreckung der Säumniszuschläge nach Tilgung der Vorauszahlung ist ein Leistungsgebot.

## Aufgabe 80

Der Unternehmer U reicht seine Umsatzsteuer-Voranmeldung 5/03 termingerecht ein. Er leistet den selbst ermittelten Betrag von 968 € jedoch nicht. Durch Bescheid vom 27. 6. 03 wird die Vorauszahlung wegen eines

Rechenfehlers auf 468 € geändert. U überweist den festgesetzten Betrag am 15. 7. 03 auf das Bankkonto des Finanzamts.

Für welchen Zeitraum und in welcher Höhe sind Säumniszuschläge zu erheben?

A. Wegen verspäteter Zahlung sind 19 € Säumniszuschlag zu erheben.

B. Die Säumnis beginnt mit der Bekanntgabe des Vorauszahlungsbescheides.

C. U ist zur Zahlung von 14 € Säumniszuschlag aufzufordern.

D. Bemessungsgrundlage für den zu erhebenden Säumniszuschlag ist die auf 468 € geänderte Vorauszahlung.

# B. Buchführung

Bestandskonten

Vorsteuer und Umsatzsteuerschuld

Sachkonten und Personenkonten

Erfolgskonten

Warenkonten, Wareneinsatz, Umsatz, Rohgewinn

Rechnungsabgrenzungsposten, sonstige Forderungen und sonstige Verbindlichkeiten

Rückstellungen

Privatkonten

Kundenforderungen (Debitoren)

Gewinn- und Kapitalauswirkung von Buchungen

Jahresabschluss einschließlich Gewinnermittlung

# Vorbemerkung

Der Betriebsinhaber, in dessen Betrieb sich die folgenden Geschäftsvorfälle bzw. Buchungen ergeben, ermittelt seinen Gewinn nach § 5 Abs. 1 EStG. Soweit die jeweilige Aufgabe oder Antwort keine andere Aussage enthält,

– werden die in den einzelnen Sachverhalten vorkommenden Umsätze nach den allgemeinen Bestimmungen des UStG sowie nach vereinbarten Entgelten versteuert (Regelbesteuerung),

– zeichnen die beteiligten Unternehmer Umsatzsteuer bzw. Vorsteuer und Entgelt sofort getrennt auf (Nettomethode),

– werden die Bemessungsgrundlagen für Entnahmen und Verwendung von Gegenständen auf einem besonderen Konto gebucht,

– ist von der Berechtigung zum vollen Vorsteuerabzug auszugehen,

– ist durch die beteiligten Unternehmer ein Verzicht auf Steuerbefreiungen nach § 9 UStG nicht erklärt worden.

# Bestandskonten

## Aufgabe 81

Welche Aussagen über Bestandskonten (mit Ausnahme des Kapitalkontos) sind richtig?

A. Die Anfangsbestände stehen stets auf der Sollseite.

B. Buchungen auf solchen Konten sind erfolgsneutral.

C. Buchungen auf solchen Konten haben keine Auswirkung auf die Höhe des Kapitals.

D. Solche Konten werden beim Jahresabschluss über das Schlussbilanzkonto abgeschlossen.

## Aufgabe 82

Geschäftsvorfall:

Einzahlung von 1.000 € Bargeld aus der Kasse auf das betriebliche Bankkonto (Kontostand ./. 5.000 €).

Welche Auswirkungen hat dieser Geschäftsvorfall auf die Bilanz?

A. Die Position Kasse vermindert sich.

B. Die Position Bank vermindert sich.

C. Aktiv-/Passivtausch.

D. Die Bilanzsumme vermindert sich.

## Aufgabe 83

Buchungssatz:   Kreditoren an Debitoren.

Welche Deutungen dieses Buchungssatzes sind richtig?

A. Eine Forderung an einen Kunden wird an den Lieferanten abgetreten.

B. Ein Kunde bezahlt durch Banküberweisung.

C. Eine Schuld an den Lieferanten wird mit einer Forderung aufgrund einer Warenlieferung an den Lieferanten verrechnet.

D. Ein Lieferant wird durch Banküberweisung bezahlt.

## Aufgabe 84

Buchungssatz:   Bank an sonstige Forderungen.

Welche Deutungen dieses Buchungssatzes sind richtig?

A. Ein Mieter im Betriebsgebäude überweist Miete für Dezember 02 (fällig am 1. 12. 02) am 20. 1. 03. Buchung am 20. 1. 03.

B. Der Beitrag zu einer betrieblichen Versicherung für 03 (fällig am 1. 1. 03) wird am 28. 12. 02 durch Banküberweisung beglichen. Buchung am 28. 12. 02.

C. Die Gemeinde überweist das Gewerbesteuerguthaben für das Kalenderjahr 02 am 1. 8. 03. Buchung am 1. 8. 03.

D. Die Gemeinde verrechnet den Gewerbesteuererstattungsanspruch für das Kalenderjahr 02 am 1. 8. 03 mit fälliger Grundsteuer für das private Einfamilienhaus. Buchung am 1. 8. 03.

## Aufgabe 85

Buchungssatz:   Sonstige Verbindlichkeiten an Bank.

Welche Deutungen dieses Buchungsssatzes sind richtig?

A. Überweisung der von den Arbeitnehmern im Monat September 02 einbehaltenen Lohnsteuer am 10. Oktober 02 vom betrieblichen Bankkonto an die Finanzkasse.

B. Überweisung der Gewerbesteuernachzahlung für das Kalenderjahr 02 am 1. 8. 03 an die Gemeindekasse.

C. Überweisung der Telefongebühren für Dezember 02 im Januar 03 vom betrieblichen Bankkonto.

D. Überweisung der Sozialversicherungsbeiträge für die Angestellten für Oktober bis Dezember 02 im Januar 03 vom betrieblichen Bankkonto.

# Vorsteuer und Umsatzsteuerschuld

## Aufgabe 86

Buchungssatz:   Umsatzsteuerschuld an Privateinlagen.

Welche Deutungen dieses Buchungssatzes sind richtig?

A.  Die Finanzkasse verrechnet einen Einkommensteuererstattungsanspruch mit fälliger Umsatzsteuer, die sich aufgrund betrieblicher Geschäftsvorfälle ergeben hatte.

B.  Die Finanzkasse überweist überzahlte Umsatzsteuer, die sich aufgrund betrieblicher Geschäftsvorfälle ergeben hatte, auf das private Bankkonto.

C.  Umsatzsteuer wird vom privaten Bankkonto bezahlt.

D.  Umsatzsteuer auf Entnahmen wird gebucht.

## Aufgabe 87

Buchungssatz:   Bank an sonstige betriebliche Erträge und Umsatzsteuerschuld.

Welche Deutungen dieses Buchungssatzes sind richtig?

A.  Die Finanzkasse überweist eine Umsatzsteuerüberzahlung, die sich aufgrund betrieblicher Geschäftsvorfälle ergeben hat, auf das betriebliche Bankkonto.

B.  Verkauf eines Wirtschaftsgutes des Anlagevermögens (Buchwert 1.000 €) für brutto 2.300 €, gegen Banküberweisung vom gleichen Tag.

C.  Eingang einer im Vorjahr direkt abgeschriebenen Forderung aus einem Warenverkauf auf dem betrieblichen Bankkonto.

D.  Verkauf eines geringwertigen Wirtschaftsgutes, dessen Anschaffungskosten im Vorjahr in voller Höhe als Betriebsausgaben abgezogen wurden (§ 6 Abs. 2 EStG), gegen Banküberweisung vom gleichen Tag.

# Sachkonten und Personenkonten

## Aufgabe 88

Welche Aussagen über Sachkonten sind richtig?

A.  Zu den Sachkonten gehören die aktiven und die passiven Bestandskonten.

B.  Zu den Sachkonten gehören die Erfolgskonten und die gemischten Konten.

C. Auf den Sachkonten werden die Geschäftsvorfälle nach sachlichen Gesichtspunkten geordnet im Geschäftsfreundebuch gebucht.

D. Auf den Sachkonten werden die Geschäftsvorfälle nach sachlichen Gesichtspunkten geordnet im Hauptbuch gebucht.

## Aufgabe 89

Welche Aussagen über Personenkonten sind richtig?

A. Personenkonten sind die Konten Kundenforderungen und Lieferantenschulden.

B. Personenkonten sind die Lohnkonten für die Arbeitnehmer des Betriebs.

C. Personenkonten sind zusätzliche Konten, auf denen der Inhalt der Sachkonten Kundenforderungen und Lieferantenschulden nochmals dargestellt wird, jedoch getrennt für die einzelnen Kunden und getrennt für die einzelnen Lieferanten.

D. Als Personenkonten bezeichnet man die Kapitalkonten und die Privatkonten des Betriebsinhabers.

## Erfolgskonten

## Aufgabe 90

Welche Aussagen über Erfolgskonten sind richtig?

A. Auf den Erfolgskonten werden sämtliche Kapitaländerungen gesammelt.

B. Buchungen auf Erfolgskonten sind erfolgswirksam.

C. Buchungen auf Erfolgskonten wirken sich auf die Höhe des Kapitals aus.

D. Erfolgskonten werden beim Jahresabschluss über das GuV-Konto abgeschlossen.

## Aufgabe 91

Geschäftsvorfall:

Lohnzahlung für Dezember 02 am 30.12.02

| | |
|---|---:|
| Bruttolöhne | 3.000 € |
| Einbehalten wurden: | |
| Sozialversicherung Arbeitnehmeranteil | 580 € |
| Lohnsteuer und Kirchensteuer | 600 € |
| Bar ausgezahlt | 1.820 € |

Der Arbeitgeberanteil zur Sozialversicherung hat ebenfalls 580 € betragen.

Sozialversicherungsbeiträge und Steuerabzugsbeträge werden am 10. 1. 03 von dem Betriebsinhaber an die Sozialversicherungsträger bzw. das Finanzamt abgeführt.

Wie wirken sich die vorzunehmenden Buchungen aus?

A. Die am 30. 12. 02 vorzunehmende Buchung bewirkt eine Gewinnminderung von 3.580 €.

B. Die am 30. 12. 02 vorzunehmende Buchung bewirkt eine Kapitalminderung von 3.000 €.

C. Die am 10. 1. 03 vorzunehmende Buchung bewirkt eine Kapitalminderung von 580 €.

D. Die am 10. 1. 03 vorzunehmende Buchung ist erfolgsneutral.

## Aufgabe 92

Geschäftsvorfall:

Mit Schreiben vom 1. 4. 02 teilt ein Geschäftsfreund dem Betriebsinhaber (Handelsvertreter) mit, dass er ihm für eine am selben Tag ausgeführte Vermittlungsleistung 580 € (einschließlich Umsatzsteuer) gutgeschrieben und gleichzeitig, wie verabredet, diesen Betrag mit einer privaten Schuld des Betriebsinhabers von 580 € aufgerechnet hat.

Wie wirkt sich die vorzunehmende Buchung aus?

A. Der Gewinn erhöht sich um 500 €.

B. Es ergibt sich eine private Kapitalminderung von 580 €.

C. Es ergibt sich insgesamt eine Kapitalminderung von 80 €.

D. Die Höhe der abzugsfähigen Vorsteuer ändert sich nicht.

# Warenkonten, Wareneinsatz, Umsatz, Rohgewinn

## Aufgabe 93

Geschäftsvorfall:

Der Betriebsinhaber hat Waren für 1.160 € einschl. Umsatzsteuer am 28. 12. 02 bestellt. Die Lieferung erfolgt am 30. 12. 02. Die Rechnung geht am 5. 1. 03 ein. Die Waren werden am 10. 2. 03 durch Bank bezahlt.

Welche Buchungen sind vorzunehmen?

A. Am 28. 12. 02:   Wareneinkauf und Vorsteuer an Kreditoren.

B. Am 30. 12. 02:   Wareneinkauf und sonstige Forderungen an Kreditoren.

C. Am 5. 1. 03: Vorsteuer an sonstige Forderungen.

D. Am 10. 2. 03: Kreditoren an Bank.

## Aufgabe 94

Buchungssatz: Wareneinkauf und Vorsteuer an Kreditoren.

Welche Deutungen dieses Buchungssatzes sind richtig?

A. Ein Spediteur stellt Frachtkosten für beförderte Waren in Rechnung, die der Betriebsinhaber eingekauft hat.

B. Überweisung der Frachtkosten an den Spediteur.

C. Wareneinkauf auf Ziel.

D. Preisnachlass vom Lieferanten auf die noch nicht bezahlten Waren.

## Aufgabe 95

Buchungssatz: Wareneinkauf und Vorsteuer an Privateinlagen.

Welche Deutungen dieses Buchungssatzes sind richtig?

A. Eine private Mietforderung wird durch eine umsatzsteuerpflichtige Warenlieferung des Mieters für den Betrieb beglichen.

B. Privateinlage von Waren, die ursprünglich für den privaten Verbrauch bestimmt waren.

C. Ein Kunde bezahlt einen Wareneinkauf vom 1. 2. 02 am 1. 4. 02 mit privaten Geldmitteln.

D. Frachtkosten (einschließlich Umsatzsteuer) für eingekaufte Waren werden sofort mit privaten Geldmitteln bezahlt.

## Aufgabe 96

Buchung: Wareneinkauf an Warenverkauf 1.000 €.

Welche Auswirkungen hat diese Buchung?

A. Die Höhe des Kapitals bleibt unverändert.

B. Der Gewinn erhöht sich.

C. Der wirtschaftliche Wareneinsatz erhöht sich.

D. Der wirtschaftliche Warenumsatz erhöht sich.

## Aufgabe 97

Buchung: Wareneinkauf 500 € und Vorsteuer 80 € an Privateinlagen 580 €.

Welche Auswirkungen hat diese Buchung?

A. Es ergibt sich eine betriebliche Kapitalminderung von 500 €.

B. Es ergibt sich eine private Kapitalerhöhung von 580 €.

C. Es ergibt sich insgesamt eine Kapitalerhöhung von 80 €.

D. Der Gewinn vermindert sich um 500 €.

## Aufgabe 98

Buchungssatz:   Kreditoren an Wareneinkauf und Vorsteuer.

Welche Deutungen dieses Buchungssatzes sind richtig?

A. Rücksendung noch nicht bezahlter Waren an den Lieferanten.

B. Der Betriebsinhaber gleicht eine Lieferantenschuld durch Hingabe von Waren aus.

C. Ein Lieferant gewährt einen Preisnachlass auf noch nicht bezahlte Waren.

D. Wareneinkauf auf Ziel.

## Aufgabe 99

Buchungssatz:   Aufwandskonto an Wareneinkauf.

Welche Deutungen dieses Buchungssatzes sind richtig?

A. Der Betriebsinhaber entnimmt dem Warenlager Gegenstände, die er für Reparaturarbeiten an seinem nicht zum Betriebsvermögen gehörenden selbst bewohnten Einfamilienhaus gebraucht.

B. Der Einstandspreis verdorbener Waren, die zum Verkauf bestimmt waren, wird umgebucht.

C. Der Einstandspreis innerbetrieblich verbrauchter Waren, die ursprünglich zum Verkauf bestimmt waren, wird umgebucht.

D. Durch einen Brand im Warenlager wurden Waren vernichtet, die zum Verkauf bestimmt waren. Der Einstandspreis dieser Waren wird umgebucht.

## Aufgabe 100

Geschäftsvorfall:

Der Betriebsinhaber hat seinem Warenlager Reinigungsmittel entnommen und sie für die Reinigung der Geschäftsräume verwendet.

Wie wirkt sich die vorzunehmende Buchung aus?

A. Die Privatentnahmen erhöhen sich.

B. Der Rohgewinn ändert sich.

C. Der Reingewinn vermindert sich.

D. Es ergibt sich eine Kapitalminderung.

**Aufgabe 101**

Geschäftsvorfall: Warenverkauf auf Ziel.

| Warenwert | 40.000 € | (Einstandspreis 30.000 € + 4.800 € USt) |
|---|---|---|
| + Umsatzsteuer | 6.400 € | |
| | 46.400 € | |

Welche Auswirkungen hat dieser Geschäftsvorfall auf die Bilanz?

A. Die Position Debitoren erhöht sich um 46.400 €.

B. Die Position Waren vermindert sich um 40.000 €.

C. Die Position Umsatzsteuerschuld erhöht sich um 6.400 €.

D. Die Bilanzsumme erhöht sich um 16.400 €.

**Aufgabe 102**

Geschäftsvorfall: Wareneinkauf wird sofort aus privaten Mitteln bezahlt.

| Warenwert | 20.000 € | (Verkaufspreis 30.000 € + 4.800 € USt) |
|---|---|---|
| + Umsatzsteuer | 3.200 € | |
| | 23.200 € | |

Welche Auswirkungen hat dieser Geschäftsvorfall auf die Bilanz?

A. Die Position Waren erhöht sich um 20.000 €.

B. Die Position Umsatzsteuerschuld erhöht sich um 3.200 €.

C. Die Position Kreditoren erhöht sich um 23.200 €.

D. Die Position Kapital bleibt unverändert.

**Aufgabe 103**

Buchungssatz: Debitoren an Warenverkauf und sonstige Verbindlichkeiten.

Welche Deutungen dieses Buchungssatzes sind richtig?

A. Warenverkauf auf Ziel, der Umsatz ist steuerfrei.

B. Warenverkauf auf Ziel mit späterer Rechnungserteilung (Umsatzbesteuerung nach vereinbarten Entgelten).

C. Warenverkauf auf Ziel mit sofortiger Rechnungserteilung (Umsatzbesteuerung nach vereinbarten Entgelten).

D. Warenverkauf auf Ziel (Umsatzbesteuerung nach vereinnahmten Entgelten).

## Aufgabe 104

Buchungssatz:   Warenverkauf und Umsatzsteuerschuld an Debitoren.

Welche Deutungen dieses Buchungssatzes sind richtig?

A. Waren werden auf Ziel verkauft.

B. Ein Kunde gleicht eine Forderung durch eine umsatzsteuerpflichtige Hergabe von Waren aus, die zur Weiterveräußerung bestimmt sind.

C. Wegen geltend gemachter Mängel wird der Preis noch nicht bezahlter Waren durch den Betriebsinhaber gemindert.

D. Ein Kunde schickt noch nicht bezahlte Waren zurück.

## Aufgabe 105

Geschäftsvorfall:   Warenverkauf auf Ziel.

| Warenwert | 1.000 € | (Einstandspreis 500 € + 80 € USt) |
|---|---|---|
| + Umsatzsteuer | 160 € | |
| | 1.160 € | |

Dieser Warenverkauf wurde **nicht** gebucht, wohl aber die spätere Bezahlung.

Welche Auswirkungen hat dieser Fehler?

A. Der Reingewinn wird um 500 € zu niedrig ausgewiesen.

B. Der wirtschaftliche Wareneinsatz wird zutreffend ausgewiesen.

C. Der Rohgewinn wird um 500 € zu niedrig ausgewiesen.

D. Der wirtschaftliche Umsatz wird um 1.000 € zu niedrig ausgewiesen.

## Aufgabe 106

Buchung:   Privatentnahmen 1.160 € an Warenverkauf 1.000 € und Umsatzsteuerschuld 160 €.

Dieser Geschäftsvorfall hat sich jedoch tatsächlich **nicht** ereignet.

Welche Auswirkungen hat diese Falschbuchung?

A. Der Reingewinn wird zutreffend ausgewiesen.

B. Der wirtschaftliche Umsatz wird um 1.000 € zu hoch ausgewiesen.

C. Der Rohgewinn wird um 1.000 € zu hoch ausgewiesen.

D. Die Umsatzsteuerzahllast wird um 160 € zu hoch ausgewiesen.

## Aufgabe 107

Was wird als wirtschaftlicher Wareneinsatz bezeichnet?

A. Die eingekauften, aber noch nicht verkauften Waren zum Einstandspreis (ohne Vorsteuer).

B. Die eingekauften und bereits verkauften Waren zum Einstandspreis (ohne Vorsteuer).

C. Die eingekauften und bereits verkauften Waren zum Verkaufspreis (ohne Umsatzsteuer).

D. Stets die eingekauften und bereits bezahlten Waren zum Einstandspreis (ohne Vorsteuer), die bereits verkauft wurden.

## Aufgabe 108

Die nachfolgenden Zahlenangaben sind Nettobeträge, also ohne Umsatzsteuer bzw. Vorsteuer.

|  | Kalenderjahr 02 |
|---|---|
| Warenendbestand | 10.000 € |
| Warenanfangsbestand | 20.000 € |
| Wareneingang | 100.000 € |
| Warenbezugskosten | 3.000 € |
| Warenrücksendungen an Lieferanten | 4.000 € |
| Preisnachlässe für Kunden | 5.000 € |
| Verdorbene Waren, Einstandspreis | 2.000 € |
| Warenentnahmen für den Privathaushalt, Einstandspreis | 1.000 € |
| Teilwert der entnommenen Waren | 1.200 € |

Wie hoch ist der wirtschaftliche Wareneinsatz des Kalenderjahres 02?

A. 101.000 €.

B. 104.000 €.

C. 105.800 €.

D. 106.000 €.

## Aufgabe 109

Was wird als Rohgewinn bezeichnet?

A. Der Unterschiedsbetrag zwischen den betrieblichen Erträgen und den betrieblichen Aufwendungen.

B. Der Unterschiedsbetrag zwischen den verkauften Waren zum Verkaufspreis (ohne Umsatzsteuer) und den verkauften Waren zum Einstandspreis (ohne Vorsteuer).

C. Der Unterschiedsbetrag zwischen dem wirtschaftlichen Umsatz und dem wirtschaftlichen Wareneinsatz.

D. Der Unterschiedsbetrag zwischen dem wirtschaftlichen Umsatz sowie den Erträgen aus Hilfsgeschäften einerseits und dem wirtschaftlichen Wareneinsatz sowie den außerordentlichen Aufwendungen andererseits.

## Aufgabe 110

Die folgenden Zahlenangaben sind Nettobeträge, also ohne Umsatzsteuer bzw. Vorsteuer.

|                                          | Kalenderjahr 02 |
|------------------------------------------|-----------------|
| Warenendbestand, Einstandspreis          | 12.000 €        |
| Warenendbestand, Teilwert                | 9.000 €         |
| Warenanfangsbestand, Einstandspreis      | 20.000 €        |
| Warenanfangsbestand, Teilwert            | 22.000 €        |
| Wareneingang                             | 100.000 €       |
| Innerbetrieblicher Warenverbrauch        | 2.000 €         |
| Wirtschaftlicher Umsatz                  | 159.000 €       |

Wie hoch ist der Rohgewinn des Kalenderjahres 02?

A.  48.000 €.

B.  50.000 €.

C.  51.000 €.

D.  53.000 €.

## Aufgabe 111

Was wird als wirtschaftlicher Umsatz bezeichnet?

A.  Stets die Summe der vereinbarten Entgelte.

B.  Stets die Summe der vereinnahmten Entgelte.

C.  Die eingekauften und bereits verkauften Waren zum Einstandspreis (ohne Vorsteuer).

D.  Die eingekauften und bereits verkauften Waren zum Verkaufspreis (ohne Umsatzsteuer).

## Aufgabe 112

Die folgenden Zahlenangaben sind Nettobeträge, also ohne Umsatzsteuer bzw. Vorsteuer.

|                                                    | Kalenderjahr 02 |
|----------------------------------------------------|-----------------|
| Warenendbestand                                    | 10.000 €        |
| Warenanfangsbestand                                | 20.000 €        |
| Wareneingang                                       | 93.000 €        |
| Preisnachlässe von Lieferanten                     | 2.000 €         |
| Warenrücksendungen von Kunden                      | 5.000 €         |
| Gestohlene Waren, Einstandspreis                   | 1.000 €         |
| Gestohlene Waren, Verkaufspreis                    | 1.600 €         |
| Gestohlene Waren, Entschädigung der Versicherung   | 1.100 €         |
| Rohgewinn                                          | 60.000 €        |

Wie hoch ist der wirtschaftliche Umsatz des Kalenderjahres 02?

A. 157.000 €.

B. 159.400 €.

C. 159.900 €.

D. 160.000 €.

## Aufgabe 113

Durch ein Versehen ist im Warenbestand vom 31. 12. 02 bzw. 1. 1. 03 ein Warenposten im Wert von 10.000 € nicht enthalten. Die Warenbestände vom 1. 1. 02 und 31. 12. 03 sind vollständig aufgenommen und zutreffend bewertet worden.

Welche Auswirkungen hat die fehlerhafte Warenbestandsaufnahme im Kalenderjahr 02?

A. Der wirtschaftliche Wareneinsatz wird zu niedrig ausgewiesen.

B. Der Rohgewinn wird zu hoch ausgewiesen.

C. Der wirtschaftliche Umsatz wird zutreffend ausgewiesen.

D. Der Reingewinn wird zu hoch ausgewiesen.

## Aufgabe 114

Sachverhalt wie unter Aufgabe 113.

Welche Auswirkungen hat die fehlerhafte Warenbestandsaufnahme im Kalenderjahr 03?

A. Der wirtschaftliche Wareneinsatz wird zu niedrig ausgewiesen.

B. Der Rohgewinn wird zu hoch ausgewiesen.

C. Der wirtschaftliche Umsatz wird zutreffend ausgewiesen.

D. Der Reingewinn wird zu hoch ausgewiesen.

# Rechnungsabgrenzungsposten, sonstige Forderungen und sonstige Verbindlichkeiten

## Aufgabe 115

Am 1. 10. 02 wurde vom betrieblichen Bankkonto 6.000 € Miete für Geschäftsräume für den Zeitraum 1. 10. 02 bis 31. 3. 03 bezahlt und wie folgt gebucht: Mietaufwand an Bank.

Welche Buchungen sind zum 31. 12. 02 vorzunehmen?

A.  Aktive Rechnungsabgrenzungsposten an Mietaufwand 3.000 €.

B.  Bank an Mietaufwand 3.000 €.

C.  GuV-Konto an Mietaufwand.

D.  Schlussbilanzkonto an aktive Rechnungsabgrenzungsposten.

## Aufgabe 116

Aufgrund welcher Geschäftsvorfälle sind beim Jahresabschluss für 02 Rechnungsabgrenzungsposten zu bilden?

A.  Die Kraftfahrzeugsteuer für ein betriebliches Fahrzeug für die Zeit vom 9. 10. 02 bis 8. 10. 03 wird am 6. 10. 02 bezahlt.

B.  Der Beitrag zur Berufsgenossenschaft für Dezember 02 wird am 6. 1. 03 bezahlt.

C.  Ein Mieter im Betriebsgebäude überweist die Miete für Januar 03 am 20. 12. 02.

D.  Der Betriebsinhaber erhält die Provision für Dezember 02 am 20. 1. 03.

## Aufgabe 117

Geschäftsvorfall:

18.000 € Miete für Geschäftsräume für die Zeit vom 1. 10. 02 bis 31. 3. 04 werden dem Mietvertrag entsprechend am 31. 3. 03 durch Überweisung vom betrieblichen Bankkonto bezahlt und wie folgt gebucht: Mietaufwand an Bank 18.000 €.

Dieser Sachverhalt wird beim Jahresabschluss für 02 und 03 nicht berücksichtigt.

Welche Auswirkungen hat dieser Fehler?

A.  Lediglich der Gewinn für 02 ist unzutreffend.

B.  Lediglich der Gewinn für 03 ist unzutreffend.

C.  Lediglich der Gewinn für 04 ist unzutreffend.

D.  Die Gewinne für 02, 03 und 04 sind unzutreffend.

## Aufgabe 118

Geschäftsvorfall:

Private Miete in Höhe von 400 € und Miete für Geschäftsräume in Höhe von 600 € für Januar 03 werden am 30. 12. 02 vom betrieblichen Bankkonto bezahlt.

Wie wirken sich die vorzunehmenden Buchungen aus?

A. Der Gewinn des Jahres 02 vermindert sich insgesamt um 600 €.

B. Das Kapital des Jahres 02 vermindert sich insgesamt um 1.000 €.

C. Der Gewinn des Jahres 03 vermindert sich insgesamt um 600 €.

D. Das Kapital des Jahres 03 vermindert sich insgesamt um 600 €.

# Rückstellungen

## Aufgabe 119

Geschäftsvorfall:

In der Bilanz per 31. 12. 02 war eine steuerlich zulässige Rückstellung wegen zu erwartender Prozesskosten in Höhe von 5.000 € aufgrund eines am Bilanzstichtag schwebenden Prozesses gebildet worden.

Die tatsächlichen Prozesskosten haben 5.600 € betragen und sind am 2. 5. 03 von dem privaten Bankkonto überwiesen worden.

Welche Auswirkungen hat die am 2. 5. 03 vorzunehmende Buchung?

A. Es ergibt sich insgesamt eine Kapitalminderung von 5.600 €.

B. Es ergibt sich eine private Kapitalerhöhung von 5.600 €.

C. Der Gewinn verändert sich nicht.

D. Die Privateinlagen erhöhen sich um 5.600 €.

## Aufgabe 120

Geschäftsvorfall:

In der Bilanz per 31. 12. 02 ist eine Rückstellung in Höhe von 1.000 € für die zu erwartende Gewerbesteuernachzahlung für das Kalenderjahr 02 ausgewiesen worden.

Die tatsächliche Gewerbesteuernachzahlung für das Jahr 02 beträgt 800 € und wird am 1. 8. 03 von dem privaten Bankkonto überwiesen.

Welche Buchungen sind vorzunehmen?

A. Am 31. 12. 02: Betriebssteuern an Rückstellungen.

B. Am 31. 12. 02: GuV-Konto an Betriebssteuern.

C. Am 31. 12. 02: Rückstellungen an Schlussbilanzkonto.

D. Am 1. 8. 03: Rückstellungen an Privateinlagen und sonstige betriebliche Erträge.

# Privatkonten

## Aufgabe 121

Welche Aussagen über Privatkonten sind richtig?

A. Auf den Privatkonten werden die privaten Kapitaländerungen gesammelt.

B. Buchungen auf Privatkonten sind erfolgsneutral.

C. Buchungen auf Privatkonten wirken sich auf die Höhe des Kapitals aus.

D. Privatkonten werden beim Jahresabschluss über das GuV-Konto abgeschlossen.

## Aufgabe 122

Buchungssatz:   Zinsaufwendungen und Privatentnahmen an Kasse.

Welche Deutungen dieses Buchungssatzes sind richtig?

A. Zinsen für private Schulden werden aus der Kasse bezahlt.

B. Zinsen und Tilgung für betriebliche und private Schulden werden aus der Kasse bezahlt.

C. Der Betriebsinhaber erhält Zinsen für betriebliche und private Forderungen in bar.

D. Zinsen für betriebliche und private Schulden werden bar bezahlt.

## Aufgabe 123

Geschäftsvorfall:   Barentnahme 300 €.

Welche Auswirkungen hat dieser Geschäftsvorfall auf die Bilanz?

A. Die Position Kasse vermindert sich.

B. Die Position Kapital vermindert sich.

C. Aktiv-/Passivtausch.

D. Die Bilanzsumme vermindert sich.

## Aufgabe 124

Geschäftsvorfall:

Private Miete in Höhe von 500 € und Miete für Geschäftsräume in Höhe von 428 € wird am Fälligkeitstag durch Hingabe von Waren beglichen. Der Betriebsinhaber berechnet die Waren zum Einstandspreis von 800 € zuzüglich 128 € Umsatzsteuer.

Welche Auswirkungen hat dieser Geschäftsvorfall auf die Bilanz?

A. Die Position Waren vermindert sich um 800 €.

B. Die Position Umsatzsteuerschuld erhöht sich um 128 €.

C. Die Position Kapital vermindert sich um 928 €.

D. Die Bilanzsumme vermindert sich um 928 €.

## Aufgabe 125

Buchung:

Privatentnahmen (Entnahmen von Gegenständen) 1.000 € und Privatentnahmen 160 € an Wareneinkauf 1.000 € und Umsatzsteuerschuld 160 €.

Welche Auswirkungen hat diese Buchung?

A. Der wirtschaftliche Wareneinsatz vermindert sich.

B. Der Rohgewinn erhöht sich.

C. Der Reingewinn erhöht sich.

D. Das Kapital erhöht sich.

## Aufgabe 126

Buchungssatz: Gebäude an Privateinlagen.

Welche Deutungen dieses Buchungssatzes sind richtig?

A. Der Kaufpreis für ein betriebliches Gebäude (umsatzsteuerfreier Erwerb) wird aus privaten Mitteln bezahlt.

B. Ein bisher zum Privatvermögen gehörendes Gebäude wird in den Betrieb eingebracht.

C. Gebäude-Unterhaltungskosten werden aus privaten Mitteln bezahlt.

D. Herstellungskosten des Gebäudes werden sofort bei Vorlage der Rechnung aus privaten Mitteln bezahlt.

## Aufgabe 127

Durch ein Versehen ist die private (nichtunternehmerische) Nutzung des zum Betriebsvermögen gehörenden PKW (nach dem 1. 4. 1999 angeschafft) nicht als Privatentnahme behandelt worden.

Der Brutto-Listenpreis für den von einem Unternehmer erworbenen PKW betrug 56.028 DM (zum Zeitpunkt der Erstzulassung).

Die private Nutzung des PKW ist ertragsteuerlich nach der 1%-Regelung zu behandeln.

Welche Auswirkungen hat dieser Fehler?

A. Der Gewinn wird um 3.432 € zu niedrig ausgewiesen.

B. Das Kapital wird um 3.432 € zu niedrig ausgewiesen.

C. Die Umsatzsteuerzahllast wird mit 549,12 € zu niedrig ausgewiesen.

D. Die Bilanzsumme wird zutreffend ausgewiesen.

# Kundenforderungen (Debitoren)

## Aufgabe 128

Zum 31. 12. 02 ergibt sich bei einer GmbH ein Forderungsendbestand in Höhe von 690.000 €. In diesem Bestand ist eine Forderung von 11.600 € gegen den Kunden A enthalten, mit deren Eingang nicht mehr zu rechnen ist, da der Aufenthalt des A seit Monaten unbekannt ist. Außerdem ist eine Forderung gegen den Kunden B in Höhe von 23.200 € enthalten, mit deren Eingang nur zu 60 % zu rechnen ist.

Welche Bilanzposten müssen u. a. in der Bilanz der GmbH zum 31. 12. 02 erscheinen?

A. Aktivposten Kundenforderungen mit 655.200 €.

B. Aktivposten zweifelhafte (dubiose) Forderungen mit 23.200 €.

C. Aktivposten Kundenforderungen mit 678.400 €.

D. Aktivposten zweifelhafte (dubiose) Forderungen mit 15.200 €.

## Aufgabe 129

Welche Buchung ist vorzunehmen, wenn die Forderung des Kunden B (vgl. Aufgabe 128) in 03 mit einem Betrag von 70 % von 23.200 € = 16.240 € auf dem Bankkonto der GmbH eingeht?

A. Bank 16.240 € an zweifelhafte Forderungen 15.200 € und sonstige betriebliche Erträge 1.040 €.

B. Bank 16.240 € und Umsatzsteuerschuld 960 € an zweifelhafte Forderungen 15.200 € und sonstige betriebliche Erträge 2.000 €.

C. Bank 16.240 € und Vorsteuer 960 € an zweifelhafte Forderungen 15.200 € und sonstige betriebliche Erträge 2.000 €.

D. Bank 16.240 € und Umsatzsteuerschuld 960 € an zweifelhafte Forderungen 12.200 €, sonstige betriebliche Erträge 2.000 € und Umsatzsteuerschuld 3.000 €.

# Gewinn- und Kapitalauswirkung von Buchungen

## Aufgabe 130

Welche Buchungen wirken sich auf die Höhe des Gewinns aus?

A. Sonstige Forderungen an Bank.

B. Kasse an Privateinlagen.

C. Privatentnahmen an Mieterträge.

D. Löhne an Warenverkauf.

## Aufgabe 131

Welche Buchungen wirken sich auf die Höhe des Kapitals aus?

A. Privatentnahmen an Umsatzsteuerschuld.

B. Wareneinkauf an Privateinlagen.

C. Privatentnahmen an Privatentnahmen (Entnahmen von Gegenständen).

D. Allgemeine Kosten an Wareneinkauf.

## Aufgabe 132

Welche Buchungen wirken sich auf die Höhe des Kapitals **und** die Höhe des Gewinns aus?

A. Kraftfahrzeugkosten an Bank.

B. Debitoren an Warenverkauf.

C. Warenverkauf an Wareneinkauf.

D. Mietaufwand an Privateinlagen.

# Jahresabschluss einschließlich Gewinnermittlung

## Aufgabe 133

Welche Konten geben Bestände an das Schlussbilanzkonto ab?

A. Sonstige Verbindlichkeiten.

B. Warenverkauf.

C. Wareneinkauf.

D. Kapital.

## Aufgabe 134

Welche Aussagen über den Abschluss der Warenkonten nach der Brutto-methode sind richtig?

A. Bei gleichem Zahlenwerk ist die Kontensumme des GuV-Kontos höher als beim Abschluss der Warenkonten nach der Nettomethode.

B. Der Rohgewinn wird in dem GuV-Konto ausgewiesen.

C. Der wirtschaftliche Wareneinsatz wird in dem GuV-Konto ausgewiesen.

D. Der wirtschaftliche Wareneinsatz wird auf das Warenverkaufskonto umgebucht.

## Aufgabe 135

Welche Aussagen über den Abschluss der Warenkonten nach der Netto-methode sind richtig?

A. Der wirtschaftliche Wareneinsatz wird in dem GuV-Konto ausgewiesen.

B. Der wirtschaftliche Umsatz wird in dem GuV-Konto ausgewiesen.

C. Bei gleichem Zahlenwerk ist die Kontensumme des Warenverkaufs-kontos höher als beim Abschluss der Warenkonten nach der Brutto-methode.

D. Der Rohgewinn wird in dem Warenverkaufskonto ausgewiesen.

## Aufgabe 136

Buchungssatz:   Warenverkauf an GuV-Konto.

Welche Deutungen dieses Buchungssatzes sind richtig?

A. Umbuchung des Rohgewinns vom Warenverkaufskonto auf das GuV-Konto.

B. Abschluss des Warenverkaufskontos nach der Bruttomethode.

C. Abschluss des Warenverkaufskontos nach der Nettomethode.

D. Umbuchung der verkauften Waren zum Verkaufspreis (ohne Umsatz-steuer) vom Warenverkaufskonto auf das GuV-Konto.

## Aufgabe 137

Buchung:   GuV-Konto an Erfolgskonto.

Welche Aussagen zu dieser Buchung sind richtig?

A. Diese Buchung wirkt sich gewinnmindernd aus.

B. Durch diese Buchung werden Ertragskonten abgeschlossen.

C. Auf dem Erfolgskonto hat sich ein Sollsaldo ergeben.

D. Diese Buchung erfolgt im Rahmen des Jahresabschlusses.

## Aufgabe 138

Buchungssatz:   Kapitalkonto an GuV-Konto.

Welche Deutungen dieses Buchungssatzes sind richtig?

A. Umbuchung der Summe der betrieblichen Kapitaländerungen auf das Kapitalkonto.

B. Abschluss des Kapitalkontos.

C. Abschluss des GuV-Kontos.

D. Umbuchung des Verlustes auf das Kapitalkonto.

**Aufgabe 139**

Welche Aussagen zum Eigenkapital sind richtig?

A. Eigenkapital kann die Summe der Besitzposten sein.

B. Eigenkapital kann die Summe der Schuldposten abzüglich der Summe der Besitzposten sein.

C. Eigenkapital kann die Summe der Schuldposten zuzüglich der Summe der Besitzposten sein.

D. Eigenkapital kann die Summe der Besitzposten abzüglich der Summe der Schuldposten sein.

**Aufgabe 140**

Der Gewinn für 03, der nach § 4 Abs. 1 Satz 1 EStG ermittelt wurde, beträgt 50.000 €. Welche Zahlen können dieser Gewinnermittlung zugrunde gelegen haben?

A. Betriebsvermögen am 31.12.02 ∕ 110.000 €
Betriebsvermögen am 31.12.03 ∕ 50.000 €
Privatentnahmen 20.000 €
Privateinlagen 30.000 €

B. Betriebsvermögen am 31.12.02 80.000 €
Betriebsvermögen am 31.12.03 150.000 €
Privatentnahmen 30.000 €
Privateinlagen 50.000 €

C. Betriebsvermögen am 31.12.02 30.000 €
Betriebsvermögen am 31.12.03 ∕ 10.000 €
Privatentnahmen 100.000 €
Privateinlagen 10.000 €

D. Betriebsvermögen am 31.12.02 ∕ 20.000 €
Betriebsvermögen am 31.12.03 40.000 €
Privatentnahmen 30.000 €
Privateinlagen 40.000 €

# C. Einkommensteuer

# Vorbemerkung

Die Umsätze werden nach vereinbarten Entgelten besteuert. Ferner ist von der Berechtigung zum vollen Vorsteuerabzug auszugehen.

Den Aufgaben und Lösungen wurden das Einkommensteuergesetz (EStG) und die Einkommensteuer-Durchführungsverordnung 2000 (EStDV), beide zuletzt geändert durch das Kleinunternehmerförderungsgesetz vom 31. Juli 2003, die Einkommensteuer-Richtlinien 2003 (EStR) und die Hinweise im Einkommensteuerhandbuch 2002 (EStH) zugrunde gelegt. Die Dienstanweisung zur Durchführung des Familienleistungsausgleichs nach dem X. Abschnitt des Einkommensteuergesetzes (DA-Fam EStG) wurde in der Fassung vom 15. März 2002 (BStBl 2002 I S. 369 ff.) angewandt.

# Allgemeines

## Aufgabe 141

Es gibt mehrere Erhebungsformen der Einkommensteuer für natürliche Personen. Welche?

A. Veranlagte Einkommensteuer.

B. Körperschaftsteuer.

C. Lohnsteuer.

D. Kapitalertragsteuer.

## Aufgabe 142

Welche Stellung hat die veranlagte Einkommensteuer im System der Steuerarten?

A. Besitzsteuer.

B. Personensteuer.

C. Direkte Steuer.

D. Gemeinschaftsteuer.

# Steuerpflicht

EStG § 1

## Aufgabe 143

Welche der folgenden Aussagen über die Einkommensteuerpflicht natürlicher Personen sind richtig?

A. Personen, die im Inland einen Wohnsitz haben, sind unbeschränkt einkommensteuerpflichtig.

B. Personen, die im Inland weder einen Wohnsitz noch ihren gewöhnlichen Aufenthalt haben, sind – soweit § 1 Abs. 2 und 3 EStG keine

Anwendung findet – beschränkt einkommensteuerpflichtig, wenn sie inländische Einkünfte im Sinne des § 49 EStG haben.

C. Personen, die im Inland keinen Wohnsitz, aber ihren gewöhnlichen Aufenthalt haben, sind unbeschränkt einkommensteuerpflichtig.

D. Personen, die weder einen Wohnsitz noch ihren gewöhnlichen Aufenthalt im Inland haben, sind auch dann beschränkt einkommensteuerpflichtig, wenn sie keine inländischen Einkünfte im Sinne des § 49 EStG haben.

**Aufgabe 144**

Der ledige Italiener Giovanni (G), bisher wohnhaft in Neapel, ist zum 1. 4. 03 in das Inland eingereist, um hier für mehrere Jahre tätig zu sein. Bis zum 31. 3. 03 hatte G im Inland weder einen Wohnsitz noch Einkünfte. Ab 1. 4. 03 wohnte er in einem Arbeiterwohnheim in Köln. G fand am 15. 11. 03 bei einem Verkehrsunfall den Tod.

Welche der folgenden Aussagen über die persönliche Einkommensteuerpflicht des G im VZ 03 sind richtig?

A.  1. 1. – 31. 3. 03  beschränkt steuerpflichtig,
    1. 4. – 31. 12. 03  unbeschränkt steuerpflichtig.

B.  1. 1. – 31. 3. 03  nicht steuerpflichtig,
    1. 4. – 15. 11. 03  unbeschränkt steuerpflichtig,
    16. 11. – 31. 12. 03  nicht steuerpflichtig.

C.  1. 1. – 31. 3. 03  beschränkt steuerpflichtig,
    1. 4. – 15. 11. 03  unbeschränkt steuerpflichtig,
    16. 11. – 31. 12. 03  beschränkt steuerpflichtig.

D.  1. 1. – 31. 3. 03  beschränkt steuerpflichtig,
    1. 4. – 15. 11. 03  unbeschränkt steuerpflichtig,
    16. 11. – 31. 12. 03  nicht steuerpflichtig.

# Einkünfte, Gewinnermittlungszeiträume, Summe der Einkünfte, Altersentlastungsbetrag, Freibetrag für Land- und Forstwirte, Gesamtbetrag der Einkünfte, Einkommen, zu versteuerndes Einkommen

EStG §§ 2, 3, 3 c, 4, 4 a, 5, 9 a, 10 ff., 13, 15, 18, 19, 21, 24 a, 32, 34 g

**Aufgabe 145**

Zu welchen Einkunftsarten gehört der Begriff „Gewinn"?

A. Einkünfte aus selbstständiger Arbeit.

B. Einkünfte aus Gewerbebetrieb.

C.  Einkünfte aus Vermietung und Verpachtung.

D.  Einkünfte aus Land- und Forstwirtschaft.

## Aufgabe 146

Welche Aussagen über das Wirtschaftsjahr sind richtig?

A.  Das Wirtschaftsjahr umfasst stets einen Zeitraum von 12 Monaten.

B.  Das Wirtschaftsjahr ist ein Ermittlungszeitraum.

C.  Das Wirtschaftsjahr kann vom Kalenderjahr abweichen.

D.  Das Wirtschaftsjahr ist der Bemessungszeitraum für die Einkommensteuer bei Steuerpflichtigen mit Einkünften aus einer Gewinneinkunftsart.

## Aufgabe 147

Ein Landwirt ermittelt seine Gewinne jeweils für die Zeit vom 1.7. – 30. 6. Nach den vorliegenden Bilanzen betragen die Gewinne

für das Wj. 01/02 =    30.000 €,
für das Wj. 02/03 =    22.000 €,
für das Wj. 03/04 = 140.000 €,
für das Wj. 04/05 =    16.000 €.

Im Gewinn des Wj. 03/04 ist ein stpfl. Veräußerungsgewinn (Veräußerung eines Teilbetriebs) in Höhe von 132.000 €, entstanden am 2. 8. 03, enthalten.

Von welchem Gewinn ist bei der ESt-Veranlagung für die Kalenderjahre 02 ff. auszugehen?

A.  Kj. 02 =   30.000 €          Kj. 04 =   78.000 €
    Kj. 03 =   81.000 €          Kj. 05 =   16.000 €

B.  Kj. 02 =   26.000 €          Kj. 04 =   12.000 €
    Kj. 03 = 147.000 €

C.  Kj. 02 =   30.000 €          Kj. 04 = 140.000 €
    Kj. 03 =   22.000 €          Kj. 05 =   16.000 €

D.  Kj. 02 =   26.000 €          Kj. 04 =   78.000 €
    Kj. 03 =   81.000 €

## Aufgabe 148

Bauunternehmer Ziegel (Z) ist seit dem 1. 4. 01 als Kommanditist an der Firma Stein KG in Braunschweig beteiligt. Das Wirtschaftsjahr der Firma Stein KG endet jeweils am 31. 3. eines Jahres. Lt. Feststellung des zuständigen Finanzamtes beträgt der Gewinnanteil des Z für das Wirtschaftsjahr 04/05 an der Firma Stein KG 24.000 €. Auf diesen zu erwartenden Gewinnanteil überwies die Stein KG bereits im Februar 05 10.000 € auf das Bankkonto des Z. Der Gewinnanteil des Z für das Wirtschaftsjahr 05/06 betrug 18.000 €.

Z buchte: Bank an Privateinlage 10.000 €.

Der Gewinn des Z aus seinem Baubetrieb (ohne Beteiligung an der KG) beträgt lt. Bilanz per 31. 12. 05 = 60.000 €. Weitere Einkünfte aus Gewerbebetrieb hat Z nicht.

Wie hoch sind die bei der ESt-Veranlagung für das Kj. 05 anzusetzenden Einkünfte aus Gewerbebetrieb?

A. 79.500 €.

B. 70.000 €.

C. 84.000 €.

D. 74.000 €.

## Aufgabe 149

Welche Aussagen über das Wirtschaftsjahr bei Gewerbetreibenden sind richtig?

A. Bei einem im Handelsregister (HR) eingetragenen Gewerbetreibenden darf die Umstellung eines bisher auf den 31. 3. eines Kj. endenden Wj. auf ein auf den 31. 12. eines Kj. endendes Wj. nur im Einvernehmen mit dem Finanzamt vorgenommen werden.

B. Bei einem Gewerbetreibenden entspricht das Wj. grundsätzlich dem Kj.

C. Ein im HR eingetragener Gewerbetreibender, der seinen Gewerbebetrieb am 1. 6. eröffnete und auf den 31. 5. regelmäßig Abschlüsse macht, durfte dieses vom Kj. abweichende Wj. ohne Zustimmung des Finanzamtes wählen.

D. Ein im HR eingetragener Gewerbetreibender, der bisher auf den 31. 5. regelmäßige Abschlüsse machte, darf auch ohne Einvernehmen des Finanzamtes ein anderes vom Kj. abweichendes Wj. wählen.

## Aufgabe 150

Welche Aussagen über den Freibetrag nach § 13 Abs. 3 EStG sind richtig?

A. Der Freibetrag nach § 13 Abs. 3 EStG ist von der Summe der Einkünfte abzuziehen.

B. Sind in der Summe der Einkünfte von 21.000 € eines ledigen Stpfl. Einkünfte aus Land- und Forstwirtschaft in Höhe von 1.200 € enthalten, so ist ein Freibetrag nach § 13 Abs. 3 EStG von 670 € vom Gesamtbetrag der Einkünfte abzuziehen.

C. Erzielt von zusammenveranlagten Ehegatten nur einer der Ehegatten Einkünfte aus Land- und Forstwirtschaft, so kann ein Freibetrag nach § 13 Abs. 3 EStG von höchstens 1.340 € berücksichtigt werden.

D. Hat ein lediger Stpfl. mit einer Summe der Einkünfte von 32.000 € seit 1.10. des VZ Einkünfte aus Land- und Forstwirtschaft erzielt, deren Höhe 500 € beträgt, so wird ein Freibetrag nach § 13 Abs. 3 EStG von 500 € berücksichtigt.

**Aufgabe 151**

An welcher Stelle sind im Rahmen der einkommensteuerlichen Systematik die nachfolgend aufgeführten Beträge abzuziehen?

A. Der Altersentlastungsbetrag nach § 24 a EStG ist vom Einkommen abzuziehen.

B. Außergewöhnliche Belastungen nach den §§ 33 – 33 c EStG sind bei der Ermittlung des Einkommens zu berücksichtigen.

C. Der freibleibende Betrag nach § 46 Abs. 3 EStG bzw. der Härteausgleich nach § 70 EStDV ist vom Einkommen abzuziehen.

D. Die Ermäßigung gem. § 34 g EStG für geleistete Parteispenden ist von der festzusetzenden Einkommensteuer abzuziehen.

**Aufgabe 152**

Ein lediger Stpfl., 70 Jahre alt, erzielte im Veranlagungszeitraum (VZ)

| | | |
|---|---|---|
| Einkünfte aus Gewerbebetrieb | = | 2.000 € |
| Bruttoarbeitslohn aus einem gegenwärtigen Dienstverhältnis (§ 19 Abs. 1 Nr. 1 EStG) | = | 4.500 € |
| Versorgungsbezüge (Pension) aus einem früheren Dienstverhältnis (§ 19 Abs. 2 EStG) | = | 5.380 € |
| Einkünfte aus Vermietung und Verpachtung | = | ⁒ 5.000 € |
| Einkünfte aus Leibrenten (§ 22 Nr. 1 Satz 3 Buchst. a EStG) | = | 2.000 € |

Wie hoch ist der im VZ anzusetzende Altersentlastungsbetrag?

A. 1.908 €.

B. 1.800 €.

C. 1.400 €.

D. 600 €.

## Aufgabe 153

Ein lediger Steuerberater, 68 Jahre alt, ermittelt seinen Gewinn nach § 4 Abs. 3 EStG. Im VZ haben die Betriebseinnahmen 180.000 € und die Betriebsausgaben 60.000 € betragen. Bei dem Stpfl. sind für den VZ Freibeträge gem. § 32 Abs. 6 EStG von 2.904 € für ein Kind zu berücksichtigen, das nicht in seiner Wohnung gemeldet ist und dessen Mutter unbeschränkt einkommensteuerpflichtig ist. Der Stpfl. hat im VZ Krankenversicherungsbeiträge in Höhe von 4.000 € geleistet.

Welche der folgenden Aussagen sind richtig?

A. Die Summe der Einkünfte für den VZ beträgt      120.000 €.

B. Der Gesamtbetrag der Einkünfte für den VZ beträgt      118.092 €.

C. Das Einkommen für den VZ beträgt      114.056 €.

D. Das zu versteuernde Einkommen für den VZ beträgt      111.152 €.

## Aufgabe 154

Die zusammenveranlagten Ehegatten haben im VZ folgende Einkünfte:

**Ehemann**

Arbeitslosengeld in Höhe von 18.000 € und Einnahmen aus einer gewerblichen Tätigkeit (Vermittlungsprovision) von 1.200 €.

**Ehefrau**

Einnahmen aus einem gegenwärtigen Dienstverhältnis (steuerpflichtig) von 24.000 €.

Ausgaben sind dem Ehemann für die Erzielung des Arbeitslosengeldes in Höhe von 350 € und für die Erzielung der Vermittlungsprovisionen in Höhe von 240 € entstanden. Der Ehefrau sind im VZ abzugsfähige Werbungskosten von 1.200 € entstanden.

Wie hoch ist die Summe der Einkünfte?

A. 41.916 €.

B. 41.566 €.

C. 24.060 €.

D. 23.916 €.

**Aufgabe 155**

Ein alleinstehender Stpfl. erzielt im VZ 01 folgende Einkünfte:

| | |
|---|---:|
| gem. § 15 Abs. 1 Nr. 1 EStG | 85.000 €, |
| gem. § 15 Abs. 1 Nr. 2 EStG | ⁒ 40.000 €, |
| gem. § 20 EStG | 48.000 €, |
| gem. § 21 Abs. 1 Nr. 1 EStG | ⁒ 15.000 €. |

Welche der folgenden Aussagen über die Summe der Einkünfte sind richtig?

A. Die Summe der Einkünfte beträgt 78.000 €.

B. Der Verlust gem. § 21 EStG ist in vollem Umfang ausgleichsfähig, da er weniger als 20.750 € beträgt.

C. Der Verlust gem. § 15 Abs. 1 Nr. 2 EStG ist in vollem Umfang ausgleichsfähig, da er weniger als 51.500 € beträgt.

D. In der Summe der Einkünfte sind Einkünfte gem. § 20 EStG in Höhe von 40.258 € enthalten.

**Aufgabe 156**

Ein alleinstehender Stpfl. erzielt im VZ 01 folgende Einkünfte:

| | |
|---|---:|
| gem. § 15 Abs. 1 Nr. 1 EStG | ⁒ 180.000 €, |
| gem. § 15 Abs. 1 Nr. 2 EStG | 140.000 €, |
| gem. § 20 EStG | 120.000 €, |
| gem. § 21 Abs. 1 Nr. 1 EStG aus einem vermieteten Mietwohngrundstück, | ⁒ 85.000 € |
| gem. § 21 Abs. 1 Nr. 1 EStG aus einem vermieteten Einfamilienhaus, | ⁒ 6.000 € |
| gem. § 22 EStG | 4.000 €. |

Welche der folgenden Aussagen sind richtig?

A. Zur Ermittlung des Gesamtbetrags der Einkünfte für den VZ 01 ist von einer Summe der Einkünfte von 36.250 € auszugehen.

B. Die anzusetzende Summe der Einkünfte beträgt ⁒ 7.000 €.

C. Für den Verlustabzug gem. § 10 d EStG in anderen Veranlagungszeiträumen verbleiben negative Einkünfte aus § 15 EStG in Höhe von 13.206 €.

D. In der Summe der Einkünfte sind Einkünfte gem. § 20 EStG in Höhe von 35.081 € enthalten.

**Aufgabe 157**

Ein lediger Stpfl., 68 Jahre alt, hat im VZ folgende Einkünfte:

§ 13 Abs. 1 Nr. 1 EStG:       600 €
§ 15 Abs. 1 Nr. 2 EStG:    30.000 €
§ 18 Abs. 1 Nr. 1 EStG:    10.200 €
§ 21 Abs. 1 Nr. 1 EStG:   ./. 10.500 €

Sonderausgaben und außergewöhnliche Belastungen werden nicht geltend gemacht.

Wie hoch ist das Einkommen?

A. 27.792 €.
B. 29.664 €.
C. 28.356 €.
D. 27.756 €.

# Gewinnermittlung

EStG §§ 4, 5, 6, 7, 9 b, 11, 12

**Aufgabe 158**

Welche Aussagen zum Gewinnbegriff sind richtig?

A. Unterschiedsbetrag zwischen dem Betriebsvermögen am Schluss des Wirtschaftsjahres und dem Betriebsvermögen am Schluss des vorangegangenen Wirtschaftsjahres, vermehrt um den Wert der Entnahmen und vermindert um den Wert der Einlagen.

B. Unterschiedsbetrag zwischen dem Betriebsvermögen am Schluss des Wirtschaftsjahres und dem Betriebsvermögen am Schluss des vorangegangenen Wirtschaftsjahres, vermehrt um den Wert der Einlagen und vermindert um den Wert der Entnahmen.

C. Unterschiedsbetrag zwischen dem Betriebsvermögen am Schluss des Wirtschaftsjahres und dem Betriebsvermögen am Schluss des vorangegangenen Wirtschaftsjahres.

D. Überschuss der Betriebseinnahmen über die Betriebsausgaben.

**Aufgabe 159**

Textilwarenhändler Pelz ermittelt seinen Gewinn durch Bestandsvergleich. Die lt. Buchführung zutreffend ermittelten und belegten Gesamtkosten des überwiegend betrieblich genutzten Personenkraftwagens, bei dessen Anschaffung Pelz den Vorsteuerabzug mit 50 % gem. § 15 Abs. 1 b UStG in Anspruch genommen hat, betrugen 12.600 € (8.208 € AfA und 4.392 €

lfd. Kosten). Die sich aus einem ordnungsgemäßen Fahrtenbuch ergebende private Nutzung des PKW beträgt 30 % (= 6.000 km). Von den in diesem Kj. insgesamt gefahrenen 20.000 km entfallen 2.000 km auf Fahrten zwischen Wohnung und Betrieb (jeweils eine Hin- und Rückfahrt täglich – Entfernung 5 km).

Der Stpfl. hat bisher aus dem vorstehend aufgeführten Sachverhalt keine steuerlichen Folgerungen gezogen. Er will von der Sonderregelung des § 6 Abs. 1 Nr. 4 Satz 3 EStG Gebrauch machen.

Welche Beträge sind dem Gewinn hinzuzurechnen?

A. Dem Gewinn sind 3.780 € zuzüglich USt als nicht abziehbare Kosten der Lebensführung (§ 12 Nr. 1 EStG) und für 1.000 km die Differenz zwischen 1,26 € und dem Entfernungskilometersatz nach § 9 Abs. 1 Nr. 4 EStG als nicht abziehbare Betriebsausgaben hinzuzurechnen (§ 4 Abs. 5 Nr. 6 EStG).

B. Dem Gewinn sind 3.780 € als nicht abziehbare Kosten der Lebensführung (§ 12 Nr. 1 EStG) und für 1.000 km die Differenz zwischen 1,26 € und dem Entfernungskilometersatz nach § 9 Abs. 1 Nr. 4 EStG als nicht abziehbare Betriebsausgaben hinzuzurechnen (§ 4 Abs. 5 Nr. 6 EStG).

C. Dem Gewinn sind 5.040 € als nicht abziehbare Kosten der Lebensführung (§ 12 Nr. 1 EStG) hinzuzurechnen.

D. Dem Gewinn sind 3.780 € und für 2.000 km die Differenz zwischen 1,26 € und dem Entfernungskilometersatz nach § 9 Abs. 1 Nr. 4 EStG als nicht abziehbare Betriebsausgaben hinzuzurechnen (§ 4 Abs. 5 Nr. 6 EStG).

## Aufgabe 160

Sachverhalt wie Aufgabe 159 mit der Abwandlung, dass der Stpfl. keinen Gebrauch von der Sonderregelung des § 6 Abs. 1 Nr. 4 Satz 3 EStG machen will.

Der Stpfl. hat das genutzte Fahrzeug zwei Jahre zuvor fabrikneu für 38.000 € zuzüglich 6.080 € USt erworben (nur zu 50 % abzugsfähig). Der Listenpreis des Fahrzeugs betrug zur Zeit des Erwerbs 40.000 € zuzüglich 6.400 € USt. Die Nutzung des Fahrzeugs erstreckte sich über das gesamte Kj.

Welcher Betrag ist dem Gewinn für die private Nutzung hinzuzurechnen?

A. 5.289,60 €.

B. 4.800,— €.

C. 5.244,— €.

D. 5.568,— €.

## Aufgabe 161

Sachverhalt wie Aufgabe 160 (VZ = Kj. 2003).

Welcher Betrag kann dem Gewinn als nicht abziehbare Betriebsausgabe hinzugerechnet werden?

A. 900,— €.

B. 835,20 €.

C. 115,20 €.

D. 475,20 €.

## Aufgabe 162

Ein Gewerbetreibender, Gewinnermittler nach § 4 Abs. 3 EStG, erklärt für die Kj. 01 und 02 folgende Gewinne:

$$01 = 12.000 \text{ €},$$
$$02 = 14.000 \text{ €}.$$

Am 28. 12. 01 hat der Stpfl. die am 5. 1. 02 fällige Betriebsversicherung für 02 in Höhe von 1.000 € bezahlt. Die Dezembermiete 01 für seine Geschäftsräume in Höhe von 800 €, fällig am 5. 12. 01, hat der Stpfl. erst am 25. 1. 02 bezahlt.

Die gezahlten Beträge hat der Stpfl. gewinnmäßig noch **nicht berücksichtigt.**

Wie hoch ist der Gewinn für das Kj. 01 und 02?

A. Kj. 01 = 12.000 €,  Kj. 02 = 12.200 €.

B. Kj. 01 = 11.000 €,  Kj. 02 = 13.200 €.

C. Kj. 01 = 10.200 €,  Kj. 02 = 14.000 €.

D. Kj. 01 = 11.200 €,  Kj. 02 = 13.000 €.

## Aufgabe 163

Ein Gewerbetreibender, der seinen Betrieb am 2. 1. 01 eröffnete und seinen Gewinn nach § 4 Abs. 3 ermittelt, reicht für das Kj. 01 die folgende Gewinnermittlung ein:

Betriebseinnahmen:

| | |
|---|---:|
| Erlöse von Warenverkäufen | 70.000 € |
| Umsatzsteuer | 11.200 € |
| Privatentnahme von Waren (umsatzsteuerpflichtig, 16 % – Nettobetrag) | 1.000 € |
| | 82.200 € |

|                    | Übertrag:        | 82.200 € |
|--------------------|------------------|----------|

Der Stpfl. hat die Entnahme im Oktober 01 getätigt.

Betriebsausgaben:

| Warenbezahlungen    |          | 50.000 € |          |
|---------------------|----------|----------|----------|
| Vorsteuer           |          | 8.000 €  |          |
| Vorsteuer Lieferwagen |        | 1.920 €  |          |

Anschaffungskosten eines
Lieferwagens = 12.000 €

Tag der Anschaffung und
Bezahlung = 5. 3. 01

BND = 4 Jahre

| AfA  = 25 % von | 12.000 € | 3.000 € |
|-----------------|----------|---------|

Ermittlung der Zahllast

| Umsatzsteuer | 11.360 € |
|--------------|----------|
| ./. Vorsteuer | 9.920 € |
| Zahllast     | 1.440 € |

| davon an das FA gezahlte USt (Januar bis November 01) | 1.130 € | 64.050 € |
|---|---|---|
| Gewinn | | 18.150 € |

Wie hoch ist der Gewinn für das Kj. 01?

A.  18.310 €.

B.  18.150 €.

C.  19.590 €.

D.  17.840 €.

### Aufgabe 164

Ein Gewerbetreibender, Gewinnermittler nach § 4 Abs. 3 EStG, erklärt für das Jahr 02 einen Gewinn von 20.000 €.

Den folgenden Vorgang hat der Stpfl. gewinnmäßig **nicht berücksichtigt:**

Am 10. 1. 02 hat er Waren aus seinem Betrieb für private Zwecke entnommen, die er für 2.000 € + 320 € USt am 10. 11. 01 eingekauft und auch sofort bezahlt hatte. Die Wiederbeschaffungskosten betrugen im Zeitpunkt der Entnahme 2.200 €, der Verkaufspreis betrug 2.800 €.

Wie hoch ist der Gewinn für das Kj. 02?

A.  22.800 €.

B.  22.200 €.

C.  22.000 €.

D.  20.000 €.

**Aufgabe 165**

Ein Gewerbetreibender, Gewinnermittler nach § 4 Abs. 3 EStG, erklärt für das Kj. 01 einen Gewinn von 10.000 € und für das Kj. 02 einen Gewinn von 22.000 €. Den folgenden Vorgang hat der Stpfl. bei der Gewinnermittlung der einzelnen Jahre noch **nicht berücksichtigt:**

Am 10.12.01 erwarb der Stpfl. Grund und Boden für eigenbetriebliche Zwecke. An den Veräußerer zahlte er am gleichen Tage 30.000 €. Die Anschaffungsnebenkosten in Höhe von 2.100 € zahlte er am 15.1.02.

Am 20.11.02 veräußerte der Stpfl. das Grundstück für 40.000 €. Der Erwerber zahlte den Kaufpreis am gleichen Tage.

Wie hoch ist der Gewinn für das Kj. 01 und 02?

A. Kj. 01 = ∕. 20.000 €.

B. Kj. 01 = ∕. 22.100 €.

C. Kj. 01 = 10.000 €.

D. Kj. 02 = 29.900 €.

**Aufgabe 166**

Ein Gewerbetreibender, Gewinnermittler nach § 4 Abs. 3 EStG, hat für das Jahr 01 Betriebsausgaben in Höhe von 40.000 € abgesetzt. In diesen Betriebsausgaben sind u. a. folgende Beträge enthalten:

1. 200 € für ein gestohlenes Rundfunkgerät (Handelsware). Der Einkaufspreis von 150 € wurde bereits im vorangegangenen Jahr entrichtet.

2. 5.000 € (Teilwert) für das vom Stpfl. betrieblich verwendete und ebenfalls am 15.1.01 gestohlene elektronische Prüfgerät. Die steuerlichen Anschaffungskosten betrugen 6.000 €.
(Anschaffung: 10.1.00) BND = 10 Jahre.
Der Buchwert zum 1.1.01 betrug 5.400 €.

Wie hoch sind die Betriebsausgaben für das Kj. 01?

A. 39.800 €.

B. 40.200 €.

C. 40.350 €.

D. 34.800 €.

**Aufgabe 167**

Ein Gewerbetreibender, Gewinnermittler nach § 4 Abs. 3 EStG, erklärt für das Jahr 01 einen Gewinn von 18.000 €.

Den folgenden Vorgang hat der Stpfl. – mit Ausnahme der umsatzsteuerlichen Behandlung – gewinnmäßig noch **nicht berücksichtigt:**

Am 1. 2. 01 kaufte er sich einen neuen PKW für 20.000 € + 3.200 € USt. BND = 4 Jahre. Der Kfz-Händler nahm den alten PKW für 3.000 € + 480 € USt in Zahlung. Der Buchwert des alten PKW betrug am 1. 1. 01 = 2.400 €; die Jahres-AfA 1.200 € (§ 7 Abs. 1 Sätze 1 und 2 EStG). Der Berichtigungsbetrag gem. § 15 a UStG von 192 € ist vom Finanzamt erstattet worden und in den als Betriebsausgaben erfassten Umsatzsteuerzahllasten 01 ebenso wie die Beträge von 3.200 € und 480 € berücksichtigt. Beide Personenwagen wurden im Kj. 01 lt. Fahrtenbuch zu 30 % privat genutzt. Die private Nutzung wird nach § 6 Abs. 1 Nr. 4 Satz 3 EStG ermittelt. Für die laufenden Kosten ist die gewinnmäßige und die umsatzsteuerliche Behandlung der privaten Nutzung ordnungsmäßig erfolgt.

Mit welchem Betrag kann der Gewinn für das Kj. 01 angesetzt werden?

A. 14.850 €.

B. 15.135 €.

C. 15.165 €.

D. 15.130 €.

## Aufgabe 168

Ein Gewerbetreibender, Gewinnermittler nach § 4 Abs. 3 EStG, erklärt für das Kj. 01 einen Gewinn von 10.000 € und für das Kj. 02 einen Gewinn von 22.000 €. Den folgenden Vorgang hat der Stpfl. bei der Gewinnermittlung der einzelnen Jahre noch **nicht berücksichtigt:**

Am 1. 12. 01 erwarb der Stpfl. eine Rechenmaschine für den Betrieb für 390 € + 62,40 € USt. Den Rechnungsbetrag von 452,40 € bezahlte der Stpfl. am 20. 1. 02. Ein Verzeichnis i. S. des § 6 Abs. 2 EStG wird vom Stpfl. geführt.

Welche der folgenden Aussagen sind richtig?

A. Die an den Lieferanten gezahlte Umsatzsteuer ist im Kj. 02 als BA abzugsfähig.

B. Der Gewinn für das Kj. 01 ist um 452,40 € zu mindern.

C. Der Gewinn des Kj. 01 beträgt 9.610 €.

D. Der Stpfl. hat auch die Möglichkeit, die Anschaffungskosten der Rechenmaschine auf die betriebsgewöhnliche Nutzungsdauer zu verteilen und die AfA als BA abzusetzen.

## Aufgabe 169

Ein Gewerbetreibender, Gewinnermittler nach § 4 Abs. 3 EStG, erklärt für das Kj. 01 einen Gewinn von 15.000 €. Ein Verzeichnis i. S. des § 6 Abs. 2 EStG wird vom Stpfl. geführt.

Den folgenden Vorgang hat der Stpfl. bei der Ermittlung des Gewinns für das Kj. 01 noch **nicht berücksichtigt:**

Anschaffung einer elektrischen Schreibmaschine (BND = 10 Jahre) am 1. 9. 01 (lt. Rechnung) für

|  |  |
|---|---|
|  | 420,— € |
| + 16 % USt | 67,20 € |
|  | 487,20 € |
| + Frachtkosten | 10,— € |
| + USt | 1,60 € |
|  | 498,80 € |

Der Stpfl. hat sofort – unter Abzug von Skonto (5 % von 487,20 €) – bezahlt. Die USt-Zahllast wurde zutreffend ermittelt und als BA abgesetzt.

Mit welchem Betrag kann der Gewinn für das Kj. 01 angesetzt werden?

A. 14.525,56 €.

B. 14.893,06 €.

C. 14.914,11 €.

D. 14.920,92 €.

## Aufgabe 170

Ein Gewerbetreibender, Gewinnermittler nach § 4 Abs. 3 EStG, erklärt für das Kj. 03 einen Gewinn von 20.000 €. Den folgenden Vorgang hat der Stpfl. – mit Ausnahme der umsatzsteuerlichen Behandlung – gewinnmäßig noch **nicht berücksichtigt:**

Am 31. 3. 03 schenkte der Stpfl. seinem Sohn einen VW-Golf. Der Stpfl. hatte das Kfz (BND 4 Jahre) am 2. 1. 01 für 20.000 € von einem Arbeitnehmer erworben und ausschließlich in seinem Betrieb genutzt. Im Zeitpunkt der Schenkung betrugen die Wiederbeschaffungskosten für den PKW 12.000 €.

Wie hoch ist der Gewinn für das Kj. 03?

A. 30.000 €.

B. 18.750 €.

C. 22.000 €.

D. 28.750 €.

## Aufgabe 171

Ein Elektrohändler schenkt seinem bei ihm angestellten Lohnbuchhalter zu dessen Silberhochzeit eine Stehlampe (Einkaufspreis am Tag der Schenkung 42 €, Verkaufspreis am Tag der Schenkung 70 €, tatsächlich beim Einkauf vor 2 Jahren bezahlter Preis 35 € – alles Nettobeträge). Eine gleiche Stehlampe schenkt er auch seiner Tante zum Geburtstag und eine weitere einem langjährigen Kunden zu dessen Geschäftsjubiläum. Die einzelnen Schenkungen sind gesondert aufgezeichnet worden. Andere Geschenke haben die genannten Personen im selben Wirtschaftsjahr nicht erhalten, jedenfalls nicht aus betrieblichen Mitteln.

In welcher Höhe liegen nicht abziehbare Betriebsausgaben vor?

A. In Höhe von 70 €.

B. In Höhe von  0 €.

C. In Höhe von 35 €.

D. In Höhe von 84 €.


## Aufgabe 172

Ein Gewerbetreibender, der seinen Gewinn durch Bestandsvergleich ermittelt, hat zum 31.12.01 sein Betriebsvermögen auf 40.000 € und zum 31.12.02 sein Betriebsvermögen auf 55.000 € ermittelt. Die Privatentnahmen 02 betragen 15.000 € und die Privateinlagen 2.000 €. In den Privatentnahmen sind folgende Beträge **nicht enthalten:**

    3.000 € anteilige private Kfz-Kosten

    1.000 € nicht abziehbare Betriebsausgaben nach § 4 Abs. 5 EStG
    (in den Betriebsausgaben enthalten)

Wie hoch ist der steuerlich anzusetzende Gewinn für das Kj. 02?

A. 31.000 €.

B. 32.000 €.

C. 28.000 €.

D. 34.000 €.


## Aufgabe 173

Ein Gewerbetreibender, der seinen Gewinn nach § 5 Abs. 1 EStG ermittelt, hat für das Jahr 01 Betriebsausgaben in Höhe von 30.000 € abgesetzt.

In diesen Betriebsausgaben sind u. a. folgende Beträge **enthalten:**

| | |
|---|---:|
| Kapitalertragsteuer | 200 € |
| Löhne und Gehälter | 10.000 € |
| Aufwendungen in tatsächlicher Höhe (Bus) für Mittagsheimfahrten (zwischen Wohnung und Betrieb) | 300 € |
| Anzahlung am 1.12.01 auf eine Maschine (Restbetrag von 500 € + 16 % USt wurde bei Lieferung am 10.1.02 bezahlt; BND = 10 Jahre) | 400 € |

Wie hoch sind die Betriebsausgaben für das Kj. 01?

A.  29.600 €.

B.  29.400 €.

C.  29.100 €.

D.  29.145 €.

# Wechsel der Gewinnermittlungsart

## Aufgabe 174

Ein Gewerbetreibender, der bis zum 31. 12. 01 seinen Gewinn nach § 4 Abs. 3 EStG ermittelt hat, geht ab 1. 1. 02 zur Gewinnermittlung nach § 5 Abs. 1 EStG über. Der Gewinn lt. Bilanz per 31. 12. 02 beträgt 30.000 €.

Die Eröffnungsbilanz zum 1. 1. 02 weist u. a. folgende Bilanzposten aus:

Aktiva:    20.000 € Waren

Passiva:    5.000 € Warenschulden

Mit welchem Betrag kann der Gewinn für das Kj. 02 (unter Berücksichtigung möglicher Anträge) angesetzt werden?

A.  25.000 €.

B.  37.500 €.

C.  45.000 €.

D.  35.000 €.

## Aufgabe 175

Wie Aufgabe 174, nur weist die Eröffnungsbilanz zum 1. 1. 02 u. a. folgende Bilanzposten aus:

Aktiva:    5.000 € Anzahlungen auf LKW

          4.000 € Kundenforderungen

Wie hoch ist der Gewinn für das Kj. 02?

A.  30.000 €.

B.  39.000 €.

C.  34.000 €.

D.  26.000 €.

## Aufgabe 176

Wie Aufgabe 174, nur weist die Eröffnungsbilanz zum 1.1.02 u. a. folgende Bilanzposten aus:

Aktiva:    10.000 € Bank

Passiva:    500 € USt-Schuld

Wie hoch ist der Gewinn für das Kj. 02?

A.  30.000 €.

B.  29.500 €.

C.  30.500 €.

D.  40.500 €.

## Aufgabe 177

Wie Aufgabe 174, nur weist die Eröffnungsbilanz zum 1.1.02 u. a. folgende Bilanzposten aus:

Aktiva:    16.000 € Fuhrpark

800 € RAP (am 28.12.01 vorausbezahlte Betriebsversicherung für das Kj. 02 – jeweils fällig am 5.1. eines jeden Jahres)

Wie hoch ist der Gewinn für das Kj. 02?

A.  46.800 €.

B.  30.800 €.

C.  30.000 €.

D.  29.200 €.

## Aufgabe 178

Wie Aufgabe 174, nur weist die Eröffnungsbilanz zum 1.1.02 u. a. folgende Bilanzposten aus:

Passiva:    3.000 € Bankschulden (Erwerb einer Maschine)

2.000 € Gewerbesteuerrückstellung

Wie hoch ist der Gewinn für das Kj. 02?

A.  28.000 €.

B.  32.000 €.

C.  27.000 €.

D.  25.000 €.

# Veranlagung

EStG §§ 25 – 26 c

## Aufgabe 179

Welche Aussagen zur Veranlagungsart sind richtig?

A. Eine Einzelveranlagung kommt nur für eine ledige und unbeschränkt einkommensteuerpflichtige natürliche Person in Betracht.

B. Für beide Ehegatten, die zu Beginn des Kj. 01 die Voraussetzungen des § 26 Abs. 1 Satz 1 EStG erfüllten und ab 1. 10. 01 dauernd getrennt gelebt haben, wird keine Einzelveranlagung für den VZ 01 durchgeführt.

C. Die Ehegattenbesteuerung erfolgt nur dann, wenn die einzelnen Voraussetzungen des § 26 Abs. 1 Satz 1 EStG im VZ gleichzeitig vorgelegen haben.

D. Haben im VZ mehrere Ehen bestanden, so kommt die Ehegattenbesteuerung stets nur für die Ehe in Betracht, die zuletzt geschlossen wurde und bei der die Voraussetzungen des § 26 Abs. 1 Satz 1 EStG vorgelegen haben.

## Aufgabe 180

Emma Piel, verwitwet seit dem 1. 10. 01, erfüllte bis zum Zeitpunkt des Todes ihres Ehemannes mit diesem die Voraussetzungen des § 26 Abs. 1 Satz 1 EStG. Sie ist mit ihren Einkünften für die Kj. 01 und 02 zur Einkommensteuer zu veranlagen.

Welche Veranlagungsart(en) kommt (kommen) in Betracht?

A. Einzelveranlagung für den VZ 02.

B. Zusammenveranlagung für den VZ 01.

C. Getrennte Veranlagung für den VZ 01.

D. Besondere Veranlagung für den VZ 01.

## Aufgabe 181

Die Ehefrau des Stpfl. ist im Kj. 01 gestorben. Die Voraussetzungen des § 26 Abs. 1 Satz 1 EStG lagen vor.

Welche der folgenden Aussagen zur Veranlagungsart sind richtig?

A. Wenn der Stpfl. im Kj. 01 wieder heiratet, mit seiner zweiten Ehefrau die Voraussetzungen des § 26 Abs. 1 Satz 1 EStG erfüllt und keine besondere Veranlagung nach § 26 c EStG beantragt, wird für die verstorbene Ehefrau für den VZ 01 eine Einzelveranlagung durchgeführt.

B. Wenn der Stpfl. nicht wieder heiratet, wird für beide Ehegatten für den VZ 01 eine Einzelveranlagung durchgeführt.

C. Wenn der Stpfl. im Kj. 01 wieder heiratet und mit seiner zweiten Ehefrau die Voraussetzungen des § 26 Abs. 1 Satz 1 EStG nicht erfüllt, wird für diese Ehegatten die getrennte Veranlagung durchgeführt.

D. Wenn der Stpfl. nicht wieder heiratet, ist für ihn und seine verstorbene Ehefrau die Ehegattenbesteuerung anzuwenden.

## Aufgabe 182

Welche der folgenden Aussagen zum Wahlrecht der Veranlagungsart sind zutreffend?

A. Eine Zusammenveranlagung ist nur dann durchzuführen, wenn die Voraussetzungen des § 26 Abs. 1 Satz 1 EStG erfüllt sind und b e i d e Ehegatten die Zusammenveranlagung wählen.

B. Eine Zusammenveranlagung ist durchzuführen, wenn die Voraussetzungen des § 26 Abs. 1 Satz 1 EStG erfüllt sind und keiner der Ehegatten das Wahlrecht ausgeübt hat.

C. Eine getrennte Veranlagung ist durchzuführen, wenn die Voraussetzungen des § 26 Abs. 1 Satz 1 EStG erfüllt sind und einer der Ehegatten die getrennte Veranlagung wählt.

D. Eine getrennte Veranlagung ist durchzuführen, wenn die Voraussetzungen des § 26 Abs. 1 Satz 1 EStG erfüllt sind, einer der Ehegatten die getrennte Veranlagung und der andere Ehegatte die Zusammenveranlagung wählt.

## Aufgabe 183

Welche der folgenden Aussagen über die Ermittlung und den Ansatz der Einkünfte bei Ehegatten sind richtig?

A. Die Einkünfte der Ehegatten werden bei der Zusammenveranlagung zusammen ermittelt.

B. Die Einkünfte der Ehegatten werden bei allen Veranlagungsarten getrennt ermittelt.

C. Bei der Zusammenveranlagung werden die Einkünfte für jeden Ehegatten getrennt ermittelt und anschließend zusammengerechnet.

D. Bei der Zusammenveranlagung gibt es nur eine Summe der Einkünfte.

## Aufgabe 184

Welche der folgenden Aussagen sind richtig?

A. Bei allen drei Arten der Ehegattenbesteuerung (Zusammenveranlagung, getrennte Veranlagung und besondere Veranlagung) werden außergewöhnliche Belastungen für die Ehegatten gemeinsam ermittelt (und dann ggf. aufgeteilt).

B. Auch bei einer Zusammenveranlagung wird der Freibetrag nach § 24 a EStG nach der Höhe des Arbeitslohnes und der positiven Summe der übrigen Einkünfte des Ehegatten ermittelt, der die altersmäßigen Voraussetzungen erfüllt.

C. Bei der getrennten Veranlagung sind jedem Ehegatten die von ihm bezogenen Einkünfte zuzurechnen.

D. Bei der Zusammenveranlagung wird die Summe der Einkünfte für beide Ehegatten ermittelt.

# Sonderausgaben

EStG §§ 10 ff.

## Aufgabe 185

Welche der folgenden Aussagen über die steuerliche Behandlung von Kosten der Lebensführung sind richtig?

A. Sonderausgaben werden vom Gesamtbetrag der Einkünfte abgezogen.

B. Sonderausgaben sind u. a. die im § 10 EStG genannten Aufwendungen, wenn sie weder Betriebsausgaben noch Werbungskosten sind.

C. Sonderausgaben (§§ 10, 10 b EStG) sind abzugsfähige Kosten der Lebensführung (unter Beachtung der Höchstbeträge).

D. § 12 EStG und § 10 EStG befassen sich mit der steuerlichen Behandlung von Kosten der Lebensführung.

## Aufgabe 186

Ein lediger Stpfl. A, 30 Jahre alt, hat im VZ (Veranlagungszeitraum) lediglich 30.000 € Einkünfte aus Gewerbebetrieb erzielt.

Er hat folgende Sonderausgaben für den VZ nachgewiesen:

| | | |
|---|---|---|
| Spenden an eine politische Partei | | 1.680 € |
| Krankenversicherungsbeiträge | | |
| gezahlte Beiträge | 6.100 € | |
| Beitragsrückvergütung | 600 € | 5.500 € |

Wie hoch sind die für den VZ insgesamt abziehbaren Sonderausgaben?

A. 5.536 €.

B. 5.105 €.

C. 4.987 €.

D. 4.981 €.

## Aufgabe 187

Der selbstständig tätige Steuerberater S, geschieden seit 7 Jahren und wiederverheiratet seit 3 Jahren, leistete im VZ 02 folgende Zahlungen:

Unterhaltszahlungen von monatlich 1.000 € an seine geschiedene Ehefrau (die Zustimmung der Ehefrau zum Abzug liegt vor);

ab 1. 6. zusätzlich monatlich 450 € an die geschiedene Ehefrau für den Unterhalt der gemeinsamen ehelichen Tochter, 9 Jahre, da diese Ende Mai vom Haushalt des S in den der Ehefrau umgezogen ist;

im Mai 500 € für eine auswärtige Fortbildungsmaßnahme, an der seine derzeitige, nicht berufstätige Ehefrau teilgenommen hat, um in ihrem erlernten Beruf als Steuerfachangestellte auf dem Laufenden zu bleiben; danach von Juni bis Oktober monatlich 150 € für einen Aufbaukurs zu der Maßnahme im Mai am Wohnort.

Andere Sonderausgaben – außer Vorsorgeaufwendungen – weist S nicht nach.

Welche Aussagen zum Sonderausgabenabzug aufgrund der aufgeführten Zahlungen (d. h. ohne Vorsorgeaufwendungen) sind für den VZ 02 richtig?

A.  Aufgrund der Unterhaltsleistungen sind 12.000 € und aufgrund der Fortbildungsmaßnahmen 853 € abzuziehen.

B.  Aufgrund der Unterhaltsleistungen sind 13.805 € und aufgrund der Fortbildungsmaßnahmen 1.250 € abzuziehen.

C.  Aufgrund der Unterhaltsleistungen sind 12.000 € und aufgrund der Fortbildungsmaßnahmen 1.227 € abzuziehen.

D.  Aufgrund der Unterhaltsleistungen sind 12.000 € und aufgrund der Fortbildungsmaßnahmen 1.250 € abzuziehen.

## Aufgabe 188

Die Ehegatten, beide 45 Jahre alt, beantragen die Zusammenveranlagung. Der Ehemann hat im VZ 01 27.000 € aus einem gegenwärtigen Dienstverhältnis (Techniker) als Arbeitslohn bezogen, die Ehefrau hat keinen Arbeitslohn erzielt. Die Ehegatten haben für den VZ 01 folgende Sonderausgaben nachgewiesen:

| | |
|---|---:|
| Kirchensteuer | 450 € |
| Arbeitnehmeranteil an der Sozialversicherung | 5.400 € |
| (Arbeitgeberanteil an der Sozialversicherung | 5.400 €) |
| Beiträge zur Bausparkasse | 4.000 € |

Wie hoch ist die Summe der bei der Veranlagung abzuziehenden Sonderausgaben für den VZ 01?

A.  5.392 €.

B.  5.850 €.

C.  5.382 €.

D.  4.942 €.

## Aufgabe 189

Die Ehegatten, beide 42 Jahre alt, beantragen die Zusammenveranlagung.
Der Ehemann hat im VZ 01 32.400 € Bruttobezüge als Beamter erhalten.
Die Ehefrau hat keine Einkünfte.

Die Ehegatten haben für den VZ 01 folgende Sonderausgaben nachgewiesen:

| | |
|---|---|
| Beiträge zur Lebensversicherung | 1.500 € |
| Beiträge zur Krankenversicherung | 2.400 € |

Wie hoch ist die Summe der insgesamt abziehbaren Sonderausgaben?

A.  3.760 €.

B.  3.832 €.

C.  2.268 €.

D.  2.340 €.

## Aufgabe 190

Ein lediger Stpfl., 71 Jahre alt, Rentner, keine Kinder, hat im VZ 6.948 €
Arbeitslohn aus einem gegenwärtigen Dienstverhältnis bezogen.

Aus der Rente ergeben sich Einkünfte in Höhe von 4.900 €, außerdem
erzielt der Stpfl. Einkünfte aus Vermietung und Verpachtung in Höhe von
5.000 €.

Er weist außer Krankenversicherungsbeiträgen in Höhe von 900 € keine
anderen Sonderausgaben im VZ nach.

Wie hoch ist der Sonderausgabenabzug für die Vorsorgeaufwendungen?

A.     900 €.

B.  1.008 €.

C.  1.134 €.

D.  1.390 €.

## Aufgabe 191

Die Ehegatten, beide am 1.1. über 64 Jahre alt, wählen die Zusammenveranlagung. Die Versorgungsbezüge des Ehemannes aus seinem früheren
Dienstverhältnis als Beamter haben im VZ 25.100 € betragen. Die Ehefrau
hat 3.000 € Arbeitslohn aus einem gegenwärtigen sozialversicherungspflichtigen Dienstverhältnis bezogen.

Wie hoch ist die Vorsorgepauschale?

A.  2.268 €.

B.  1.494 €.

C.  4.406 €.

D.  4.766 €.

**Aufgabe 192**

Der verheiratete Beamte S wird im Mai des VZ 65 Jahre alt. Er erhält für Januar Bezüge in Höhe von 2.500 €, ab 1. Februar Pensionsbezüge in Höhe von insgesamt 21.500 €.

S erzielt außerdem Einkünfte aus Vermietung und Verpachtung in Höhe von 8.000 €. Die Ehefrau hat keine eigenen Einkünfte.

Die Ehegatten weisen Lebens- und Krankenversicherungsbeiträge i. S. des § 10 Abs. 1 Nr. 2 EStG in Höhe von insgesamt 3.500 € nach.

Wie hoch ist der Abzug für Vorsorgeaufwendungen bei der Zusammenveranlagung des S und seiner Ehefrau?

A.  2.268 €.

B.  3.500 €.

C.  3.968 €.

D.  3.840 €.

# Kinder, Sonderfreibeträge, Einkommensteuertarif

EStG §§ 31, 32, 32 a

**Aufgabe 193**

Die Stpfl. K (Frau) und L (Mann) heiraten am 1. 10. 02. Beide sind unbeschränkt einkommensteuerpflichtig und leben nicht dauernd getrennt.

Seit dem 1. 10. 02 haben sie eine gemeinsame Wohnung. Sie haben zwei gemeinsame Kinder:

Markus – geb. 10. 11. 01 (bis 30. 9. 02 in der Wohnung der Frau K gemeldet), Katrin – geb. 1. 12. 02.

Welche Aussagen über die einkommensteuerliche Berücksichtigung des Sohnes Markus für das Kj. 01 und deren Auswirkung auf die Gewährung des Haushaltsfreibetrags sind richtig?

A. Markus ist ein Kind des L i. S. des § 32 Abs. 1 Nr. 1 EStG; für ihn können bei L die Freibeträge nach § 32 Abs. 3 i. V. mit Abs. 6 Satz 1 EStG berücksichtigt werden.

B. Markus ist ein Kind der Frau K i. S. des § 32 Abs. 1 Nr. 1 EStG; für ihn können bei Frau K die Freibeträge nach § 32 Abs. 3 i. V. mit Abs. 6 Satz 1 EStG berücksichtigt werden.

C. Weil das Elternpaar die Voraussetzungen des § 26 Abs. 1 Satz 1 EStG nicht erfüllt, ist die Zuordnung des Kindes nach § 32 Abs. 7 Satz 2 EStG zu klären.

D. Frau K ist (bis 2004) der Haushaltsfreibetrag zu gewähren, da Markus nur in ihrer Wohnung gemeldet war.

**Aufgabe 194**

Text wie Aufgabe 193.

**Ergänzung:** Der Ehemann ist am 15. 12. 02 gestorben. Die Ehegatten lebten seit dem 15. 10. 02 dauernd getrennt.

Welche Aussagen über die estl. Behandlung der Tochter Katrin im Kj. 02 sind richtig?

A. Katrin begründet ein Kindschaftsverhältnis i. S. des § 32 Abs. 1 Nr. 1 EStG zu beiden Elternteilen.

B. Für Katrin können bei der Zusammenveranlagung die Freibeträge gemäß § 32 Abs. 6 Satz 2 EStG berücksichtigt werden.

C. Katrin wird für Dezember 02 nach § 32 Abs. 3 EStG berücksichtigt.

D. Für Katrin können nur die Freibeträge nach § 32 Abs. 6 Satz 1 EStG berücksichtigt werden.

**Aufgabe 195**

A heiratet Frau B (beide unbeschränkt stpfl.) am 1. 6. 01.

Die Tochter der Frau B, die seit ihrer Geburt nur bei Frau B gemeldet war und ab 1. 6. 01 im gemeinsamen Haushalt von A (der nicht der Vater ist) und B lebt, vollendet mit Ablauf des 31. 5. 01 das 17. Lebensjahr. Sie ist im Kj. 01 als kaufmännische Angestellte tätig und erzielt einen Bruttoarbeitslohn von 9.000 €.

Welche Aussagen über die Tochter sind zutreffend?

A. Die Tochter ist ein Kind, das mit Frau B im 1. Grad verwandt ist (§ 32 Abs. 1 Nr. 1 EStG).

B. Zu A besteht kein Kindschaftsverhältnis i. S. des § 32 Abs. 1 EStG.

C. Bei B ist das Kind nach § 32 Abs. 3 EStG zu berücksichtigen.

D. Die Tochter ist nicht zu berücksichtigen, da sie zu hohe Einkünfte erzielt.

## Aufgabe 196

Die Tochter des Stpfl. hat mit Ablauf des 24. 11. 01 das 18. Lebensjahr vollendet. Vom 1. 8. 02 (Schulentlassung 31. 7. 02) bis zum 31. 7. 04 ist sie beim zuständigen Arbeitsamt als Bewerberin für eine berufliche Ausbildungsstelle gemeldet. Sie erzielt keine Einnahmen. Zum 1. 8. 04 hat sie einen Ausbildungsplatz gefunden.

Welche Aussagen über die Berücksichtigung der Tochter sind richtig?

A. VZ 01 = Berücksichtigung für 12 Monate nach § 32 Abs. 3 EStG.

B. VZ 02 = Berücksichtigung für 5 Monate nach § 32 Abs. 4 Nr. 1 EStG.

C. VZ 03 = Berücksichtigung nach § 32 Abs. 4 Nr. 1 EStG.

D. VZ 04 = Berücksichtigung für 11 Monate nach § 32 Abs. 4 Nr. 1 EStG.


## Aufgabe 197

Die unbeschränkt stpfl. Frau A, ledig, 52 Jahre alt, hat ein leibliches Kind, 21 Jahre alt, das sich in Berufsausbildung befindet und keine eigenen Einkünfte oder Bezüge erzielt.

Der Vater des Kindes ist verstorben.

Welche der folgenden Aussagen sind richtig?

A. Das Kind ist nach § 32 Abs. 3 EStG zu berücksichtigen.

B. Bei der Einzelveranlagung der Frau A ist (bis einschl. 2004) ein Freibetrag nach § 32 Abs. 7 EStG vom Gesamtbetrag der Einkünfte abzuziehen.

C. Bei der Einzelveranlagung der Frau A kann ein Kinderfreibetrag nach § 32 Abs. 6 Satz 3 Nr. 1 EStG berücksichtigt werden.

D. Für Frau A kommt der Grundtarif nach § 32 a Abs. 1 (–3) EStG in Betracht.


## Aufgabe 198

Die Ehegatten A und B (beide unbeschränkt stpfl.) haben beide im Kj. 01 das 65. Lebensjahr vollendet. Ehemann A ist am 30. 3. 02 gestorben. Die Ehegatten haben bis zum Zeitpunkt des Todes nicht dauernd getrennt gelebt.

Welche der folgenden Aussagen zum anzuwendenden Tarif sind richtig?

A. Bei der Zusammenveranlagung der Ehegatten für das Kj. 01 ist der Splittingtarif anzuwenden.

B. Bei den beiden Einzelveranlagungen der Ehegatten für das Kj. 02 ist der Grundtarif anzuwenden.

C. Bei der Einzelveranlagung der Witwe für das Kj. 03 ist der Splittingtarif anzuwenden.

D. Bei der Einzelveranlagung der Witwe für das Kj. 04 ist der Grundtarif anzuwenden.

## Aufgabe 199

Sachverhalt wie Aufgabe 198. In allen Kj. ist ein minderjähriges eheliches Kind der Ehegatten zu berücksichtigen. Die Voraussetzungen des § 31 EStG für den Abzug der Freibeträge gemäß § 32 Abs. 6 EStG sind erfüllt.

Wie hoch sind die nach § 32 EStG zu berücksichtigenden Freibeträge?

A. Bei der Zusammenveranlagung der Ehegatten für das Kj. 02: 5.808 €.

B. Bei einer getrennten Veranlagung der Ehegatten für das Kj. 02 erhält jeder 2.904 € und (bis 2004) den Haushaltsfreibetrag gemäß § 32 Abs. 7 EStG.

C. Bei der Einzelveranlagung der Witwe für das Kj. 03: 5.808 € und (bis 2004) der Haushaltsfreibetrag gemäß § 32 Abs. 7 EStG.

D. Bei der Einzelveranlagung der Witwe für das Kj. 04: 5.808 € und (bis 2004) der Haushaltsfreibetrag gemäß § 32 Abs. 7 EStG.

## Aufgabe 200

Das eheliche Kind der Ehegatten K und L vollendet am 12. 10. des VZ das 18. Lebensjahr. Am 1. 8. des Vorjahrs hat das Kind eine Berufsausbildung begonnen; die Ausbildungsvergütung betrug bis September des VZ monatlich 510 € brutto und ab Oktober 640 € brutto monatlich.

Wie hoch sind die für den VZ für das Kind in Betracht kommenden Freibeträge nach § 32 Abs. 6 EStG?

A. 5.808 €.

B. 4.840 €.

C. 3.388 €.

D. 0 €.

## Aufgabe 201

Ein Kind vollendet am 12. 8. des VZ das 18. Lebensjahr. Es befindet sich in einem Ausbildungsdienstverhältnis; die Ausbildungsvergütung beträgt im VZ von Januar bis Juli 550 € und ab August 690 € monatlich.

Welche Aussagen zur Berücksichtigung des Kindes im VZ sind zutreffend?

A. Das Kind ist bis einschl. August nach § 32 Abs. 3 EStG zu berücksichtigen; die eigenen Einkünfte und Bezüge spielen dabei keine Rolle.

B. Für die Berücksichtigung von September bis Dezember sind die anteiligen Einkünfte und Bezüge von Bedeutung.

C. Die auf die Zeit vom 13. 8. bis 31. 12. entfallenden anteiligen Einkünfte
und Bezüge sind für die Berücksichtigung maßgebend.

D. Die maßgebenden anteiligen Einkünfte für August sind mit $^{18}/_{30}$ zu
ermitteln.

## Aufgabe 202

Für die 14-jährige nichteheliche Tochter erhält die ledige Mutter das
Kindergeld, da die Tochter bei ihr wohnt und auch bei ihr gemeldet ist. Der
leibliche Vater, verheiratet, kommt seiner Unterhaltspflicht nach.

Welche der folgenden Aussagen über die Berücksichtigung des Kinderfrei-
betrages bei der Veranlagung der Mutter sind zutreffend?

A. Der Kinderfreibetrag von 1.824 € ist abzuziehen, wenn dessen steuerliche Auswirkung höher ist als das gezahlte Kindergeld.

B. Der Kinderfreibetrag von 1.824 € ist abzuziehen, wenn die Einkom-
mensteuerminderung durch die Freibeträge gemäß § 32 Abs. 6 Satz 1
EStG höher ist als die Hälfte des gezahlten Kindergelds.

C. Der Kinderfreibetrag von 1.824 € ist abzuziehen, wenn dessen steuerliche Auswirkung höher ist als die Hälfte des gezahlten Kindergelds.

D. Der Kinderfreibetrag von 3.648 € und der Betreuungsfreibetrag von
2.160 € sind abzuziehen, wenn deren steuerliche Auswirkung höher ist
als das gezahlte Kindergeld.

## Außergewöhnliche Belastungen

EStG §§ 33–33 c

## Aufgabe 203

Einem ledigen Stpfl. sind im Kj. 01 folgende Aufwendungen entstanden:

1. 3.500 € Krankenhauskosten (15 Tage à 190 € Pflegesatz
   = 2.850 € + 650 € Kosten für Behandlung und Medika-
   mente).
   Auf diesen Betrag erstattete die Privatkrankenkasse im
   Kj. 01 2.800 €. Ferner zahlte die Privatkrankenkasse im
   Kj. 01 ein Krankenhaustagegeld von (15 × 50 € =) 750 €
   und ein Krankentagegeld von (15 × 30 € =) 450 €.

2. 1.500 € Krankheitskosten (nicht durch den Krankenhaus-
   aufenthalt entstanden). Auf diesen Betrag erstattete die
   Privatkrankenkasse im Kj. 01 = 1.200 €.

Die Aufwendungen sind weder Betriebsausgaben noch Werbungskosten. Sämtliche Rechnungen wurden vom Stpfl. im Kj. 01 bezahlt.

Wie hoch sind die vor Abzug der zumutbaren Belastung berücksichtigungsfähigen Aufwendungen nach § 33 EStG für das Kj. 01?

A. 0 €.

B. 1.000 €.

C. 250 €.

D. 300 €.

## Aufgabe 204

Der allein stehende B hat im VZ 01 eine Summe der Einkünfte von 16.000 € und einen Gesamtbetrag der Einkünfte von 15.000 € erzielt. Bei ihm sind im VZ 01 zwei Kinder zu berücksichtigen.

Wie hoch ist die zumutbare Belastung nach § 33 Abs. 3 EStG für den VZ 01?

A. 3 % von 15.000 €.

B. 2 % von 15.340 €.

C. 2 % von 16.000 €.

D. 2 % von 15.000 €.

## Aufgabe 205

Ein Stpfl. (einziges Kind) unterhält seine 75 Jahre alte Mutter, die weder über eigenes Vermögen noch über eigene Einkünfte und Bezüge verfügt, mit 800 € monatlich während des gesamten Kj. 01. Ferner bezahlte der Stpfl. am 1. 9. 01 die Krankenhauskosten für seine Mutter in Höhe von 1.600 €.

Welche Aussagen zu den Aufwendungen sind richtig?

A. Die Aufwendungen sind dem Stpfl. zwangsläufig erwachsen.

B. Die gesamten Aufwendungen sind mit dem nach § 33 a Abs. 1 EStG zu berücksichtigenden Betrag abgegolten.

C. Für die gesamten Aufwendungen ist § 33 EStG maßgebend.

D. Die Krankenhauskosten sind im Rahmen des § 33 EStG zu berücksichtigen, während die Unterhaltsleistungen bis zum Höchstbetrag des § 33 a Abs. 1 EStG abziehbar sind.

## Aufgabe 206

Die Brüder K und L unterstützen ihre Eltern (beide 78 Jahre alt, sonst keine weiteren Kinder), die in einem gemeinsamen Haushalt leben und weder über eigenes Vermögen noch über eigene Einkünfte und Bezüge verfügen, während des gesamten VZ mit zusammen monatlich 1.100 € (K = 500 €, L = 600 €).

In welcher Höhe sind die Aufwendungen abziehbar?

A. Die Aufwendungen sind insgesamt mit dem Zweifachen des Höchstbetrags gem. § 33 a Abs. 1 EStG zu berücksichtigen.

B. Der für K nach § 33 a Abs. 1 EStG zu berücksichtigende Betrag beträgt 6.000 €.

C. Bei L ist ein Betrag in Höhe des (einfachen) Höchstbetrags nach § 33 a Abs. 1 EStG zu berücksichtigen.

D. Für die Unterhaltsleistungen sind nach § 33 a Abs. 1 EStG insgesamt das Zweifache des Höchstbetrags zu berücksichtigen. Davon sind anteilig für K $^5/_{11}$ und für L $^6/_{11}$ absetzbar.

## Aufgabe 207

Ein Stpfl. (einziges Kind) unterstützt seinen verwitweten Vater (72 Jahre alt) während des gesamten VZ mit monatlich 350 €. Der Vater ist im VZ 01 als Nachtwächter tätig. Sein Bruttoarbeitslohn 01 beträgt 3.000 €. Im Übrigen besitzt der Vater noch Sparanlagen über 14.000 €. Die Zinseinnahmen im Kj. 01 betragen 700 €.

Welche Aussagen über die Ermittlung des Höchstbetrages nach § 33 a Abs. 1 EStG treffen zu?

A. Die Aufwendungen sind nicht absetzbar, weil der Vater eigenes Vermögen (Sparguthaben) besitzt.

B. Die maßgebenden eigenen Einkünfte des Vaters betragen 1.956 €.

C. Der Höchstbetrag ist um 1.801 € zu kürzen.

D. Nach § 33 a Abs. 1 EStG ist ein Betrag von 4.200 € zu berücksichtigen.

## Aufgabe 208

Ein Stpfl. unterstützte seinen Sohn (34 Jahre alt), der bis zum 25. 6. 01 (01 = 2004) studierte, bis einschließlich Juni 01 mit monatlich 170 € (einschließlich 100 € Zimmermiete). Der Sohn, der bis zum 30. 6. 01 noch zum Haushalt des Stpfl. gehörte und auswärts untergebracht war, erhielt eine monatliche Unfallrente von 500 € (steuerfrei). Für den Sohn besteht kein Anspruch auf Kindergeld oder auf einen Kinderfreibetrag. Ab 1. 7. 01 bestreitet der Sohn seinen Unterhalt allein aus der Unfallrente.

Welche Aussagen über die Abziehbarkeit der Aufwendungen sind richtig?

A. Abziehbar sind nach § 33 a Abs. 1 EStG 7.428 € und nach § 33 a Abs. 2 EStG 924 €.

B.  § 33 a Abs. 2 EStG findet keine Anwendung.

C.  Die eigenen Bezüge des Sohnes führen zur Kürzung des anteiligen Höchstbetrages nach § 33 a Abs. 1 EStG um 2.598 €.

D.  Nach § 33 a Abs. 1 i. V. mit Abs. 4 EStG ist ein Betrag von 1.020 € abzuziehen.

## Aufgabe 209

Ein geschiedener Stpfl. leistet während des gesamten VZ 2004 im Rahmen seiner Unterhaltsverpflichtung monatlich 600 € an seine geschiedene Ehefrau (keine Sonderausgaben nach § 10 Abs. 1 Nr. 1 EStG) und 400 € für das 15-jährige Kind, das im Haushalt der Mutter (geschiedene Ehefrau) lebt und dort auch gemeldet ist.

Mutter und Kind haben keine anrechenbaren eigenen Einkünfte oder Bezüge.

Welche Aussagen über die Berücksichtigung dieser Aufwendungen sind richtig?

A.  Nach § 33 a Abs. 1 EStG sind 12.000 € vom Gesamtbetrag der Einkünfte abzuziehen.

B.  Die Unterhaltszahlungen für das Kind sind nach § 33 a EStG nicht absetzbar.

C.  Für die Unterhaltszahlungen an die geschiedene Ehefrau werden nach § 33 a Abs. 1 EStG 7.200 € berücksichtigt.

D.  Für die Unterhaltszahlungen an die geschiedene Ehefrau ist der Höchstbetrag gem. § 33 a Abs. 1 EStG vom Gesamtbetrag der Einkünfte abzuziehen.

## Aufgabe 210

Der Stpfl. Volker Weise (W) hat für den gesamten VZ 03 Anspruch auf einen Kinderfreibetrag nach § 32 Abs. 6 Satz 3 EStG für seinen Sohn Xaver (X), der am 15. 2. 03 das 18. Lebensjahr vollendet hat. X war bis zum 31. 3. 03 auswärtig in einem Internat untergebracht; ab 1. 4. 03 studiert er an auswärtigen Hochschulen. Während der Semesterzeiten (April bis Juni und Oktober bis Dezember) bewohnt X am Hochschulort ein jeweils für diese Zeit gemietetes möbliertes Zimmer. In den Semesterferien wohnt X im Haushalt des W. W sind im gesamten VZ 03 Aufwendungen für die Berufsausbildung des X entstanden. Für die Monate Oktober bis Dezember erhielt X Ausbildungszuschüsse von monatlich 100 € in Form eines Stipendiums, da er in dieser Zeit an einer ausländischen Hochschule studierte. Andere Einkünfte und Bezüge hat X in 03 nicht erzielt.

Wie hoch ist der nach § 33 a Abs. 2 EStG in Betracht kommende Sonderfreibetrag?

A. 847 €.

B. 385 €.

C. 616 €.

D. 496 €.

## Aufgabe 211

Text wie Aufgabe 210 mit folgender Ergänzung:

X erzielte im VZ 03 zur Bestreitung seines Unterhalts und seiner Berufsausbildung geeignete Einkünfte in Höhe von insgesamt 1.980 € (Einkünfte aus Vermietung und Verpachtung).

In welcher Höhe ist für den VZ 03 auf Antrag ein Sonderfreibetrag gemäß § 33 a Abs. 2 EStG bei W abzuziehen?

A. In Höhe von 495 €.

B. In Höhe von 528 €.

C. In Höhe von 408 €.

D. In Höhe von 484 €.

## Aufgabe 212

Für die eheliche Tochter (8 Jahre) der Eheleute Wagner ist seit ihrer Geburt ein Grad der Behinderung von 55 festgestellt. Aufgrund eines Unfalls wird der Grad der Behinderung ab 1. 9. 08 auf 65 festgestellt. Dies ist auch in ihrem Schwerbehindertenausweis vermerkt.

Die Tochter ist unbeschränkt einkommensteuerpflichtig, hat aber keinerlei eigenes Einkommen.

Welche der folgenden Aussagen über die Berücksichtigung des Behinderten-Pauschbetrags bei der Zusammenveranlagung der Eheleute Wagner für das Kj. 08 sind zutreffend?

A. Der Pauschbetrag kann auf Antrag mit 720 € berücksichtigt werden.

B. Der Pauschbetrag kann auf Antrag mit 890 € berücksichtigt werden.

C. Der Pauschbetrag kann auch auf Antrag nicht berücksichtigt werden.

D. Der Pauschbetrag kann auf Antrag mit 777 € berücksichtigt werden.

## Aufgabe 213

Die Ehegatten, beide 75 Jahre alt und nicht dauernd pflegebedürftig, sind ab 1. 2. 01 in einem Altersheim untergebracht. Die monatlichen Aufwendungen jedes einzelnen Ehegatten betragen 600 €. In diesem Betrag sind

100 € enthalten, die als Kosten für Dienstleistungen anzusehen und mit denen einer Hausgehilfin vergleichbar sind.

Wie hoch ist der bei der Veranlagung der Eheleute absetzbare Betrag nach § 33 a Abs. 3 EStG?

A. VZ 01 = 1.144 €.

B. VZ 01 =    572 €.

C. VZ 01 = 1.100 €.

D. VZ 02 = 1.248 €.

**Aufgaben 214**

Für ihre beiden Kinder entstehen der erwerbstätigen, allein erziehenden (leiblichen) Mutter M im VZ 03 folgende Aufwendungen:

für die ganztägige Unterbringung der 4-jährigen Tochter in einer Kindertagesstätte monatlich 250 € und für die Betreuung des 7-jährigen Sohnes am Nachmittag monatlich 120 €.

Die leiblichen Väter zahlen Unterhalt und tragen die Hälfte der Betreuungskosten.

Wie hoch ist der steuerliche Abzug aufgrund der Aufwendungen bei M?

A.    750 €.

B. 1.548 €.

C. 1.494 €.

D.    726 €.

# Einkünfte aus Kapitalvermögen

EStG §§ 9 a, 12, 20, 36

**Aufgabe 215**

Ein lediger Stpfl. besitzt ein Bausparguthaben; aufgrund von Zinsen werden seinem Konto 3.734 € gutgeschrieben. Bei der Ermittlung dieses Gutschriftbetrags hat die Bausparkasse 1.200 € an Kapitalertragsteuer und 66 € Solidaritätszuschlag abgezogen, da sie diese Beträge einbehalten und abgeführt hat; dabei hat die Bausparkasse einen vom Stpfl. erteilten Freistellungsauftrag über 1.000 € berücksichtigt.

Weitere Einnahmen aus Kapitalvermögen sind dem Stpfl. im VZ nicht zugeflossen.

Welche der folgenden Aussagen sind richtig?

A. Die Einkünfte aus Kapitalvermögen betragen 2.399 €.

B. Die Einkünfte aus Kapitalvermögen betragen 3.399 €.

C. Dem Steuerabzug sind 4.000 € Zinsen unterworfen worden.

D. Die Einkünfte aus Kapitalvermögen betragen 2.133 €.

## Aufgabe 216

Die zusammen zur Einkommensteuer zu veranlagenden Ehegatten haben im Kj. 03 folgende Einnahmen aus Kapitalvermögen erzielt:

Ehemann 1.900 €,        Ehefrau 1.580 €.

Den Ehegatten sind hierfür folgende Werbungskosten entstanden:

Ehemann    70 €,        Ehefrau    30 €.

Es ist davon auszugehen, dass sich die gesonderte Ermittlung der Einkünfte jedes Ehegatten bei der Zusammenveranlagung auswirkt.

Welche der folgenden Ergebnisse sind bei den Einkünften aus Kapitalvermögen möglich?

A. Ehemann:    Einkünfte        0 €,
   Ehefrau:     Einkünfte      278 €.

B. Ehemann:    Einkünfte      278 €,
   Ehefrau:     Einkünfte        0 €.

C. Ehemann:    Einkünfte      248 €,
   Ehefrau:     Einkünfte       30 €.

D. Ehemann:    Einkünfte      350 €,
   Ehefrau:     Einkünfte    ./. 72 €.

# Einkünfte aus Vermietung und Verpachtung, eigengenutzter Wohnraum

EStG §§ 7, 9 b, 21; EStDV § 9 a

## Aufgabe 217

Der Stpfl. H hat an seinem im Kj. 02 fertig gestellten und bezogenen Dreifamilienhaus im Oktober 03 eine zu dem bereits vorhandenen Kellerausgang führende Steintreppe anlegen lassen. Hierzu hatten ihm im Kj. 02 die Mittel gefehlt. Die Handwerkerrechnungen für die Treppe beliefen sich insgesamt auf 1.900 €. Sie wurden noch im Kj. 03 zugesandt. H hat die Rechnungsbeträge im Januar 04 an die Handwerker überwiesen.

Für das Gebäude nimmt H die AfA nach § 7 Abs. 4 EStG in Anspruch.

Welche der folgenden Aussagen zum Aufwand für die Treppe sind richtig?

A.  Der Aufwand ist den Herstellungskosten zuzurechnen und für das Kj. 03 zeitanteilig im Rahmen der AfA zu berücksichtigen.

B.  Der Aufwand kann auf Antrag als Erhaltungsaufwand behandelt werden, da er nicht mehr als 4.000 € betrug.

C.  Der Aufwand ist den Herstellungskosten zuzurechnen und erst ab dem Kj. 04 im Wege der AfA zu berücksichtigen.

D.  Der Aufwand ist den Herstellungskosten zuzurechnen. H kann auch für diesen Aufwand im Kj. 03 die AfA für das gesamte Jahr in Anspruch nehmen.

## Aufgabe 218

Dem Stpfl. K sind im Kj. 05 u. a. Aufwendungen in Höhe von 2.000 € zuzüglich 320 € Umsatzsteuer für den Einbau eines Bades und einer Dusche in einer vermieteten Wohnung seines vor 40 Jahren errichteten Mehrfamilienhauses entstanden. In der Wohnung waren bisher nur eine Toilette und ein Waschbecken vorhanden.

Wie können die Aufwendungen für Bad und Dusche 05 als Werbungskosten berücksichtigt werden?

A.  Als Herstellungsaufwand mit 2 v. H. im Rahmen der AfA für das Gebäude.

B.  Als Herstellungsaufwand mit einer AfA von 232 €.

C.  Als Erhaltungsaufwand in Höhe von 2.320 €.

D.  Als Erhaltungsaufwand in Höhe von 2.000 €.

## Aufgabe 219

Der Stpfl. hat im Kj. 02 (= 2003) ein Zweifamilienhaus gebaut. Tag der Fertigstellung: 1. 7. 02. Die Gebäudeherstellungskosten haben 310.000 € betragen. Das Gebäude wird ausschließlich für Wohnzwecke vermietet. Der Antrag auf Baugenehmigung wurde am 1. 3. 01 gestellt.

Wie hoch kann die AfA für das Kj. 02 angesetzt werden?

A.    3.100 €.

B.  15.500 €.

C.  21.700 €.

D.    6.200 €.

**Aufgabe 220**

Versicherungsvertreter V (Gewinnermittlung nach § 5 EStG) hat zum 1. 10. des VZ ein 8 Jahre altes, viergeschossiges Gebäude für 720.000 € erworben, davon entfallen 160.000 € auf den Grund und Boden. Die Erwerbsnebenkosten (Grunderwerbsteuer, Maklergebühren, Grundbuchkosten usw.) haben 16.000 € zuzüglich 960 € USt betragen.

Das Gebäude wird wie folgt genutzt:

| | |
|---|---|
| Erdgeschoss | – Büroräume des V (nur umsatzsteuerfreie Umsätze), |
| 1. Stock | – an einen Rechtsanwalt umsatzsteuerpflichtig vermietete Büroräume, |
| 2. Stock | – vermietete Wohnung, |
| 3. Stock | – eigengenutzte Wohnung des V. |

Alle Geschosse haben eine gleich große benutzbare Fläche.

Welche der folgenden Aussagen sind richtig?

A. Es liegen vier verschiedene Gebäudeteile vor, die als selbstständige unbewegliche Wirtschaftsgüter anzusehen sind.

B. Die steuerlichen Anschaffungskosten für das Erdgeschoss betragen 143.298 €.

C. Die steuerlichen Anschaffungskosten für den 1. Stock betragen 143.112 €.

D. Die eigengenutzte Wohnung ausgenommen, sind für jeden Gebäudeteil nur ³/₁₂ des jährlichen AfA-Betrags für den VZ der Anschaffung anzusetzen.

**Aufgabe 221**

Sachverhalt wie Aufgabe 220.

Welche der folgenden Aussagen zur Absetzung für Abnutzung sind zutreffend?

A. Wenn V die Räume im 1. und 2. Stock zulässigerweise als gewillkürtes Betriebsvermögen behandelt, kann er für das Erdgeschoss und diese beiden Stockwerke die AfA gem. § 7 Abs. 4 Nr. 1 EStG in Anspruch nehmen.

B. Wenn V die Räume im 1. Stock zulässigerweise als gewillkürtes Betriebsvermögen behandelt, kann er für das Erdgeschoss und den 1. Stock die AfA gem. § 7 Abs. 4 Nr. 1 EStG in Anspruch nehmen.

C. V kann die AfA gem. § 7 Abs. 4 Nr. 1 EStG für den 1. Stock auch dann in Anspruch nehmen, wenn er den 1. Stock nicht als gewillkürtes Betriebsvermögen behandelt.

D. V kann für das gesamte Gebäude nur die AfA gem. § 7 Abs. 4 Nr. 2 a) EStG in Anspruch nehmen.

## Aufgabe 222

In seinem Dreifamilienhaus mit drei gleich großen Wohnungen mit gleichartiger Ausstattung hat der Eigentümer eine Wohnung an einen fremden Mieter für monatlich 1.200 € einschl. Umlagen – ortsüblicher Mietzins – vermietet; die zweite Wohnung nutzt der Eigentümer selbst; die dritte Wohnung hat er an seinen Onkel für monatlich 500 € einschl. Umlagen vermietet.

Welche der folgenden Aussagen sind zutreffend?

A. Einkünfte aus Vermietung und Verpachtung ergeben sich nur aus der an den fremden Mieter überlassenen Wohnung.

B. Bei der Ermittlung der Einkünfte aus Vermietung und Verpachtung sind die Einnahmen aus den beiden vermieteten Wohnungen den dazugehörigen Aufwendungen gegenüberzustellen.

C. Die Aufwendungen für die an den Onkel vermietete Wohnung dürfen nur zu $^5/_{12}$ als Werbungskosten berücksichtigt werden.

D. $^{19}/_{36}$ der Kosten i. S. des § 9 EStG für das Gebäude sind als Kosten der Lebensführung nicht abzugsfähig.

## Sonstige Einkünfte

EStG §§ 9 a, 22 Nr. 1 Satz 3 Buchst. a und Nr. 2, § 23; EStDV § 55

## Aufgabe 223

Ein lediger Stpfl. vollendete im Juni 01 sein 65. Lebensjahr. Die Rente aus der gesetzlichen Rentenversicherung von monatlich 2.000 € wurde bereits ab 1. 6. 01 gezahlt.

Welche Aussagen zur Rentenbesteuerung sind richtig?

A. Die Einnahmen i. S. des ESt-Rechts betragen 14.000 €.

B. Der Ertragsanteil der Rente beträgt 27 v. H.

C. Die Einkünfte i. S. des § 22 Nr. 1 Satz 3 Buchst. a EStG betragen 3.678 €.

D. Die Einnahmen betragen 28 % von 14.000 €.

## Aufgabe 224

Ein Stpfl., der am 18. 6. 01 sein 57. Lebensjahr vollendete, bezieht seit dem 1. 6. 01 eine Erwerbsunfähigkeitsrente aus der gesetzlichen Rentenversicherung. Die Rente wird ab Vollendung des 65. Lebensjahres in ein Altersruhegeld umgewandelt.

Mit welchem v. H.-Satz ist der Ertragsanteil der Rente für das Kj. 07 anzusetzen?

A. Mit 15 v. H.

B. Mit 37 v. H.

C. Mit 38 v. H.

D. Mit 9 v. H.

## Aufgabe 225

Ein Stpfl. mit Einkünften aus nichtselbstständiger Arbeit erwirbt am 10. 7. 01 ein Baugrundstück für 50.000 €, das er am 20. 12. 02 für 60.000 € wieder veräußert. Die vom Stpfl. im Kj. 02 gezahlten Veräußerungskosten haben 2.000 € betragen. Nach den vertraglichen Vereinbarungen ist der Kaufpreis zinslos in zwei Raten von 53.000 € am 20. 12. 02 und von 7.000 € am 10. 3. 03 zu zahlen.

Wie hoch ist der in den Kalenderjahren anzusetzende steuerpflichtige Gewinn aus den privaten Veräußerungsgeschäften?

A. Kj. 02 = 0 €.

B. Kj. 03 = 6.000 €.

C. Kj. 03 = 8.000 €.

D. Kj. 02 = 1.000 €.
    Kj. 03 = 7.000 €.

# Steuerfestsetzung, Steuerermäßigung, Vorauszahlungen

EStG §§ 34 g, 35, 35 a, 36, 37, 51 a

## Aufgabe 226

Die tarifliche Einkommensteuer des Stpfl. A für den VZ 01 beträgt 500 €; zu berücksichtigen sind bei der Veranlagung eine Steuerermäßigung gemäß § 34 g aufgrund geleisteter Parteispenden (Spendenbetrag: 1.200 €), eine einbehaltene Lohnsteuer von 800 € und ein einbehaltener Solidaritätszuschlag von 44 €.

Welche der folgenden Aussagen sind zutreffend?

A. Die festzusetzende Einkommensteuer 01 beträgt 0 €.

B. Die Einkommensteuer-Erstattung 01 beträgt 944 €.

C. Die festzusetzende Einkommensteuer 01 beträgt ╱ 100 €.

D. Die Einkommensteuer-Erstattung 01 beträgt 800 €.

## Aufgabe 227

Die Ehegatten Ernst, beide 67 Jahre, beschäftigen in ihrem gemeinsamen Haushalt ganzjährig eine Hausgehilfin und ab 1. 7. eine Haushaltshilfe. Die Hausgehilfin erhält einen sozialversicherungspflichtigen Arbeitslohn in Höhe von 1.000 € monatlich; die Haushaltshilfe erhält als geringfügig Beschäftigte einen Arbeitslohn in Höhe von 300 € monatlich.

In welcher Höhe kommt eine Steuerermäßigung gemäß § 35 a EStG in Betracht?

A. In Höhe von 1.558 €.

B. In Höhe von 1.545 €.

C. In Höhe von 1.552 €.

D. In Höhe von 1.620 €.

## Aufgabe 228

Der ledige Stpfl. S erzielt als Einzelhändler einen Gewinn aus Gewerbebetrieb in Höhe von 80.000 €; der Gewerbesteuermessbetrag ergibt sich mit 1.575 €; der Hebesatz zur Gewerbesteuer ist von der betreffenden Gemeinde mit 300 % festgesetzt. Aus einer Beteiligung von 20 % an einer OHG erzielt S einen Gewinnanteil in Höhe von 14.900 €; der Gewerbesteuermessbetrag für die OHG ergibt sich mit 1.300 €; der Hebesatz zur Gewerbesteuer ist von der betreffenden Gemeinde mit 250 % festgesetzt. Nach § 34 g EStG ist bei S eine Steuerermäßigung in Höhe von 850 € zu berücksichtigen.

(Es ist davon auszugehen, dass die auf die gewerblichen Einkünfte entfallende anteilige tarifliche Einkommensteuer 20.000 € beträgt.)

Welche der folgenden Aussagen zur Ermäßigung der Einkommensteuer des S gemäß § 35 EStG treffen zu?

A. Die Ermäßigung beträgt insgesamt 3.303 €.

B. Bei der Ermittlung der anteiligen tariflichen Einkommensteuer ist vorher die Ermäßigung gemäß § 34 g EStG abzuziehen.

C. Die Ermäßigung beträgt insgesamt 2.835 €.

D. Die Höhe des Hebesatzes ist für die Ermittlung der Ermäßigung ohne Bedeutung.

## Aufgabe 229

Für den Stpfl. L sind seit 10. 3. 02 pro Quartal 5.000 € an Vorauszahlungen zur Einkommensteuer festgesetzt. Im April 05 erhält er seinen Einkommensteuerbescheid für 02 (keine Einkünfte aus Land- und Forstwirtschaft) mit einer festzusetzenden Einkommensteuer von 34.800 €, auf die Steuerabzugsbeträge von 13.000 E angerechnet wurden.

Welche Vorauszahlungen zur Einkommensteuer werden in dem Bescheid bei Ausschöpfung aller Möglichkeiten festgesetzt?

A. Zum 10. 6., 10. 9. und 10. 12. 05 je 5.600 €.

B. Für den VZ 03 ein Erhöhungsbetrag von 1.800 €.

C. Für den VZ 04 ein Erhöhungsbetrag von 1.800 €.

D. Ab 10. 6. 06 pro Quartal 5.450 €.

**Aufgabe 230**

Die tarifliche Einkommensteuer von 16.000 € des Stpfl. P ist um eine Steuerermäßigung gemäß § 34 g EStG in Höhe von 800 € und eine Steuerermäßigung gemäß § 35 EStG in Höhe von 700 € gemindert sowie um ein Kindergeld in Höhe von 924 € erhöht worden, sodass sich die festzusetzende Einkommensteuer auf 15.424 € beläuft. Bei der Berechnung der tariflichen Einkommensteuer sind zur Ermittlung des zu versteuernden Einkommens vom Einkommen u. a. nach § 32 Abs. 6 EStG ein Kinderfreibetrag von 1.824 € und ein Betreuungsfreibetrag von 1.080 € abgezogen worden; ohne diese Abzüge hätte die tarifliche Einkommensteuer 17.350 € betragen. Nach § 3 Nr. 40 EStG steuerfreie Einnahmen hat P in Höhe von 500 € erzielt.

Welcher Betrag ist für die Zuschlagsteuern (Solidaritätszuschlag, Kirchensteuer) maßgebend?

A. 15.000 €.

B. 15.424 €.

C. 15.924 €.

D. 15.700 €.

# D. Eigenheimzulage

Begünstigte Objekte
Förderzeitraum
Objektbeschränkung
Einkunftsgrenze
Festsetzung der Zulage
Ausbauten, Kappungsgrenze

# Begünstigte Objekte

EigZulG § 2

## Aufgabe 231

Die Anschaffung oder Herstellung welcher der folgenden Objekte wird nach dem Eigenheimzulagegesetz begünstigt?

A.  Ein Einfamilienhaus im Wohngebiet auf der Insel Amrum, das vom Eigentümer nur im Urlaub und an mehreren Wochenenden im Kj. selbst genutzt wird, ansonsten aber ungenutzt bleibt.

B.  Eine Eigentumswohnung in einem Ferienhausgebiet in Berchtesgaden, die vom Eigentümer – entgegen den baurechtlichen Vorschriften – ständig als einziger Wohnsitz genutzt wird; er ist dort auch mit Hauptwohnung gemeldet.

C.  Eine Eigentumswohnung in Cuxhaven, die vom Eigentümer im Urlaub und an mehreren Wochenenden im Kj. überwiegend selbst genutzt wird, im Übrigen aber auch mehrere Wochen im Kj. an Feriengäste vermietet wird.

D.  Ein Dreifamilienhaus in Dresden, in dem zwei Wohnungen vermietet sind; die dritte Wohnung wird vom Eigentümer (Rechtsanwalt) jeweils von Sonntagabend bis Dienstagabend sowohl teilweise für Wohnzwecke als auch teilweise als Büroraum genutzt. Die Aufwendungen werden vom Eigentümer als Betriebsausgaben geltend gemacht, ebenso die Absetzungen für Abnutzung für die gesamte Wohnung. Der Eigentümer wohnt mit Hauptwohnsitz in Dortmund und hat dort auch seine Rechtsanwaltskanzlei.

# Förderzeitraum

EigZulG § 3

## Aufgabe 232

Der Stpfl. E hat mit Vertrag vom 6. 12. 2001 zum 1. 9. 2002 (Tag des Übergangs der Nutzen und Lasten) ein Zweifamilienhaus in Essen erworben; die Eintragung im Grundbuch erfolgte im Januar 2003.

Die beiden Wohnungen sind vermietet.

Zum 1. 3. 2003 wird eine der beiden Wohnungen vom Mieter geräumt und seitdem von E selbst zu eigenen Wohnzwecken genutzt.

Die Einkunftsgrenze ist in allen Jahren unterschritten.

Welche der folgenden Aussagen zum Förderzeitraum sind zutreffend?

A.  Der Förderzeitraum umfasst die Jahre 2001 bis 2008.

B.  Der Förderzeitraum umfasst die Jahre 2002 bis 2009.

C. Der Förderzeitraum umfasst die Jahre 2003 bis 2009.

D. Der Förderzeitraum umfasst die Jahre 2003 bis 2010.

## Objektbeschränkung

EigZulG §§ 2, 6

### Aufgabe 233

Für welche der folgenden Objekte können die Ehegatten Fritz (F) und Gunda (G) Hansen – § 26 Abs. 1 Satz 1 EStG erfüllt –, die seit dem 1. 8. 1999 ein ihnen je zur ideellen Hälfte gehörendes und nach dem Eigenheimzulagegesetz begünstigtes Einfamilienhaus in Hameln bewohnen, im Kj. 2003 eine zusätzliche Förderung nach dem Eigenheimzulagegesetz in Anspruch nehmen?

(Die Einkunftsgrenzen sind unterschritten. Vor 1999 wurde von den Ehegatten keine Wohnungseigentumsförderung in Anspruch genommen.)

A. Für eine zum 15. 7. 2003 erworbene Appartementwohnung in Hamburg, die von der dort studierenden ehelichen Tochter unentgeltlich zu Wohnzwecken genutzt wird.

B. Für einen am 15. 7. 2003 fertig gestellten Ausbau des Dachgeschossbodens des Einfamilienhauses in Hameln zum Wohnraum.

C. Für einen am 15. 7. 2003 fertig gestellten Neubau einer zweiten Garage auf dem Grundstück des Einfamilienhauses in Hameln.

D. Für einen am 15. 7. 2003 fertig gestellten Anbau einer als häusliches Arbeitszimmer zu nutzenden Räumlichkeit am Einfamilienhaus.

## Einkunftsgrenze

EigZulG § 5

### Gemeinsamer Sachverhalt zu den Aufgaben 234–236:

Der Stpfl. F, verh., hat mit Vertrag vom 10. 8. 2002 zusammen mit seiner Ehefrau zum 1. 11. 2002 (Tag des Übergangs der Nutzen und Lasten) eine Eigentumswohnung (Bj. 1951) für 45.000 € zuzüglich 6.000 € für den dazugehörigen Grund und Boden je zur ideellen Hälfte erworben. Die Wohnung bewohnt F sei dem 1. 2. 2003 mit seiner Ehefrau und dem minderjährigen ehelichen Sohn selbst. Der 22-jährige Adoptivsohn des F gehörte bis zum 31. 1. 2003 zum Haushalt der Ehegatten; er war auch bis zum Januar 2003 steuerlich zu berücksichtigen, da er seine Ausbildung zum

31. 1. 2003 beendet hat. Im März 2004 wird die eheliche Tochter geboren. Der Gesamtbetrag der Einkünfte der Ehegatten beträgt

in 2001  90.000 €,     in 2002  100.000 €,     in 2003  105.000 €,
in 2004  80.000 €,     in 2005 und Folgejahre über 110.000 €.

Objektverbrauch nach § 6 EigZulG liegt nicht vor.

**Aufgabe 234**

Für welche Kalenderjahre kann F Eigenheimzulage in Anspruch nehmen?

A. 2002 bis 2009.

B. 2003 bis 2009.

C. 2004 bis 2009.

D. F kann keine Eigenheimzulage in Anspruch nehmen.

## Festsetzung der Zulage

EigZulG §§ 8, 9, 11, 12

**Aufgabe 235**

Die Eigenheimzulage für die Eigentumswohnung des F und seiner Ehefrau für das Kj. 2003 beträgt:

A. (2,5 % von 51.000 € =) 1.275 € + 1.534 € = 2.809 €.

B. (5 %  von 51.000 € =) 2.550 € +  767 € = 3.317 €.

C. (2,5 % von 51.000 € =) 1.275 € +  767 € = 2.042 €.

D. (2,5 % von 45.000 € =) 1.125 € +  767 € = 1.892 €.

**Aufgabe 236**

Welche der folgenden Aussagen zur Festsetzung der Zulage sind zutreffend?

A. Die Eigenheimzulage wird für jedes Anspruchsjahr gesondert festgesetzt.

B. Für die Jahre ab 2004 bis zum Ende des Förderzeitraums erfolgt eine Neufestsetzung der Eigenheimzulage.

C. Durch die Geburt der Tochter wird die Eigenheimzulage für alle Anspruchsjahre um 767 € erhöht.

D. Die Eigenheimzulage wird für beide Ehegatten gemeinsam festgesetzt.

## Gemeinsamer Sachverhalt zu den Aufgaben 237–239:

Der seit Jahren geschiedene Stpfl. Gustav Gramse (G), der bisher keine Förderung eigengenutzten Wohnraums in Anspruch genommen hat, hat ein Einfamilienhaus errichtet und zum 1. 12. 2002 bezogen; die Bauabnahme erfolgte im Januar 2003. Mit G sind zwei seiner drei ehelichen Kinder (Sohn 16 Jahre und Tochter 19 Jahre) mit in das Haus eingezogen. Der 8-jährige Sohn wohnt bei der Mutter (geschiedene Ehefrau des G).

Die Tochter ist im März 2004 zur Mutter gezogen und beendet im Juli 2006 ihre Berufsausbildung; sie ist bis Juli 2006 steuerlich zu berücksichtigen. Der 16-jährige Sohn ist während des ganzen in Betracht kommenden Zeitraums zu berücksichtigen.

G unterschreitet die Einkunftsgrenzen.

G hat das Gebäude für 105.000 € (steuerliche Herstellungskosten) auf einem Grundstück errichtet, das er 1999 von seinem Vater geschenkt bekommen hatte; der Vater hatte das Grundstück 1984 für (umgerechnet) 15.000 € erworben.

20 m² der Gesamtfläche des Hauses (100 m²) nutzt G als häusliches Arbeitszimmer für berufliche Zwecke.

## Aufgabe 237

Die Bemessungsgrundlage für den Fördergrundbetrag der Eigenheimzulage beträgt

A. 120.000 €.

B. 105.000 €.

C. 84.000 €.

D. 96.000 €.

## Aufgabe 238

Die Eigenheimzulage des G beträgt

A. für die Jahre 2002 bis 2009 je 4.090 €.

B. für die Jahre 2003 bis 2010 je 4.090 €.

C. für die Jahre 2002 bis 2004 je 4.090 € und
   für die Jahre 2005 bis 2009 je 3.323 €.

D. für die Jahre 2002 bis 2006 je 4.090 € und
   für die Jahre 2007 bis 2009 je 3.323 €.

## Aufgabe 239

Welche der folgenden Aussagen zum Verfahren bezüglich der Eigenheimzulage des G sind richtig?

A. Die Eigenheimzulage ist in 2002 auf Antrag des G für die Jahre 2002 bis 2009 festzusetzen.

B. Der Anspruch auf Eigenheimzulage entsteht immer mit Beginn des Kj.

C. G ist verpflichtet, das Ende der steuerlichen Berücksichtigung der Tochter mitzuteilen.

D. G ist verpflichtet, den Auszug der Tochter mitzuteilen.

## Ausbauten, Kappungsgrenze

EigZulG §§ 3, 6, 8, 9

### Aufgabe 240

In dem den Ehegatten Ellbrecht gemeinsam zur ideellen Hälfte gehörenden Einfamilienhaus wird in 2003 ein Teil des Dachgeschosses zu Wohnraum ausgebaut (insgesamt 25 m²). Für den Ausbau haben die Ehegatten nur 15.000 € aufgewandt, da er im Wesentlichen in Eigenleistung erstellt wurde. Der Wert der Eigenleistung wird von den Ehegatten zutreffend mit 8.000 € angegeben.

Für das Einfamilienhaus haben die Ehegatten die Förderung gem. § 10 e EStG letztmalig für das Kj. 2003 in Anspruch genommen.

Das 1996 errichtete Einfamilienhaus war bisher das einzige Objekt, für das die Ehegatten eine Wohnungseigentumsförderung in Anspruch genommen haben.

Die Ehegatten bewohnen das Haus gemeinsam mit ihren beiden ehelichen Kindern, die in allen Jahren des Förderzeitraums steuerlich zu berücksichtigen sind.

Die Einkunftsgrenzen werden nicht überschritten.

Welche der folgenden Aussagen sind zutreffend?

A. Die Eigenheimzulage ist für die Jahre 2003 bis 2010 mit je (2,5 % von 15.000 € =) 375 + 1.534 = 1.909 € festzusetzen.

B. Die Eigenheimzulage ist für die Jahre 2004 bis 2010 mit je 2.109 € (2,5 % von 23.000 € + 1.534 €) festzusetzen.

C. Die Eigenheimzulage ist für die Jahre 2004 und 2006 mit je 1.909 €, für 2007 mit 1.773 € und für die Folgejahre mit 0 € festzusetzen.

D. Die Eigenheimzulage ist für die Jahre 2004 bis 2009 mit je 1.909 € und für 2010 mit 1.637 € festzusetzen.

# E. Lohnsteuer

Dienstverhältnis

Arbeitslohn

Werbungskosten

Ermittlung der Einkünfte aus
nichtselbstständiger Arbeit

Ausstellung der Lohnsteuerkarte

Eintragungen auf der
Lohnsteuerkarte

Durchführung des Lohnsteuerabzugs

Veranlagung von Arbeitnehmern

## Vorbemerkung

Den folgenden Aufgaben und Lösungen wurden das Einkommensteuergesetz (EStG), zuletzt geändert durch das Kleinunternehmerförderungsgesetz vom 31. Juli 2003, die Lohnsteuer-Durchführungsverordnung (LStDV) 1990, zuletzt geändert durch das Steueränderungsgesetz 2001, die Lohnsteuer-Richtlinien (LStR) 2004 und die Lohnsteuer-Hinweise 2003 zugrunde gelegt.

## Dienstverhältnis

EStG § 19 Abs. 1; LStDV § 1

### Aufgabe 241

Bei welchen der folgenden Sachverhalte liegen Dienstverhältnisse vor?

A. Eine natürliche Person hat bei der Ausübung ihrer Tätigkeit den Weisungen einer anderen Person zu folgen.

B. Eine natürliche Person erhält für erbrachte Leistungen jeweils das vereinbarte Entgelt.

C. Eine natürliche Person übt eine Tätigkeit nichtselbstständig aus.

D. Eine natürliche Person ist im öffentlichen Dienst beschäftigt.

### Aufgabe 242

Welche der folgenden Vereinbarungen im Vertrag des Stpfl. Bertram (B) mit der Fa. Cornelius-KG (Fa. C), für deren Produkte B Kunden wirbt, sprechen für das Vorliegen eines Dienstverhältnisses?

A. B darf nicht für andere Firmen tätig werden.

B. Sämtliche B entstehenden Fahrtkosten werden ihm von der Fa. C ersetzt.

C. B erhält unter anderem von der Fa. C 0,5 % der Entgelte der von ihm vermittelten Umsätze.

D. B hat Anspruch auf einen bezahlten Jahresurlaub von 4 Wochen.

### Aufgabe 243

Die Ehefrau eines Unternehmers ist in dessen Betrieb gegen ein monatliches Entgelt von 1.400 € brutto tätig. Andere Arbeitnehmerinnen im Betrieb erhalten für eine vergleichbare Tätigkeit monatlich 1.700 € brutto.

Entsprechend der mit ihrem Ehemann getroffenen Vereinbarung erhält die Ehefrau ihren Lohn jeweils am letzten Arbeitstag eines Monats gegen Quittung in bar ausgezahlt. Zur Auszahlung gelangt der Lohn nach Abzug der Lohnsteuer und des Sozialversicherungsbeitrags, die ordnungsgemäß einbehalten und abgeführt werden.

Kann das Dienstverhältnis steuerrechtlich anerkannt werden?

A.  Da der Arbeitslohn der Ehefrau nicht dem der anderen Arbeitnehmerinnen entspricht, liegt kein steuerrechtlich anzuerkennendes Dienstverhältnis vor.

B.  Es liegt ein steuerrechtlich anzuerkennendes Dienstverhältnis vor; der Arbeitslohn beträgt 1.400 €.

C.  Die Tätigkeit der Ehefrau ist insgesamt als Mithilfe aufgrund der ehelichen Gemeinschaft anzusehen. Ein Dienstverhältnis liegt nicht vor.

D.  Soweit die Ehefrau Arbeitslohn erhält, ist ihre Tätigkeit als Beschäftigung in einem Dienstverhältnis anzusehen. Die darüber hinausgehende Tätigkeit ist als Mithilfe aufgrund der ehelichen Gemeinschaft anzusehen.

## Aufgabe 244

Der bei dem Steuerberater Kreye (K) im Angestelltenverhältnis tätige Steuerbevollmächtigte Linders (L) erteilt nach Büroschluss an der örtlichen Volkshochschule während eines Semesters wöchentlich 4 Stunden Unterricht im Fachgebiet „Steuerlehre". Er erhält dafür von der Volkshochschule eine Vergütung von 50 € pro erteilter Unterrichtsstunde.

Steht L bezüglich der Unterrichtserteilung in einem Dienstverhältnis?

A.  L steht in einem zweiten Dienstverhältnis, da er an einer Schule unterrichtet.

B.  L steht in einem zweiten Dienstverhältnis, da er regelmäßig 4 Stunden wöchentlich unterrichtet.

C.  L steht nicht in einem zweiten Dienstverhältnis, da er für ein anderes Wirtschaftsgebilde tätig wird und damit nicht den Weisungen des K unterliegt.

D.  L steht nicht in einem zweiten Dienstverhältnis, da er bei einer Unterrichtstätigkeit von nur 4 Stunden wöchentlich nicht weisungsgebunden tätig wird.

## Arbeitslohn

EStG §§ 3, 3 b, 8, 19, 38 a; LStDV § 2

### Aufgabe 245

Rudolf Salm (S), 68 Jahre, war bis zur Vollendung seines 65. Lebensjahrs als Angestellter im öffentlichen Dienst tätig. Er erhält neben einer Rente aus der Angestelltenversicherung von der Versorgungsanstalt des Bundes und der Länder (VBL) monatlich 250 € aufgrund der während seiner aktiven Dienstzeit an die Anstalt geleisteten Beiträge.

Wie sind die Bezüge von der VBL steuerlich zu erfassen?

A. Als Arbeitslohn aus einem früheren Dienstverhältnis.

B. Als Versorgungsbezüge i. S. des § 19 Abs. 2 EStG.

C. Nicht als Arbeitslohn, sondern im Rahmen der sonstigen Einkünfte i. S. des § 22 EStG.

D. Als Arbeitslohn, da die Zahlung aufgrund der früheren Tätigkeit des S geleistet wird.

## Aufgabe 246

Der Bauunternehmer Dolle (D) stellt seinem Arbeitnehmer Ehlers (E) für 14 Tage unentgeltlich einen Kran zur Verfügung, den E zur Vornahme eines Umbaus an seinem Einfamilienhaus benötigt.

Was stellt die Zurverfügungstellung des Krans für E dar?

A. Eine Aufmerksamkeit und damit keinen Arbeitslohn.

B. Arbeitslohn.

C. Einen Sachbezug i. S. des § 8 Abs. 3 EStG.

D. Keinen Arbeitslohn, da E kein Geld erhält.

## Aufgabe 247

Für den jährlich einmal stattfindenden Betriebsausflug mit seinen 100 Arbeitnehmern sind dem Gewerbetreibenden Gerdes (G) folgende Aufwendungen entstanden:

| | |
|---|---|
| Busfahrt | 1.600 € |
| Verpflegung der Arbeitnehmer | 6.400 € |
| Saalmiete | 1.000 € |
| Musikkapelle | 1.500 € |
| | 10.500 € |

In welcher Höhe ergibt sich für den einzelnen Arbeitnehmer stpfl. Arbeitslohn?

A. In Höhe von 105 €.

B. In Höhe von  89 €.

C. In Höhe von  80 €.

D. In Höhe von   0 €.

## Aufgabe 248

Aufgrund betrieblicher Rationalisierungsmaßnahmen hat die Fa. Rettig (Fa. R) dem 52-jährigen Arbeitnehmer Goldmann (G) zum 31. 8. das Dienstverhältnis gekündigt, obwohl G 21 Jahre in der Fa. beschäftigt war. Die Fa. zahlt ihm deshalb auch eine Abfindung von 15.000 €.

Wie hoch ist der stpfl. Arbeitslohn des G, der sich aufgrund der Abfindung ergibt?

A.  15.000 €.

B.  6.819 €.

C.  4.774 €.

D.  2.729 €.

## Aufgabe 249

Der Arbeitnehmer Oswald (O) hat von seinem Arbeitgeber neben dem laufenden Gehalt einen Geldbetrag von 750 € brutto erhalten. Anlass dieser besonderen Zuwendung war, dass die Ehefrau des O 2 Monate zuvor Zwillinge zur Welt gebracht hatte.

In welcher Höhe ergibt sich für O aus der Zuwendung stpfl. Arbeitslohn?

A.  34 €.

B.  392 €.

C.  750 €.

D.  Aus der Zuwendung ergibt sich für O kein stpfl. Arbeitslohn, da sie als Aufmerksamkeit anzusehen ist.

## Aufgabe 250

Anlässlich des 25-jährigen Bestehens seines Unternehmens zahlt Arbeitgeber Michel (M) jedem seiner Arbeitnehmer 400 € brutto neben dem laufenden Arbeitslohn.

Der Arbeitnehmer Nolte (N) erhält von M neben dem Betrag von 400 € zusätzlich 1.500 € brutto, da er als einziger Arbeitnehmer seit der Unternehmensgründung bei M beschäftigt ist.

Auf welchen dem N zugeflossenen Betrag ist die Begünstigung des § 34 Abs. 1 EStG mit der Fünftelregelung anzuwenden?

A.  1.500 €.

B.  1.900 €.

C.  400 €.

D.  0 €.

## Aufgabe 251

Der Arbeitgeber Vogler (V) zahlt seinem krankenversicherungspflichtigen Arbeitnehmer Wunram (W) neben dem laufenden Gehalt einen monatlichen Zuschuss von 230 € zu dessen Krankenversicherungsbeiträgen an eine Ersatzkasse. W hat an die Ersatzkasse monatlich 420 € als Krankenversicherungsbeitrag zu zahlen.

Neben den gesetzlichen Renten- und Arbeitslosenversicherungsbeiträgen leistet V keine weiteren Ausgaben für die Zukunftssicherung des W.

Welche der folgenden Aussagen über die steuerliche Behandlung des Zuschusses sind richtig?

A. Der Zuschuss bleibt in Höhe von 210 € steuerfrei.

B. Der Zuschuss ist in Höhe von 20 € im Bruttoarbeitslohn zu erfassen.

C. Der Zuschuss bleibt in voller Höhe steuerfrei.

D. Der Zuschuss ist in voller Höhe im Bruttoarbeitslohn zu erfassen.

## Aufgabe 252

Irma Jordan (J) ist halbtags als Buchhalterin beim Möbeleinzelhändler Meier (M) beschäftigt. In einem 2. Dienstverhältnis ist sie als Lohnbuchhalterin für den Fleischermeister Feise (F) tätig. Anlässlich ihrer Silberhochzeit erhält J von M eine von 10 Polstergarnituren, die von M für 2.400 € + 384 € Umsatzsteuer je Garnitur eingekauft wurden und die von M sonst jeweils für 2.900 € + 464 € Umsatzsteuer an Kunden abgegeben werden (lt. Auszeichnung im Laden). Bei dem Konkurrenzunternehmen Krause steht im Schaufenster eine gleiche Garnitur zum Preis von 2.800 € + 448 € Umsatzsteuer zum Verkauf.

Von F erhält J verschiedene Braten für die Silberhochzeitsfeier geschenkt, für die F beim Verkauf insgesamt 535 € von Kunden erlöst hätte.

Preisnachlässe werden von M und F üblicherweise nicht gewährt.

In welcher Höhe ergibt sich für J aufgrund der Geschenke steuerpflichtiger Arbeitslohn?

A. In Höhe von (3.364 + 535 = 3.899; 96 % v. 3.899 = 3.743,04; 3.743,04 ⁒ 1.224 =) 2.519,04 €.

B. In Höhe von (3.364 ⁒ 1.224 =) 2.140 €.

C. In Höhe von (96 % v. 3.364 = 3.229,44; 3.229,44 ⁒ 1.224 =) 2.005,44 €.

D. In Höhe von (96 % v. 3.248 = 3.118,08; 3.118,08 ⁒ 1.224 =) 1.894,08 €.

## Aufgabe 253

In der Kfz-Reparaturwerkstatt des Fritz Faber (F) ist am 30. April einem Kunden dessen PKW als ordnungsgemäß repariert übergeben worden, obwohl versehentlich nicht genügend Bremsflüssigkeit nachgefüllt wurde.

F bittet daraufhin seinen angestellten Kfz-Meister Gebhard (G), den PKW am 1. Mai morgens vom Kunden abzuholen und in Ordnung zu bringen. Die von G am 1. Mai tatsächlich geleistete Arbeitsstunde vergütet ihm F mit 46 € brutto. Der Grundlohn des G beträgt pro Stunde 20 €.

Welche der folgenden Aussagen zur Arbeitsstunde am 1. Mai sind richtig?

A. 20 € der Vergütung sind steuerpflichtig.

B. 16 € der Vergütung sind steuerpflichtig.

C. F hätte für die Stunde einen Zuschlag bis zur Höhe von 30 € steuerfrei gewähren können.

D. 26 € der Vergütung sind steuerfrei.

## Aufgabe 254

Der verheiratete Arbeitnehmer Urban (U) war bis zu seinem Tod am 1. 1. 02 als leitender Angestellter bei der Fa. Hunte (Fa. H) beschäftigt. Nach dem Arbeitsvertrag stand U neben seinem laufenden Gehalt von monatlich 6.000 € brutto einmal jährlich eine von der Höhe des Umsatzes der Fa. H abhängige Sondervergütung zu. Den vertraglichen Vereinbarungen entsprechend wurde diese Sondervergütung jeweils in der ersten Woche des Monats Februar für das vorangegangene Kalenderjahr festgestellt und ausgezahlt.

Als alleinige Erbin des U erhielt Frau U am 4. 2. 02 von der Fa. H das Gehalt für den Monat Dezember 01 von brutto 6.000 € und die Sondervergütung für das Kalenderjahr 01 von brutto 15.000 € ausgezahlt.

Welcher Person und welchem Kalenderjahr sind die am 4. 2. 02 geleisteten Zahlungen zuzuordnen?

A. 6.000 € dem U für das Kalenderjahr 01.

B. 15.000 € der Frau U für das Kalenderjahr 02.

C. 21.000 € der Frau U für das Kalenderjahr 02.

D. 21.000 € dem U für das Kalenderjahr 02.

# Werbungskosten

EStG §§ 3, 3 c, 9, 9 a, 12

## Aufgabe 255

Professor Paulmann (P) ist an der Universität Göttingen als Arbeitnehmer beschäftigt. P erwirbt im August 03 eine Videokamera für 1.000 €, die er nach seinen Angaben überwiegend (ca. 75 %) zur Vorbereitung seiner Vorlesungen verwendet.

Die Nutzungsdauer der Videokamera ist mit 5 Jahren anzusetzen.

Sind bei P aufgrund der Anschaffung der Videokamera Werbungskosten für das Kalenderjahr 03 zu berücksichtigen und ggf. in welcher Höhe?

A. Bei P sind gemäß § 9 Abs. 1 Nr. 7 EStG Werbungskosten in Höhe von 200 € zu berücksichtigen.

B. Bei P sind gemäß § 9 Abs. 1 Nr. 6 EStG Werbungskosten in Höhe von 750 € zu berücksichtigen, da die berufliche Nutzung ca. 75 % beträgt.

C. P kann die Anschaffungskosten gemäß § 12 Nr. 1 EStG nicht als Werbungskosten absetzen, da eine Trennung in berufliche und private Nutzung nicht objektiv nachprüfbar möglich ist.

D. Bei P sind gemäß § 9 Abs. 1 Nr. 7 EStG Werbungskosten in Höhe von 75 € zu berücksichtigen, da die berufliche Nutzung ca. 75 % beträgt.

## Aufgabe 256

Der Beamtenanwärter Ritschel (R) steht beim Finanzamt Gifhorn in einem Dienstverhältnis zum Zweck der Ausbildung zum Beamten in der Laufbahn des mittleren Dienstes in der Steuerverwaltung. Aufgrund dieses Dienstverhältnisses erhält R monatlich steuerpflichtige Bezüge.

R erwirbt im Kalenderjahr 02 mehrere steuerrechtliche Fachbücher für insgesamt 325 € zur Erarbeitung und Vertiefung der berufsnotwendigen Kenntnisse. Für andere beruflich veranlasste Kosten sind R im Kalenderjahr 02 insgesamt Aufwendungen in Höhe von 600 € entstanden.

Wie sind die Aufwendungen des R steuerlich zu behandeln?

A. Die gesamten Aufwendungen des R gehören zu den Kosten der privaten Lebensführung i. S. des § 12 EStG.

B. Die Aufwendungen des R sind in voller Höhe gemäß § 10 Abs. 1 Nr. 7 EStG als Sonderausgaben abzugsfähig.

C. Die Aufwendungen stellen in Höhe von 600 € Werbungskosten i. S. des § 9 EStG und in Höhe von 325 € Sonderausgaben i. S. des § 10 Abs. 1 Nr. 7 EStG dar.

D. Die Aufwendungen des R stellen in voller Höhe Werbungskosten dar.

## Aufgabe 257

Der Arbeitnehmer Kruse (K) fährt arbeitstäglich mit seinem eigenen PKW von seiner Wohnung zu seiner 10 km entfernten Arbeitsstätte. Da er eine Mittagspause von 2 Stunden hat und deshalb zur Einnahme des Mittagessens nach Hause fährt, legt K die Strecke zwischen der Wohnung und der Arbeitsstätte viermal täglich zurück.

K hat im Kalenderjahr 01 (01 = Kj. 2000) an 220 Tagen gearbeitet.

Von seinem Arbeitgeber hat K für 11 Monate jeweils die Kosten einer Monatsfahrkarte der Bundesbahn in Höhe von 50 € neben dem laufenden Arbeitslohn erhalten. Der Arbeitgeber hat diese Zahlungen als Aufwendungsersatz dem normalen Lohnsteuerabzug unterworfen, d. h. nicht steuerfrei belassen und nicht nach § 40 Abs. 2 Satz 2 EStG pauschal besteuert.

In welcher Höhe sind bei K Werbungskosten für das Kalenderjahr 01 zu berücksichtigen?

A. 220 Tage × 10 km × Entfernungspauschale gemäß § 9 Abs. 1 Nr. 4 EStG.

B. 220 Tage × 10 km × 2 × Entfernungspauschale gemäß § 9 Abs. 1 Nr. 4 EStG.

C. 220 Tage × 10 km × Entfernungspauschale gemäß § 9 Abs. 1 Nr. 4 EStG, gekürzt um den Arbeitgeberersatz von 550 €.

D. 220 Tage × 10 km × 2 × Entfernungspauschale gemäß § 9 Abs. 1 Nr. 4 EStG, gekürzt um den Arbeitgeberersatz von 550 €.

**Aufgabe 258**

Der von den Ehegatten Ralf Nagel (R) und Sylvia Nagel (S) gemeinsam angeschaffte PKW wird arbeitstäglich wie folgt genutzt:

S bringt morgens zunächst ihren Ehemann zu seiner von der gemeinsamen Wohnung 20 km entfernten Arbeitsstätte. Von dort fährt S allein 16 km weiter zu ihrer Arbeitsstätte, die von der gemeinsamen Wohnung 10 km entfernt ist.

Abends fährt sie die gleiche Strecke in umgekehrter Reihenfolge zurück, nämlich von ihrer Arbeitsstätte zur Arbeitsstätte ihres Ehemannes und von dort zurück zur gemeinsamen Wohnung.

Der Grad der Behinderung des R beträgt lt. amtlicher Bescheinigung 80.

Einen Nachweis der tatsächlichen Kosten für die Benutzung des PKW erbringen die Eheleute Nagel nicht.

Wie sind die Werbungskosten für R und S pro Arbeitstag, an dem der PKW benutzt wird, zu ermitteln?

A. R für 20 km und S für 10 km die Entfernungspauschale des § 9 Abs. 1 Nr. 4 EStG.

B. R für 24 km je 0,60 € und S für 12 km die Entfernungspauschale des § 9 Abs. 1 Nr. 4 EStG.

C.  R für 40 km je 0,30 € und S für 10 km die Entfernungspauschale des
§ 9 Abs. 1 Nr. 4 EStG.

D.  R für 40 km je 0,30 € und S für 20 km die Entfernungspauschale des
§ 9 Abs. 1 Nr. 4 EStG.

## Aufgabe 259

Welcher der folgenden Arbeitnehmer erhält für die Fahrten mit seinem
eigenen PKW für jeden Arbeitstag der Benutzung des PKW für 16 km die
Entfernungspauschale nach § 9 Abs. 1 Nr. 4 EStG?

A.  A fährt morgens um 8.00 Uhr von seiner Wohnung 10 km zu seiner
Arbeitsstätte im 1. Dienstverhältnis und um 12.00 Uhr mittags zurück.
Um 15.00 Uhr fährt A 6 km von der Wohnung zu seiner Arbeitsstätte
im 2. Dienstverhältnis und um 18.30 Uhr zurück.

B.  B fährt morgens um 7.30 Uhr von seiner Wohnung 10 km zum Hauptbetrieb seines Arbeitgebers, mittags um 13.30 Uhr vom Hauptbetrieb
zum 6 km entfernten Filialbetrieb und von dort um 16.30 Uhr 8 km
zurück zur Wohnung.

C.  C fährt morgens um 7.00 Uhr von seiner Wohnung 10 km zu seiner
Arbeitsstätte im 1. Dienstverhältnis, von dort um 17.30 Uhr 8 km zur
Arbeitsstätte im 2. Dienstverhältnis und um 20.30 Uhr 6 km zurück zur
Wohnung.

D.  D fährt morgens um 8.30 Uhr von seiner Wohnung 20 km zum Hauptbetrieb seines Arbeitgebers, mittags um 12.30 Uhr vom Hauptbetrieb
zum 8 km entfernten Filialbetrieb und von dort um 17.00 Uhr 12 km
zurück zur Wohnung.

## Aufgabe 260

Der Arbeitnehmer Worch (W) hat im März 02 folgende Arbeitsmittel zur
ausschließlichen Nutzung für berufliche Zwecke erworben:

| | | |
|---|---|---|
| 1 Schreibtisch | für 400 € | (Nutzungsdauer 10 Jahre), |
| 1 Computer | für 1.200 € | (Nutzungsdauer 5 Jahre), |
| 1 Rechner | für 100 € | (Nutzungsdauer 10 Jahre) und |
| 1 Schreibtisch-Set | für 40 € | (Nutzungsdauer 2 Jahre). |

Mit welchem (höchsten) Betrag sind bei W die Aufwendungen als Werbungskosten zu berücksichtigen?

A.  Mit    780 €.

B.  Mit  1.740 €.

C.  Mit    420 €.

D.  Mit    310 €.

## Aufgabe 261

Richard Sommer (S), verheiratet, ist in der Maschinenfabrik Turner (Fa. T) in Goslar als Schweißer tätig. Im März 01 wird S von der Fa. T zur Ausführung von Montagearbeiten für eine Dauer von 4 Monaten zu einem Kunden nach Köln geschickt. Im Oktober 01 nimmt S auf Kosten der Fa. T an einem speziellen Schweißerlehrgang, Dauer 1 Monat, in Hamburg teil. Die restlichen Arbeitstage im Kalenderjahr 01 ist S seiner Tätigkeit als Schweißer in der Fabrik in Goslar nachgegangen. Die Fahrten nach Köln und Hamburg hat S jeweils von seiner Familienwohnung (eigener Hausstand) in Bad Harzburg aus angetreten. Sowohl in Köln als auch in Hamburg hat S während seines Aufenthaltes jeweils in einem möbliert gemieteten Zimmer gewohnt.

Welche der folgenden Aussagen sind aufgrund der Tätigkeit des S in Köln und Hamburg richtig?

A.  S befand sich im Kalenderjahr 01 insgesamt 4 Monate auf Dienstreise.

B.  S befand sich im Kalenderjahr 01 insgesamt 5 Monate auf Dienstreise.

C.  S führte im Kalenderjahr 01 einen Monat einen doppelten Haushalt.

D.  S führte im Kalenderjahr 01 vier Monate einen doppelten Haushalt.

## Aufgabe 262

Gottfried Freudenberg (F) steht als Apotheker bei der Ratsapotheke in Bückeburg in einem Dienstverhältnis. Am 15. April wird in der Apotheke dringend ein Medikament benötigt, das nicht vorrätig ist und daher vom Großhandel in Rinteln abgeholt werden muss. Da der Firmenwagen an diesem Tag anderweitig unterwegs ist, wird F von seinem Arbeitgeber gebeten, mit seinem eigenen PKW das Medikament in Rinteln abzuholen.

F fährt um 10.00 Uhr in Bückeburg ab und ist um 11.30 Uhr wieder zurück in der Apotheke (Entfernung Apotheke – Großhandel: 13 km).

F erhält von seinem Arbeitgeber die Fahrtkosten mit 0,20 € je gefahrenen Kilometer – insgesamt also 5,20 € – ersetzt. Die Zahlung hat der Arbeitgeber als Reisekostenvergütung steuerlich zutreffend behandelt.

Welche der folgenden Aussagen zur Fahrt nach Rinteln sind richtig?

A.  Für F ergeben sich Werbungskosten in Höhe von 7,80 €.

B.  Für F ergeben sich Werbungskosten in Höhe von 2,60 €.

C.  F hat mit der Fahrt eine Dienstreise ausgeführt.

D.  Für F ergeben sich Werbungskosten in Höhe von 8,60 €.

## Aufgabe 263

Der verheiratete Arbeitnehmer Taurek (T) mit Familienwohnung in Peine ist als Monteur bei einer Molkereimaschinenfabrik in Hildesheim beschäftigt.

T wird im Werk in Hildesheim laufend mit den Produkten der Fabrik (Konstruktions- und Materialänderungen, Neuheiten usw.) vertraut gemacht. Mit diesen Kenntnissen wird er in die Lage versetzt, die Molkereimaschinen nach Auslieferung bei den Kunden aufgrund vorher im Werk erarbeiteter Pläne in bereits bestehende Anlagen einzugliedern. Die Einsätze werden jeweils im Werk intensiv vorbereitet. T ist im Kalenderjahr 04 insgesamt an 140 Arbeitstagen an 6 verschiedenen Einsatzstellen tätig geworden (Dauer an keiner Einsatzstelle länger als drei Monate). An 82 Arbeitstagen hat sich T in der Fabrik aufgehalten.

Vom 5. 3. 04 bis zum 5. 4. 04 war T in Mannheim tätig, um dort in einer Molkerei von seinem Arbeitgeber gelieferte Maschinen betriebsbereit zu montieren. Er ist zu diesem Zweck am 5. 3. 04 um 10.00 Uhr vom Werk Hildesheim zur 400 km entfernten Molkerei in Mannheim gefahren und dort um 15.00 Uhr angekommen. Nach Beendigung seiner Tätigkeit am 5. 4. 04 ist T um 15.00 Uhr in Mannheim abgefahren und um 20.00 Uhr in seiner Familienwohnung in Peine angekommen.

Die Entfernung Peine – Mannheim beträgt ebenfalls 400 km.

An einem Wochenende hat T seine Familie besucht. Zeitplan dieser Zwischenheimfahrt:

14. 3. (Heimreise) 15.00 Uhr Abfahrt in Mannheim, Ankunft in Peine um 20.00 Uhr;

15. 3. (Rückreise) 17.00 Uhr Abfahrt in Peine, Ankunft in Mannheim um 23.00 Uhr.

T hat in Mannheim 30 € pro Übernachtung entrichtet (5. 3. einschließlich bis 5. 4. einschließlich, ohne 14. und 15. 3. = 30 Tage).

Sämtliche Fahrten hat T mit seinem eigenen PKW ausgeführt, die Kosten hierfür weist er nicht nach. Für die Verpflegungskosten erbringt T ebenfalls keinen Nachweis.

Die vom Arbeitgeber anlässlich dieses Arbeitseinsatzes gezahlten Auslösungen hat dieser in voller Höhe dem Lohnsteuerabzug unterworfen.

Welche der folgenden Angaben über den Arbeitseinsatz in Mannheim sind richtig?

A. T befindet sich auf einer Dienstreise, da er vorübergehend auswärts tätig wird und das Werk in Hildesheim die regelmäßige Arbeitsstätte des T ist.

B. Für T kommen Werbungskosten aufgrund einer doppelten Haushaltsführung in Betracht.

C. Das Werk in Hildesheim ist nicht die regelmäßige Arbeitsstätte des T, da er sich als Arbeitnehmer mit einer Einsatzwechseltätigkeit zu selten im Werk in Hildesheim aufhält, um dort Arbeiten zu verrichten.

D. Die regelmäßige Arbeitsstätte des T befindet sich auch während der Tätigkeit in Mannheim im Werk in Hildesheim, da T zwar vorwiegend eine Einsatzwechseltätigkeit ausübt, im Werk aber in ausreichendem Umfang Arbeiten verrichtet.

## Aufgabe 264

Sachverhalt wie unter Aufgabe 263.

In welcher Höhe sind bei T aufgrund der ausgeführten Dienstreise nach Mannheim Fahrtkosten als Werbungskosten zu berücksichtigen?

A. In Höhe von 480 €.

B. In Höhe von 320 €.

C. In Höhe von 240 €.

D. In Höhe von 400 €.

## Aufgabe 265

Sachverhalt wie unter Aufgabe 263.

In welcher Höhe sind bei T aufgrund der ausgeführten Dienstreise nach Mannheim Mehraufwendungen für Verpflegung als Werbungskosten zu berücksichtigen?

A. In Höhe von 708 €.

B. In Höhe von 714 €.

C. In Höhe von 744 €.

D. In Höhe von 790 €.

## Aufgabe 266

Der Arbeitnehmer Zander (Z) unternimmt eine Dienstreise mit folgendem Zeitplan:

15. 9. 05   12.30 Uhr   Abfahrt von der regelmäßigen Arbeitsstätte
             15.30 Uhr   Ankunft am Zielort
                        Übernachtung am Zielort
16. 9. 05   16.00 Uhr   Abfahrt vom Zielort
             19.00 Uhr   Ankunft in der Wohnung.

Z belegt für diese Dienstreise folgende Aufwendungen:

| Fahrtkosten (öffentliche Verkehrsmittel) | | 80 € |
|---|---|---|
| Übernachtungskosten | | 70 € |
| Verpflegungskosten 15. 9. | 40 € | |
| 16. 9. | 25 € | 65 € |

Der Arbeitgeber hat Z für diese Dienstreise Kosten in Höhe von 150 € steuerfrei ersetzt.

Wie hoch ist der Werbungskostenabzug aufgrund der Dienstreise für Z?

A. 168 €.

B. 215 €.

C. 65 €.

D. 18 €.

# Ermittlung der Einkünfte aus nichtselbstständiger Arbeit

EStG §§ 2, 9 a, 19

## Aufgabe 267

Der Arbeitnehmer Holze (H) ist mit Ablauf des 31.1.01 wegen Erreichens des 65. Lebensjahres aus dem Dienstverhältnis bei seinem Arbeitgeber Jung (J) ausgeschieden und bezieht ab 1.2.01 eine gemäß § 22 EStG zu besteuernde Rente. H erzielt in 01 außerdem nur noch Einkünfte aus Vermietung und Verpachtung.

Der Bruttoarbeitslohn des H für Januar 01 betrug 950 €.

Im Zusammenhang mit den Einnahmen aus nichtselbstständiger Arbeit entstandene Werbungskosten weist H für das Kalenderjahr 01 in Höhe von 1.010 € nach. Der auf die Einkünfte aus nichtselbständiger Arbeit entfallende Altersentlastungsbetrag ergibt sich nach § 24 a EStG mit 380 €.

Mit welchem Betrag sind die Einkünfte des H aus nichtselbstständiger Arbeit bei einer Veranlagung zur Einkommensteuer für das Kalenderjahr 01 anzusetzen?

A. Mit ./. 94 €.

B. Mit 0 €.

C. Mit ./. 60 €.

D. Mit ./. 440 €.

## Aufgabe 268

Der Finanzbeamte a. D. Ferner (F), 58 Jahre, erzielt im Kalenderjahr 02 folgende Einnahmen:

1. Pensionszahlungen aus seinem früheren Dienstverhältnis als Beamter in Höhe von 18.000 € brutto und

2. laufenden Arbeitslohn aus einem gegenwärtigen Dienstverhältnis als Angestellter im Büro des Steuerberaters Gause (G) in Höhe von 13.000 €.

Im November 01 hatte F von seinem Arbeitgeber G eine arbeitsvertraglich festgelegte Tantieme in Höhe von 3.000 € brutto erhalten, die ordnungsgemäß als stpfl. Arbeitslohn behandelt wurde.

Im April 02 stellte G fest, dass ihm bei der Ermittlung der Höhe dieser Tantieme ein Rechenfehler von 800 € zugunsten des F unterlaufen ist. F zahlte daraufhin diesen Betrag noch im April 02 an G zurück. Werbungskosten sind F im Kalenderjahr 02 nicht entstanden.

Welche der folgenden Aussagen zur Ermittlung der Einkünfte aus nichtselbstständiger Arbeit des F für das Kalenderjahr 02 sind richtig?

A. Es ist ein Versorgungs-Freibetrag in Höhe von 3.072 € zu berücksichtigen.

B. Werbungskosten ergeben sich in Höhe von 800 €.

C. Die Einkünfte betragen 26.084 €.

D. Die Einkünfte betragen 26.884 €.


## Ausstellung der Lohnsteuerkarte

EStG § 39 Abs. 2


### Aufgabe 269

Der selbstständige Gastwirt Jürgens (J), ledig, hat bis zum 15. 10. 01 in Goslar eine Gaststätte betrieben. Nach erfolgter Auflösung des Unternehmens hat J seinen bisherigen Wohnsitz in Goslar am 10. 12. 01 aufgegeben und wohnt seit diesem Tag in Herzberg. Die Verlegung seines Wohnsitzes hat J am 11. 12. 01 ordnungsgemäß gemeldet.

Zum 1. 3. 02 nimmt J in Herzberg eine Tätigkeit als ungelernter Arbeiter auf. Von seinem Arbeitgeber dazu aufgefordert, beantragt J am 3. 3. 02 die Ausstellung einer Lohnsteuerkarte für das Kalenderjahr 02.

Welche Behörde ist für die Ausstellung der Lohnsteuerkarte 02 zuständig?

A. Die Stadt Herzberg ist zuständig, weil J im Zeitpunkt der Antragstellung in Herzberg seinen Wohnsitz hatte.

B. Die Stadt Goslar ist zuständig.

C. Die Stadt Herzberg ist zuständig, weil J am 1. 1. 02 seinen Wohnsitz in Herzberg hatte.

D. Die Stadt Herzberg ist zuständig, weil J hier erstmals eine nichtselbstständige Tätigkeit aufnimmt.

## Aufgabe 270

Der verheiratete Arbeitnehmer Karl Lojek (L) bewohnte bis zum 10. 9. 01 mit seiner zwei Jahre älteren Ehefrau eine gemeinsame Wohnung in Burgdorf und war hier auch mit erstem Wohnsitz gemeldet. Nach einem ehelichen Streit ist L am 10. 9. 01 mit der Absicht, unverzüglich die Ehescheidung einzuleiten, aus der gemeinsamen Wohnung in Burgdorf ausgezogen und hat sich in Hildesheim ein möbliertes Zimmer gemietet. Am 11. 9. 01 hat L die Verlegung seines ersten Wohnsitzes von Burgdorf nach Hildesheim ordnungsgemäß gemeldet.

L ist seit Jahren bei einer Firma in Sarstedt beschäftigt und bleibt dort auch weiterhin tätig.

Welche Gemeinde ist für die Ausstellung der Lohnsteuerkarte des L für das Kalenderjahr 02 zuständig?

A. Die Stadt Burgdorf, da sich in deren Bezirk am 20. 9. 01 die Hauptwohnung der Familie befand.

B. Die Stadt Sarstedt, da L in deren Bezirk seiner Tätigkeit nachgeht.

C. Die Stadt Hildesheim, da L in deren Bezirk am 20. 9. 01 seine Hauptwohnung hatte.

D. Die Stadt Burgdorf, da in deren Bezirk die ältere Ehefrau am 20. 9. 01 ihre Hauptwohnung hatte.

## Eintragungen auf der Lohnsteuerkarte

EStG §§ 38 b, 39, 39 a

### Aufgabe 271

Mario Garcia (G), 42 Jahre, ist seit zwei Jahren als Arbeiter in Köln tätig. Sein 20-jähriger ehelicher Sohn Manuel ist bei ihm gemeldet und studiert an der Universität in Bonn. Die Ehefrau des G wohnt mit dem 13-jährigen, ebenfalls ehelichen Sohn Tonio in Barcelona; sie ist dort als Arbeiterin in einer Textilfabrik beschäftigt.

Sohn Manuel ist gemäß § 32 EStG bei G steuerlich zu berücksichtigen.

Was hat die zuständige Gemeinde auf der Lohnsteuerkarte des G u. a. (ggf. auf Antrag) im Abschnitt I bzw. im Abschnitt II zu bescheinigen?

A. Steuerklasse: drei, Zahl der Kinderfreibeträge: 2,0.

B. Steuerklasse: zwei, Zahl der Kinderfreibeträge: 0,5.

C. Steuerklasse: eins, keine Kinderfreibeträge.

D. Steuerklasse: zwei, Zahl der Kinderfreibeträge: 1,0.

**Aufgabe 272**

Auf der ordnungsgemäß ausgestellten Lohnsteuerkarte des Arbeitnehmers Rieger (R) für das Kalenderjahr 04 hat die zuständige Gemeinde im Abschnitt I die Steuerklasse „zwei" bescheinigt.

Welche der folgenden Sachverhalte können zu dieser Bescheinigung geführt haben?

A. R ist ledig und 66 Jahre alt.

B. R lebt seit mehreren Jahren von seiner Ehefrau dauernd getrennt. Er ist 54 Jahre alt. Ein 20-jähriges Kind ist für 04 zu berücksichtigen.

C. R ist seit März 03 verwitwet, seine unbeschränkt einkommensteuerpflichtige Ehefrau lebte im Zeitpunkt ihres Todes von R nicht dauernd getrennt. R ist 46 Jahre alt. Ein 15-jähriges eheliches Kind ist für 04 zu berücksichtigen.

D. R ist seit April 02 geschieden. Er ist 33 Jahre alt. Bei ihm ist ein 11-jähriges Kind steuerlich zu berücksichtigen, das bei ihm mit Hauptwohnung gemeldet ist.

**Aufgabe 273**

Die unbeschränkt einkommensteuerpflichtigen, nicht dauernd getrennt lebenden Ehegatten Oswald (O) und Paula (P) Quante haben im Oktober 01 von der Stadt Hildesheim ihre Lohnsteuerkarten für das Kalenderjahr 02 zugesandt bekommen. Beide Ehegatten stehen in einem Dienstverhältnis; auf den Lohnsteuerkarten war jeweils die Steuerklasse IV bescheinigt.

Im März 02 sind diese Eintragungen auf gemeinsamen Antrag der Ehegatten derart geändert worden, dass nunmehr auf der Lohnsteuerkarte des O die Steuerklasse III und auf der Lohnsteuerkarte der P die Steuerklasse V bescheinigt wurde.

Durch einen Unfall ist O ab 5. 9. 02 völlig erwerbsunfähig geworden. Nach Verlegung des Familienwohnsitzes der Ehegatten von Hildesheim nach Alfeld am 30. 9. 02 stellten die Ehegatten am 8. 10. 02 einen gemeinsamen Antrag, wonach nunmehr auf der Lohnsteuerkarte 02 des O die Steuerklasse V und auf der Lohnsteuerkarte 02 der P die Steuerklasse III bescheinigt werden soll. Als Begründung führten die Ehegatten an, dass O seit seinem Unfall keinen Arbeitslohn mehr bezieht.

Welche der folgenden Aussagen sind zu diesem Antrag auf Wechsel der Steuerklassen richtig?

A. Ein erneuter Wechsel der Steuerklassen im Laufe eines Kalenderjahres ist nicht möglich.

B. Der Steuerklassenwechsel ist mit Wirkung vom 5. 9. 02 an auf den Lohnsteuerkarten einzutragen.

C. Der Steuerklassenwechsel ist mit Wirkung vom 1.10.02 an auf den Lohnsteuerkarten einzutragen.

D. Der Steuerklassenwechsel ist mit Wirkung vom 1.11.02 an auf den Lohnsteuerkarten einzutragen.

## Aufgabe 274

Sachverhalt wie unter Aufgabe 273.

Welche Behörde ist für die Bearbeitung des Antrags der Ehegatten zuständig?

A. Das Finanzamt Alfeld.

B. Das Finanzamt Hildesheim.

C. Die Stadt Alfeld.

D. Die Stadt Hildesheim.

## Aufgabe 275

Die Arbeitnehmerin Wolter (W), 43 Jahre alt, lebt seit dem 25.1.02 von ihrem unbeschränkt einkommensteuerpflichtigen Ehemann (Gewerbetreibender) dauernd getrennt. Im Oktober 01 hat W von der zuständigen Gemeinde ihre Lohnsteuerkarte für das Kalenderjahr 02 ordnungsgemäß ausgestellt bekommen. Im Abschnitt I der Lohnsteuerkarte sind keine Kinderfreibeträge eingetragen, die Steuerklasse ist mit „drei" vermerkt.

Im März 02 will W die ihr seit dem 10.1.02 (Beginn eines Studiums) zustehende steuerliche Berücksichtigung ihres 23-jährigen Sohnes auf der Lohnsteuerkarte 02 eintragen lassen.

Wie hat W sich zu verhalten?

A. Antragstellung bei der Gemeinde zur Änderung der Steuerklasse von „drei" auf „eins", dann Antragstellung beim Finanzamt zur Änderung der Zahl der Kinderfreibeträge sowie der Steuerklasse von „eins" auf „zwei".

B. Antragstellung beim Finanzamt zur Änderung der Zahl der Kinderfreibeträge; keine Änderung der Steuerklasse.

C. Antragstellung bei der Gemeinde zur Änderung der Steuerklasse von „drei" auf „zwei", dann Antragstellung beim Finanzamt zur Änderung der Zahl der Kinderfreibeträge.

D. Antragstellung beim Finanzamt zur Änderung der Zahl der Kinderfreibeträge sowie der Steuerklasse von „drei" auf „zwei".

**Aufgabe 276**

Der Arbeitnehmer Danne (D), ledig, hat am 15. 6. 02 beim zuständigen Finanzamt erstmals einen Antrag auf Eintragung eines Freibetrags auf seiner Lohnsteuerkarte 02 gestellt und darin folgende nicht zu beanstandende Angaben gemacht:

1. Aufgrund eines im April 02 festgestellten Grades der Behinderung kann D einen Pauschbetrag gemäß § 33 b EStG in Höhe von 720 € beanspruchen.

2. a) Aufwendungen für Gewerkschaftsbeiträge in Höhe von 144 €,

   b) Aufwendungen für Arbeitsmittel und Berufskleidung in Höhe von 600 €.

3. Kirchensteueraufwendungen in Höhe von 1.200 €.

4. Aufwendungen für die Unterstützung seines Vaters in Höhe von 2.400 €, die gemäß § 33 a Abs. 1 EStG in Höhe von 1.500 € vom Gesamtbetrag der Einkünfte abgezogen werden können.

Wie hoch sind die gemäß § 39 a Abs. 1 EStG auf der Lohnsteuerkarte 02 des D eintragungsfähigen Beträge?

A. Für Werbungskosten 0 €.

B. Für Sonderausgaben 1.164 €.

C. Für außergewöhnliche Belastungen i. S. des § 33 a EStG 1.500 €.

D. Insgesamt sind 3.384 € eintragungsfähig.

**Aufgabe 277**

Sachverhalt wie unter Aufgabe 276.

Der so ermittelte eintragungsfähige Betrag kann auch in dieser Höhe eingetragen werden, da die Grenze von 600 € (§ 39 a Abs. 2 Satz 4 EStG) überschritten wird.

Um welchen Betrag?

A. Um 2.100 €.

B. Um 3.000 €.

C. Um 2.940 €.

D. Um 2.844 €.

**Aufgabe 278**

Sachverhalt wie unter Aufgabe 276 mit folgendem Zusatz:

Es ist davon auszugehen, dass der eintragungsfähige Betrag 3.384 € beträgt.

Welche Freibeträge sind auf der Lohnsteuerkarte 02 des D vom Finanzamt einzutragen?

A. Ein Jahresfreibetrag von 3.384 € und ein Monatsfreibetrag von 282 €.

B. Ein Jahresfreibetrag von 3.384 € und ein Monatsfreibetrag von 484 €, jeweils mit Wirkung vom 1. 6. 02 an.

C. Ein Jahresfreibetrag von 3.384 € und ein Monatsfreibetrag von 564 €, jeweils mit Wirkung vom 1. 7. 02 an.

D. Ein Jahresfreibetrag von 2.664 € und ein Monatsfreibetrag von 444 €, jeweils mit Wirkung vom 1. 7. 02 an, da der Pauschbetrag für Behinderte auf Anweisung des Finanzamts von der Gemeinde einzutragen ist.

**Aufgabe 279**

Die Arbeitnehmerehegatten Jochen und Karin Laube (J und K) haben am 28. 1. 01 beim zuständigen Finanzamt einen gemeinsamen Antrag auf Eintragung eines Freibetrags ordnungsgemäß gestellt. Mit dem Antrag haben die Ehegatten ihre beiden Lohnsteuerkarten für das Kalenderjahr 01 eingereicht. Auf der Lohnsteuerkarte des J ist die Steuerklasse III und auf der Lohnsteuerkarte der K die Steuerklasse V bescheinigt.

Der Antrag enthielt folgende nicht zu beanstandende Angaben:

1. Aufwendungen i. S. des § 9 EStG des J in Höhe von 1.968 €,

2. Aufwendungen i. S. des § 9 EStG der K in Höhe von 554 €,

3. Aufwendungen i. S. des § 10 Abs. 1 Nr. 2 b EStG des J in Höhe von 600 €,

4. Aufwendungen i. S. des § 10 Abs. 1 Nr. 4 EStG des J in Höhe von 316 €,

5. Aufwendungen i. S. des § 10 Abs. 1 Nr. 4 EStG der K in Höhe von 200 €,

6. Aufwendungen i. S. des § 33 EStG des J in Höhe von 1.080 € (die zumutbare Belastung gemäß § 33 Abs. 3 EStG beträgt 1.600 €) und

7. Verlust aus Vermietung und Verpachtung aus dem beiden Ehegatten zu gleichen Teilen gehörenden, vermieteten Mehrfamilienhaus in Höhe von 4.200 €.

Zur Aufteilung des Freibetrages haben die Ehegatten keine Angaben gemacht.

Welcher der folgenden Beträge führt zutreffend zu dem Ergebnis, dass die Grenze des § 39 a Abs. 2 Satz 4 EStG von 600 € überschritten wird?

A. 1.440 €.

B. 2.520 €.

C. 3.120 €.

D. 6.720 €.

## Aufgabe 280

Sachverhalt wie unter Aufgabe 279.

Welche Freibeträge sind auf den Lohnsteuerkarten der Ehegatten einzutragen? (Es ist in jedem Fall auf volle € aufzurunden.)

A. Bei J ein Jahresfreibetrag von 2.784 € und ein Monatsfreibetrag von 232 €, bei K ein Jahresfreibetrag von 2.784 € und ein Monatsfreibetrag von 232 €.

B. Bei J ein Jahresfreibetrag von 2.784 € und ein Monatsfreibetrag von 254 €, bei K ein Jahresfreibetrag von 2.784 € und ein Monatsfreibetrag von 254 €.

C. Bei J ein Jahresfreibetrag von 3.246 € und ein Monatsfreibetrag von 296 €, bei K ein Jahresfreibetrag von 2.322 € und ein Monatsfreibetrag von 212 €.

D. Bei J ein Jahresfreibetrag von 3.246 € und ein Monatsfreibetrag von 271 €, bei K ein Jahresfreibetrag von 2.322 € und ein Monatsfreibetrag von 194 €.


# Durchführung des Lohnsteuerabzugs

EStG §§ 39 b, 39 c, 41–41 c, 42 b; LStDV § 4

## Aufgabe 281

Der verheiratete Rentner Franz Gentemann (G), 67 Jahre, erhält von seinem früheren Arbeitgeber Hammer (H) Versorgungsbezüge in Höhe von monatlich 500 € brutto. H liegt für das laufende Kalenderjahr eine Lohnsteuerkarte des G vor, auf der die Steuerklasse III bescheinigt und ein monatlicher Freibetrag von 50 € eingetragen ist.

Von welchem Betrag ausgehend hat H die Lohnsteuer des G für den Monat April des laufenden Kalenderjahres zu ermitteln?

A. Von 250 €.

B. Von 83 €.

C. Von 200 €.

D. Von 283 €.

**Aufgabe 282**

Der pensionierte Beamte Ehlers (E), 66 Jahre, erzielt neben seiner monatlichen Pension aus einem gegenwärtigen Dienstverhältnis von dem Arbeitgeber Funke (F) ein monatliches Bruttogehalt von 700 €. Neben diesem Gehalt leistet F einen Beitrag von 30 € monatlich zu den Kosten des E für dessen (höhere) Aufwendungen aufgrund beruflich veranlasster Fahrten zwischen Wohnung und Arbeitsstätte mit dem Linienbus. Diese Zahlungen werden von F steuerlich zutreffend behandelt.

Mit der Gehaltszahlung für den Monat November erhält E am 2. 12. außerdem eine Weihnachtsgratifikation in Höhe von 100 € brutto.

Dem F liegt die zweite Lohnsteuerkarte des E vor, auf der die Steuerklasse VI bescheinigt ist.

Welcher Arbeitslohn ist für F maßgebend, um die Lohnsteuer des E für den Monat November zu ermitteln?

A. 420 €.

B. 641 €.

C. 574 €.

D. 800 €.

**Aufgabe 283**

Dem Arbeitgeber Albrecht (A) liegt für den seit 2 Jahren bei ihm beschäftigten Arbeitnehmer Bosse (B) zu Beginn des Kalenderjahres 02 keine Lohnsteuerkarte vor. Auf der Lohnsteuerkarte des B für das Kalenderjahr 01 war die Steuerklasse mit „drei" und die Zahl der Kinderfreibeträge mit 2,0 sowie die Religionsgemeinschaft bescheinigt. Aufgrund einer vorliegenden Geburtsurkunde hat A davon Kenntnis erlangt, dass die Ehefrau des B im Februar 02 das dritte Kind der Ehegatten zur Welt gebracht hat. A ist bekannt, dass die beiden Geschwister des Neugeborenen noch schulpflichtig sind.

Auch bei der am 4. 4. 02 vorgenommenen Lohnabrechnung des B für den Monat März 02 liegt noch keine Lohnsteuerkarte des B vor, ohne dass B sich hierzu bislang irgendwie geäußert hätte.

Welche der folgenden Aussagen sind zu den Lohnabrechnungen der Monate Januar bis März 02 richtig?

A. Bei der Lohnabrechnung für den Monat Januar 02 kann A die Steuerabzugsbeträge des B bei Steuerklasse III/2 ablesen.

B. Bei der Lohnabrechnung für den Monat Februar 02 kann A die Steuerabzugsbeträge des B bei der Steuerklasse III/3 ablesen.

C. Bei der Lohnabrechnung für März 02 hat A die Steuerabzugsbeträge des B bei Steuerklasse VI abzulesen.

D. Bei der Lohnabrechnung für den Monat März 02 hat A die Steuerabzugsbeträge des B für die Monate Januar und Februar 02 nachträglich nach Steuerklasse VI zu berechnen und den Mehrbetrag an zu wenig einbehaltenen Steuern bei dieser Lohnabrechnung zu berücksichtigen.

## Aufgabe 284

Der Arbeitgeber Konrad (K) hat seinem Arbeitnehmer Lattermann (L) für den Monat Mai 01 folgende Bezüge gezahlt bzw. gewährt:

1. Laufenden Arbeitslohn von brutto 3.000 €.

Außerdem:

2. Zurverfügungstellung eines betrieblichen PKW für private Fahrten, Wert monatlich 300 €.

3. Steuerfreie Reisekostenvergütungen in Höhe von 250 €.

Die einbehaltene Lohnsteuer beträgt 510 €.

Welche Eintragungen hat K bei der Lohnabrechnung für den Monat Mai 01 in dem Lohnkonto des L neben dem Tag der Lohnzahlung und dem Lohnzahlungszeitraum vorzunehmen?

A. Arbeitslohn 3.250 €, Sachbezüge 300 €, einbehaltene Lohnsteuer 510 €.

B. Arbeitslohn 3.550 €, Sachbezüge 300 €, steuerfreie Vergütungen 250 €, einbehaltene Lohnsteuer 510 €.

C. Arbeitslohn 3.300 €, steuerfreie Vergütungen 250 €, einbehaltene Lohnsteuer 510 €.

D. Arbeitslohn 3.000 €, Sachbezüge 300 €, steuerfreie Vergütungen 250 €, einbehaltene Lohnsteuer 510 €.

## Aufgabe 285

Der Arbeitgeber Machens (M) hat seinen Betrieb am 6. 4. 01 eröffnet und beschäftigt seit diesem Tag auch mehrere Arbeitnehmer.

Welche Lohnsteuer ist für die Bestimmung des Lohnsteuer-Anmeldungszeitraums maßgebend?

A. Für das Kalenderjahr 01 ist der Lohnsteuer-Anmeldungszeitraum nach der für den Monat April 01 abzuführenden und auf einen Jahresbetrag umgerechneten Lohnsteuer zu bestimmen.

B. Für das Kalenderjahr 01 ist der Lohnsteuer-Anmeldungszeitraum nach der für den Monat Mai 01 abzuführenden und auf einen Jahresbetrag umgerechneten Lohnsteuer zu bestimmen.

C. Für das Kalenderjahr 02 ist der Lohnsteuer-Anmeldungszeitraum nach der für das Kalenderjahr 01 insgesamt abzuführenden Lohnsteuer zu bestimmen.

D. Für das Kalenderjahr 02 ist der Lohnsteuer-Anmeldungszeitraum nach der für das Kalenderjahr 01 abzuführenden und auf einen Jahresbetrag umgerechneten Lohnsteuer zu bestimmen.

## Aufgabe 286

Der Arbeitnehmer Vollbaum (V), 24 Jahre, hat bis zum 31. 8. 01 bei der Fa. Wille (Fa. W) in einem Dienstverhältnis gestanden. Er erzielte aus diesem Dienstverhältnis vom 1. 1. – 31. 8. 01 laufenden Arbeitslohn in Höhe von 14.000 € und im März eine Sonderzahlung (nach § 39 b Abs. 3 EStG besteuerter sonstiger Bezug) in Höhe von 700 €. In dieser Zeit hat die Fa. W vom laufenden Arbeitslohn des V insgesamt 2.202,20 € und vom sonstigen Bezug 234 € Lohnsteuer einbehalten und abgeführt.

Seine Lohnsteuerkarte 01 hat V im Januar 01 dem Arbeitgeber mit folgenden Eintragungen im Abschnitt I vorgelegt: „eins 0,0".

Am 1. 8. 01 schließt V mit der Fa. Zobel (Fa. Z) einen Arbeitsvertrag, nach dem V am 1. 9. 01 bei der Fa. Z eine Beschäftigung gegen einen Monatslohn von brutto 3.000 € aufnehmen wird.

V hat für die Zeit vom 1. 9. – 31. 12. 01 bei der Fa. Z einen Bruttoarbeitslohn von 12.000 € erzielt, von dem insgesamt 2.799,60 € Lohnsteuer einbehalten wurden. Außerdem hat V von Fa. Z steuerfreie Ersatzleistungen für seine doppelte Haushaltsführung erhalten. V will einen Antrag auf Veranlagung zur Einkommensteuer stellen.

Welche der folgenden Aussagen über den Abschluss des Lohnsteuerabzugs des V durch die Firmen W und Z sind richtig?

A. In der Lohnsteuerbescheinigung der Fa. W ist die Dauer des Dienstverhältnisses mit „1. 1. bis 31. 8. 01", der Bruttoarbeitslohn in einer Summe mit „14.700 €" und die hiervon einbehaltene Lohnsteuer ebenfalls in einer Summe mit „2.436,20 €" aufzuführen.

B. Nach Beendigung des Dienstverhältnisses am 31. 8. 01 hat die Fa. W dem V dessen Lohnsteuerkarte mit eingetragener Lohnsteuerbescheinigung auszuhändigen.

C. Die Fa. W hat die Lohnsteuerkarte des V mit eingetragener Lohnsteuerbescheinigung an die Fa. Z weiterzuleiten. Diese händigt nach Ablauf des Kalenderjahrs 01 (nach Vornahme der Lohnsteuerbescheinigung für die Zeit der Tätigkeit bei der Fa. Z) die Lohnsteuerkarte an V aus, da V einen Antrag auf Veranlagung zur Einkommensteuer stellen will.

D. Fa. Z ist auch verpflichtet, die steuerfreien Ersatzleistungen zu bescheinigen.

**Aufgabe 287**

Sachverhalt wie unter Aufgabe 286 mit folgenden ergänzenden Angaben:

Die Fa. Z beschäftigt ständig ca. 22–25 Arbeitnehmer.

V hat im Kalenderjahr 01 kein Kurzarbeiter- oder Schlechtwettergeld bezogen.

Auf Wunsch des V soll die Fa. Z, der die Lohnsteuerkarte des V mit der Lohnsteuerbescheinigung der Fa. W vorliegt, für V einen Lohnsteuer-Jahresausgleich durchführen.

Welche der folgenden Aussagen zur Durchführung des Lohnsteuer-Jahresausgleichs sind richtig?

A. Die Fa. Z ist zur Durchführung des Lohnsteuer-Jahresausgleichs verpflichtet.

B. Die Fa. Z hat bei der Durchführung des Lohnsteuer-Jahresausgleichs die Jahreslohnsteuer bei einem Betrag von 26.700 € zu ermitteln.

C. Die Fa. Z muss den Lohnsteuer-Jahresausgleich spätestens mit der Lohnabrechnung für den Monat Dezember 01 durchführen.

D. Die aufgrund des Lohnsteuer-Jahresausgleichs erstattete Lohnsteuer muss in der Lohnsteuerbescheinigung für das Kalenderjahr 01 berücksichtigt werden.

# Veranlagung von Arbeitnehmern

EStG § 46

**Aufgabe 288**

Das Arbeitnehmerehepaar Julius und Karin Löwe (J und K) lebt im Kalenderjahr 01 nicht dauernd getrennt. In diesem Jahr erzielt J aus einem Dienstverhältnis einen Arbeitslohn von 39.000 €. Die Ehefrau K erzielt aus einem Dienstverhältnis einen Arbeitslohn von 18.000 €. Auf den Lohnsteuerkarten 01 ist bei J die Steuerklasse III und bei K die Steuerklasse V eingetragen.

Außerdem haben die Ehegatten aus einem Zweifamilienhaus Einkünfte aus Vermietung und Verpachtung von ./. 1.500 € erzielt.

Das Einkommen der Ehegatten für das Kalenderjahr 01 beträgt 46.000 €, das zu versteuernde Einkommen ebenfalls.

Ist für die Ehegatten eine Veranlagung zur Einkommensteuer für das Kalenderjahr 01 durchzuführen?

A.  Eine Veranlagung zur Einkommensteuer ist gemäß § 46 Abs. 2 Nr. 2 EStG von Amts wegen durchzuführen.

B.  Eine Veranlagung zur Einkommensteuer ist gemäß § 46 Abs. 2 Nr. 2 EStG nur auf Antrag durchzuführen.

C.  Eine Veranlagung zur Einkommensteuer ist gemäß § 46 Abs. 2 Nr. 3 a EStG von Amts wegen durchzuführen.

D.  Eine Veranlagung zur Einkommensteuer ist gemäß § 46 Abs. 2 Nr. 1 EStG von Amts wegen durchzuführen.

## Aufgabe 289

Der Arbeitnehmer Rückert (R) ist seit dem 15. 9. 01 verwitwet. Im Zeitpunkt ihres Todes lebte seine unbeschränkt einkommensteuerpflichtige Ehefrau von ihm nicht dauernd getrennt.

R erzielte im Kalenderjahr 02 aus einem früheren Dienstverhältnis Versorgungsbezüge von 19.000 € und aus einem weiteren früheren Dienstverhältnis Versorgungsbezüge von 17.000 €.

Außerdem erzielt R in diesem Jahr Einkünfte aus Kapitalvermögen von 400 €. Für das Kalenderjahr 02 beträgt sowohl das Einkommen als auch das zu versteuernde Einkommen 27.900 €.

Nach welcher Vorschrift ist R für das Kalenderjahr 02 zur Einkommensteuer zu veranlagen?

A.  Gemäß § 46 Abs. 2 Nr. 1 EStG.

B.  Gemäß § 46 Abs. 2 Nr. 2 EStG.

C.  Gemäß § 46 Abs. 2 Nr. 3 EStG.

D.  Gemäß § 46 Abs. 2 Nr. 3 a EStG.

## Aufgabe 290

Der Arbeitnehmer Alben (A), 67 Jahre, erzielt im Kalenderjahr 01 Versorgungsbezüge aus einem früheren Dienstverhältnis in Höhe von 39.000 €. Seine von ihm nicht dauernd getrennt lebende Ehefrau, 66 Jahre, erzielt in diesem Jahr Versorgungsbezüge aus einem früheren Dienstverhältnis in Höhe von 17.000 €.

Auf den Lohnsteuerkarten ist die Steuerklasse jeweils mit „vier" eingetragen; Freibeträge sind nicht eingetragen.

Außerdem erzielen die Ehegatten im Kalenderjahr 01 Einkünfte aus Kapitalvermögen in Höhe von 1.000 € und Einkünfte aus Vermietung und Verpachtung in Höhe von ∕ 600 €.

Das Einkommen der Ehegatten im Kalenderjahr 01 beträgt 46.000 €, das zu versteuernde Einkommen 45.200 €.

Welche der folgenden Aussagen zur Veranlagung der Ehegatten für das Kalenderjahr 01 zur Einkommensteuer sind richtig?

A. Eine Veranlagung zur Einkommensteuer ist gemäß § 46 Abs. 2 Nr. 3 a EStG durchzuführen.

B. Eine Veranlagung zur Einkommensteuer ist gemäß § 46 Abs. 2 Nr. 3 EStG durchzuführen.

C. Eine Veranlagung zur Einkommensteuer ist gemäß § 46 Abs. 2 Nr. 2 EStG durchzuführen.

D. Eine Veranlagung der Ehegatten zur Einkommensteuer wird nur auf Antrag durchgeführt.

# F. Körperschaftsteuer

Allgemeines
Steuerpflicht
Ermittlung des Einkommens

# Vorbemerkung

Den folgenden Aufgaben und Lösungen wurden das Körperschaftsteuergesetz in der Fassung der Bekanntmachung vom 15. Oktober 2002, geändert durch das Gesetz zum Abbau von Steuervergünstigungen und Ausnahmeregelungen vom 16. Mai 2003, und die Körperschaftsteuerrichtlinien 1995 (KStR 1995) zugrunde gelegt.

# Allgemeines

## Aufgabe 291

Welche Stellung hat die Körperschaftsteuer im Steuersystem?

A.  Die Körperschaftsteuer ist eine Besitzsteuer.

B.  Die Körperschaftsteuer ist eine direkte Steuer.

C.  Die Körperschaftsteuer ist eine Personensteuer.

D.  Die Körperschaftsteuer ist eine Gemeinschaftsteuer.

# Steuerpflicht

KStG §§ 1 und 2

## Aufgabe 292

Entscheiden Sie, ob folgende Unternehmen unbeschränkt körperschaftsteuerpflichtig sind:

A.  Putz-GmbH mit Sitz und Geschäftsleitung in Hamburg.

B.  Volksbank Kiel eG mit Sitz in Kiel.

C.  Holz-GmbH mit Sitz und Geschäftsleitung in Amsterdam. Erzielt werden auch Einkünfte aus Vermietung und Verpachtung in Bremen.

D.  Knopf-OHG mit Sitz und Geschäftsleitung in Hannover.

## Aufgabe 293

Die Brüder Max und Moritz Stein beschlossen, am 18. Januar 2003 in Köln einen Baustoffhandel in Form einer GmbH zu gründen. Es wurde ein Vorvertrag abgeschlossen, in dem sich beide zum Abschluss eines Gesellschaftsvertrages verpflichteten. Die Geschäftstätigkeit wurde schon am 3. März 2003 aufgenommen (Anschaffung und Verkauf von Baumaterial). Erst am 15. Dezember 2003 beurkundete ein Notar den Gesellschaftsvertrag. Die Eintragung im Handelsregister erfolgte am 27. Februar 2004.

Wann beginnt die Körperschaftsteuerpflicht?

A. 18. Januar 2003

B. 3. März 2003

C. 15. Dezember 2003

D. 27. Februar 2004

# Ermittlung des Einkommens

KStG §§ 7 ff.

## Aufgabe 294

Eine Aktiengesellschaft hat im Wirtschaftsjahr 2003 (= Kalenderjahr) einen Gewinn von 240.000 € ausgewiesen. Folgende Buchungen haben den Gewinn beeinflusst:

1. gezahlte Körperschaftsteuer23.000 €
2. gezahlter Solidaritätszuschlag1.265 €
3. Geschenke an Geschäftsfreunde (über 40 €)3.200 €
4. Spenden für mildtätige und kirchliche Zwecke7.800 €
5. gezahlte Aufsichtsratsvergütungen18.000 €
6. erstattete Körperschaftsteuer2.265 €
7. Spenden an politische Parteien7.800 €

Wie hoch ist das Einkommen für den Veranlagungszeitraum (VZ) 2003?

A. 240.000 €

B. 251.000 €

C. 282.000 €

D. 291.000 €

## Aufgabe 295

In welchen Fällen liegt eine verdeckte Gewinnausschüttung vor?

A. Dem Gesellschafter-Geschäftsführer wird ein unangemessen hohes Gehalt gezahlt.

B. Einem Gesellschafter wird von der Gesellschaft ein Darlehen zu einem sehr niedrigen Zinssatz gewährt.

C. Eine Gesellschaft veräußert ein Aktienpaket an einen Gesellschafter zu einem Preis, der weit unter dem Kurswert liegt.

D. Ein Gesellschafter liefert Waren an die Gesellschaft zu überhöhten Preisen.

# G. Gewerbesteuer

Allgemeines
Abgrenzung des Gewerbebetriebes
Ermittlung des Gewerbeertrags
Hinzurechnungen
Kürzungen
Maßgebender Gewerbeertrag
Steuermessbetrag
Zerlegung des Gewerbesteuermessbetrags

# Vorbemerkung

Den folgenden Aufgaben und Lösungen wurden das Gewerbesteuergesetz (GewStG), die Gewerbesteuer-Durchführungsverordnung (GewStDV), beide in der Fassung vom 15. 10. 2002, beide zuletzt geändert durch das Kleinunternehmerförderungsgesetz vom 31. 7. 2003, die Gewerbesteuer-Richtlinien (GewStR 1998 in der Fassung vom 21. 12. 1998) sowie das Amtliche Einkommensteuer-Handbuch (EStH 2002) zugrunde gelegt.

# Allgemeines

### Aufgabe 296

Welche Stellung nimmt die Gewerbesteuer im System der Steuerarten ein?

A.  Sie ist eine Gemeindesteuer.

B.  Sie ist eine Realsteuer.

C.  Sie ist eine Gemeinschaftsteuer.

D.  Sie ist eine Personensteuer.

# Abgrenzung des Gewerbebetriebs gegenüber der Land- und Forstwirtschaft und gegenüber der selbstständigen Arbeit

GewStG § 2

### Aufgabe 297

Welche Nebenbetriebe bzw. Nebenleistungen sind als gewerbliche Tätigkeit anzusehen?

A.  Ein Landwirt unterhält neben seinem landwirtschaftlichen Betrieb eine Molkerei. In dieser Molkerei wird die im eigenen Betrieb anfallende Milch verarbeitet. Daneben wird auch die Milch anderer landwirtschaftlicher Betriebe aufgekauft und verarbeitet. Die Rohstoffmenge der zugekauften Milch hat in den letzten fünf Jahren stets 55 % bis 60 % der gesamten verarbeiteten Milch betragen.

Die gesamte Milch ist für den Verkauf bestimmt.

B.  Ein Landwirt hat den Transport der Milch zur Molkerei auch für andere Landwirte übernommen. Die Einnahmen aus diesen Fuhrleistungen haben in den letzten fünf Jahren stets 30 % bis 32 % des Gesamtumsatzes des Betriebs (und weniger als 51.500 €) betragen.

C. Zum Betriebsvermögen einer Gärtnerei gehört auch ein Moorgelände. Der auf diesem Gelände gewonnene Torf wird zum Teil zur Bodenverbesserung der übrigen Ländereien und zum Teil als Heizmaterial zur Beheizung der Gewächshäuser verwendet. In den letzten fünf Jahren sind stets nur geringe Mengen des gewonnenen Torfs veräußert worden.

D. Ein Landwirt betreibt neben seinem landwirtschaftlichen Betrieb eine auf seinen Ländereien befindliche Kiesgrube. Der gewonnene Kies ist in den letzten fünf Jahren zum weitaus überwiegenden Teil an Tiefbauunternehmer veräußert worden. Der verbleibende Rest wurde zur Befestigung der eigenen landwirtschaftlichen Wege verwendet.

**Aufgabe 298**

Ein Landwirt, der regelmäßig eine Fläche von 30 Hektar landwirtschaftlich nutzt, hat nachhaltig folgende Tiere erzeugt bzw. gehalten:

Vieheinheiten (VE)

| | | |
|---|---|---|
| 4 Pferde (3 Jahre und älter) × 1,10 VE | = | 4,4 |
| 40 Kühe × 1,00 VE | = | 40,0 |
| 30 Mastkälber × 0,30 VE | = | 9,0 |
| 1.200 Mastschweine (aus zugekauften Läufern) × 0,10 VE | = | 120,0 |
| 5.600 Legehennen × 0,02 VE | = | 112,0 |
| | | 285,4 |

Unter welche Einkunftsart des § 2 Abs. 1 EStG sind die Einkünfte aus der Tierzucht bzw. Tierhaltung einzuordnen?

A. Die Einkünfte aus der Tierzucht bzw. Tierhaltung gehören in vollem Umfang zu den Einkünften aus Gewerbebetrieb.

B. Die Einkünfte aus der Tierzucht bzw. Tierhaltung gehören in vollem Umfang zu den Einkünften aus Land- und Forstwirtschaft.

C. Nur die Einkünfte aus der Legehennenhaltung gehören zu den Einkünften aus Gewerbebetrieb.

D. Nur die Einkünfte aus der Schweinemast gehören zu den Einkünften aus Gewerbebetrieb.

**Aufgabe 299**

Der Fahrlehrer B betreibt neben seiner Fahrschule einen Kraftfahrzeughandel.

Welche Aussage ist richtig?

A. Die Tätigkeit als Fahrlehrer und der Kraftfahrzeughandel sind derart miteinander verflochten, dass sie als einheitlicher Gewerbebetrieb anzusehen sind.

B. Die Tätigkeit als Fahrlehrer und der Kraftfahrzeughandel sind miteinander verflochten. Wenn die Erträge aus der Tätigkeit als Fahrlehrer die Erträge aus dem Kraftfahrzeughandel überwiegen, sind beide Tätigkeiten einheitlich als freiberufliche Tätigkeit anzusehen.

C. Die Tätigkeit als Fahrlehrer unterliegt nicht der Gewerbesteuer. Nur der Kraftfahrzeughandel stellt einen Gewerbebetrieb dar.

D. Die Tätigkeit als Fahrlehrer und der Kraftfahrzeughandel sind nicht derart miteinander verbunden, dass sie sich gegenseitig bedingen. Ein einheitlicher Gewerbebetrieb liegt deshalb nicht vor. B betreibt zwei Gewerbebetriebe.

**Aufgabe 300**

Welche Betriebe sind als Gewerbebetrieb anzusehen?

A. Die Witwe eines verstorbenen Architekten, die früher den Beruf einer Sekretärin erlernt hat, führt den Betrieb ihres vor mehreren Jahren verstorbenen Ehemanns mit einem langjährigen Angestellten, der ebenfalls Architekt ist, in Form einer Gesellschaft bürgerlichen Rechts weiter.

B. Mehrere Steuerberater haben eine Gesellschaft mit beschränkter Haftung gegründet und üben unter dem Namen dieser Gesellschaft ihre steuerberatende Tätigkeit aus.

C. Mehrere Steuerberater haben eine Kommanditgesellschaft gegründet und üben unter dem Namen dieser Gesellschaft ihre steuerberatende Tätigkeit aus.

D. Der frühere Bankkaufmann A und der Architekt B betreiben ein Architekturbüro in Form einer Offenen Handelsgesellschaft. Während B sich ausschließlich mit den bautechnischen Fragen befasst, erledigt A die Finanzierung der Bauten selbstständig.

# Ermittlung des Gewerbeertrags

GewStG § 7

**Aufgabe 301**

Die laufenden Gewinne eines Gewerbebetriebs (Einzelunternehmen) haben betragen:

Kalenderjahr 02 = 20.000 €
Kalenderjahr 03 = 30.000 €
Kalenderjahr 04 = 40.000 €

Am 1. 1. 02 ist der Betriebsinhaber von der Gewinnermittlung nach § 4 Abs. 3 EStG zur Gewinnermittlung durch Betriebsvermögensvergleich übergegangen. Der vom Finanzamt ermittelte Übergangsgewinn (im laufenden Gewinn nicht enthalten) hat 15.000 € betragen. Der Betriebsinhaber hatte seinerzeit beantragt, diesen Übergangsgewinn nach R 17 Abs. 1 EStR auf insgesamt 3 Jahre zu verteilen.

Den laufenden Gewinn des Kalenderjahres 04 hat ein Verlust aus der Veräußerung einer Beteiligung an einer Personengesellschaft in Höhe von 10.000 € gemindert. Die Beteiligung gehörte zum notwendigen Betriebsvermögen des Gewerbebetriebs.

Zum 31. 12. 04 hat der Betriebsinhaber den Betrieb aufgegeben. Der Gewinn, der sich aufgrund der Aufgabe ergeben hat, beträgt 50.000 € und ist im laufenden Gewinn noch nicht enthalten.

Hinzurechnungen nach § 8 GewStG und Kürzungen nach § 9 GewStG sind im Erhebungszeitraum 04 nicht vorzunehmen.

Wie hoch ist der Gewerbeertrag für den Erhebungszeitraum 04?

A.  45.000 €.

B.  55.000 €.

C.  95.000 €.

D.  105.000 €.

## Aufgabe 302

Was kann Ausgangswert für die Ermittlung des Gewerbeertrages sein?

A.  Ein Gewinn aus Gewerbebetrieb, der sich aus dem Einkommensteuerbescheid ergibt.

B.  Ein Gewinn aus Gewerbebetrieb, der sich aus dem Bescheid über eine gesonderte Gewinnfeststellung für ein Einzelunternehmen ergibt.

C.  Ein Gewinn aus Gewerbebetrieb, der sich aus dem Bescheid über eine einheitliche und gesonderte Gewinnfeststellung für eine Personengesellschaft ergibt.

D.  Ein Gewinn aus Gewerbebetrieb, der sich aufgrund einer für die Gewerbesteuer selbstständig durchgeführten Gewinnermittlung ergibt.

# Hinzurechnungen

GewStG § 8

## Aufgabe 303

Ein Gewerbebetrieb hatte während des gesamten Erhebungszeitraumes 01 bei der Bank eine Kontokorrentschuld, die mit 8 % zu verzinsen war. Die Höhe der Schuld hat ständig geschwankt.

Der höchste Schuldenstand betrug 100.000 € und hat in der Zeit vom
1. 2. 01 bis 15. 2. 01 bestanden. Der niedrigste Schuldenstand hat 20.000 €
betragen und hat in der Zeit vom 1. 12. 01 bis 2. 12. 01 bestanden.

In der Zeit vom 5. 6. 01 bis 9. 6. 01 hat der Schuldenstand 29.000 € und am
10. 6. 01 30.000 € betragen (nach dem 1. und 2. 12. 01 die günstigsten
Stände).

Für den Erhebungszeitraum 01 hat die Bank 4.000 € Zinsen berechnet.

Wie hoch sind die Dauerschuldzinsen, die dem Gewinn des Erhebungszeitraums 01 nach § 8 Nr. 1 GewStG hinzuzurechnen sind?

A.  1.160 €.

B.  1.200 €.

C.  2.000 €.

D.  2.400 €.

## Aufgabe 304

Bäckermeister B hat seinen Betrieb vor Jahren gegen bis zum Lebensende
des nicht gewerbesteuerpflichtigen Veräußerers V zu leistende Rentenzahlungen von 500 € monatlich erworben. Die Bilanzwerte der Rentenver-
pflichtung betrugen am 31. 12. 02 40.000 € und am 31. 12. 03 36.000 €.
Das benachbarte Café hat B von V gepachtet. Die für 03 gezahlte Pacht von
12.000 € entfällt lt. Pachtvertrag zu 9.000 € auf die Räumlichkeiten und zu
3.000 € auf das Inventar. Für die vertraglich festgelegte Instandhaltung des
gepachteten Inventars hat B in 03 2.000 € aufgewandt.

Die Bäckerei und das Café stellen einen einheitlichen Gewerbebetrieb dar.

Welcher Betrag ist dem Gewinn aus Bäckerei und Café für den Erhebungszeitraum 03 hinzuzurechnen?

A.   3.500 €.

B.   4.500 €.

C.   5.000 €.

D.  18.000 €.

## Kürzungen

GewStG § 9

## Aufgabe 305

Der Kaufmann S betreibt in Braunlage einen Getreidehandel.

Er ist Eigentümer folgenden Grundbesitzes:

1. Grundstück Braunlage, Sachsenring 1. Das Grundstück wurde am 1.10. 01 erworben und am 1. 2. 02 wieder veräußert. Es diente dem Gewerbebetrieb als Lagerplatz. Der Einheitswert auf den 1. 1. 02 betrug (umgerechnet) 10.000 €.

2. Grundstück Braunlage, Petersberg 2. Das Grundstück wurde am 1. 3. 02 erworben. Es dient dem Gewerbebetrieb in vollem Umfang. Der Einheitswert auf den 1. 1. 02 betrug (umgerechnet) 20.000 €.

3. Grundstück Braunlage, Wiesenweg 3. Das Grundstück gehört schon seit mehreren Jahren zum Betriebsvermögen des Getreidehandels und wird ausschließlich für betriebliche Zwecke genutzt. Der Einheitswert auf den 1. 1. 02 betrug (umgerechnet) 40.000 €. Aufgrund verschiedener baulicher Maßnahmen wurde der Einheitswert auf den 1. 1. 03 fortgeschrieben. Er beträgt nun (umgerechnet) 100.000 €.

Auch das Grundstück Braunlage, Finkenweg 4, das im Eigentum der Ehefrau des S steht, dient dem Getreidehandel in vollem Umfang. Der Einheitswert auf den 1. 1. 02 betrug (umgerechnet) 5.000 €.

Das Wirtschaftsjahr des Getreidehandels stimmt mit dem Kalenderjahr überein.

Wie hoch ist der Kürzungsbetrag nach § 9 Nr. 1 Satz 1 GewStG für den Erhebungszeitraum 02?

A.   840 €.

B.   1.008 €.

C.   1.260 €.

D.   2.184 €.

## Aufgabe 306

Der Kaufmann M betreibt in Bad Sachsa einen Handel mit Landmaschinen. Er ist Eigentümer folgenden Grundbesitzes:

1. Grundstück Bad Sachsa, Marktstraße 1. Das Grundstück dient zu 40 % dem eigenen Gewerbebetrieb, zu 60 % ist es zu Wohnzwecken vermietet. M hat dieses Grundstück in seinen Steuerbilanzen zu 40 % als Betriebsvermögen behandelt
Der Einheitswert auf den 1. 1. 01 beträgt (umgerechnet) 15.000 €.

2. Grundstück Bad Sachsa, Ringstraße 2. Das Grundstück ist in vollem Umfang zur gewerblichen Nutzung an einen Lebensmittelhändler vermietet. M hat dieses Grundstück in seinen Steuerbilanzen zulässigerweise zu 100 % als gewillkürtes Betriebsvermögen behandelt.
Der Einheitswert auf den 1. 1. 01 beträgt (umgerechnet) 23.000 €.

3. Grundstück Bad Sachsa, Drosselweg 3. Das Grundstück dient zu 60 % dem eigenen Gewerbebetrieb, zu 40 % dient es eigenen Wohnzwecken des Stpfl. M hat dieses Grundstück in seinen Steuerbilanzen zu 60 % als Betriebsvermögen behandelt.

Der Einheitswert auf den 1.1.01 beträgt (umgerechnet) 50.000 €.

4. Grundstück Bad Sachsa, Steinkamp 4. Das Grundstück dient dem eigenen gewerblichen Betrieb lediglich zu 10 %. Weil der Wert des eigenbetrieblich genutzten Grundstücksteils auch weniger als 20.500 € beträgt, hat M dieses Grundstück nicht in seinen Steuerbilanzen ausgewiesen.

Der Einheitswert auf den 1.1.01 beträgt (umgerechnet) 10.000 €.

Wie hoch ist der Kürzungsbetrag nach § 9 Nr. 1 Satz 1 GewStG für den Erhebungszeitraum 01?

A.    504 €.

B.    907 €.

C.    991 €.

D.    1.008 €.

## Aufgabe 307

Großhändler G hält in seinem Betriebsvermögen eine Beteiligung an einer KG, die für 01 einen Gewinnanteil von 25.000 € für G abwarf. Als betrieblichen Ertrag hat G in 01 außerdem auch die Einnahmen von 1.000 € aus der gelegentlichen Vermietung des betrieblichen LKW an einen Kunden (Einzelhändler) für dessen gewerbliche Zwecke gebucht.

Um welchen Betrag ist der Gewinn für 01 zur Ermittlung des Gewerbeertrags zu kürzen?

A.      0 €.

B.    500 €.

C.  25.000 €.

D.  25.500 €.

# Maßgebender Gewerbeertrag

GewStG § 10

## Aufgabe 308

Der Baustoffhändler T hat seinen Betrieb am 1.9.01 eröffnet. T ermittelt seinen Gewinn nach einem Wirtschaftsjahr, das jeweils vom 1.9. bis 31.8. des folgenden Jahres läuft.

Der Gewerbeertrag des ersten Wirtschaftsjahres (1. 9. 01 bis 31. 8. 02) beträgt 60.000 €, der des zweiten Wirtschaftsjahres 51.000 €.

Welche Aussagen sind richtig?

A. Es ist keine Gewerbesteuer auf den Gewerbeertrag 01 zu entrichten, da der Gewerbeertrag in dem Erhebungszeitraum als bezogen gilt, in dem das Wirtschaftsjahr endet.

B. Der Gewerbeertrag 01 ist mit 20.000 € anzusetzen.

C. Der Gewerbeertrag 02 ist mit 60.000 € anzusetzen.

D. Der Gewerbeertrag 02 ist mit 57.000 € anzusetzen.

## Steuermessbetrag

GewStG § 11

**Aufgabe 309**

In welchen Fällen ergibt sich ein Steuermessbetrag nach dem Gewerbeertrag von 65 €?

A. Eine GmbH erzielt einen Gewerbeertrag von 1.340 €.

B. Eine OHG erzielt einen Gewerbeertrag von 31.000 €.

C. Ein Elektrohändler erzielt einen Gewerbeertrag von 31.070 €.

D. Ein Hausgewerbetreibender erzielt einen Gewerbeertrag von 37.090 €.

## Zerlegung des Gewerbesteuermessbetrags

GewStG § 28

**Aufgabe 310**

In welchen Fällen wird der Gewerbesteuermessbetrag zerlegt?

A. Wenn ein Gewerbebetrieb Betriebsstätten in mehreren Gemeinden unterhält.

B. Wenn sich die einzige Betriebsstätte eines Gewerbebetriebes über mehrere Gemeinden erstreckt.

C. Wenn die einzige Betriebsstätte eines Gewerbebetriebs innerhalb eines Erhebungszeitraums von einer Gemeinde in eine andere Gemeinde verlegt worden ist.

D. Wenn ein Unternehmer in mehreren Gemeinden gleichzeitig mehrere selbstständige Gewerbebetriebe unterhält.

# H. Bewertung

Allgemeine Bewertungsvorschriften
Besondere Bewertungsvorschriften:
Einheitsbewertung, Allgemeines
Grundvermögen
Betriebsvermögen
Bedarfsbewertung

# Allgemeine Bewertungsvorschriften

BewG §§ 1–16

## Aufgabe 311

Welche der folgenden Aussagen über den Anwendungsbereich der im Teil I des BewG enthaltenen allgemeinen Bewertungsvorschriften sind richtig?

A.  Im Besteuerungsverfahren sind die allgemeinen Bewertungsvorschriften stets anzuwenden.

B.  Im Besteuerungsverfahren sind die allgemeinen Bewertungsvorschriften stets anzuwenden, wenn das Einzelsteuergesetz keine besonderen Bewertungsvorschriften enthält.

C.  Im Besteuerungsverfahren sind die allgemeinen Bewertungsvorschriften nur dann anzuwenden, wenn weder das Einzelsteuergesetz noch Teil II des BewG besondere Bewertungsvorschriften enthalten.

D.  Im Besteuerungsverfahren sind die allgemeinen Bewertungsvorschriften stets anzuwenden, wenn Teil II des BewG keine besonderen Bewertungsvorschriften enthält.

## Aufgabe 312

Mit welchem Wert sind an der Börse notierte Aktien bewertungsrechtlich anzusetzen?

A.  Teilwert.

B.  Kurswert.

C.  Gemeiner Wert.

D.  Nennwert.

## Aufgabe 313

A hat seiner Schwester am 31. 12. 2002 ein unverzinsliches Darlehen von 20.000 € gegeben. Das Darlehen ist am 1. 1. 2019 in einer Summe zurückzuzahlen.

Wie hoch ist der Gegenwartswert der Forderung am 1. 1. 2006?

A.  20.000 €.

B.  9.982 €.

C.  9.978 €.

D.  9.980 €.

**Aufgabe 314**

B, geb. am 5. 4. 1947, ledig, bezieht eine private Rente im Jahreswert von 5.000 €. Die Rente ist jeweils am 31. 12. eines Jahres fällig und bis zum 31. 12. 2012 (einschließlich) zu zahlen.

Wie hoch ist der Kapitalwert der Rente am 1. 1. 2004?

A. 32.545 €.

B. 35.715 €.

C. 36.675 €.

D. 35.706 €.

**Aufgabe 315**

A hat seinem Onkel am 5. 8. 2002 ein unverzinsliches Darlehen in Höhe von 25.000 € gegeben. Das Darlehen ist in 6 gleichen Jahresraten à 3.000 €, beginnend am 31. 12. 2005, zurückzuzahlen. Der dann noch verbleibende Restbetrag ist in einer Summe am 31. 12. 2021 zu tilgen.

Wie hoch ist der Gegenwartswert der Kapitalforderung am 1. 1. 2007?

A. 19.000 €.

B. 14.230 €.

C. 13.942 €.

D. 14.117 €.

**Aufgabe 316**

A ist am 1. 1. 1959 geboren. Er bezieht eine private Rente auf Lebenszeit (zahlbar jeweils am 1. 1.) in Höhe von jährlich 8.000 €.

Wie hoch ist der Kapitalwert der Rente am 1. 1. 2004?

A. 110.624 €.

B. 113.800 €.

C. 110.152 €.

D. 112.240 €.

**Aufgabe 317**

Ein am 25. 12. 1947 geborener Stpfl. hat eine unverzinsliche Kapitalforderung in Höhe von 35.000 €. Die Forderung ist beim Tode der am 15. 5. 1949 geborenen Amalie Müller fällig.

Wie hoch ist der Gegenwartswert der Forderung am 1. 1. 2004?

A. 35.000 €.

B. 8.715 €.

C. 12.005 €.

D. 8.260 €.

## Aufgabe 318

A ist am 5. 3. 1949 geboren. Er bezieht eine jeweils am 1. 1. des Jahres zahlbare Veräußerungsrente von jährlich 6.000 €. Die Rente wird bis zum Tode des A gezahlt, längstens jedoch bis zum 1. 1. 2022 einschließlich.

Wie hoch ist der maßgebliche Kapitalwert der Rente am 1. 1. 2004?

A. 73.476 €.

B. 71.562 €.

C. 72.048 €.

D. 69.330 €.

## Aufgabe 319

A hat seinem Bruder am 31. 1. 2002 ein unverzinsliches Darlehen von 30.000 € gegeben. Das Darlehen ist in 10 gleichen Jahresraten, beginnend am 1. 1. 2011, zurückzuzahlen.

Wie hoch ist der Gegenwartswert der Kapitalforderung am 1. 1. 2013?

A. 17.517 €.

B. 19.004 €.

C. 19.527 €.

D. 21.429 €.

## Aufgabe 320

Ein Ehepaar bezieht aus der Veräußerung eines Grundstücks eine Leibrente von jährlich 7.000 €. Die Rente vermindert sich nach dem Tode des Erstversterbenden auf 4.000 €. Der Ehemann ist am 1. 1. 2004 56 Jahre alt, die Ehefrau 44 Jahre alt.

Wie hoch ist der Kapitalwert der Rente der Ehegatten am 1. 1. 2004?

A. 128.953 €.

B. 95.882 €.

C. 85.953 €.

D. 60.000 €.

# Besondere Bewertungsvorschriften

## a) Einheitsbewertung; Allgemeines

BewG §§ 19–32

### Aufgabe 321

Welche der folgenden Aussagen bestimmt umfassend den Begriff des Grundbesitzes?

A. Grundbesitz sind die wirtschaftlichen Einheiten des land- und forstwirtschaftlichen Vermögens, des Grundvermögens und des Betriebsvermögens.

B. Grundbesitz sind die wirtschaftlichen Einheiten des land- und forstwirtschaftlichen Vermögens, des Grundvermögens und die Betriebsgrundstücke.

C. Grundbesitz sind die wirtschaftlichen Einheiten des land- und forstwirtschaftlichen Vermögens und des Grundvermögens.

D. Grundbesitz sind die wirtschaftlichen Einheiten des land- und forstwirtschaftlichen Vermögens, des Grundvermögens und die Geschäftsgrundstücke.

### Aufgabe 322

Welche Einheitswerte werden festgestellt?

A. Einheitswerte für gewerbliche Betriebe.

B. Einheitswerte für Betriebsgrundstücke.

C. Einheitswerte für Betriebe der Land- und Forstwirtschaft.

D. Einheitswerte für Geschäftsgrundstücke.

### Aufgabe 323

Welche der folgenden Aussagen über „Einheitswerte" sind richtig?

A. Einheitswerte feststellen bedeutet, zu einem bestimmten Zeitpunkt eine Wertfeststellung nach dem Bewertungsgesetz zu treffen.

B. Das BewG bestimmt abschließend, für welche wirtschaftlichen Einheiten Einheitswerte festzustellen sind.

C. Es steht im Ermessen der Finanzverwaltung, festgestellte Einheitswerte der Besteuerung zugrunde zu legen (unverbindliche Werte).

D. Einheitswerte werden auch für die wirtschaftlichen Einheiten des Betriebsvermögens festgestellt.

## Aufgabe 324

A erwirbt am 1. 2. 2002 einen Bauplatz (Einheitswert auf den 1.1.1974 = 6.000 €) und errichtet darauf im selben Jahr ein Einfamilienhaus (Einheitswert 30.000 €). Das Haus wurde am 1.12. 2002 fertig gestellt.

Was hat das Finanzamt bewertungsrechtlich auf den 1.1. 2003 zu veranlassen?

A. Nachfeststellung.

B. Artfortschreibung.

C. Wertfortschreibung.

D. Zurechnungsfortschreibung.

## Aufgabe 325

Der Landwirt A veräußert seinen Betrieb der Land- und Forstwirtschaft (Einheitswert 40.000 €) am 1. 6. 2002 an den Landwirt B, für dessen Betrieb ein Einheitswert von 50.000 € festgestellt worden ist. B bewirtschaftet nach dem Betriebserwerb alle Ländereien von seiner bisherigen Hofstelle.

Was hat das Finanzamt bewertungsrechtlich auf den 1.1. 2003 zu veranlassen?

A. Aufhebung eines Einheitswerts.

B. Wertfortschreibung.

C. Zurechnungsfortschreibung.

D. Artfortschreibung.

## Aufgabe 326

Der Landwirt A veräußert am 1. 4. 2002 einen von seiner Hofstelle aus bewirtschafteten Landstreifen (anteiliger Einheitswert = 5.200 €) an den bisher grundbesitzlosen Rentner B. Der Einheitswert des Betriebs der Land- und Forstwirtschaft ist zuletzt auf den 1.1.1984 auf 30.000 € festgestellt worden.

Was hat das Finanzamt bewertungsrechtlich auf den 1.1. 2003 zu veranlassen?

A. Wertfortschreibung für A.

B. Nachfeststellung für B.

C. Zurechnungsfortschreibung, weil der Landstreifen ab 1.1. 2003 B zuzurechnen ist.

D. Hauptfeststellung für B.

**Aufgabe 327**

Entscheiden Sie, ob in den dargestellten Fällen (wirtschaftliche Einheiten des Grundbesitzes) eine Wertfortschreibung durchzuführen ist.

| | | |
|---|---|---|
| A. | Einheitswert auf den 1.1.1995 | 49.000 € |
| | Wert auf den 1.1.2004 | 54.000 € |
| B. | Einheitswert auf den 1.1.1995 | 55.000 € |
| | Wert auf den 1.1.2004 | 60.000 € |
| C. | Einheitswert auf den 1.1.1995 | 4.200 € |
| | Wert auf den 1.1.2004 | 3.800 € |
| D. | Einheitswert auf den 1.1.1995 | 1.200.000 € |
| | Wert auf den 1.1.2004 | 1.315.000 € |

**Aufgabe 328**

Der Klempnermeister Rohrig veräußert am 1.5.2003 ein bisher zum gewerblichen Betrieb gehörendes Grundstück an eine Privatperson (P).

Was ist bewertungsrechtlich auf den 1.1.2004 zu veranlassen?

A. Aufhebung des Einheitswertes für das Betriebsgrundstück des Rohrig.

B. Zurechnungsfortschreibung auf P.

C. Artfortschreibung.

D. Wertfortschreibung.

**b) Grundvermögen**

BewG §§ 68–94

**Aufgabe 329**

Welcher Bewertungsmaßstab ist bei der Bewertung des Grundvermögens anzuwenden?

A. Teilwert.

B. Ertragswert.

C. Gemeiner Wert.

D. Einheitswert.

**Aufgabe 330**

Ein Haus enthält 4 Wohnungen. Im Übrigen wird es gewerblich genutzt. In welchen Fällen handelt es sich um ein gemischt genutztes Grundstück?

A. Die gewerbliche Nutzung beträgt 20 %.

B. Die gewerbliche Nutzung beträgt 80 %.

C. Die gewerbliche Nutzung beträgt 50 %.

D. Die gewerbliche Nutzung beträgt 85 %.

## c) Betriebsvermögen

BewG §§ 95–109

### Gemeinsamer Sachverhalt zu den Aufgaben 331–333

Hans Stahl (S) betreibt in Uelzen, Hauptstr. 1, eine Eisenwarengroßhandlung. S hat beim Finanzamt folgende Steuerbilanz auf den 31.12. 2002 eingereicht:

| Aktiva | 31.12. 2002 | | Passiva |
|---|---|---|---|
| 1. Grundstück Hauptstr. 1 | | 7. Hypothek | 30.000 € |
| Grund und Boden | 82.000 € | 8. Delkredere | 4.600 € |
| Gebäude | 217.000 € | 9. Steuerberatung | 3.000 € |
| 2. Maschinen | 76.200 € | 10. Sonstige | |
| 3. Wertpapiere | 4.200 € | Verbindlichkeiten | 87.000 € |
| 4. Waren | 50.000 € | 11. Kapital | 336.100 € |
| 5. Forderungen | 30.000 € | | |
| 6. Kasse | 1.300 € | | |
| | 460.700 € | | 460.700 € |

### Aufgabe 331

**Bilanzposition 1**

Das Grundstück Hauptstraße 1 gehört S und wird von ihm zu 80 % eigenbetrieblich genutzt. Zu 20 % nutzt es S zu eigenen Wohnzwecken. Bilanziert wurde das Grundstück zu 80 %.

Welche Aussagen über das Grundstück sind richtig?

A. Das Grundstück ist ein Betriebsgrundstück.

B. Das Grundstück ist ein Geschäftsgrundstück.

C. Das Grundstück ist ein gemischt genutztes Grundstück.

D. Das Grundstück ist bei der Ermittlung des Gewerbesteuermessbetrages mit dem Einheitswert zu erfassen.

### Aufgabe 332

Sachverhalt wie unter Nr. 331 mit der Abweichung, dass das Grundstück zu 100 % eigenbetrieblich genutzt wird. Der Einheitswert auf den 1.1.1974 beträgt 40.000 €.

Welche Aussagen zur Wertfeststellung des Betriebsvermögens für Zwecke einer Schenkungsteuer sind richtig?

A. Das Grundstück ist mit dem Bedarfswert anzusetzen.

B. Die Verbindlichkeiten sind mit dem Steuerbilanzwert anzusetzen.

C. Das Kapital ist der Bewertungsmaßstab.

D. Das Grundstück ist mit dem Einheitswert zu erfassen.

## Aufgabe 333

S schenkt den Betrieb (siehe Bilanz) mit Wirkung vom 31. 12. 2002 seinem Sohn. Der für das Grundstück ermittelte Bedarfswert beträgt 320.000 €. Wie hoch ist der für die Schenkungsteuer maßgebliche Wert?

A. 336.100 €.

B. 357.100 €.

C. 460.100 €.

D.  77.100 €.

## Aufgabe 334

Welche Aussagen über Betriebsgrundstücke sind richtig?

A. Betriebsgrundstücke sind stets beim Betriebsvermögen zu erfassen.

B. Geschäftsgrundstücke sind stets Betriebsgrundstücke.

C. Gemischt genutzte Grundstücke können Betriebsgrundstücke sein.

D. Betriebsgrundstücke sind stets mit dem Teilwert zu erfassen.

## d) Bedarfsbewertung

BewG §§ 138 ff.

## Aufgabe 335

Welche Aussagen zur Bedarfsbewertung des Grundbesitzes sind richtig?

A. Für Grundbesitz wird neben dem Einheitswert auch stets ein Grundbesitzwert nach § 138 BewG festgestellt.

B. Bei der Festsetzung der Erbschaft- und Schenkungsteuer wird ab dem 1. Januar 1996 für Grundbesitz ein Bedarfswert ermittelt.

C. Ab dem 1. Januar 1997 wird bei der Grunderwerbsteuer unter den Voraussetzungen des § 8 Abs. 2 GrEStG ein Bedarfswert für Grundbesitz als Bemessungsgrundlage angesetzt.

D. Bei der Bedarfsbewertung sind die Wertverhältnisse zum 1. Januar 1964 maßgebend.

## Aufgabe 336

Am 10. März 2004 erbt Otto M. von seinem verstorbenen Vater ein
1.100 m² großes unbebautes Grundstück. Laut Bodenrichtwertkarte beträgt
der Preis pro m² 110 € (Wertverhältnisse 1.1.1996).

Wie hoch ist der für die Festsetzung der Erbschaftsteuer zu ermittelnde
Grundbesitzwert?

A.  121.000 €.

B.  96.800 €.

C.  96.500 €.

D.  97.000 €.

## Aufgabe 337

Welche Aussagen zu der Bedarfsbewertung von bebauten Grundstücken
sind zutreffend?

A.  Für die Bewertung der bebauten Grundstücke ist nach folgendem
Schema vorzugehen:

→  12,5-fache der Jahresmiete (Nettokaltmiete)

→  abzüglich 0,5 % für jedes volle Jahr seit Bezugsfertigkeit,
höchstens 25 %

→  abgerundet auf volle fünfhunderter €

B.  Bei vermieteten Objekten ist die Jahresmiete anzusetzen, die im
Durchschnitt der letzten drei Jahre vor dem Besteuerungszeitpunkt
erzielt wurde.

C.  Ist das Grundstück weniger als drei Jahre vermietet worden, ist die
Jahresmiete aus dem kürzeren Zeitraum zu ermitteln.

D.  Der für das bebaute Grundstück anzusetzende Wert darf nicht kleiner
sein als der Wert des unbebauten Grundstücks.

## Aufgabe 338

Am 10. Januar 2003 verstarb Carla C. Sie hinterließ ein Mietwohngrundstück mit 6 Wohnungen. Das Gebäude wurde 1982 auf einem Grundstück
von 620 m² fertig gestellt. In den vorangegangenen Jahren wurden folgende
Nettokaltmieten erzielt:

| | |
|---|---|
| 2000 | 36.000 € |
| 2001 | 40.200 € |
| 2002 | 44.460 € |

Laut Bodenrichtwertkarte beträgt der Preis pro m² 250 € (Wertverhältnisse
1.1.1996).

Welcher der angegebenen Grundbesitzwerte ist richtig?

A. 502.750 €.

B. 452.475 €.

C. 124.000 €.

D. 452.000 €.

## Aufgabe 339

Für Zwecke der Erbschaftsteuer muss im März 2004 ein Einfamilienhaus, das eine Wohnfläche von 150 m² hat, bewertet werden. Der Verstorbene hat das Einfamilienhaus auf einem 800 m² großen Grundstück im zweiten Halbjahr 2003 für 250.000 € errichten lassen.

Die übliche Miete ist mit 7,50 €/m² anzusetzen.

Laut Bodenrichtwertkarte beträgt der Preis pro m² 75 € (Wertverhältnisse 1.1.1996).

Wie hoch ist der Grundbesitzwert?

A. 168.500 €.

B. 202.500 €.

C. 168.750 €.

D. 60.000 €.

## Aufgabe 340

Der 80-jährige Anton Auer (A) schenkt seinem Sohn zum 1.2.2004 ein Ende 1952 für 80.000 € erbautes Zweifamilienhaus (Wohnfläche = 180 m²). Das Haus ist unbewohnt. Die Grundstücksgröße beträgt 1.000 m². Die übliche Miete ist mit 7 €/m² anzusetzen. Laut Bodenrichtwertkarte beträgt der Preis pro m² 100 € (Wertverhältnisse 1.1.1996). Der zuletzt festgestellte Einheitswert liegt bei 25.000 €.

Wie hoch ist der für die Schenkungsteuer maßgebliche Wert?

A. 25.000 €.

B. 189.000 €.

C. 170.000 €.

D. 170.100 €.

# I. Umsatzsteuer

Allgemeines
Unternehmer, Unternehmen
Leistungsaustausch
Lieferung, sonstige Leistung
Inland, Ort der Leistung
Kommissionär, Agent
Unentgeltliche Wertabgaben
Innergemeinschaftlicher Erwerb
Steuerbefreiungen
Bemessungsgrundlage, Entstehung der Steuer, Berichtigung
Steuersatz
Besteuerung der Kleinunternehmer
Vorsteuerabzug, Berichtigung des Vorsteuerabzugs
Besteuerungsverfahren

## Vorbemerkung

Die Lösungen zu den Aufgaben dieses Fachgebietes beruhen auf dem Umsatzsteuergesetz (UStG) und auf der Umsatzsteuer-Durchführungsverordnung (UStDV), beide zuletzt geändert durch das Kleinunternehmerförderungsgesetz vom 31. 7. 2003, sowie auf den Umsatzsteuer-Richtlinien 2000 (UStR 2000).

## Allgemeines

### Aufgabe 341

Welche Schlussfolgerungen erlaubt die Aussage: „Die Umsatzsteuer ist eine indirekte Steuer"?

A. Die Umsatzsteuer trifft den Steuerträger mittelbar, d. h. im Wege der Steuerüberwälzung.

B. Ein Teil des Umsatzsteueraufkommens fließt dem Bund zu.

C. Bei der Umsatzsteuer sind Steuerschuldner und Steuerträger identisch.

D. Bei der Bemessung der Umsatzsteuer werden die wirtschaftlichen und persönlichen Verhältnisse des Steuerträgers berücksichtigt.

### Aufgabe 342

Welche der folgenden Aussagen über Gemeinsamkeiten und Unterschiede zwischen Umsatz- und Einkommensteuer sind zutreffend?

A. Bei beiden Steuerarten handelt es sich um Gemeinschaftsteuern.

B. Die Einkommensteuer ist eine direkte Steuer, die Umsatzsteuer eine indirekte Steuer.

C. Einkommensteuer und Umsatzsteuer sind Besitzsteuern.

D. Die Einkommensteuer ist eine Personensteuer, die Umsatzsteuer eine Objektsteuer.

### Aufgabe 343

Nach welchem System wird die Umsatzsteuer erhoben?

A. Allphasen-Bruttoumsatzsteuer mit Vorsteuerabzug.

B. Mehrphasen-Nettoumsatzsteuer mit Vorsteuerabzug.

C. Allphasen-Nettoumsatzsteuer mit Vorumsatzabzug.

D. Allphasen-Nettoumsatzsteuer mit Vorsteuerabzug.

**Aufgabe 344**

Welche der folgenden Aussagen über § 1 UStG treffen zu?

A. Eine Umsatzsteuerschuld kann sich nur aufgrund der in § 1 UStG aufgeführten Tatbestände ergeben.

B. Umsätze, bei denen alle Tatbestandsmerkmale einer der Nummern des § 1 Abs. 1 UStG vorliegen, werden als steuerpflichtige Umsätze bezeichnet.

C. Werden die steuerpflichtigen und die steuerbefreiten Umsätze eines Unternehmers addiert, ergeben sich seine steuerbaren Umsätze.

D. Die auf die Umsätze i. S. des § 1 Abs. 1 UStG entfallende Umsatzsteuer wird von den Behörden der Steuerverwaltung erhoben.

# Unternehmer, Unternehmen

UStG § 2

**Aufgabe 345**

Bei welchen der Umsatzsteuer unterliegenden Umsätzen – ohne Einfuhren – muss das ausführende Wirtschaftsgebilde ein Unternehmer sein?

A. Bei sämtlichen anderen in § 1 Abs. 1 UStG aufgeführten Umsätzen.

B. Bei Vorgängen des innergemeinschaftlichen Erwerbs.

C. Nur bei Leistungsumsätzen.

D. Keine der vorstehenden Antworten ist richtig.

**Aufgabe 346**

Gesellschafter der Reinhold Schneider & Co. KG, einer Bauunternehmung, sind der Baumeister Reinhold Schneider (Komplementär) und dessen dreijähriger Sohn Thomas Schneider (Kommanditist). Für den Buchhaltungsbereich innerhalb des Unternehmens ist der Prokurist Werner Gutmann zuständig.

Wer ist steuerfähig i. S. des Umsatzsteuerrechts?

A. Reinhold Schneider.

B. Reinhold Schneider & Co. KG.

C. Thomas Schneider.

D. Werner Gutmann.

## Aufgabe 347

Wer erfüllt die Voraussetzungen des umsatzsteuerlichen Unternehmerbegriffs?

A. Jede Person, die eine gewerbliche oder berufliche Tätigkeit nachhaltig ausübt.

B. Eine Person, die selbstständig und nachhaltig zur Erzielung von Einnahmen tätig ist.

C. Eine Person, die eine gewerbliche Tätigkeit selbstständig ausübt.

D. Eine Person, die nachhaltig und selbstständig in Gewinnerzielungsabsicht tätig wird.

## Aufgabe 348

Bei welchen der folgenden Vorgänge ist eine „nachhaltige Tätigkeit" i. S. des § 2 Abs. 1 Satz 3 UStG gegeben?

A. Ein in einer Kfz-Werkstatt beschäftigter Mechaniker erwirbt in unregelmäßigen Abständen von Kunden seines Arbeitgebers beschädigte Gebrauchtwagen. Nachdem er diese wieder instand gesetzt hat, verkauft der Mechaniker diese PKWs an Bekannte.

B. Ein Grundstücksmakler eröffnet zum 1. 10. des Jahres ein Maklerbüro. Da er bis Ende des Jahres lediglich den Abschluss eines Grundstückskaufvertrages vermitteln kann, schließt er das Büro wieder.

C. Ein Gewerbetreibender veräußert ein zu seinem Privatvermögen gehörendes unbebautes Grundstück. Der Kaufpreis ist in 6 gleichen Vierteljahresraten an ihn zu entrichten.

D. Eine Witwe vermietet ein Zimmer ihrer Wohnung an einen Dauermieter.

## Aufgabe 349

Angestellter R ist Münzsammler. Zur Vervollständigung seiner Sammlung schafft er laufend neue Münzen an. Den Erwerb finanziert er teilweise durch Verkäufe von Doppelstücken der in seiner Sammlung bereits vorhandenen Münzen.

Welche der folgenden Aussagen über die Tätigkeit des R als Münzsammler treffen zu?

A. Mit den ständigen Verkäufen übt R eine nachhaltige Tätigkeit aus.

B. Mit dem Münzsammeln (An- und Verkäufe) erfüllt R die Voraussetzungen der Unternehmereigenschaft.

C. Die Münzverkäufe stellen eine gewerbliche oder berufliche Tätigkeit des R dar.

D. Die Münzverkäufe sind der Privatsphäre des R zuzuordnen, er wird dadurch nicht zum Unternehmer.

## Aufgabe 350

Das Finanzamt veräußert eine gebrauchte Schreibmaschine, die bislang in der Geschäftsstelle benutzt und kürzlich ausgesondert wurde.

Wie ist die Veräußerung umsatzsteuerlich zu beurteilen?

A. Es handelt sich um eine steuerbare Lieferung i. S. der §§ 1 Abs. 1 Nr. 1, 3 Abs. 1 UStG.

B. Die Veräußerung ist nicht steuerbar, weil juristischen Personen des öffentlichen Rechts die Steuerfähigkeit im umsatzsteuerlichen Sinne fehlt.

C. Die Veräußerung ist nicht steuerbar, weil sie zu dem Tätigkeitsbereich der öffentlichen Hand gehört, der nach gesetzlicher Bestimmung nicht als gewerbliche oder berufliche Tätigkeit anzusehen ist.

D. Die Veräußerung ist nicht steuerbar, weil kein nachhaltiges Tätigwerden vorliegt.

## Aufgabe 351

Dr. A ist selbstständiger Arzt. Welche der folgenden Leistungen bewirkt er im Rahmen seines Unternehmens?

A. A behandelt einen Privatpatienten und berechnet dafür 300 €.

B. A veräußert seinen Röntgenapparat, weil er sich ein moderneres Gerät kaufen will.

C. A behandelt unentgeltlich seine Schwiegermutter.

D. A hatte seine Praxisräume für 10 Jahre fest angemietet. Auf Wunsch des Hauseigentümers verzichtet er gegen Zahlung einer Abstandssumme von 10.000 € auf seine Rechte aus dem Mietvertrag und zieht bereits nach 3 Jahren aus.

# Leistungsaustausch

UStG § 1 Abs. 1 Nr. 1

## Aufgabe 352

Was gehört zu den Voraussetzungen für einen Leistungsaustausch?

A. Eine Leistung eines Unternehmers.

B. Ein zweiter Beteiligter.

C. Eine auf einer Vereinbarung beruhende Gegenleistung.

D. Eine innere Verknüpfung von Leistung und Gegenleistung.

## Aufgabe 353

An einer Straßenkreuzung prallen die Kraftfahrzeuge des Handelsvertreters A und des Gemüsehändlers B zusammen. An dem PKW-Kombi des B entsteht erheblicher Sachschaden. Allein schuldig an dem Verkehrsunfall ist A, weil er mit überhöhter Geschwindigkeit fuhr und die Vorfahrt des B nicht beachtete.

B beauftragt den Kraftfahrzeugmechaniker C, den Schaden an dem PKW-Kombi zu beheben. Die ihm von C übersandte Reparaturrechnung über netto 1.500 € leitet B an A weiter. A überweist den Rechnungsbetrag unmittelbar an C.

Welche der folgenden Aussagen sind richtig?

A. C hat an B eine Leistung im Leistungsaustausch bewirkt.

B. B hat an A eine Leistung im Leistungsaustausch bewirkt.

C. C hat an A eine Leistung im Leistungsaustausch bewirkt.

D. Das Überweisen des Rechnungsbetrages durch A ist eine echte Schadensersatzleistung.


## Aufgabe 354

Ein Fußballverein, der nicht in das Vereinsregister des zuständigen Amtsgerichts eingetragen ist, erhebt von seinen erwachsenen Mitgliedern 15 € und von seinen jugendlichen Mitgliedern 6 € Monatsbeitrag. Den Mitgliedern stehen die Sportanlagen des Vereins ohne zusätzliche Kosten zur Verfügung; außerdem brauchen sie als Zuschauer bei Spielen der Vereinsmannschaften kein Eintrittsgeld zu bezahlen.

Findet bei dieser Sachlage ein Leistungsaustausch zwischen dem Verein und seinen Mitgliedern statt?

A. Ein Leistungsaustausch liegt vor, weil die Mitglieder die Beiträge bezahlen, um die Sportanlagen des Vereins benutzen zu dürfen und bei Heimspielen der Vereinsmannschaften ohne Eintrittsgeld zuschauen zu können.

B. Ein Leistungsaustausch findet nicht statt, weil einem nicht eingetragenen Verein die Steuerfähigkeit im Sinne des Umsatzsteuerrechts fehlt.

C. Ein Leistungsaustausch findet nicht statt, weil die Beiträge der Mitglieder keine Gegenleistung für bestimmte Leistungen des Vereins den einzelnen Mitgliedern gegenüber darstellen.

D. Ein Leistungsaustausch ist zwischen einem Verein und seinen Mitgliedern begrifflich nicht möglich.

# Lieferung, sonstige Leistung

UStG § 3 Abs. 1, 1 a, 4, 9, 12

## Aufgabe 355

In welchem der folgenden Fälle bewirkt der Hauseigentümer A eine Leistung im umsatzsteuerlichen Sinne?

A. A veräußert einen schmalen Grundstücksstreifen an die Stadtgemeinde, damit eine Straßenverbreiterung vorgenommen werden kann.

B. A gestattet einem Reifenhersteller, auf dem Dach des Hauses eine Leuchtreklame anzubringen, und erhält dafür jährlich 800 €.

C. A bezahlt 1.400 € für eine Reparatur des Hausdachs an einen Dachdeckermeister.

D. Aufgrund einer Absprache mit dem Besitzer eines benachbarten Warenhauses erhält A von diesem Kaufmann jährlich 5.000 € dafür, dass er sein Grundstück nicht an andere Warenhausbesitzer vermietet oder veräußert.

## Aufgabe 356

Was kann Gegenstand einer Lieferung im Sinne des Umsatzsteuerrechts sein?

A. Nur körperliche Gegenstände.

B. Bewegliche und unbewegliche Sachen.

C. Alle Gegenstände im Sinne des bürgerlichen Rechts.

D. Wärme, Wasserkraft, Firmenwert.

## Aufgabe 357

Der Kraftfahrzeughändler A vermietet dem B am 1. 3. 01 für einen Monat einen PKW; B nimmt das Fahrzeug am gleichen Tage mit. Am 15. 3. 01 vereinbaren A und B, dass B den Wagen von A für 25.000 € käuflich erwirbt. Die Erfüllung dieses Vertrages soll nach Ablauf der Mietzeit erfolgen. B zahlt am 1. 4. 01 10.000 € auf den Kaufpreis an. Gleichzeitig überträgt A ihm das Eigentum an dem PKW, allerdings unter der aufschiebenden Bedingung vollständiger Bezahlung des Kaufpreises. Am 30. 4. 01 zahlt B den Restbetrag von 15.000 €. Seit dem 1. 3. 01 ist B stets unmittelbarer Besitzer des Fahrzeugs gewesen.

An welchem Tage hat A eine Lieferung im Sinne des UStG bewirkt?

A. Am 1. 3. 01.

B. Am 15. 3. 01.

C. Am 1. 4. 01.

D. Am 30. 4. 01.

## Aufgabe 358

Bei welchem der folgenden Vorgänge handelt es sich um eine Lieferung i. S. des § 3 Abs. 1 UStG?

A. Schlossermeister A verpfändet der Bank B zur Absicherung eines Kredits einige Schmuckgegenstände.

B. Juwelier A veräußert eine goldene Armbanduhr, die er selbst kurz zuvor gestohlen hat, in seinem Laden an den gutgläubigen Kunden B.

C. Fleischermeister A übereignet der Bank B zur Absicherung eines Kredits eine Gefriertruhe. Er bleibt unmittelbarer Besitzer der Gefriertruhe.

D. Konditormeister A veräußert dem sechsjährigen B eine Portion Eis. Der Junge hatte das Geld dafür heimlich aus der Geldbörse seiner Mutter genommen.

## Aufgabe 359

Grundstückseigentümer B beauftragt den Bauunternehmer A, auf seinem Grundstück einen Rohbau zu errichten. A transportiert die benötigten Baustoffe (Zement, Sand, Kies, Ziegelsteine) von seinem Lager auf das Grundstück und lässt den Bau von einer seiner Arbeitskolonnen erstellen.

Welche der folgenden Aussagen treffen zu?

A. Das Zusammenfügen der Baustoffe zu einem Rohbau stellt eine sonstige Leistung des A an den B dar.

B. A liefert an B die Baustoffe.

C. A wird für B aufgrund eines Dienstvertrages (i. S. des BGB) tätig.

D. Gegenstand der Lieferung ist der Rohbau.

## Aufgabe 360

Landwirt B hat eine auf seinem Hof stehende Eiche fällen lassen, er übergibt sie Tischlermeister A mit dem Auftrag, daraus für die Diele des Bauernhauses verschiedene massiv eichene Möbel nach Maß anzufertigen. Soweit A für die Herstellung der Möbel Nägel, Leim, Scharniere und Lack benötigt, entnimmt er diese Gegenstände seinen Lagerbeständen. Im Übrigen verwendet er lediglich das ihm von B überlassene Holz. Das Abfallholz gibt er vereinbarungsgemäß mit den Möbeln dem B zurück.

Welche der folgenden Aussagen über den Sachverhalt sind richtig?

A. A liefert an B Nägel, Leim, Scharniere und Lack.

B. B liefert an A Eichenholz.

C. A bewirkt an B sonstige Leistungen.

D. A liefert an B Möbel.

**Aufgabe 361**

Fleischermeister A beschäftigt mehrere Gesellen. Für die Arbeitsleistung erhalten die Gesellen von A neben einem ansehnlichen Barlohn Unterkunft und Verpflegung.

Welche Aussagen über diesen Sachverhalt sind richtig?

A. Die Gesellen bewirken keine Leistungen i. S. des § 3 Abs. 9 UStG an A, weil sie nicht die Unternehmereigenschaft besitzen.

B. A bewirkt Lieferungen und sonstige Leistungen an die Gesellen.

C. Die Leistungen des A an die Gesellen sind nicht umsatzsteuerbar, weil ein und derselbe Vorgang nicht der Lohnsteuer und der Umsatzsteuer unterliegen kann.

D. Es handelt sich um einen tauschähnlichen Umsatz mit Baraufgabe.

**Aufgabe 362**

Rundfunkhändler A in Göttingen bestellt Fernsehgeräte eines bestimmten Typs bei Großhändler B in Hannover. Da B diese Geräte gerade nicht auf Lager hat, bestellt er sie seinerseits bei dem Fabrikanten C in Kassel. C befördert die Geräte auftragsgemäß mit eigenem LKW von Kassel zu A nach Göttingen.

Was ist richtig?

A. B bewirkt eine Lieferung an A.

B. C bewirkt eine Lieferung an A.

C. C bewirkt eine Lieferung an B.

D. Geliefert wird in Kassel und Göttingen.

## Gebiete, Ort der Leistung

UStG § 1 Abs. 2 und 2 a, § 3 Abs. 5 a, 6 und 7, §§ 3 a, 3 b, 3 c

**Aufgabe 363**

Wozu gehört das Gebiet des Freihafens Bremen nach deutschem Umsatzsteuerrecht?

A. Zum Inland.

B. Zum Ausland.

C. Zum Gemeinschaftsgebiet.

D. Zum Drittlandsgebiet.

## Aufgabe 364

Gastwirt A in Hannover veräußert ein wertvolles Klavier, das in seinem Festsaal nicht mehr benötigt wird, an den Hotelier B in Göttingen. Nach den getroffenen Vereinbarungen ist es Sache des B, für die Beförderung des Klaviers nach Göttingen zu sorgen. Im Auftrag des B transportiert Frachtführer F mit seinem LKW das Klavier von Hannover nach Göttingen.

Wo hat A geliefert?

A. Ort der Lieferung ist Hannover, weil das Klavier dort dem Frachtführer übergeben wurde.

B. Ort der Lieferung ist Göttingen, weil sich das Klavier dort befand, als die Verfügungsmacht auf B überging.

C. Ort der Lieferung ist nach § 3 Abs. 7 Satz 1 UStG Hannover, weil sich das Klavier dort befand, als die Verfügungsmacht auf B überging.

D. Ort der Lieferung ist Hannover, weil dort die Versendung begann.


## Aufgabe 365

Fertighausfabrikant A in Krefeld wird von dem ebenfalls in Krefeld wohnenden B beauftragt, ein schlüsselfertiges Fertighaus mit Kellergeschoss in Venlo (Niederlande) zu errichten. A beauftragt seinerseits den selbstständigen Maurermeister C in Venlo, das Kellergeschoss zu bauen. A transportiert die vorgefertigten Teile des Fertighauses mit eigenem Lastkraftwagen von Krefeld nach Venlo; dort wird das Fertighaus von einer Montagekolonne seines Betriebs aufgestellt. Anschließend übergibt A dem B in Krefeld die Schlüssel des Fertighauses.

Wie ist der Sachverhalt umsatzsteuerlich zu beurteilen?

A. A bewirkt lediglich eine nicht steuerbare Lieferung in Venlo.

B. A bewirkt eine nicht steuerbare Lieferung (Fertigteile) in Venlo gemäß § 3 c UStG, eine nicht steuerbare sonstige Leistung (Montage der Fertigteile) in Venlo und eine nicht steuerbare Lieferung (Kellergeschoss) in Venlo.

C. A bewirkt lediglich eine steuerbare Lieferung in Krefeld.

D. C bewirkt eine nicht steuerbare Lieferung an A in Venlo.


## Aufgabe 366

Genusswarenhändler G, Göttingen, überschreitet mit seinen grenzüberschreitenden Leistungen keine der innergemeinschaftlich geltenden Lieferschwellen, er hat auch nicht auf deren Berücksichtigung verzichtet.

Bei welchen der folgenden entgeltlichen Vorgänge tätigt G in Deutschland steuerbare Umsätze?

A. G schickt 10 Stangen Zigaretten per Post an einen Tabakhändler T in Frankreich.

B. G versendet per Bahnfracht 2 Kartons Wein an einen Privatkunden P in Dänemark.

C. G lässt mehrere Kartons Schokolade von einem Spediteur zu einem Lebensmittelhändler L in die Niederlande transportieren; L besteuert seine Umsätze in den Niederlanden nach den allgemeinen Vorschriften.

D. Ein Privatkunde K aus Belgien lässt durch einen von ihm beauftragten Spediteur 10 Kartons Sekt von G in Göttingen abholen und nach Belgien transportieren.

**Aufgabe 367**

Der Aachener Taxenunternehmer A fährt den Fabrikanten B in einer seiner Taxen von Aachen nach Lüttich (Belgien). Der Streckenanteil im Inland beträgt 11 km, der Streckenanteil im Ausland 35 km.

Wie ist die Leistung des A an den B umsatzsteuerlich zu beurteilen?

A. Die Leistung ist steuerbar, weil A sein Unternehmen von Aachen aus betreibt.

B. Die Leistung ist z. T. nicht steuerbar (ausländischer Streckenanteil).

C. Die Leistung ist nicht steuerbar, weil die Beförderungsstrecke im Inland nur kurz ist.

D. Die Leistung ist als innergemeinschaftliche Beförderung steuerbar, weil die Beförderung in Aachen beginnt.

**Aufgabe 368**

Der ungarische Arbeitnehmer B unternimmt mit seinem Wohnwagen eine Urlaubsreise durch Deutschland. Im Stadtgebiet von Celle wird B schuldlos in einen Verkehrsunfall verwickelt. Rechtsanwalt A aus Hannover, der sich an diesem Tage aus beruflichen Gründen in Celle aufhält, ist Zufallszeuge des Unfalls. Er berät den B an Ort und Stelle über die Rechtslage und wird von ihm mit der Durchsetzung seiner Schadensersatzansprüche beauftragt.

Den Schriftverkehr mit der Haftpflichtversicherung des Unfallverursachers führt A von seiner Anwaltspraxis in Hannover aus. B ist inzwischen wieder an seinen Wohnort Budapest zurückgekehrt.

Wie ist die Leistung des A an den B umsatzsteuerlich zu beurteilen?

A. Die Leistung ist steuerbar. Sie wurde in Celle ausgeführt.

B. Die Leistung ist steuerbar. Sie wurde in Hannover ausgeführt, weil A von dort aus sein Unternehmen betreibt.

C. Die Leistung ist steuerbar. Sie wurde in Hannover ausgeführt, weil A dort zum wesentlichen Teil tätig wurde.

D. Die Leistung ist nicht steuerbar. Sie wurde in Budapest ausgeführt.

## Aufgabe 369

Oberstudienrat B aus Hannover trifft während des Winterurlaubs in Seefeld (Österreich) überraschend seinen Studienfreund Dipl.-Ing. A, der ein Ingenieurbüro für Baustatik in Paris betreibt. B plant die Errichtung eines Einfamilienhauses in Braunlage. Ihm liegt daran, die Baugenehmigung so schnell wie möglich zu erhalten. Auf seine Bitte fertigt A die dafür erforderlichen statischen Berechnungen noch während des Urlaubs in Seefeld an. B bezahlt die Freundesleistung sofort in bar.

Was hat A umsatzsteuerlich bewirkt?

A. Eine steuerbare Leistung in Hannover.

B. Eine steuerbare Leistung in Braunlage.

C. Eine nicht steuerbare Leistung in Paris.

D. Eine nicht steuerbare Leistung in Seefeld.

## Kommissionär, Agent

UStG § 3 Abs. 3

## Aufgabe 370

Waschmaschinenhersteller W versucht, seine Fabrikate bei dem Fachhändler F abzusetzen. F möchte zunächst keine Waschmaschinen von W erwerben, weil er nicht sicher ist, sie absetzen zu können. Er ist jedoch bereit, eine Waschmaschine des W in seinen Verkaufsräumen aufzustellen und – wenn möglich – im eigenen Namen an einen Kunden zu veräußern. W stellt daraufhin im Juli eine Waschmaschine bei F ab. W und F vereinbaren, dass der Endverkaufspreis des Geräts netto 1.200 € betragen soll. F soll für den Verkauf von W netto 200 € Provision bekommen.

Im Oktober gelingt es F, die Waschmaschine an den Kunden K zu veräußern. Er führt den Verkaufspreis abzüglich seiner Provision an W ab.

Wer bewirkt an wen Leistungen im Sinne des Umsatzsteuergesetzes?

A. W bewirkt im Juli eine Lieferung für netto 1.000 € an F.

B. F bewirkt eine sonstige Leistung für netto 200 € an W.

C. F bewirkt im Oktober eine Lieferung für netto 1.200 € an K.

D. W bewirkt im Oktober eine Lieferung für netto 1.200 € an K.

**Aufgabe 371**

Elektrogroßhändler A vertreibt Staubsauger unter anderem durch Einschaltung selbstständiger Handelsvertreter, die mögliche Kunden in ihren Wohnungen aufsuchen, die Kaufverträge mit den Kunden im Namen des A abschließen, die Staubsauger sofort ausliefern und den Kaufpreis einziehen.

Dem für A tätigen Handelsvertreter B gelingt es, dem Kunden C einen Staubsauger für netto 300 € zu verkaufen. Von dem erhaltenen Kaufpreis behält er seine Provision von netto 60 € ein und überweist den Differenzbetrag an A.

Wer bewirkt an wen Leistungen im Sinne des Umsatzsteuergesetzes?

A.  A bewirkt eine Lieferung für netto 240 € an B.

B.  B bewirkt eine sonstige Leistung für netto 60 € an A.

C.  B bewirkt eine Lieferung für netto 300 € an C.

D.  A bewirkt eine Lieferung für netto 300 € an C.

# Unentgeltliche Wertabgaben

UStG § 3 Abs. 1 b und 9 a

**Aufgabe 372**

Welche der folgenden Aussagen über die unentgeltlichen Wertabgaben sind zutreffend?

A.  Die unentgeltlichen Wertabgaben werden besteuert, damit der Unternehmer, der seinen Privatbedarf aus seinem Unternehmen deckt, umsatzsteuerlich nicht günstiger gestellt ist als die übrigen Endverbraucher.

B.  Der Vorsteuerabzug ist nicht zulässig, wenn der Unternehmer die Leistungen der Vorunternehmer zur Ausführung von unentgeltlichen Wertabgaben für seinen Privatbereich verwendet.

C.  Steuerbare unentgeltliche Wertabgaben können steuerbefreit sein.

D.  Unentgeltliche Wertabgaben sind nur Leistungen, die für die außerunternehmerische Sphäre erbracht werden.

**Aufgabe 373**

Tischlermeister A fertigt für seine Tochter B unentgeltlich einen Aussteuerschrank an. Das Holz dafür gibt ihm Oberförster C, der künftige Schwiegersohn. Soweit A Nägel, Leim, Scharniere und Lack zur Herstellung des Schranks benötigt, entnimmt er diese Gegenstände seinen Lagerbeständen.

Wie ist der Sachverhalt umsatzsteuerlich zu beurteilen?

A. Die Leistung des A an B ist mangels Leistungsaustauschs nicht steuerbar nach § 1 Abs. 1 Nr. 1 UStG.

B. A tätigt eine steuerbare unentgeltliche Wertabgabe i. S. des § 3 Abs. 1 b Nr. 1 UStG. Gegenstand der Entnahme ist der fertige Schrank.

C. A tätigt eine steuerbare unentgeltliche Wertabgabe i. S. des § 3 Abs. 1 b Nr. 1 UStG. Gegenstand der Entnahme sind Nägel, Leim, Scharniere, Lack.

D. A tätigt einen steuerbaren Umsatz.


## Aufgabe 374

Bundesbahnoberinspektor A ist Eigentümer eines Mehrfamilienhauses. Eine der Wohnungen bewohnt er seit Beginn des Kj. selbst mit seiner Familie; die übrigen Wohnungen sind an Privatleute vermietet.

Wie ist das Verhalten des A umsatzsteuerlich zu beurteilen?

A. A tätigt keine steuerbaren Umsätze, weil er kein Unternehmer ist.

B. A bewirkt steuerbare sonstige Leistungen, die steuerbefreit sind.

C. A tätigt eine steuerbare und steuerpflichtige unentgeltliche Wertabgabe i. S. des § 3 Abs. 1 b UStG.

D. A tätigt eine steuerbare unentgeltliche Wertabgabe i. S. des § 3 Abs. 9 a UStG, die steuerbefreit ist.


## Aufgabe 375

A und B betreiben gemeinschaftlich in der Rechtsform einer OHG einen Lebensmittelgroßhandel. Neben ihrer Tätigkeit für die OHG üben sie keine weitere Erwerbstätigkeit aus.

A entnimmt mit Zustimmung des B Lebensmittel für seinen Haushalt aus den Beständen der OHG. In den Büchern der OHG werden diese Entnahmen aufgezeichnet.

Liegen steuerbare Umsätze vor?

A. A tätigt eine steuerbare unentgeltliche Wertabgabe i. S. des § 3 Abs. 1 b Nr. 1 UStG.

B. Die OHG tätigt eine steuerbare unentgeltliche Wertabgabe i. S. des § 3 Abs. 1 b Nr. 1 UStG.

C. Die OHG bewirkt steuerbare Lieferungen an A (§§ 1 Abs. 1 Nr. 1, 3 Abs. 1 UStG).

D. Weder A noch die OHG bewirken steuerbare Umsätze i. S. des § 1 Abs. 1 UStG.

**Aufgabe 376**

Kraftfahrzeughändler A veräußert einen fabrikneuen PKW für netto 4.000 € an seinen Sohn B. B ist Student; er verfügt nur über geringe Einkünfte aus einer Aushilfstätigkeit während der Semesterferien.

Bei dem PKW handelt es sich um ein marktgängiges Modell. A hatte ihn einige Tage zuvor von dem Hersteller für netto 30.000 € erworben. Kunden pflegt er für dieses Modell netto 36.000 € zu berechnen.

Wie ist die Veräußerung des PKW an den B umsatzsteuerlich zu beurteilen?

A. Es handelt sich um eine steuerpflichtige unentgeltliche Wertabgabe i. S. des § 3 Abs. 1 b Nr. 1 UStG. Die Bemessungsgrundlage beträgt 30.000 €.

B. Es handelt sich um eine nach § 1 Abs. 1 Nr. 1 UStG steuerpflichtige Lieferung. Die Bemessungsgrundlage beträgt 4.000 €.

C. Es handelt sich um eine nach § 1 Abs. 1 Nr. 1 UStG steuerpflichtige Lieferung. Die Bemessungsgrundlage beträgt 4.000 €. Außerdem liegt eine unentgeltliche Wertabgabe nach § 3 Abs. 1 b Nr. 1 UStG vor. Für diese beträgt die Bemessungsgrundlage 26.000 €.

D. Es handelt sich um eine nach § 1 Abs. 1 Nr. 1 UStG steuerpflichtige Lieferung. Die Bemessungsgrundlage beträgt 30.000 €.

**Aufgabe 377**

Bauunternehmer A lässt auf einem Teilstück seines unbebauten Baustofflagerplatzes, den er unter Geltendmachung eines Vorsteuerabzugs aus dem Erwerb angeschafft hat, von Arbeitskräften seiner Firma unter Verwendung betrieblicher Baustoffe ein Einfamilienhaus errichten. A will dieses Haus mit seiner Familie bewohnen.

Wie ist der Sachverhalt bei A umsatzsteuerlich zu beurteilen?

A. A entnimmt aus seinem Unternehmen ein unbebautes Grundstück und tätigt damit eine steuerbare, aber steuerbefreite unentgeltliche Wertabgabe.

B. A entnimmt aus seinem Unternehmen ein bebautes Grundstück und tätigt damit eine steuerpflichtige unentgeltliche Wertabgabe.

C. A entnimmt aus seinem Unternehmen ein Einfamilienhaus (ohne Grund und Boden) und tätigt damit eine steuerpflichtige unentgeltliche Wertabgabe.

D. A entnimmt aus seinem Unternehmen ein bebautes Grundstück und tätigt damit eine steuerbare, aber steuerbefreite unentgeltliche Wertabgabe.

## Aufgabe 378

Haushaltswarengroßhändler H (nur zum Vorsteuerabzug berechtigende Umsätze) hat mit dem zum Unternehmensvermögen gehörenden PKW (Anschaffung im Januar 01 zum Listenpreis von 50.000 € zuzüglich 8.000 € Umsatzsteuer) lt. Fahrtenbuch 9.000 km auf privaten Fahrten zurückgelegt. Außerdem verwendet er ihn u. a. für Fahrten zwischen Wohnung und Betrieb (keine Mittagsheimfahrten). Die vorsteuerbelasteten Aufwendungen (einschl. AfA) für den PKW betrugen im Kalenderjahr 01 15.900 € (ohne Umsatzsteuer), die nicht vorsteuerbelasteten betragen 1.200 €. Von den in diesem Kalenderjahr insgesamt gefahrenen 30.000 km entfielen lt. Fahrtenbuch 3.000 km auf Fahrten zwischen Wohnung und Betrieb (an 150 Tagen, Entfernung 10 km).

Aus den Sachverhaltsangaben ergeben sich welche umsatzsteuerlichen Folgen?

A.  H tätigt eine steuerbare unentgeltliche Wertabgabe i. S. des § 3 Abs. 9 a Nr. 1 UStG.

B.  H kann die Vorsteuer aus der Anschaffung und aus den laufenden Kosten nur in Höhe von 50 % abziehen.

C.  H kann die Vorsteuer aus der Anschaffung in Höhe von 50 % und aus den laufenden Kosten in voller Höhe abziehen.

D.  H tätigt mit der PKW-Nutzung keinen steuerbaren Umsatz.

# Innergemeinschaftlicher Erwerb

UStG § 1 Abs. 1 Nr. 5, §§ 1 a, 1 b

## Aufgabe 379

Der belgische Steuerbeamte K hält sich während seines Urlaubs als Tourist in Braunlage (Harz) auf. Als er unvorhergesehen in Geldverlegenheit gerät, veräußert er seine Schmalfilmkamera an einen einheimischen Fotohändler F.

Wie ist der Vorgang umsatzsteuerlich zu beurteilen?

A.  Die Lieferung des K ist nicht steuerbar, weil K nicht selbstständig tätig und deshalb kein Unternehmer ist.

B.  Die Lieferung des K ist nicht steuerbar, weil K belgischer Staatsangehöriger ist.

C.  Der Vorgang ist für F nicht steuerbar, weil er den Liefergegenstand nicht von einem Unternehmer erhält.

D.  Der Vorgang ist für F als innergemeinschaftlicher Erwerb steuerbar.

**Aufgabe 380**

Bei welchem der folgenden Sachverhalte liegt ein steuerbarer innergemeinschaftlicher Erwerb vor?

Soweit es sich um Unternehmer handelt, führen diese ansonsten den allgemeinen Vorschriften des UStG unterliegende steuerpflichtige Umsätze aus.

A. Der deutsche Arbeitnehmer N aus Nürnberg erwirbt vom französischen Kfz-Händler K in Lyon einen fabrikneuen PKW und nimmt ihn mit nach Deutschland.

B. Der niederländische Baustoffhändler H erwirbt vom deutschen Baumaschinenhändler M in Braunschweig einen Gabelstapler zum Einsatz in seinem Filialbetrieb in Bad Bentheim.

C. Der niederländische Baustoffhändler H (s. zu B) verwendet einen bisher für seinen Hauptbetrieb in Venlo (Niederlande) genutzten LKW nunmehr für seinen Filialbetrieb in Bad Bentheim.

D. Der deutsche Elektromeister E aus Essen erwirbt vom französischen Beamten F einen 2 Jahre alten PKW zur Nutzung in seinem Elektroinstallationsbetrieb in Essen. E holt den PKW selbst bei F in Frankreich ab.

**Aufgabe 381**

Arzt Z, der nur nach § 4 Nr. 14 UStG steuerfreie Umsätze ausführt, erwirbt im Kalenderjahr 04 von einem dänischen Büromaschinenhändler einen Computer für 12.000 € netto zur Nutzung in der Praxisverwaltung.

Bei welcher der folgenden Sachverhaltsergänzungen ergibt sich aus dem Kauf des Computers ein innergemeinschaftlicher Erwerb?

A. Z hat und hatte keine anderen grenzüberschreitenden Geschäftsbeziehungen.

B. Z erwirbt jährlich medizinische Geräte u. Ä. für ca. 15.000 € netto aus dem übrigen Gemeinschaftsgebiet.

C. Z hat auf die Anwendung des § 1 a Abs. 3 UStG verzichtet.

D. Z hatte im Kalenderjahr 03 einen fabrikneuen PKW von einem französischen Kfz-Händler für 30.000 € netto zur Nutzung für Praxiszwecke erworben. Weitere grenzüberschreitende Vorgänge (neben PKW- und Computerkauf) haben sich in 03 und 04 nicht ergeben.

# Steuerbefreiungen

UStG §§ 4–9

## Aufgabe 382

Auf Bestellung des Vermieters V in München, der Eigentümer mehrerer Mietwohngrundstücke in Deutschland und in der Schweiz ist, versendet Händler H, Nürnberg, einen Rasenmäher versteuert und verzollt für 600 € netto an den Hausverwalter des V in Zürich, der den Rasenmäher zur Pflege des dortigen Grundstücks des V verwenden wird.

Wie ist die Lieferung des H an V umsatzsteuerlich zu beurteilen?

A. Es liegt eine Ausfuhrlieferung vor.

B. Die Steuerbefreiung nach § 4 Nr. 1 a UStG ist bei Vorliegen der erforderlichen Nachweise anzuwenden.

C. Es liegt keine Ausfuhrlieferung vor, da V kein ausländischer Abnehmer ist.

D. Die Lieferung ist nicht steuerbar.

## Aufgabe 383

Gerätegroßhändler G, Göttingen, verkauft einen Aufsitzrasenmäher an das Kaufhaus K in Köln. K verkauft den Mäher an den französischen Baumarkt R in Reims.

Bei welchen der folgenden Sachverhaltsgestaltungen tätigt G eine steuerfreie innergemeinschaftliche Lieferung?

A. G transportiert den Mäher mit seinem LKW zu R nach Reims.

B. K lässt als Abnehmer des G den Mäher von einem Spediteur zu R nach Reims bringen.

C. R holt den Mäher bei G in Göttingen ab und transportiert ihn mit einem LKW nach Reims.

D. K transportiert aufgrund seiner dem R gegebenen Zusage den Mäher mit einem LKW von Göttingen nach Reims.

## Aufgabe 384

Der seine Umsätze nach den allgemeinen Vorschriften besteuernde Textilfabrikant A in Maastricht (Niederlande) erwirbt von B, dem Inhaber einer Spinnerei in Neuß, einen größeren Posten verschiedener Garne. B transportiert das Garn auf Weisung des A mit eigenem LKW von Neuß zu C in Krefeld, der dort eine Weberei betreibt. Aufgrund einer Vereinbarung mit A verarbeitet C das Garn (ohne Zusatz weiterer Materialien) in seinem Betrieb zu Stoffen. Die Stoffe übersendet er A mit der Bundesbahn. A muss niederländische Umsatzsteuer für den Erwerb entrichten, er verwendet gegenüber B und C seine niederländische Umsatzsteuer-Identifikationsnummer.

Welche der folgenden Aussagen treffen zu?
(Die erforderlichen Nachweise sind zu unterstellen.)

A. B bewirkt eine steuerfreie Lieferung an A.

B. C bewirkt eine steuerfreie Lieferung an A.

C. C bewirkt eine nicht steuerbare sonstige Leistung an A.

D. C bewirkt eine steuerfreie sonstige Leistung an A.

## Aufgabe 385

Möbelhändler A in Köln schenkt seiner in Amsterdam lebenden Tochter eine Polstergarnitur. Er entnimmt die Garnitur seinen Lagerräumen in Köln und befördert sie mit dem Firmenlieferwagen nach Amsterdam.

Wie ist der Vorgang bei A umsatzsteuerlich zu beurteilen?
(Die erforderlichen Nachweise sind zu unterstellen).

A. A tätigt eine steuerbare unentgeltliche Wertabgabe i. S. des § 3 Abs. 1 b Nr. 1 UStG, die steuerbefreit ist.

B. A tätigt eine steuerbare unentgeltliche Wertabgabe i. S. des § 3 Abs. 9 a UStG, die steuerbefreit ist.

C. A tätigt eine steuerpflichtige unentgeltliche Wertabgabe i. S. des § 3 Abs. 1 b Nr. 1 UStG.

D. A tätigt eine steuerpflichtige unentgeltliche Wertabgabe i. S. des § 3 Abs. 9 a UStG.

## Aufgabe 386

Oberregierungsrat R ist Eigentümer eines Grundstücks, auf dem er 1998 ein Mehrfamilienhaus mit Ladenräumen im Erdgeschoss errichtet hat. Die Räume des Hauses sind überwiegend vermietet. R hat, soweit möglich, auf Steuerbefreiungen verzichtet.

Eine der Wohnungen hat R seinem Sohn S unentgeltlich überlassen. S betreibt in den Räumen eine Anwaltspraxis.

Wie ist das Überlassen der Wohnung an S bei R umsatzsteuerlich zu beurteilen?

A. Der Vorgang ist nicht steuerbar.

B. Der Vorgang ist steuerbar, aber nicht steuerpflichtig.

C. R konnte für diesen Vorgang nicht wirksam auf eine etwaige Steuerbefreiung verzichten.

D. Der Vorgang ist steuerpflichtig.

**Aufgabe 387**

Sachverhalt wie Aufgabe 386.

Für welche Umsätze führt der Verzicht des R zur Steuerpflicht?

A. Für als Büroräume vermietete Wohnungen, die Freiberufler mit steuer-pflichtigen Umsätzen für ihre Praxen nutzen.

B. Für an eine Grundstücksverwaltungs-GmbH vermietete Wohnungen, die diese Mietern zur Wohnungsnutzung überlässt.

C. Für die vermieteten Ladenräume (Mieter tätigt nur zum Vorsteuerab-zug berechtigende Umsätze) im Erdgeschoss.

D. Für an das Finanzamt vermietete Räume, das darin einen Teil der Betriebsprüfungsstelle untergebracht hat.

**Aufgabe 388**

Der selbstständig tätige Kinderarzt Dr. K veräußert seinen zu 60 % beruf-lich und zu 40 % privat genutzten PKW für 7.000 €.

Welche der folgenden Aussagen treffen zu?

A. Die private Nutzung des PKW ist nicht steuerbar.

B. Die Lieferung des PKW ist steuerbefreit nach § 4 Nr. 14 UStG.

C. Die Lieferung des PKW ist steuerbefreit nach § 4 Nr. 28 UStG.

D. Die Lieferung des PKW ist steuerpflichtig.

# Bemessungsgrundlage, Entstehung der Steuer, Berichtigung

UStG §§ 10, 13, 17

**Aufgabe 389**

Welche der folgenden Aussagen über die Bemessungsgrundlage treffen zu?

A. Bemessungsgrundlage für die Umsätze i. S. des § 1 Abs. 1 UStG ist stets das Entgelt.

B. Bei tauschähnlichen Umsätzen ist Bemessungsgrundlage das Entgelt.

C. Entgelt ist alles, was der Empfänger einer Leistung aufwendet, um die Leistung zu erhalten.

D. Die Bemessungsgrundlage muss auch für die steuerfreien Umsätze ermittelt werden.

**Aufgabe 390**

Großhändler G gestattet dem Kunden K, für ein dringendes Gespräch den betrieblichen Fernsprechanschluss zu benutzen. K führt ein längeres Ferngespräch und bezahlt dem G dafür brutto 6,96 €. Dieser Betrag entspricht genau dem Betrag, den G für das Gespräch an die Telekom zahlen muss.

Wie ist der Vorfall bei G umsatzsteuerlich zu beurteilen?

A. Die gezahlten 6,96 € stellen für G einen durchlaufenden Posten dar.

B. G bewirkt an K eine steuerpflichtige sonstige Leistung i. S. der §§ 1 Abs. 1 Nr. 1 UStG, 3 Abs. 9 UStG.

C. Bemessungsgrundlage für die Leistung des G sind 6,— €.

D. Bemessungsgrundlage für die Leistung des G sind 6,96 €.

**Aufgabe 391**

Büromaschinenhändler M verkauft dem Kunden K ein Fotokopiergerät, das mit netto 400 € ausgezeichnet ist. Der den Kunden bedienende Verkäufer ist bei Abwicklung des Kaufs nicht ganz bei der Sache. Er berechnet dem K 400 € zuzüglich 28 € Umsatzsteuer (7 %) und stellt auch eine entsprechende Rechnung aus. K entrichtet 428 € und entfernt sich mit dem Gerät. Als später bemerkt wird, dass dem K 16 % Umsatzsteuer hätten berechnet werden müssen, ist K nicht mehr aufzufinden.

Wie hoch ist die Bemessungsgrundlage für die Lieferung des M an K?

A. 344,83 €.

B. 368,97 €.

C. 400,— €.

D. 428,— €.

**Aufgabe 392**

Elektrohändler E liefert am 15. 8. 01 eine Waschmaschine unter Eigentumsvorbehalt an den Kunden N. N zahlt bei Lieferung 200 € an. Er hat, beginnend am 15. 9. 01, außerdem zehn Monatsraten zu je 100 € (80 € zuzüglich 20 € Finanzierungszuschlag) zu entrichten. Weder der Barzahlungspreis für die Waschmaschine von 1.000 € noch die Höhe des Zinses sind mit N vereinbart.

Bei den genannten Beträgen handelt es sich um Bruttobeträge. E ist Monatszahler. Er hat keine Anträge auf eine vom gesetzlichen Regelfall abweichende Besteuerung gestellt. Da E vermögend ist, kann er Kreditverkäufe der geschilderten Art tätigen, ohne die Hilfe von Banken in Anspruch zu nehmen.

Welchen Betrag hat E in welcher Voranmeldung als Bemessungsgrundlage für den obigen Umsatz anzugeben?

A.  In der Voranmeldung für August 01 1.034,48 €.

B.  In der Voranmeldung für August 01 862,07 €.

C.  In der Voranmeldung für August 01 172,41 € und in den Voranmeldungen für September 01 bis Juni 02 jeweils 86,21 €.

D.  In der Voranmeldung für Juni 02 862,07 €.


**Aufgabe 393**

E betreibt den Einzelhandel mit Eisenwaren. Er ist außerdem Eigentümer eines Mietwohngrundstücks und eines zu eigenen Wohnzwecken genutzten Einfamilienhauses. Die Wohnungen des Mietwohngrundstücks sind vermietet, einige davon als Praxisräume an Steuerberater. E hat – soweit möglich – auf Steuerbefreiungen verzichtet (§ 9 UStG). Das Mietwohngrundstück gehört nicht zum Betriebsvermögen der Eisenwarenhandlung.

Auf dem Mietwohngrundstück befindet sich eine größere Rasenfläche. Um sie besser pflegen zu können, entnimmt E aus den Lagerräumen der Handlung einen Motorrasenmäher, den er für netto 220 € eingekauft hatte und Kunden für netto 300 € verkaufen würde. Der Rasenmäher soll auf dem Mietwohngrundstück bleiben und nur dort eingesetzt werden. E bucht deshalb sofort bei Abtransport des Rasenmähers aus den Lagerräumen eine Privatentnahme.

Als E eine Woche später erstmals mäht, bemerkt er jedoch, dass das Gerät für die große Grünfläche zu leistungsschwach ist. Er nimmt es deshalb mit in sein Einfamilienhaus. Dort bleibt es und wird zur Pflege des Vorgartenrasens benutzt. Der einmalige Gebrauch auf dem Mietwohngrundstück hat zu keiner Wertminderung geführt.

Welche der folgenden Aussagen über die Nutzungsänderungen des Rasenmähers sind richtig?

A.  Ein steuerpflichtiger Umsatz liegt erst dann vor, wenn E den Rasenmäher von seinem Mietwohngrundstück zu seinem Einfamilienhaus transportiert.

B.  E tätigt einen nichtsteuerbaren Innenumsatz.

C.  Bemessungsgrundlage für den von E getätigten steuerpflichtigen Umsatz sind 220 €.

D.  Bemessungsgrundlage für den von E getätigten steuerpflichtigen Umsatz sind 300 €.

**Aufgabe 394**

Buchhändler H veräußert einige Tage vor dem Weihnachtsfest im Kalenderjahr 01 ein Buch für netto 60 € an den Kunden K. K will das Buch dem T, einem guten Bekannten, schenken. Bei der Übergabe an T stellt sich jedoch heraus, dass T dieses Buch bereits besitzt.

Kurz nach dem Jahreswechsel bringt K das Buch im Januar 02 wieder zu H, tauscht es gegen ein anderes um, dessen Preis netto 70 € beträgt, und entrichtet den Differenzbetrag zwischen dem Preis für das zweite Buch und dem Preis für das erste Buch.

Welche der folgenden Aussagen treffen zu?

A. H bewirkt nur eine steuerpflichtige Lieferung. Die Bemessungsgrundlage dafür beträgt 60 €.

B. H bewirkt zwei steuerpflichtige Lieferungen. Für die erste Lieferung beträgt die Bemessungsgrundlage 60 €, für die zweite beträgt sie 70 €.

C. H bewirkt nur eine steuerpflichtige Lieferung. Die Bemessungsgrundlage dafür beträgt 70 €.

D. H hat in der Voranmeldung für Dezember 01 einen Umsatz von 60 € anzumelden und mit der Voranmeldung für Januar 02 eine Korrektur der Umsatzsteuer vorzunehmen.

**Aufgabe 395**

Bauunternehmer R wird von S beauftragt, zum Festpreis von 50.000 € (netto) im Garten des von S bewohnten Einfamilienhauses ein überdachtes Schwimmbecken zu erstellen. R beginnt mit den Bauarbeiten im April; im Juli übergibt er die fertig gestellte Anlage. S erhält von R folgende Rechnungen:

– 1. Abschlagsrechnung im April über 8.000 € zuzüglich 1.280 € gesondert ausgewiesener Steuer;

– 2. Abschlagsrechnung im Mai über brutto 11.000 € (kein gesonderter Steuerausweis);

– 3. Abschlagsrechnung im Juni über brutto 20.000 € (kein gesonderter Steuerausweis),

– die Schlussrechnung im August.

Die Rechnungsbeträge aus der 1. und aus der 3. Abschlagsrechnung gehen bei R jeweils noch in den Monaten ein, in denen S die Rechnungen erhalten hat. Die 2. Abschlagsrechnung wird erst im Juni beglichen. R hatte im vorangegangenen Kalenderjahr einen Gesamtumsatz (§ 19 Abs. 3 UStG) von mehr als zwei Millionen €.

Welche Beträge hat R, dessen Voranmeldungszeitraum der Kalendermonat ist, in welcher Voranmeldung als Bemessungsgrundlage für diesen Umsatz anzugeben?

A. In der Voranmeldung für April 8.000 €.

B. In der Voranmeldung für Mai 0 €.

C. In der Voranmeldung für Juni 26.724,14 €.

D. In der Voranmeldung für Juli 15.275,86 €.

## Aufgabe 396

Rundfunkhändler R, der seine Voranmeldungen monatlich abgibt, hat dem Pensionär P im Februar 03 ein Fernsehgerät für 2.200 € netto verkauft. Die Lieferung erfolgte im Februar unter Eigentumsvorbehalt bis zur vollständigen Bezahlung des Kaufpreises. P zahlte vereinbarungsgemäß ab März 03 monatliche Raten in Höhe von $1/10$ von (2.200 + 352 =) 2.552 € = 255,20 €.

Ab Juni stellte P die Zahlungen ein. R holt das Gerät unter Geltendmachung des Eigentumsvorbehalts im August 03 bei P ab und erstattet von den gezahlten Raten von 3 × 255,20 = 765,60 € nur 150 €.

Welche der folgenden Aussagen treffen zu?

A. Mit Ablauf des August 03 entsteht für R eine Umsatzsteuer von $16/116$ von 615,60 € = 84,91 €.

B. Mit Ablauf des Februar 03 entsteht für R eine Umsatzsteuer von 352 €.

C. In der Voranmeldung für August 03 hat R die Umsatzsteuer für die Lieferung des Fernsehgeräts auf 0 € zu berichtigen.

D. Es liegt u. a. eine Rückgängigmachung einer Lieferung vor.

## Steuersatz
UStG § 12

## Aufgabe 397

Unternehmer U hat sich darauf spezialisiert, für Kunden Geschenkpakete verschiedenster Art zusammenzustellen und sie im Auftrag der Kunden an Dritte zu versenden.

Im Auftrag des Kunden R versendet U an S, einen Freund herzhafter Kost, ein Geschenkpaket. U berechnet dem R:

| | |
|---|---|
| Dauerwurst | 60 € |
| Rollschinken | 40 € |
| 5 Flaschen Wein | 50 € |
| Verpackung | 10 € |
| Versendungskosten | 5 € |
| | 165 € |

In diesem Betrag ist die Umsatzsteuer noch nicht enthalten.

Wie viel Umsatzsteuer wird U dem R gesondert in Rechnung stellen?

A. 11,55 €.

B. 16,50 €.

C. 16,05 €.

D. 26,40 €.

## Aufgabe 398

Hotelier H und seine Familie (Ehefrau und Kinder) lassen sich täglich in ihr neben dem Hotel liegendes Einfamilienhaus Mittagessen (Suppe, Hauptgericht, Nachspeise) aus der Hotelküche bringen. Sie suchen sich jeweils nur die bescheideneren Gerichte der Karte aus.

Ehefrau und Kinder entrichten kein Entgelt für die Inanspruchnahme der Hotelverpflegung.

Welchem Steuersatz unterliegen diese Umsätze des H?

A. Die Umsätze unterliegen dem Steuersatz von 16 %, weil § 12 Abs. 2 Nr. 1 UStG bei unentgeltlichen Wertabgaben nicht anwendbar ist.

B. Die Umsätze unterliegen dem Steuersatz von 16 %, weil fertige Menüs nicht zu den Gegenständen der Anlage zum UStG gehören.

C. Die Umsätze unterliegen dem Steuersatz von 16 %, weil es sich um eine sonstige Leistung durch Abgabe von Speisen zum Verzehr an Ort und Stelle handelt.

D. Die Umsätze unterliegen dem Steuersatz von 7 %.

## Aufgabe 399

Der selbstständige Zahntechniker Z verkauft eine Schreibmaschine, die bislang in seinem Labor genutzt wurde.

Wie ist dieser Vorgang umsatzsteuerlich zu beurteilen?

A. Es handelt sich um einen steuerbaren Umsatz, der nach § 4 Nr. 28 UStG steuerbefreit ist.

B. Es handelt sich um einen steuerpflichtigen Umsatz, der nach § 12 Abs. 2 Nr. 6 UStG dem Steuersatz von 7 % unterliegt.

C. Es handelt sich um einen steuerbaren Umsatz, der nach § 4 Nr. 14 UStG steuerbefreit ist.

D. Es handelt sich um einen steuerpflichtigen Umsatz, der dem Steuersatz von 16 % unterliegt.

## Besteuerung der Kleinunternehmer

UStG § 19

### Aufgabe 400

Handelsvertreter H vereinnahmte für die Vermittlung des Absatzes von Haushaltsgeräten im Kalenderjahr 01 Provisionen in Höhe von 17.000 € brutto. Außerdem gab er beim Erwerb eines neuen Schreibtisches für sein Büro den alten Schreibtisch für 300 € brutto in Zahlung.

Da die Nachfrage nach den von ihm vertriebenen Artikeln sprunghaft stieg, vereinnahmte H im Kalenderjahr 02 Bruttoprovisionen in Höhe von insgesamt 50.300 €. Bei Ankauf eines Neuwagens im April 02 gab er den bislang ausschließlich betrieblich genutzten Altwagen für 3.480 € brutto in Zahlung. Auf Wunsch des Kfz-Händlers stellte er ihm darüber eine Rechnung aus, in der er 480 € Umsatzsteuer gesondert auswies. Im Kalenderjahr 02 hatten Vorunternehmer ihm für Leistungen für sein Unternehmen 1.300 € Vorsteuer gesondert in Rechnung gestellt.

Anträge zur Besteuerung hat H nicht gestellt. Soweit aus dem Sachverhalt nichts anderes hervorgeht, hat H keine Rechnungen mit gesondertem Steuerausweis ausgestellt.

Wie hoch ist die Umsatzsteuer-Zahllast des H für das Kalenderjahr 02?

A.    0,— €.

B.    6.748,— €.

C.    480,— €.

D.    6.117,93 €.

## Vorsteuerabzug, Berichtigung des Vorsteuerabzugs

UStG §§ 15, 15 a; UStDV §§ 33, 35, 44, 45

### Aufgabe 401

Gemüsehändler R liefert dem Lebensmitteleinzelhändler S Obst und Gemüse für brutto 214 € (mündlich vereinbarter Preis). Infolge eines Versehens in der Buchhaltung des R wird dem S eine Rechnung mit folgenden Beträgen übersandt:

|                       |       |       |
|-----------------------|-------|-------|
| Obst und Gemüse       | netto | 100 € |
| + 7 % Umsatzsteuer    |       | 114 € |
|                       |       | 214 € |

S überweist den Rechnungsbetrag, weil er mit dem mündlich vereinbarten Preis übereinstimmt. S führt keine Umsätze aus, die den Vorsteuerabzug ausschließen.

Wie wirkt sich dieser Vorgang bei R und S umsatzsteuerlich aus?

A. R schuldet insgesamt 114 € Umsatzsteuer; S darf 114 € Vorsteuer abziehen.

B. R schuldet insgesamt 14 € Umsatzsteuer; S darf 14 € Vorsteuer abziehen.

C. R schuldet insgesamt 114 € Umsatzsteuer; S darf keine Vorsteuer abziehen.

D. S hat einen Anspruch gegen R auf Ausstellung einer berichtigten Rechnung.

**Aufgabe 402**

Handelsvertreter V erwirbt von Kraftfahrzeughändler U einen gebrauchten Zweitwagen für 10.000 € zuzüglich 1.600 € Umsatzsteuer. Da V bereits einen ausschließlich betrieblich genutzten PKW besitzt, wird er den Zweitwagen – das lehren die Erfahrungswerte der letzten Jahre – nur zu 30 % betrieblich nutzen. V, der seinen Gewinn nach § 5 EStG ermittelt, behandelt den Zweitwagen als in vollem Umfang zum Unternehmensvermögen gehörend. Er führt keine Umsätze aus, die den Vorsteuerabzug ausschließen.

Welche der folgenden Aussagen treffen zu?

A. V darf 1.600 € Vorsteuer abziehen.

B. V darf nur 480 € (30 % von 1.600 €) Vorsteuer abziehen.

C. V darf nur 800 € Vorsteuer abziehen.

D. V darf nur 240 € (50 % v. 480 €) Vorsteuer abziehen.

**Aufgabe 403**

Unternehmer U in Hamburg besuchte aus geschäftlichen Gründen die Hannover-Messe. Er hielt sich zwei Tage in Hannover auf und übernachtete dort in einem Hotel. Für die Bahnfahrt hat U lt. Beleg 146 € brutto bezahlt, in der Fahrkarte ist der Steuersatz von 16 % angegeben.

Der Hotelier berechnete U für eine Übernachtung brutto 80 € und für ein Frühstück brutto 10 €. Die Rechnung enthält neben diesen Angaben noch Name und Anschrift des Hoteliers sowie den Steuersatz. Der Steuerbetrag ist in ihr nicht gesondert ausgewiesen. Weitere Rechnungen über Reisekosten hat U nicht aufbewahrt. Er bucht 24 € Verpflegungsmehraufwand (einkommensteuerlich zulässige Pauschbeträge) als Betriebsausgabe.

U führt keine Umsätze aus, die den Vorsteuerabzug ausschließen.

Welchen Betrag darf U insgesamt als Vorsteuer abziehen?

A.   0,— €.

B.   20,14 €.

C.   31,17 €.

D.   32,55 €.

## Aufgabe 404

G ist Inhaber einer Bautischlerei und Eigentümer eines gemischt genutzten Grundstücks, das zweigeschossig bebaut ist. Erd- und Obergeschoss des Gebäudes haben die gleiche Nutzfläche. Im Laufe des Veranlagungszeitraums tätigte G folgende Umsätze:

Bautischlerei (im Erdgeschoss)

|  |  |  |
|---|---|---|
| steuerpflichtige Lieferungen | netto | 348.000 € |
| steuerfreie grenzüberschreitende Lieferungen | netto | 81.000 € |

Grundstück

|  |  |  |
|---|---|---|
| gewerbliche Eigennutzung des Erdgeschosses (Mietwert) | netto | 12.000 € |
| steuerfreie Vermietung des Obergeschosses | netto | 9.000 € |

Da der Außenputz des Gebäudes rissig und unansehnlich geworden war, ließ G ihn durch Bauunternehmer R abschlagen und durch einen Edelputz ersetzen. R stellt ihm dafür 10.000 € zuzüglich 1.600 € Umsatzsteuer in Rechnung.

In welcher Höhe kann G den ihm von R in Rechnung gestellten Steuerbetrag als Vorsteuer abziehen?

A.   G darf    800,— € als Vorsteuer abziehen.

B.   G darf 1.271,24 € als Vorsteuer abziehen.

C.   G darf 1.567,82 € als Vorsteuer abziehen.

D.   G darf 1.568,— € als Vorsteuer abziehen.

**Aufgabe 405**

Unternehmer U hat zum 10. 3. 1998 ein unbebautes Grundstück für (umgerechnet) 80.000 € zuzüglich 12.000 € Umsatzsteuer erworben. U hat die Gesamtfläche an ein Kaufhaus als Kundenparkplatz bis zum 31. 1. 2004 vermietet. Für diese Vermietung hat U auf die Steuerbefreiung gemäß § 4 Nr. 12 UStG verzichtet und daher 1998 die Vorsteuer in vollem Umfang zum Abzug gebracht.

Nach in 2003 erfolgter Parzellierung des Grundstücks in vier gleich große Bauplätze hat U diese Bauplätze zum 1. 2. 2004 (Tag des Übergangs der Nutzen und Lasten) verkauft:

Einen Bauplatz an einen Rechtsanwalt für 30.000 € netto, der darauf ein Praxisgebäude errichten will;

einen Bauplatz an einen Beamten für 25.000 € netto zum Bau eines Einfamilienhauses und

die restlichen beiden Bauplätze für insgesamt 46.000 € netto an einen Dachdeckermeister, der die Fläche als betrieblichen Lagerplatz nutzen will.

Für die Veräußerungen hat U – soweit möglich – auf die Anwendung der Steuerbefreiung des § 4 Nr. 9 a UStG verzichtet.

Welche Beträge hat U gemäß § 15 a UStG wann an das Finanzamt zurückzuzahlen?

A. Mit der Vorauszahlung für Februar 2004 2.450 €.

B. Aufgrund der Jahreserklärung 2004 1.225 €.

C. 2004 275 €, in den Folgejahren bis 2007 pro Jahr 300 € und 2008 50 €.

D. Mit der Vorauszahlung für Februar 2004 1.225 €.

**Aufgabe 406**

Der Gewerbetreibende G hat zum 1. 6. 00 einen PKW (Nutzungsdauer 5 Jahre) für 57.000 € zuzüglich 9.120 € USt für sein Unternehmen erworben. Gem. § 15 Abs. 1 b UStG hat G aufgrund der privaten Mitbenutzung nur (50 % v. 9,120 =) 4.560 € als Vorsteuer abgezogen. Zum 1. 4. 01 verkauft G den PKW für 40.000 € netto.

Welche der folgenden Aussagen sind richtig?

A. G muss für den Umsatz 16 % v. 40.000 € = 6.400 € USt entrichten.

B. G muss für den Umsatz nur (50 % v. 6.400 =) 3.200 € USt entrichten.

C. G hat einen Berichtigungsbetrag gem. § 15 a UStG in Höhe von 3.800 € vom Finanzamt zu beanspruchen.

D. G kann den Berichtigungsbetrag gem. § 15 a UStG erst in der Jahreserklärung 01 geltend machen.

## Aufgabe 407

Malermeister M hat zum 1. 10. 01 einen PKW für 50.000 € zuzüglich 8.000 € USt angeschafft, den er zu 70 % unternehmerisch und zu 30 % privat nutzt. Die unternehmerische Nutzung entfällt zu 50 % auf vorsteuerabzugsberechtigte Umsätze und zu 20 % auf nicht zum Vorsteuerabzug berechtigte Umsätze.

Welche der folgenden Aussagen zum Vorsteuerabzug können zutreffen?

A. M kann 5.600 € Vorsteuer abziehen.

B. M kann 2.800 € Vorsteuer abziehen.

C. M kann 2.858 € Vorsteuer abziehen.

D. M kann 2.000 € Vorsteuer abziehen.

## Aufgabe 408

Sachverhalt wie Aufgabe 407 mit folgender Ergänzung:
M verkauft den PKW, dessen voraussichtliche Nutzungsdauer er mit 4 Jahren angenommen hat und den er in vollem Umfang dem Unternehmen zugeordnet hatte, zum 1. 10. 03 für 25.000 € zuzüglich USt.

Welche der folgenden Aussagen sind zutreffend?

A. M muss 4.000 € USt für den Verkauf entrichten.

B. M muss 2.800 € USt für den Verkauf entrichten.

C. M hat gem. § 15 a UStG Anspruch auf einen Berichtigungsbetrag von 2.000 €.

D. M hat gem. § 15 a UStG Anspruch auf einen Berichtigungsbetrag von 2.570 €.

## Aufgabe 409

Arbeitnehmer N, wohnhaft in Nordhorn, beschäftigt in der Kfz-Branche, verkauft einen vor 6 Monaten vom Hersteller für 40.000 € zuzüglich 6.400 € USt fabrikneu erworbenen PKW an einen niederländischen Arbeitnehmer für 38.000 €; der Niederländer holt den PKW selbst in Nordhorn ab.

Welche der folgenden Aussagen zum Vorsteuerabzug sind richtig?

A. N kann 6.400 € Vorsteuer abziehen.

B. N kann 6.080 € Vorsteuer abziehen.

C. N kann keine Vorsteuer abziehen, da er kein Unternehmer ist.

D. N kann den Vorsteuerabzug erst im Lieferzeitpunkt geltend machen.

# Besteuerungsverfahren

UStG § 18; UStDV §§ 46–48

## Aufgabe 410

Welche der folgenden Aussagen über die Abgabetermine (ohne Schonfristen) der Umsatzsteuer-Voranmeldungen sind zutreffend?
(R – U sind seit mehreren Jahren Unternehmer.)

A. Unternehmer R, Zahllast 01: 6.000 €, hat seine erste Umsatzsteuer-Voranmeldung für 02 bis zum 10. 5. 02 abzugeben, wenn er bis zum 10. 4. 02 eine Sondervorauszahlung angemeldet und entrichtet hat.

B. Unternehmer S, Zahllast 01: 26.000 €, der seit Jahren die Dauerfristverlängerung in Anspruch genommen hat, hat seine erste Umsatzsteuer-Voranmeldung für 02 bis zum 10. 3. 02 abzugeben, wenn er bis zum 10. 2. 02 eine Sondervorauszahlung angemeldet und entrichtet hat.

C. Unternehmer T, Zahllast 01: ./. 4.000 €, der seine Umsatzsteuer-Voranmeldung bisher ohne Fristverlängerung monatlich abgegeben hat, muss 02 seine erste Umsatzsteuer-Voranmeldung bis zum 10. 4. 02 abgeben.

D. Unternehmer U, Zahllast 01: 5.000 €, kann für 02 beantragen, dass er seine Umsatzsteuer-Voranmeldungen monatlich und damit die erste ohne Fristverlängerung bis zum 10. 2. 02 abgibt.

# Lösungen

# Lösungen: Abgabenordnung mit Steuererhebung

### Zu Aufgabe 1

Richtig: D

§ 7 AO bestimmt, wer Amtsträger ist.

Der Regierungsinspektor ist Beamter und damit Amtsträger gem. § 7 Nr. 1 AO (Aussage D).

Der Steuerberater steht nicht in einem öffentlich-rechtlichen Amtsverhältnis. Er kann schon deshalb nicht Amtsträger sein.

Weder der Bote noch der amtlich zugezogene Sachverständige fallen unter einen Tatbestand des § 7 AO. Sie sind nicht Amtsträger (Aussagen A und C).

Der Bote wird den Amtsträgern lediglich gleich gestellt, wenn er aufgrund des Verpflichtungsgesetzes für den öffentlichen Dienst besonders verpflichtet wurde (§§ 1 Abs. 1 Nr. 1 Verpflichtungsgesetz, 30 Abs. 3 Nr. 1 AO).

Der amtlich zugezogene Sachverständige wird den Amtsträgern gem. § 30 Abs. 3 Nr. 2 AO gleich gestellt.

### Zu Aufgabe 2

Richtig:   A, B, C, D

Wer Angehöriger im Sinne der Steuergesetze ist, bestimmt sich nach § 15 AO. Angehörige sind Verschwägerte in gerader Linie (§ 15 Abs. 1 Nr. 3 AO). Eine Person ist mit dem Großvater seiner Ehefrau in gerader Linie verschwägert (§ 1590 BGB). Diese Angehörigeneigenschaft bleibt bestehen, wenn die Ehe geschieden wurde (§ 15 Abs. 2 Nr. 1 AO).

Die Nichte ist die Tochter des Bruders (der Schwester). Sie ist Angehörige gem. § 15 Abs. 1 Nr. 5 AO.

Die Ehefrau des Bruders (Schwägerin) ist Angehörige gem. § 15 Abs. 1 Nr. 6 AO.

Der Onkel ist ein Bruder eines Elternteils. Er ist Angehöriger gem. § 15 Abs. 1 Nr. 7 AO.

### Zu Aufgabe 3

Richtig:   C, D

Das Lagefinanzamt (§ 18 Abs. 1 Nr. 1 AO) ist für die einheitliche und gesonderte Feststellung der Einkünfte aus Land- und Forstwirtschaft (§§ 180 Abs. 1 Nr. 2 a, 179 Abs. 2 AO) und die gesonderte Feststellung des Einheitswerts des Betriebsgrundstücks (§§ 180 Abs. 1 Nr. 1 AO, 19 Abs. 1 BewG) örtlich zuständig.

Die Einkünfte aus dem Zweifamilienhaus sind nicht gesondert festzustellen. Sie werden vom Wohnsitzfinanzamt ermittelt (§ 19 Abs. 1 AO).

Die Einkünfte aus dem Mietwohngrundstück werden einheitlich und gesondert festgestellt (§ 180 Abs. 1 Nr. 2 a AO). Zuständig ist das Verwaltungsfinanzamt (§ 18 Abs. 1 Nr. 4 AO).

## Zu Aufgabe 4

Richtig: D

Das Betriebsfinanzamt ist für die gesonderte Feststellung des Gewinns aus Gewerbebetrieb örtlich zuständig (§§ 180 Abs. 1 Nr. 2 b, 18 Abs. 1 Nr. 2 AO).

Für die einheitliche und gesonderte Feststellung des Gewinns aus selbstständiger Arbeit ist das Finanzamt der Berufstätigkeit (§§ 180 Abs. 1 Nr. 2 a, 179 Abs. 2, 18 Abs. 1 Nr. 3 AO) und für die gesonderte Feststellung des Einheitswerts eines Betriebes der Land- und Forstwirtschaft das Lagefinanzamt (§§ 180 Abs. 1 Nr. 1 AO, 19 Abs. 1 BewG, 18 Abs. 1 Nr. 1 AO) örtlich zuständig.

Auch für die Einheitswertfeststellung eines Betriebsgrundstücks ist das Lagefinanzamt örtlich zuständig.

## Zu Aufgabe 5

Richtig: A, B, D

Das Wohnsitzfinanzamt ist grundsätzlich zuständig für:

1. die Ermittlung der nicht selbstständig anfechtbaren Besteuerungsgrundlagen für Zwecke der Einkommensteuer (§ 19 Abs. 1 AO),

2. die Festsetzung der Einkommensteuer (§ 19 Abs. 1 AO).

Die vom Stpfl. erzielten Einkünfte aus Vermietung und Verpachtung sind nicht gesondert festzustellen. Die Einkünfte sind daher vom Wohnsitzfinanzamt zu ermitteln. Die Zuständigkeit für die gesonderte Feststellung von Einkünften ergibt sich aus § 18 AO.

## Zu Aufgabe 6

Richtig: C

Sowohl A als auch seine Ehefrau sind Unternehmer (§ 2 Abs. 1 Satz 1 UStG). Jeder Ehegatte ist zur Umsatzsteuer heranzuziehen.

Die Geschäftsleitung beider Betriebe des A befindet sich in Hildesheim. Für die Umsatzbesteuerung des A ist daher das Finanzamt Hildesheim örtlich zuständig (§ 21 Satz 1 AO). Für die Umsatzbesteuerung der Ehefrau ist das Finanzamt Wolfenbüttel örtlich zuständig, weil sie dort ihre Praxis betreibt (§ 21 Satz 1 AO).

## Zu Aufgabe 7

Richtig:   A, B, D

Der Gewinn aus der Rechtsanwaltspraxis ist vom Finanzamt der Berufstätigkeit Wolfenbüttel gesondert festzustellen (§§ 180 Abs. 1 Nr. 2 b, 18 Abs. 1 Nr. 3 AO). Für die gesonderte Feststellung des Gewinns aus Land- und Forstwirtschaft ist das Lagefinanzamt Herzberg örtlich zuständig (§§ 180 Abs. 1 Nr. 2 b, 18 Abs. 1 Nr. 1 AO).

Der Gewinn aus der Gastwirtschaft ist vom Betriebsfinanzamt Hildesheim gesondert festzustellen (§§ 180 Abs. 1 Nr. 2 b, 18 Abs. 1 Nr. 2 AO).

## Zu Aufgabe 8

Richtig:   A, C

Der Einheitswert für den Betrieb der Land- und Forstwirtschaft ist vom Lagefinanzamt Herzberg festzustellen (§§ 180 Abs. 1 Nr. 1 AO, 19 Abs. 1 BewG, 18 Abs. 1 Nr. 1 AO).

Für die Einkommensteuerveranlagung ist das Wohnsitzfinanzamt Goslar örtlich zuständig, § 19 Abs. 1 AO.

## Zu Aufgabe 9

Richtig:   A

Steuerinspektor A hat das Steuergeheimnis verletzt, weil er die Verhältnisse des Kalk, die ihm im Verwaltungsverfahren bekannt geworden sind, unbefugt offenbart hat (§ 30 Abs. 2 Nr. 1 a AO). Eine Offenbarung i. S. des § 30 AO liegt auch vor, wenn einem Dritten (hier: der Verwaltungsangestellten Putz) die Kenntnisnahme von den Verhältnissen eines Stpfl. ermöglicht wird (hier: durch das Liegenlassen der Akten). Ein Offenbarungswille ist nicht erforderlich.

Frau Putz ist nicht Amtsträger, weil sie nicht dazu bestellt wurde, bei einer Behörde Aufgaben der öffentlichen Verwaltung wahrzunehmen (§ 7 Nr. 3 AO). Sie ist jedoch den Amtsträgern gleich gestellt (§ 30 Abs. 3 Nr. 1 AO). Gleichwohl liegt ein Verstoß gegen § 30 AO nicht vor. Frau Putz sind die Verhältnisse des Kalk nicht in einem Verwaltungsverfahren in Steuersachen bekannt geworden (§ 30 Abs. 2 AO).

Herr Putz hat das Steuergeheimnis nicht verletzt, weil auch ihm die Verhältnisse des Kalk nicht in einem Verwaltungsverfahren in Steuersachen bekannt geworden sind.

## Zu Aufgabe 10

Richtig:   D

Das Steuergeheimnis verletzt nur, wer Verhältnisse „eines anderen" unbefugt offenbart (§ 30 Abs. 2 Nr. 1 AO). Dieses Tatbestandsmerkmal ist nur
erfüllt, wenn aus den Äußerungen des Amtsträgers eine bestimmte Person
erkennbar ist. Da im Wohnort des Steuerinspektors mehrere bekannte
Schauspieler leben, ist den Erzählungen des Amtsträgers nicht zu entnehmen, welcher Schauspieler bereits dreimal geschieden wurde. Bei Aussage
A liegt kein Verstoß gegen § 30 AO vor.

Eine Verletzung des Steuergeheimnisses setzt unter anderem voraus, dass
Verhältnisse eines anderen unbefugt „offenbart" werden. Bekannte oder
offenkundige Verhältnisse können nicht mehr offenbart werden. Da dem
Nachbarn die Verhältnisse des Kalk bereits bekannt waren, hat B dem X
nichts offenbart (Aussage B). Das gilt auch dann, wenn B meint, dem Nachbarn Neuigkeiten übermittelt zu haben.

Bei Aussage C hat B die Verhältnisse nicht durch ein Verwaltungsverfahren in Steuersachen erfahren. Sie sind ihm außerhalb seiner dienstlichen
Tätigkeit bekannt geworden. Eine Verletzung des Steuergeheimnisses liegt
nicht vor.

Ein Offenbaren ist auch unter Bediensteten des Finanzamtes möglich. Ein
Rechtfertigungsgrund nach § 30 Abs. 4 AO liegt nicht vor. B hat bei Aussage D Verhältnisse eines anderen, die ihm in einem Verwaltungsverfahren bekannt geworden sind, unbefugt offenbart.

## Zu Aufgabe 11

Richtig:   B

Amtsträger und andere Personen dürfen in den Fällen des § 82 Abs. 1 AO
nicht in einem Verwaltungsverfahren für eine Finanzbehörde tätig werden.

Der Tätigkeitsbegriff ist weit auszulegen. Soweit eine willentliche Beein-
flussung des finanzbehördlichen Handelns möglich ist, liegt ein Tätigwerden im Sinne des § 82 AO vor.

Bei Aussage A ist der Amtsträger schon deshalb nicht ausgeschlossen, weil
die Cousine keine Angehörige ist (§§ 82 Abs. 1 Nr. 2, 15 AO).

Die Anforderung von Steuererklärungen auf Weisung des Vorgesetzten ist
kein Tätigwerden im Sinne des § 82 AO. Eine Manipulationsmöglichkeit
besteht für den Amtsträger nicht. Er ist nicht ausgeschlossen, obwohl der
Neffe Angehöriger gem. § 15 Abs. 1 Nr. 5 AO ist (Aussage D).

Bei Aussage C handelt es sich um ein Tätigwerden. Bei Freunden tritt
jedoch kein Ausschluss nach § 82 AO ein.

Der Stiefvater ist Angehöriger i. S. des § 15 Abs. 1 Nr. 3 AO, die Fertigung des Entwurfs ein Tätigwerden i. S. des § 82 AO. Der Amtsträger ist ausgeschlossen (Aussage B).

## Zu Aufgabe 12

Richtig: C

Nach § 83 Abs. 1 Satz 1 AO ist die Besorgnis der Befangenheit anzunehmen, wenn

1. ein Grund vorliegt, der geeignet ist, Misstrauen gegen eine unparteiische Amtsausübung zu rechtfertigen,

   **oder**

2. ein solcher Grund von einem Beteiligten behauptet wird.

Bei Aussage A ist der (zweite) Alternativtatbestand erfüllt. Rechtsfolge ist aber nicht, dass sich der Amtsträger der Mitwirkung zu enthalten hat, sondern dass er den Vorsteher zu unterrichten hat. Dieser entscheidet nach seinem Ermessen (§ 5 AO), ob sich der Amtsträger der Mitwirkung zu enthalten hat. Aussage A ist demzufolge unzutreffend.

Bei Aussage B wird nicht die Unparteilichkeit des Amtsträgers, sondern dessen fachliche Qualifikation vom Steuerpflichtigen in Frage gestellt. Ein Tatbestand des § 83 Abs. 1 Satz 1 AO ist nicht erfüllt. Der Vorsteher ist nicht zu unterrichten.

§ 83 AO räumt dem Steuerpflichtigen kein selbstständiges Recht zur Ablehnung eines Amtsträgers wegen Besorgnis der Befangenheit ein. Ob ein Befangenheitsgrund vorliegt, entscheidet stets der Vorsteher oder der von ihm Beauftragte. Aussage C ist richtig.

Im Falle der Aussage D greift § 83 AO nicht ein, weil der Amtsträger bereits nach § 82 Abs. 1 Nr. 2 i. V. mit § 15 Abs. 1 Nr. 1 AO ausgeschlossen ist.

## Zu Aufgabe 13

Richtig: A, D

Handlungsfähigkeit ist die Fähigkeit, selbstständig rechtswirksame Verfahrenshandlungen vorzunehmen, § 79 Abs. 1 AO. Die Abgabe einer Steuererklärung ist eine Verfahrenshandlung. Aussage A trifft zu.

Die Handlungsfähigkeit knüpft nicht an die Rechtsfähigkeit (§ 1 BGB), sondern an die Geschäftsfähigkeit nach BGB an, § 79 Abs. 1 Nr. 1 AO. Geschäftsfähig ist i. d. R. der Volljährige, §§ 106, 2 BGB. Aussage B ist somit unzutreffend.

Volljährige können unter § 104 Nr. 2 BGB fallen. Sie sind dann geschäfts-
unfähig. Aussage C trifft daher nicht zu.

Minderjährige im Alter von 7 bis 17 Jahren können unter den Voraussetzungen der §§ 112, 113 BGB partielle unbeschränkte Geschäftsfähigkeit
erlangen. Insoweit sind sie dann handlungsfähig i. S. des § 79 Abs. 1 Nr. 2
AO (Aussage D).

## Zu Aufgabe 14

Richtig:  A, B

Die Aussagen A (§ 88 Abs. 2 AO) und B (§ 85 AO) sind zutreffend.

Das Finanzamt darf dritte Personen nur unter bestimmten Voraussetzungen
zur Auskunftserteilung heranziehen, § 93 Abs. 1 Satz 3 AO (Aussage C).
Bei der Anordnung der Auskunftserteilung an Amtsstelle hat das Finanzamt die Grundsätze des § 5 AO (Ermessensausübung) zu beachten. In
jedem Fall kann also eine Auskunftserteilung an Amtsstelle nicht angeordnet werden (Aussage D).

## Zu Aufgabe 15

Richtig:  B, C

Der Gewerbetreibende G ist Beteiligter, § 78 Nr. 2 AO. Er ist zur Auskunft
verpflichtet, § 93 Abs. 1 Satz 1 AO – A –.

Der Bruder ist Angehöriger, § 15 Nr. 4 AO. Er hat ein Auskunftsverweigerungsrecht, § 101 Abs. 1 Satz 1 AO – B –.

Der Onkel ist Angehöriger, § 15 Nr. 7 AO. Nach § 101 Abs. 1 Satz 1 AO
besteht ein Auskunftsverweigerungsrecht – C –.

Das Auskunftsverweigerungsrecht des Verlegers bezieht sich nur auf den
redaktionellen Teil, § 102 Abs. 1 Nr. 4 AO – D –.

## Zu Aufgabe 16

Richtig:  C, D

Eine Frist ist ein bestimmter, abgegrenzter Zeitraum, in dessen Grenzen ein
bestimmtes Handeln oder Verhalten gefordert wird. Von den Fristen sind
die Termine zu unterscheiden. Ein Termin ist ein bestimmter Zeitpunkt, an
dem etwas geschehen soll. Aus diesen Definitionen ergibt sich, dass das
Finanzamt im Fall der Aussage A einen Termin gesetzt hat.

Es ist zwischen behördlichen und gesetzlichen Fristen zu unterscheiden.

Von der Behörde gesetzte Fristen (behördliche Fristen) können gem. § 109
Abs. 1 AO stets verlängert werden (Aussage C). Fristen, die durch das Gesetz bestimmt werden (gesetzliche Fristen), können nur verlängert werden,

wenn das Gesetz eine Verlängerung ausdrücklich zulässt. Diese Fristen können also nicht immer verlängert werden (Aussage B).

Die Rechtsbehelfsfrist ist eine gesetzliche Frist (§ 355 Abs. 1 AO). Eine Verlängerung dieser Frist ist im Gesetz nicht zugelassen. Nicht verlängerungsfähige gesetzliche Fristen sind Ausschlussfristen (Aussage D).

## Zu Aufgabe 17

Richtig: D

Der Einspruch gegen den Steuerbescheid ist binnen eines Monats nach Bekanntgabe des Verwaltungsakts einzulegen (§§ 347 Abs. 1 Nr. 1, 355 Abs. 1 AO).

Für die Fristberechnung gelten die Vorschriften des bürgerlichen Rechts (§ 108 Abs. 1 AO). Bei Übermittlung des Verwaltungsakts durch die Post gilt die Bekanntgabe mit dem dritten Tag nach Aufgabe zur Post als bewirkt (§ 122 Abs. 2 AO).

Die Dreitagesfrist zwischen der Aufgabe eines Verwaltungsakts zur Post und seiner vermuteten Bekanntgabe (§ 122 Abs. 2 Nr. 1 AO) verlängert sich gem. § 108 Abs. 3 AO bis zum nächstfolgenden Werktag, wenn das Fristende auf einen Sonntag, gesetzlichen Feiertag oder Sonnabend fällt (Änderung der Rechtsprechung, siehe BFH-Urteil vom 14. 10. 2003 IX R 68/98). Somit gilt der Verwaltungsakt am 1. 3. 03 als bekannt gegeben.

Die Frist für die Einlegung des Rechtsbehelfs begann gem. § 187 Abs. 1 BGB mit Ablauf des 1. 3. 03 und endete gem. § 188 Abs. 2 BGB mit Ablauf des 1. 4. 03. Der Bescheid ist mit Ablauf des 1. 4. 03 unanfechtbar geworden.

## Zu Aufgabe 18

Richtig: A, C

Für die Annahme eines Verschuldens genügt nach der Rechtsprechung des BFH einfache Fahrlässigkeit (BFH, BStBl 1973 II 663) – A –.

Gem. § 110 Abs. 2 Satz 4 AO kommt eine Wiedereinsetzung auch ohne Antragstellung in Betracht – B –.

Die Monatsfrist gem. § 110 Abs. 2 Satz 1 AO ist eine gesetzliche Ausschlussfrist. Wiedereinsetzung kommt daher unter den übrigen Voraussetzungen des § 110 AO in Betracht – C –.

Das Verschulden von Hilfspersonen (z. B. Bote) ist dem Stpfl. nur dann zuzurechnen, wenn er schuldhafterweise eine unzuverlässige Hilfsperson beauftragt hat oder er es unterlassen hat, die Hilfsperson auf die Bedeutung des Auftrags hinzuweisen – D –.

## Zu Aufgabe 19

Richtig:   C

Arbeitsüberlastung ist kein Wiedereinsetzungsgrund. Jedem Stpfl. ist zuzumuten, innerhalb der Einspruchsfrist den Rechtsbehelf einzulegen, weil zur Fristwahrung eine Begründung nicht erforderlich ist, § 357 Abs. 3 Satz 3 AO (A).

Schuldhaft handelt, wer vorsätzlich oder fahrlässig die Frist verstreichen lässt. Bei falscher Beurteilung der Rechtslage lässt der Stpfl. die Frist willentlich verstreichen (B).

Urlaubsbedingte Abwesenheit von bis zu 6 Wochen wird einem Stpfl. (ohne Angehörige der steuerberatenden Berufe) nicht als Verschulden angelastet (OFD Bremen vom 30. 6. 1980 S 0072) (C).

Eine kurze Überschreitung der Rechtsbehelfsfrist stellt keinen Entschuldigungsgrund dar (BFH, BStBl 1971 II 144) (D).

## Zu Aufgabe 20

Richtig:   A, B

§ 118 AO definiert den Begriff des Verwaltungsakts. Bei den Aussagen A und B sind die vier Tatbestandsmerkmale des § 118 AO jeweils erfüllt.

Die Niederschlagung von Steuerrückständen ist eine innerbehördliche Maßnahme, durch die der Steuerpflichtige in seinen Rechten und Pflichten nicht berührt wird. Diese Maßnahme ist nicht auf unmittelbare Rechtswirkung nach außen gerichtet. Es handelt sich nicht um einen Verwaltungsakt (Aussage C).

Bei der Anmietung von Diensträumen wurde der Vorsteher auf dem Gebiet des Privatrechts tätig. Es handelt sich nicht um eine hoheitliche Maßnahme (Aussage D).

## Zu Aufgabe 21

Richtig:   A, B, C, D

Eine wirksame Bekanntgabe erfordert (§ 122 Abs. 1 AO):

1. Zugang beim richtigen Adressaten

2. Bekanntgabewillen der Behörde

3. Schriftform, sofern gesetzlich vorgeschrieben.

Nur wenn alle Merkmale des Bekanntgabebegriffs erfüllt sind, liegt eine wirksame Bekanntgabe vor. Andernfalls muss der Verwaltungsakt erstmalig mit Wirkung für die Zukunft bekannt gegeben werden.

Bei Aussage A ist zu prüfen, ob der Verwaltungsakt dem Adressaten zugegangen ist. Ein Zugang ist anzunehmen, wenn der Verwaltungsakt derart in den Machtbereich des Adressaten gelangt ist, dass diesem die Kenntnisnahme möglich war und nach den Gepflogenheiten des Verkehrs auch erwartet werden konnte. Für den Zugang ist es also unerheblich, ob der Adressat von dem Verwaltungsakt tatsächlich Kenntnis nimmt. Im Falle A liegt eine wirksame Bekanntgabe vor. Auch bei den Aussagen B und D sind alle Voraussetzungen des Bekanntgabebegriffs erfüllt. Auf die Wirksamkeit der Bekanntgabe hat es grundsätzlich keinen Einfluss, wenn der Verwaltungsakt fehlerhaft ist. Nur in den Fällen des § 125 AO ist die Bekanntgabe unwirksam (§ 124 Abs. 3 AO).

Für den Erlass von Steuern gibt es keine besonderen Formvorschriften (§ 227 AO). Ein Erlass kann somit auch mündlich erfolgen (Aussage C).

## Zu Aufgabe 22

Richtig:  A, B, C, D

Mit der Bekanntgabe wird der Inhalt des Verwaltungsakts für den Stpfl. wirksam (§ 124 Abs. 1 AO). Der Stpfl. hat grundsätzlich selbst dann die festgesetzte Steuerschuld zu entrichten, wenn er gegen den Verwaltungsakt Rechtsbehelf einlegt (§ 361 Abs. 1 Satz 1 AO).

Ein Verwaltungsakt ist anfechtbar, wenn er Rechtswirkungen gegen den Steuerpflichtigen entfaltet. Diese treten mit Bekanntgabe ein (Aussage B).

Für die Behörde tritt mit der Bekanntgabe grundsätzlich die Bindung an den Verwaltungsakt ein, weil sie den Verwaltungsakt dann nicht mehr jederzeit ändern und zurücknehmen kann (Aussage C).

Ferner beginnt gem. § 355 Abs. 1 AO die Rechtsbehelfsfrist mit Bekanntgabe des Verwaltungsakts (Aussage D).

## Zu Aufgabe 23

Richtig:  A, B, D

Verwaltungsakte entstehen mit der Willensäußerung durch den zur Entscheidung berufenen Amtsträger. Da eine besondere Form für Stundungen (§ 222 AO) nicht vorgeschrieben ist, ist mit der fernmündlichen Zustimmung durch M ein Verwaltungsakt entstanden (Aussage A).

Der Verwaltungsakt ist in dem Zeitpunkt wirksam geworden, in dem er A bekannt gegeben wurde, also am 25. 6. 02 (§ 124 Abs. 1 AO).

Es handelt sich um einen rechtmäßigen begünstigenden Verwaltungsakt, der nur unter den Voraussetzungen des § 131 Abs. 2 AO widerrufen werden darf.

Ein entsprechender Tatbestand ist nicht erfüllt. Der Verwaltungsakt darf weder ganz noch teilweise widerrufen werden (Aussage D).

## Zu Aufgabe 24

Richtig: A, D

Die Ehegatten sind Gesamtschuldner, da sie zusammen zur ESt veranlagt werden (§ 44 AO). Es war daher zulässig, dass das Finanzamt gegen sie zusammengefasste Steuerbescheide erließ (§ 155 Abs. 3 AO). Die Bescheide sind jedoch einzeln bekannt zu geben, weil keine gemeinsame Familienanschrift besteht, § 122 Abs. 7 Satz 2 AO. Dabei ist der Empfänger in dem jeweiligen Anschriftenfeld mit Vor- und Zunamen genau zu bezeichnen (Tz. 2.1.4 des Anwendungserlasses zu § 122 AO).

Die Bekanntgabe eines zusammengefassten Bescheides ist in diesen Fällen beiden Ehegatten gegenüber unwirksam, weil keiner von ihnen mit der erforderlichen Bestimmtheit als Adressat bezeichnet ist (vgl. BFH, BStBl 1986 II S. 474). Siehe auch: Grüne Reihe Band 2, 14. Aufl., S. 278. A. A. Tipke/Kruse, § 155 AO, Tz. 10 f.

## Zu Aufgabe 25

Richtig: A, B, C

A ist Schuldner der Einkommensteuer und Umsatzsteuer, weil er insoweit den Tatbestand erfüllt, an den das Einzelsteuergesetz die Leistungspflicht knüpft, § 38 AO (Aussage C).

Bei beschränkt Geschäftsfähigen sind Steuerbescheide grundsätzlich ihren gesetzlichen Vertretern (hier: Eltern) bekannt zu geben, §§ 122 Abs. 1, 79 Abs. 1 Nr. 1, 34 AO.

Ermächtigt der gesetzliche Vertreter den Minderjährigen mit Zustimmung des Vormundschaftsgerichts zum selbstständigen Betrieb eines Erwerbsgeschäfts, so ist der Minderjährige für die Rechtsgeschäfte unbeschränkt geschäftsfähig, die der Geschäftsbetrieb mit sich bringt (§ 112 BGB).

Der Umsatzsteuerbescheid betrifft nur den Geschäftsbetrieb des A. Er ist A bekannt zu geben, § 79 Abs. 1 Nr. 2 AO (Aussage A).

Der Einkommensteuerbescheid betrifft nicht nur den Geschäftsbetrieb des A. Er ist daher den Eltern bekannt zu geben (Aussage B).

## Zu Aufgabe 26

Richtig: C

§ 129 AO ist auf alle Verwaltungsakte im Sinne der AO – also auch auf Steuerbescheide – anwendbar. Bei dem Zahlendreher in der Steuererklärung handelt es sich um einen Schreibfehler. Bezüglich der fehlerhaften Steuerfestsetzung nach der Grundtabelle liegt eine ähnliche offenbare Unrichtigkeit vor. Die Möglichkeit eines Rechtsirrtums ist ausgeschlossen, da der Sachbearbeiter den zutreffenden Tarif (Splitting) markiert hatte.

Nach § 129 AO sind jedoch nur Fehler des Finanzamts berichtigungsfähig. Fehler des Finanzamts liegen vor, wenn die Unrichtigkeiten i. S. des § 129 AO ohne weiteres aus den maßgebenden Steuerakten erkennbar sind. Folglich kann nur der Tabellenfehler nach § 129 AO berichtigt werden (Aussage C).

Auf die Berichtigung des vom Finanzamt verursachten Fehlers hat der Stpfl. nach § 129 Satz 2 AO einen Rechtsanspruch.

**Anmerkung:** Bezüglich des Zahlendrehers ist der Bescheid nach § 173 Abs. 1 Nr. 2 AO zu ändern. Ein grobes Verschulden des Stpfl. kann insoweit nicht angenommen werden (vgl. BFH-Urteil vom 28. 6. 83, BStBl 1984 II S. 2).

### Zu Aufgabe 27

Richtig:  A, C

Ein Verspätungszuschlag darf nur festgesetzt werden, wenn eine Steuererklärung schuldhaft verspätet abgegeben wird (§ 152 AO). Die Beantwortung der Rückfrage zu einer Steuererklärung ist keine Steuererklärung. Der Verwaltungsakt ist folglich rechtswidrig (Aussage B). Er ist nicht nichtig, weil der Verstoß gegen eine gesetzliche Vorschrift grundsätzlich nicht zur Nichtigkeit des entsprechenden Verwaltungsakts führt.

Zu den nicht begünstigenden Verwaltungsakten gehören insbesondere die Verwaltungsakte, die dem Steuerpflichtigen eine Geldleistung auferlegen (Aussage A).

Nicht begünstigende rechtswidrige Verwaltungsakte dürfen nach § 130 Abs. 1 AO zurückgenommen werden (Aussage C). Ausgenommen sind Steuerbescheide (§ 172 Abs. 1 Nr. 2 d AO).

Eine Berichtigung nach § 129 AO ist nicht zulässig, weil im gegebenen Fall die Möglichkeit eines Rechtsirrtums nicht ausgeschlossen werden kann (Aussage D).

### Zu Aufgabe 28

Richtig:  A, B, C

Ein Verwaltungsakt ist rechtswidrig, wenn er gegen gesetzliche Vorschriften verstößt oder eine Rechtsgrundlage überhaupt fehlt.

Steuern dürfen u. a. nur gestundet werden, wenn die Einziehung bei Fälligkeit eine erhebliche Härte für den Schuldner bedeuten würde (§ 222 AO). Da A im Zeitpunkt der Stundung über ein erhebliches Sparguthaben verfügte, wäre er bei termingerechter Entrichtung der Steuern nicht in erhebliche Zahlungsschwierigkeiten geraten. Der Tatbestand des § 222 AO war nach den objektiven Verhältnissen nicht erfüllt. Die Stundung hätte nicht ausgesprochen werden dürfen. Der Verwaltungsakt ist rechtswidrig.

Rechtswidrige begünstigende Verwaltungsakte dürfen, sofern es sich nicht um Steuerbescheide handelt (§ 172 Abs. 1 Nr. 2 d AO), nur unter den Voraussetzungen des § 130 Abs. 2 AO zurückgenommen werden.

Im gegebenen Fall darf eine Rücknahme mit Wirkung für die Vergangenheit erfolgen (§ 130 Abs. 2 Nr. 2 i.V. mit Abs. 1 AO).

## Zu Aufgabe 29

Richtig:　B, C

Ein Verwaltungsakt ist rechtmäßig, wenn er im Zeitpunkt der Bekanntgabe den gesetzlichen Vorschriften entspricht. Er ist begünstigend, wenn er einen rechtlich erheblichen Vorteil begründet oder bestätigt. Die Aussage B ist also zutreffend. Rechtmäßig begünstigende Verwaltungsakte können nur unter den Voraussetzungen des § 131 Abs. 2 AO widerrufen werden.

§ 131 Abs. 2 Nr. 3 AO ist erfüllt. Das Finanzamt wäre aufgrund der nachträglich eingetretenen Tatsachen (Erbschaft) berechtigt, den Verwaltungsakt nicht mehr zu erlassen (es liegt keine erhebliche Härte mehr vor). Zudem würde bei einem Festhalten an der getroffenen Entscheidung das öffentliche Interesse gefährdet, weil der Steuerpflichtige gegenüber anderen ungerechtfertigt bevorzugt würde.

Ein Widerruf nach § 131 AO ist nur mit Wirkung für die Zukunft zulässig (Aussage C).

## Zu Aufgabe 30

Richtig:　B, C, D

Ein Verspätungszuschlag darf nur bei verspäteter Abgabe einer Steuererklärung festgesetzt werden (§ 152 Abs. 1 Satz 1 AO). Aussage A ist falsch. Steueranmeldungen sind Steuererklärungen (§ 150 Abs. 1 Satz 2 AO). Aussage B trifft zu.

Der Verspätungszuschlag darf 10 vom Hundert der festgesetzten Steuer nicht überschreiten (§ 152 Abs. 2 Satz 1 AO). Mindert sich die Steuerfestsetzung, so muss der Verspätungszuschlag herabgesetzt werden, wenn er 10 vom Hundert der geänderten Steuer überschreitet. Dies gilt auch, wenn die ursprüngliche Steuerfestsetzung bereits unanfechtbar war.

Die Festsetzung eines Verspätungszuschlags ist ein mit dem Einspruch selbstständig anfechtbarer Verwaltungsakt, § 347 Abs. 1 Nr. 1 AO.

## Zu Aufgabe 31

Richtig:　C, D

Steuerbescheide sind schriftlich zu erteilen, soweit nichts anderes bestimmt ist (§ 157 Abs. 1 Satz 1 AO). Nach § 168 Satz 1 AO liegt mit Eingang einer

Steueranmeldung beim Finanzamt eine Steuerfestsetzung (unter Vorbehalt der Nachprüfung) vor, ohne dass es der Erteilung eines schriftlichen Steuerbescheides bedarf. Aussage A ist also nicht richtig.

Steuerbescheiden ist nur dann eine Rechtsbehelfsbelehrung beizufügen, wenn sie schriftlich erteilt werden (§ 157 Abs. 1 Satz 3 AO). Nur wenn einem schriftlich erteilten Verwaltungsakt keine Rechtsbehelfsbelehrung beigefügt wurde, beginnt die Rechtsbehelfsfrist nicht (§ 356 Abs. 1 AO). Aussage B ist ebenfalls nicht zutreffend.

Freistellungsbescheide sind gem. § 155 Abs. 1 Satz 3 AO Steuerbescheide (Aussage C).

Aussage D ist zutreffend, § 157 Abs. 1 Satz 2 AO.

## Zu Aufgabe 32

Richtig:  A, B, C

Steuern können unter dem Vorbehalt der Nachprüfung festgesetzt werden (§ 164 Abs. 1 Satz 1 AO). Freistellungsbescheide sind Steuerbescheide (§ 155 Abs. 1 Satz 3 AO). Sie können daher unter dem Vorbehalt der Nachprüfung erteilt werden (Aussage A).

Feststellungsbescheide (§ 181 Abs. 1 Satz 1 AO) und Steuermessbescheide (§ 184 Abs. 1 Satz 3 AO) sind den Steuerbescheiden gleichgestellt. Auch sie können deshalb unter dem Vorbehalt der Nachprüfung ergehen (Aussagen B und C).

Stundungsverfügungen sind weder Steuerbescheide noch den Steuerbescheiden gleichgestellt. Die Nebenbestimmung des § 164 AO ist bei ihnen nicht zulässig (Aussage D).

## Zu Aufgabe 33

Richtig:  A

Nach § 164 Abs. 2 Satz 1 AO können Steuerfestsetzungen unter dem Vorbehalt der Nachprüfung jederzeit geändert werden. Diese Bestimmung findet ihre Einschränkung durch § 169 Abs. 1 Satz 1 AO. Aussage A ist richtig.

Die abschließende Prüfung einer Steuerfestsetzung unter dem Vorbehalt der Nachprüfung ist vom Gesetzgeber nicht angeordnet. Sie muss daher nicht vorgenommen werden (Aussage B).

Im Gegensatz zu den vorläufigen Steuerfestsetzungen (§ 165 AO) umfasst der Vorbehalt der Nachprüfung stets den gesamten Steuerfall. Eine Beschränkung auf Einzelpunkte der Besteuerungsgrundlagen ist unzulässig (Aussage C).

Eine Steuerfestsetzung unter dem Vorbehalt der Nachprüfung liegt grundsätzlich nur dann vor, wenn der Vorbehalt im Steuerbescheid angegeben ist. In bestimmten Fällen (§§ 164 Abs. 1 Satz 2, 168 Satz 1 AO) liegt jedoch kraft Gesetzes eine Steuerfestsetzung unter dem Vorbehalt der Nachprüfung vor. Aussage D ist daher unzutreffend.

## Zu Aufgabe 34

Richtig:  C, D

Das Finanzamt kann eine Steuer nach § 165 Abs. 1 AO nur insoweit vorläufig festsetzen, als ungewiss ist, ob die Voraussetzungen für ihre Entstehung eingetreten sind. Sonderfälle enthält § 165 Abs. 1 Satz 2 AO. Eine solche Ungewissheit in tatsächlicher Hinsicht besteht im gegebenen Fall nur bezüglich der Höhe der AfA nach § 7 EStG.

Nur insoweit darf die Steuerfestsetzung vorläufig erfolgen.

## Zu Aufgabe 35

Richtig:  C, D

Steueranmeldungen sind Steuererklärungen, in denen der Steuerpflichtige die Steuer aufgrund gesetzlicher Vorschrift selbst zu berechnen hat (§ 150 Abs. 1 Satz 2 AO). Die Aussage A ist daher unzutreffend.

Führen Steueranmeldungen zu einer Herabsetzung der bisher zu entrichtenden Steuer oder zu einer Steuervergütung (z. B. Vorsteuerüberschuss in der Umsatzsteuervoranmeldung), so liegt gem. § 168 Satz 2 AO eine Steuerfestsetzung unter Vorbehalt erst ab Zustimmung der Finanzbehörde vor (Aussage B).

Zu Aussage C wird auf §§ 41a Abs. 1 EStG, 18 Abs. 1 und 3 UStG verwiesen.

Gem. § 347 Abs. 1 Nr. 1 AO ist gegen Steueranmeldungen der Einspruch gegeben (Aussage D).

## Zu Aufgabe 36

Richtig:  B, D

In der Umsatzsteuerjahreserklärung hat der Steuerpflichtige die Steuer aufgrund gesetzlicher Vorschriften selbst zu berechnen. Es handelt sich um eine Steueranmeldung (§§ 150 Abs. 1 Satz 2 AO, 18 Abs. 3 UStG).

Mit Eingang (6. 6. 02) der Steueranmeldung liegt eine Steuerfestsetzung unter Vorbehalt der Nachprüfung vor (§ 168 Satz 1 AO). Das Finanzamt weicht von der angemeldeten Steuer nicht ab. Ein schriftlicher Bescheid muss daher nicht erteilt werden (§ 167 Abs. 1 Satz 1 AO). Aussage A ist unzutreffend.

Nach abschließender Prüfung des Steuerfalls durch den Innendienst ist das Finanzamt verpflichtet, den Vorbehalt der Nachprüfung aufzuheben (§ 164 Abs. 1 Satz 1 AO).

Da der Vorbehalt am 21. 6. 02 nicht aufgehoben wurde, steht die Festsetzung weiterhin unter Vorbehalt der Nachprüfung.

Steuerfestsetzungen unter Vorbehalt können bis zum Ablauf der Festsetzungsfrist jederzeit geändert werden (§ 164 Abs. 2 Satz 1 AO). Unter Berücksichtigung des Grundsatzes der Gleichmäßigkeit der Besteuerung (§ 85 AO) hat das Finanzamt im gegebenen Fall jedoch keinen Ermessensspielraum. Die Umsatzsteuerfestsetzung ist nach Eingang der Kontrollmitteilung zu ändern (§ 164 Abs. 2 Satz 1 AO). Das Finanzamt hat einen schriftlichen Bescheid zu erteilen, da es von der angemeldeten Steuer abweicht (§ 167 Abs. 1 Satz 1 AO).

Der Änderungsbescheid darf nicht unter Vorbehalt der Nachprüfung erteilt werden, weil der Steuerfall abschließend geprüft ist (§ 164 Abs. 1 Satz 1 AO). Aussage D ist richtig.

Die Änderungsvorschriften der §§ 172 ff. AO sind auf Steuerfestsetzungen unter Vorbehalt der Nachprüfung nicht anwendbar (§ 172 Abs. 1 Satz 1 AO). Aussage C ist unzutreffend.

## Zu Aufgabe 37

Richtig:  A, C

Die Umsatzsteuerjahreserklärung ist eine Steueranmeldung (§§ 150 Abs. 1 Satz 2 AO, 18 Abs. 3 UStG).

Bei Steueranmeldungen kann der Rechtsbehelfsverzicht bereits bei Abgabe der Erklärung ausgesprochen werden (§ 354 Abs. 1 Satz 2 AO).

Mit Eingang der Steueranmeldung beim Finanzamt liegt eine unanfechtbare Steuerfestsetzung über 5.000 € vor (§ 354 Abs. 1 Satz 3 AO).

Die Steueranmeldung steht einer Steuerfestsetzung unter Vorbehalt der Nachprüfung gleich (§ 168 Satz 1 AO). Die Steuerfestsetzung über 5.000 € kann daher auch nach Unanfechtbarkeit jederzeit geändert werden (§ 164 Abs. 2 AO).

Die berichtigte Steueranmeldung führt zu einer Herabsetzung der Steuer. Eine Steuerfestsetzung über 4.200 € liegt daher erst dann vor, wenn das Finanzamt der Herabsetzung zustimmt (§ 168 Satz 2 AO).

## Zu Aufgabe 38

Richtig:  B, C, D

Die Steueransprüche unterliegen der Festsetzungsverjährung (§ 169 Abs. 1 Satz 1 AO).

Der Beginn der Festsetzungsfrist bestimmt sich nach § 170 Abs. 2 Nr. 1 AO.

Die Festsetzungsfrist beginnt mit Ablauf des Jahres, in dem die Steuererklärung eingereicht wird, spätestens mit Ablauf des dritten Jahres, das auf die Entstehung des Anspruchs folgt. Die Einkommensteuer 00 entsteht mit Ablauf des Jahres 00, die Einkommensteuer und Gewerbesteuer 01 entstehen mit Ablauf des Jahres 01 (sofern keine Vorauszahlungen festgesetzt wurden), §§ 36 Abs. 1 EStG, 18 GewStG.

Die Festsetzungsfrist beträgt 4 Jahre (§ 169 Abs. 2 Nr. 2 AO). Sie läuft ab:

bei der Einkommensteuer 00 mit Ablauf des 31. 12. 06,

bei der Gewerbesteuer und Einkommensteuer 01 mit Ablauf des 31. 12. 08.

## Zu Aufgabe 39

Richtig:   C, D

Hinweis auf §§ 169 Abs. 1 Nr. 1, 171 Abs. 3 a Satz 1 AO.

## Zu Aufgabe 40

Richtig:   B, D

Die Festsetzungsfrist endet mit Ablauf des 31. 12. 06 (§§ 170 Abs. 2 Nr. 1, 169 Abs. 2 Nr. 2 AO). Bis zu diesem Zeitpunkt darf der Bescheid in seinen fehlerhaften Punkten berichtigt werden (§ 169 Abs. 1 Satz 1 AO). Für die Berichtigung offenbarer Unrichtigkeiten endet die Festsetzungsfrist jedoch nicht bevor seit Bekanntgabe des fehlerhaften Bescheides ein Jahr vergangen ist; hier also nicht vor Ablauf des 1. 10. 07 (§ 171 Abs. 2 AO). Die Ablaufhemmung erstreckt sich nach dem Gesetzeswortlaut („insoweit") nur auf die offenbare Unrichtigkeit. Andere Punkte der Steuerfestsetzung (hier: Einkünfte aus Kapitalvermögen) dürfen nach Ablauf des 31. 12. 06 nicht mehr geändert werden.

## Zu Aufgabe 41

Richtig:   B, C

Die für Steuerbescheide geltenden Vorschriften sind auf Feststellungsbescheide gem. § 181 Abs. 1 AO sinngemäß anzuwenden (Aussage A). Eine schlichte Änderung zugunsten des Stpfl. setzt eine entsprechende Antragstellung innerhalb der Rechtsbehelfsfrist voraus (Aussage C). Eine Antragserweiterung nach Ablauf der Rechtsbehelfsfrist ist nicht möglich (Aussage D). Die Anträge müssen nicht schriftlich gestellt werden (Aussage B), sind aber aktenkundig zu machen.

## Zu Aufgabe 42

Richtig:  B

Eine Tatsache ist neu, wenn sie dem Finanzamt bei Unterzeichnung der Veranlagungsverfügung nicht bekannt war.

Maßgebend für die Kenntnis des Finanzamts ist die Kenntnis der für die Veranlagungsverfügung zuständigen Dienststelle (hier Amtsprüfungsstelle). Auf die Kenntnis anderer Dienststellen im Finanzamt (hier: Außenprüfungsstelle) kommt es nicht an.

Die Tatsachen gelten auch nicht als bekannt.

Die eingereichte Steuererklärung gab zu Zweifeln keinen Anlass. Für das Finanzamt bestand folglich kein Grund zu weiteren Rückfragen (§ 88 AO). Es hat seine Ermittlungspflicht nicht verletzt.

## Zu Aufgabe 43

Richtig:  A, B, C, D

Hinsichtlich der Einkünfte aus Kapitalvermögen und der Sonderausgaben liegen neue Tatsachen vor, weil das Finanzamt von diesen Besteuerungsgrundlagen im Zeitpunkt der Unterzeichnung der Veranlagungsverfügung keine Kenntnis hatte und auch nicht haben musste. Der Einkommensteuerbescheid ist nach § 173 Abs. 1 Nr. 1 und 2 AO zu ändern. Die geänderte Steuerschuld beträgt 3.900 €.

## Zu Aufgabe 44

Richtig:  A, B, C, D

Die Steuerbescheide sind in allen Fällen nach § 173 Abs. 1 AO zu ändern. Dabei ist § 177 AO zu beachten.

A.  Die Änderung ist nach § 173 Abs. 1 Nr. 1 AO durchzuführen. Die Berichtigungsobergrenze beträgt 23.000 €, die Berichtigungsuntergrenze 20.000 € (§ 177 Abs. 1 AO). Innerhalb dieses Rahmens sind die dem Finanzamt bei der Steuerfestsetzung unterlaufenen Rechtsfehler berichtigungsfähig. Die berichtigte Steuer beträgt 22.500 €.

B.  Die zutreffende Steuer beläuft sich auf 23.200 € (20.000 € + 3.000 € + 1.000 € ./. 800 €). Die Berichtigungsobergrenze beträgt 23.000 € (§ 177 Abs. 1 AO). Die Steuer ist im Änderungsbescheid auf 23.000 € festzusetzen.

C.  Der Steuerbescheid ist nach § 173 Abs. 1 Nr. 2 AO zu ändern. Die Berichtigungsobergrenze beträgt 20.000 €, die Berichtigungsuntergrenze 17.000 € (§ 177 Abs. 2 AO). Die zutreffende Steuer beläuft sich auf 16.500 €. Die Steuer ist im Änderungsbescheid auf 17.000 € festzusetzen.

D. Der Steuerbescheid ist gem. § 173 Abs. 1 Nr. 1 u. 2 AO zu ändern. Die Berichtigungsobergrenze beträgt 24.000 € (20.000 € + 4.000 €), die Berichtigungsuntergrenze 17.000 € (20.000 € ⁄ 3.000 €). Die zutreffende Steuer beläuft sich auf 16.500 €. Die Steuer ist auf 17.000 € zu berichtigen.

## Zu Aufgabe 45

Richtig:   A, B, C

Feststellungsbescheide sind Verwaltungsakte, in denen Besteuerungsgrundlagen gegenüber dem Stpfl. gesondert festgestellt werden. Im Gegensatz zu Steuerbescheiden enden sie mit der Feststellung der Besteuerungsgrundlage. Sie sind nach § 347 Abs. 1 Nr. 1 AO selbstständig anfechtbar (vgl. auch § 351 Abs. 2 AO).

Die in den Feststellungsbescheiden getroffenen Feststellungen sind der Besteuerung zwingend zugrunde zu legen (§ 182 Abs. 1 AO).

## Zu Aufgabe 46

Richtig:   A, B

Die Einkünfte aus selbstständiger Arbeit und aus Kapitalvermögen sind (einheitlich und) gesondert festzustellen, weil an den Einkünften mehrere Personen beteiligt sind und die Einkünfte diesen Personen steuerlich zuzurechnen sind (§§ 180 Abs. 1 Nr. 2 a, 179 Abs. 2 Satz 2 AO). Die Einkünfte aus Vermietung und Verpachtung (Zweifamilienhaus in Celle) sind nicht gesondert festzustellen. § 180 Abs. 1 Nr. 2 b AO bezieht sich nur auf die Einkünfte der ersten drei Einkunftsarten des EStG.

Die Eigentumswohnung in Lüneburg gehört nicht A. Die hieraus erzielten Einkünfte sind dem Vermieter zuzurechnen.

## Zu Aufgabe 47

Richtig:   C

Für Besteuerungszwecke des Stpfl. sind gesondert festzustellen:

1. der Einheitswert für das Betriebsgrundstück (§§ 180 Abs. 1 Nr. 1 AO, 19 Abs. 1 BewG),

2. der Gewinn aus dem Fuhrunternehmen (§ 180 Abs. 1 Nr. 2 b AO).

Der Gewinn aus Gewerbebetrieb ist gesondert festzustellen, weil für die Feststellung des Gewinns das Betriebsfinanzamt Bielefeld und für die Einkommensbesteuerung das Wohnsitzfinanzamt Osnabrück zuständig ist (§§ 180 Abs. 1 Nr. 2 b, 18 Abs. 1 Nr. 2, 19 Abs. 1 AO).

## Zu Aufgabe 48

Richtig: C

Gesondert festzustellen sind:

1. Einheitswert für das in Hannover gelegene Grundstück (§§ 180 Abs. 1 Nr. 1 AO, 19 Abs. 1 BewG).

2. Einheitswert für den Betrieb der Land- und Forstwirtschaft (§§ 180 Abs. 1 Nr. 1 AO, 19 Abs. 1 BewG).

3. Einkünfte aus Vermietung und Verpachtung (§ 180 Abs. 1 Nr. 2 a AO).

4. Einkünfte aus Land- und Forstwirtschaft (§§ 180 Abs. 1 Nr. 2 b, 18 Abs. 1 Nr. 1 AO).

Die gesonderten Feststellungen unter den Nrn. 1 und 3 werden einheitlich getroffen (§ 179 Abs. 2 Satz 2 AO).

## Zu Aufgabe 49

Richtig: A, B, C

Vgl. § 357 Abs. 1 AO.

Die Einlegung durch Telefax ist zulässig (BFH, BStBl 1991 II S. 463).

## Zu Aufgabe 50

Richtig: B

Schriftlichen Steuerbescheiden ist eine Rechtsbehelfsbelehrung beizufügen (§ 157 Abs. 1 Satz 3 AO); anderenfalls beginnt die Rechtsbehelfsfrist trotz Bekanntgabe des Verwaltungsakts nicht (§ 356 Abs. 1 AO).

Die Unanfechtbarkeit des Bescheides tritt jedoch auch bei fehlender Rechtsbehelfsbelehrung grundsätzlich nach Ablauf eines Jahres seit Bekanntgabe ein (§ 356 Abs. 2 AO).

## Zu Aufgabe 51

Richtig: D

Der angefochtene Verwaltungsakt ist nicht nur hinsichtlich der Punkte der Anfechtung, sondern in vollem Umfang erneut auf seine Richtigkeit zu überprüfen (§ 367 Abs. 2 Satz 1 AO). Er kann auch zum Nachteil des Steuerpflichtigen geändert werden (§ 367 Abs. 2 Satz 2 AO).

Vor einer etwaigen Verböserung muss die Behörde den Stpfl. jedoch darauf hinweisen, aus welchem Grunde eine für ihn nachteilige Entscheidung in Betracht kommen könnte. Der Stpfl. kann der mit der Einspruchsentscheidung drohenden Verschlechterung dadurch entgehen, dass er den Einspruch zurücknimmt (§ 362 Abs. 1 AO).

## Zu Aufgabe 52

Richtig:    A, B, C

Der Gewinnfeststellungsbescheid ist ein selbstständig anfechtbarer Verwaltungsakt (§ 347 Abs. 1 Nr. 1 AO). Der Einkommensteuerbescheid kann insoweit nicht angefochten werden (§ 351 Abs. 2 AO). Der Einspruch gegen den Einkommensteuerbescheid ist als unbegründet zurückzuweisen.

Der Gewinnfeststellungsbescheid ist nach § 129 AO zu berichtigen.

Der Einkommensteuerbescheid ist nach § 175 Nr. 1 AO zu ändern.

Die Berichtigungen der Verwaltungsakte werden außerhalb des – erfolglosen – Rechtsbehelfsverfahrens durchgeführt.

## Zu Aufgabe 53

Richtig:    A, D

Gegen den Berichtigungsbescheid ist der Einspruch gegeben (§ 347 Abs. 1 Nr. 1 AO). Grundsätzlich kann der Berichtigungsbescheid nach § 351 Abs. 1 AO nur insoweit angegriffen werden, als die Änderung reicht, also bis zu einer Steuer von 10.000 €. Da hier jedoch die Voraussetzungen des § 173 Abs. 1 Nr. 2 AO erfüllt sind, kann das Finanzamt dem Einspruch entsprechen, indem es einen Abhilfebescheid über 8.800 € erlässt (§§ 351 Abs. 1 letzter Halbsatz, 367 Abs. 2 Satz 3, 132, 173 Abs. 1 Nr. 2 AO).

## Zu Aufgabe 54

Richtig:    A, B, C, D

Das Finanzamt Gifhorn hat den Gewinn aus der Radio- und Elektrogroßhandlung gesondert festzustellen (§ 180 Abs. 1 Nr. 2 b AO).

Gegen den Feststellungsbescheid ist der Einspruch gegeben (§ 347 Abs. 1 Nr. 1 AO).

Der Rechtsbehelf muss im gegebenen Fall gegen den Feststellungsbescheid und nicht gegen den Einkommensteuerbescheid gerichtet werden (§ 351 Abs. 2 AO). Über den Einspruch entscheidet das Finanzamt, das den angefochtenen Verwaltungsakt erlassen hat, also das Finanzamt Gifhorn (§ 367 Abs. 1 Satz 1 AO). Es kann dem zulässigen und begründeten Rechtsbehelf durch Einspruchsentscheidung entsprechen (§ 367 Abs. 1 Satz 1 AO).

Das Finanzamt Gifhorn kann dem Rechtsbehelf aber auch durch Erlass eines Änderungsbescheides abhelfen (§§ 367 Abs. 2 Satz 3, 132, 172 Abs. 1 Nr. 2 a AO). Mit dem Erlass eines Änderungsbescheides ist der Einspruch erledigt.

In der Praxis wird in entsprechend gelagerten Fällen nur von der zuletzt genannten Möglichkeit Gebrauch gemacht (einfachere und schnellere Erledigung).

## Zu Aufgabe 55

Richtig: C, D

Im außergerichtlichen Rechtsbehelfsverfahren werden Kosten nicht erhoben.

Nach abschließender Bearbeitung des Einspruchs gegen den Gewinnfeststellungsbescheid muss das Finanzamt Gifhorn den Gewerbesteuermessbescheid 01 nach § 35 b GewStG ändern.

Ferner hat das Finanzamt Gifhorn dem Wohnsitzfinanzamt Braunschweig eine Mitteilung über die Änderung des Gewinnfeststellungsbescheides zuzuleiten. Das Finanzamt Braunschweig hat daraufhin den Einkommensteuerbescheid 01 nach § 175 Nr. 1 AO zu ändern.

## Zu Aufgabe 56

Richtig: D

Gegen den Einkommensteuerbescheid 2003 muss A Einspruch einlegen, wenn er durch eine verbindliche Feststellung in diesem Bescheid in seinen Rechten beeinträchtigt ist (Beschwer, § 350 AO). Das ist jedoch nicht der Fall.

Die von A vorgetragenen Gründe richten sich gegen die Höhe der angesetzten Einkünfte aus Gewerbebetrieb. Diese im Einkommensteuerbescheid ausgewiesenen Einkünfte entfalten für den Steuerpflichtigen keine Bindungswirkung, weil sie zu den nicht selbstständig anfechtbaren Besteuerungsgrundlagen gehören (§ 157 Abs. 2 AO). Verbindlich wird für A im Einkommensteuerbescheid nur die festgesetzte Einkommensteuerschuld. Diese ist jedoch in zutreffender Höhe – also dem Gesetz entsprechend – festgesetzt worden.

A ist durch den Einkommensteuerbescheid 2003 nicht beschwert, der Einkommensteuerbescheid nicht zu ändern.

Zum 31. 12. 2003 hatte das Finanzamt von Amts wegen den verbleibenden Verlustabzug gesondert festzustellen (§ 10 d Abs. 4 EStG, R 115 Abs. 10 EStR 2001). Diese Feststellung ist auf der Grundlage der Angaben in der Einkommensteuererklärung 2003 (insoweit gleich Feststellungserklärung) fehlerhaft erfolgt.

Gegen diese (mit dem Einkommensteuerbescheid 2003 formularmäßig verbundene) gesonderte Feststellung ist der Einspruch zu richten (Aussage D).

## Zu Aufgabe 57

Richtig:  C

Nach der ab 1.1.1996 geltenden Rechtslage ist gegen die Festsetzung des Zwangsgeldes als Rechtsbehelf der Einspruch gegeben, § 347 Abs. 1 Nr. 1 AO. Darüber entscheidet das Finanzamt, § 367 Abs. 1 Satz 1 AO.

## Zu Aufgabe 58

Richtig:  B, D

Das Finanzamt kann dem Rechtsbehelfsantrag durch Einspruchsentscheidung entsprechen (§§ 347 Abs. 1 Nr. 1, 367 Abs. 1 Satz 1 AO).

Das Finanzamt kann dem Einspruch aber auch durch Erlass eines Änderungsbescheides abhelfen (§§ 367 Abs. 2 Satz 3, 132, 181 Abs. 1, 172 Abs. 1 Nr. 2 a AO).

Vgl. Lösung zu Aufgabe 54.

§ 131 AO ist bei Steuerbescheiden und daher auch bei Feststellungsbescheiden nicht anwendbar (§ 172 Abs. 1 Nr. 2 d AO).

## Zu Aufgabe 59

Richtig:  A, D

A befindet sich nicht in erheblichen Zahlungsschwierigkeiten. Eine Stundung der Einkommensteuer kommt daher nicht in Betracht (§ 222 AO).

Auf seinen Antrag ist jedoch die Vollziehung des Feststellungsbescheides über den strittigen Betrag auszusetzen, weil der angefochtene Verwaltungsakt fehlerhaft ist (§ 361 Abs. 2 Satz 2 AO).

Auch die Vollziehung des Einkommensteuerbescheides muss über den strittigen Betrag ausgesetzt werden (§ 361 Abs. 3 Satz 1 AO).

## Zu Aufgabe 60

Richtig:  B, D

Die Begründung zu Aussage A ist falsch. Die unrichtige Bezeichnung eines Rechtsbehelfs ist unschädlich, § 357 Abs. 1 letzter Satz AO.

Nach § 347 Abs. 1 Nr. 1 AO ist ein Rechtsbehelf nur gegen Verwaltungsakte gegeben. Der Betriebsprüfungsbericht ist kein Verwaltungsakt, weil er keinen Einzelfall regelt (§ 118 AO). Diese Regelung erfolgt erst durch die aufgrund des Berichtes gefertigten Steuerbescheide (BFH, BStBl 1967 III S. 212). Aussage B trifft zu.

Ein zulässiger Rechtsbehelf kann erst nach Bekanntgabe eines Verwaltungsakts eingelegt werden, § 355 Abs. 1 AO. Eine Umdeutung kann daher nicht erfolgen (Aussage C).

Ein statthafter Rechtsbehelf in Form des Einspruchs (§ 347 Abs. 1 Nr. 1 AO)
ist somit erst ab 14. 4. 01 möglich (Aussage D).

## Zu Aufgabe 61

Richtig:  B, C

Grundlage für die Verwirklichung der Ansprüche sind der Einkommensteuerbescheid, der Haftungsbescheid und der Bescheid über die Festsetzung des Zwangsgeldes; die Voranmeldung steht einem Steuerbescheid
gleich (§ 218 Abs. 1 AO).

Die Fälligkeit der Ansprüche richtet sich nach den Vorschriften der einzelnen Steuergesetze. Fehlt es an einer gesetzlichen Regelung, so wird der
Anspruch mit Ablauf der Zahlungsfrist fällig, die in dem gem. § 254 AO
regelmäßig erforderlichen Leistungsgebot einzuräumen ist (§ 220 Abs. 1 u. 2
AO).

Die Einkommensteuer-Abschlusszahlung ist innerhalb eines Monats nach
Bekanntgabe des Bescheides zu entrichten (§ 36 Abs. 4 EStG). Steuerbescheide werden schriftlich erteilt und durch die Post übermittelt (§ 122
Abs. 2 AO). Als Tag der Bekanntgabe gilt der dritte Tag nach Aufgabe des
Bescheides zur Post, also der 13. 3. 03. Die Zahlungsfrist beginnt mit Ablauf
dieses Tages und endet im nächsten Monat mit Ablauf des Tages, der
durch seine Zahl dem Tage entspricht, auf den die Bekanntgabe gefallen
ist (§ 108 AO i. V. m. § 188 Abs. 2 BGB).

Voranmeldungszeitraum für die Umsatzsteuer ist der Kalendermonat. Die
Vorauszahlung ist spätestens am 10. Tag nach Ablauf des Voranmeldungs-
zeitraumes zu entrichten. Der gesetzlich bestimmte Fälligkeitstag des
Anspruchs ist der 10. 3. 03 (§ 18 Abs. 1 UStG).

Die Fälligkeit der Lohnsteuer lt. Haftungsbescheid ist nicht gesetzlich geregelt. Für den vom Arbeitgeber geforderten Steuerbetrag ist im Leistungsgebot eine Zahlungsfrist von einem Monat zu gewähren (R 145 Abs. 7
LStR). Die Zahlungsfrist beginnt mit Ablauf des Tages der Bekanntgabe
(13. 3. 03) und endet am 14. 4. 03 (weil der 13. 4. 03 ein Sonntag ist).

Eine gesetzliche Regelung der Fälligkeit von Zwangsgeld ist nicht vorgesehen. Dieser Anspruch wird durch Leistungsgebot gefordert, in welchem
eine Zahlungsfrist von einer Woche gewährt wird (§ 254 AO). Die Zahlungsfrist beginnt mit Ablauf des Tages der Bekanntgabe und endet am
20. 3. 03.

## Zu Aufgabe 62

Richtig:  B, C, D

Entrichtet ein Unternehmer die Umsatzsteuer wiederholt nicht rechtzeitig,
ist das Finanzamt gem. § 221 AO berechtigt, zur Sicherung des Steuerauf-

kommens die Zahlung zu einem vor dem gesetzlich bestimmten Fälligkeitstag liegenden Termin zu verlangen (D), wenn sie dem Steuerpflichtigen für
den Fall erneuter nicht rechtzeitiger Entrichtung angekündigt worden ist.

Als abweichender Fälligkeitstag darf vom Finanzamt jeder Zeitpunkt bestimmt werden, der nach der Entstehung des Anspruchs und vor dem
gesetzlichen Fälligkeitstag liegt (B, C).

Die Steuerschuld entsteht für Lieferungen, sonstige Leistungen und Leistungen im Sinne des § 3 Abs. 1 b und 9 a mit Ablauf des Voranmeldungszeitraumes (§ 13 UStG). Der letzte Werktag des Voranmeldungszeitraumes
scheidet als abweichender Fälligkeitstag aus (A).

## Zu Aufgabe 63

Richtig: A, D

Die Fälligkeit der Einkommensteuer-Vorauszahlungen ist im Einkommensteuergesetz geregelt, es gelten die im § 37 Abs. 1 EStG bestimmten gesetzlichen Fälligkeitstage. Bemessungsgrundlage ist die Einkommensteuer, die
für den Veranlagungszeitraum voraussichtlich geschuldet wird. Im laufenden Veranlagungszeitraum ist die Anpassung an die voraussichtlich zu
erwartende Steuer möglich (§ 37 Abs. 3 EStG). Führt die Anpassung zu
einem höheren Betrag, so werden zur Ermittlung der Vorauszahlungen von
der zu erwartenden Einkommensteuer zunächst die an den bereits abge-
laufenen Zahlungsterminen fälligen Vorauszahlungen abgezogen, der verbleibende Rest wird auf die künftigen Zahlungstermine des Veranlagungszeitraumes aufgeteilt (A).

Für die folgenden Veranlagungszeiträume hat der Steuerpflichtige an den
gesetzlich bestimmten Fälligkeitstagen jeweils ein Viertel der Steuerschuld
so lange zu entrichten, bis die Festsetzung aufgehoben oder geändert wird
(D).

## Zu Aufgabe 64

Richtig: A, C

Nach Ablauf des Veranlagungszeitraumes hat U eine Umsatzsteuererklärung abzugeben. Übersteigt die darin selbst ermittelte Steuer die bereits
vorangemeldeten und abgeführten Beträge, so ist der Mehrbetrag innerhalb eines Monats, gerechnet vom Tag des Eingangs der Steuererklärung
beim Finanzamt, zu entrichten (§ 18 Abs. 4 Satz 1 UStG). Der Mehrbetrag
von 3.215 € ist somit am 22. 10. 03 fällig (C).

Fälligkeitstage, die vom Tage der Bekanntgabe eines Bescheides oder vom
Tag des Eingangs einer Steuererklärung abhängig sind, ermittelt die ADV-
Anlage unter Berücksichtigung der Vorschriften für die Fristberechnung
und der in den einzelnen Steuergesetzen bestimmten Zahlungsfristen (B).

Der durch Abrechnung des Steuerbescheides ermittelte Mehrbetrag ist innerhalb eines Monats nach Bekanntgabe des Bescheides (D) zu entrichten (§ 18 Abs. 4 Satz 2 UStG). Unter Berücksichtigung dieser Frist ist der 1. 12. 03 als Fälligkeitstag zu bestimmen.

| | |
|---|---|
| Tag der Sollstellung: | 29. 10. 03 |
| Tag der Bekanntgabe: | 1. 11. 03 |
| Beginn der Zahlungsfrist: | 2. 11. 03 |
| Ende der Zahlungsfrist: | 1. 12. 03 |

Zahlt U die an diesem Tag fällige Abschlusszahlung von 578 € nicht, sind für den ersten Monat der Säumnis Säumniszuschläge von 1 vom Hundert des abgerundeten rückständigen Steuerbetrags zu entrichten; abzurunden ist auf den nächsten durch 50 Euro teilbaren Betrag (§ 240 Abs. 1 AO).

## Zu Aufgabe 65

Richtig: D

Die Stundung von Ansprüchen aus dem Steuerschuldverhältnis kann als Ermessensentscheidung des Finanzamts auf Antrag erfolgen, wenn im Übrigen die rechtlichen Voraussetzungen (§ 222 AO) erfüllt sind. Diese Bestimmung enthält keine Aussage über den Zeitpunkt der Antragstellung. Der Antrag ist also auch noch nach Eintritt der Fälligkeit möglich (A).

Die Stundung wird gegenüber dem Steuerpflichtigen in dem Zeitpunkt, in dem sie bekannt gegeben worden ist, und mit dem niedergelegten Inhalt wirksam. Von welchem Zeitpunkt bis zu welchem Zeitpunkt die Fälligkeit hinausgeschoben wird, ist zweifelsfrei zu bestimmen. Eine Stundung ab Fälligkeit ist auch bei verspäteter Antragstellung möglich, wenn besondere Gründe diese Entscheidung rechtfertigen. Der Antragsteller kann nicht erwarten, dass stets vom Fälligkeitstag an gestundet wird (B).

Der Antrag auf Stundung eines Anspruchs ist als Ersatzhandlung für die verlangte Zahlung anzusehen. Die Verwaltung kann erwarten, dass der Steuerpflichtige seiner Verpflichtung vor Fälligkeit, spätestens innerhalb der Schonfrist (§ 240 Abs. 3 AO), nachkommt. Andernfalls entscheidet die Verwaltung nicht ermessensmissbräuchlich, wenn die Stundung erst ab Eingangstag des Antrages gewährt wird.

Da der Fälligkeitstag auf einen Sonntag fällt, tritt an seine Stelle der nächstfolgende Werktag (§ 108 AO, § 193 BGB). Die Schonfrist von 5 Tagen beginnt mit Ablauf des hinausgeschobenen Fälligkeitstages und endet unter Berücksichtigung der Feiertagsregelung erst mit Ablauf des nächstfolgenden Werktages. Der Stundungsantrag ist innerhalb der Schonfrist eingereicht worden, die Stundung ab Fälligkeitstag zu gewähren (D).

## Zu Aufgabe 66

Richtig:  D

Die Stundung der Einkommensteuer darf mit einem Vorbehalt des Widerrufs erlassen werden (§ 120 Abs. 2 AO).

Für den Fall einer verspäteten Zahlung wird der Steuerpflichtige in dem Stundungsbescheid auf die Folgen hingewiesen: „Wenn Sie eine Stundungsrate nicht bis zum Ablauf der jeweils gewährten Stundungsfrist zahlen, ist für jeden angefangenen Monat der verspäteten Zahlung ein Säumniszuschlag von 1 v. H. der jeweils rückständigen Stundungsrate verwirkt. Darüber hinaus kann das Finanzamt die gewährte Stundung widerrufen, sodass die restlichen gestundeten Beträge sofort fällig werden. Die rückständigen Stundungsraten sind dann ohne weitere Mahnung vollstreckbar.“

Am 10. 5. 03 sind noch insgesamt 5.000 € zu entrichten. Da die Stundung widerrufen wurde, sind alle noch nicht entrichteten Teilzahlungen sofort fällig. Außerdem sind für den Gesamtbetrag Säumniszuschläge für den ersten Monat entstanden und zu erheben. Der Bearbeiter fordert folgenden Gesamtbetrag an:

$$
\begin{array}{rl}
5.000\ \text{€} & \text{Einkommensteuer} \\
\underline{50\ \text{€}} & \text{Säumniszuschlag} \\
5.050\ \text{€} & \text{Gesamtbetrag}
\end{array}
$$

## Zu Aufgabe 67

Richtig:  C

Die Stundung von Ansprüchen aus dem Steuerschuldverhältnis ist dann gerechtfertigt, wenn aus sachlichen oder persönlichen Gründen die Einziehung bei Fälligkeit eine erhebliche Härte für den Steuerpflichtigen darstellen würde. Sachliche Gründe sind von den persönlichen Verhältnissen unabhängig. A musste nach Abgabe der Steuererklärung mit der Festsetzung der Nachzahlung rechnen und konnte sich auf die Zahlung vorbereiten, im Übrigen ist die Nachzahlung nicht so hoch, dass allein die Höhe der Steuer eine Stundung rechtfertigen würde. Persönliche Gründe liegen insoweit nicht vor, als der Schuldner seine vorhandenen Mittel nicht zur Tilgung verwendet. A kann mit seiner Einlassung, das Sparguthaben sei für Notfälle gedacht, nicht gehört werden; die Verwendung des Sparguthabens zur Tilgung der Steuerschuld ist ihm zuzumuten (A, B).

Der verbleibende Rest der Steuerschuld darf antragsgemäß gestundet werden (C). Eine Kreditaufnahme für einen so geringen Betrag darf von A nicht verlangt werden, zumal nur eine kurzfristige Stundung beantragt worden ist. Die Tilgung der restlichen Steuerschuld aus dem Familieneinkommen ist unter Berücksichtigung aller Umstände ebenfalls unzumutbar (D).

## Zu Aufgabe 68

Richtig:  B, D

Durch einen Vollstreckungsauftrag wird der Vollziehungsbeamte angewiesen, die Pfändung beweglicher Sachen vorzunehmen. Der Vollstreckungsschuldner kann die Pfändung abwenden, wenn er den geschuldeten Betrag an den Vollziehungsbeamten zahlt (§ 292 AO). Der Vollziehungsbeamte ist Amtsträger und zur Annahme von Zahlungen ermächtigt (§ 224 Abs. 1 AO), was er durch Vorlage seines Dienstausweises nachweisen kann (A, D).

Zahlungen an den Vollziehungsbeamten werden u. a. durch Übergabe von Zahlungsmitteln bewirkt. Der Scheck ist ein Zahlungsmittel (Abschn. 15 Abs. 1 Nr. 2 VollzA) und darf von ihm angenommen werden. Insoweit handelt es sich um einen unbaren Zahlungsvorgang (D). Leistet ein Schuldner Zahlung durch Übergabe von Zahlungsmitteln an einen Vollziehungsbeamten, gilt die Zahlung bereits am Tage der Übergabe als bewirkt (§ 224 Abs. 2 Nr. 1 AO). Als Einzahlungstag gilt der 7. 4. 03 (A, B). Die Übergabe von Bargeld (Pfändungsgebühr) ist eine Barzahlung (D).

Steuerschuld und entstandene Säumniszuschläge betragen zusammen 340 €. Der erste Monat der Säumnis endet an einem Sonntag. Die Zahlung am nächstfolgenden Werktag gilt als im vorangegangenen Säumnismonat bewirkt. Der Anspruch erlischt somit noch innerhalb des ersten Monats der Säumnis, eine Weiterrechnung der Säumniszuschläge durch den Vollziehungsbeamten entfällt (C).

## Zu Aufgabe 69

Richtig:  B, D

Zahlungen an die Finanzämter können gem. § 224 Abs. 2 AO bewirkt werden

1. durch Übergabe oder Übersendung von Zahlungsmitteln

2. durch Überweisung oder Einzahlung auf eines der Konten

3. durch Verwendung eines Zahlscheines oder einer Postanweisung

4. durch Teilnahme am Einziehungsverfahren bei Vorliegen einer Einzugsermächtigung.

Bei Verwendung eines Zahlscheines (A) übergibt der Einzahlende dem Bankinstitut Bargeld zur Gutschrift auf dem Konto des Zahlungsempfängers. Ist das Finanzamt Zahlungsempfänger, gilt der Tag der Gutschrift auf dem Konto als Einzahlungstag (§ 224 Abs. 2 Nr. 2 AO).

Durch einen Überweisungsauftrag wird das kontoführende Institut zur Übertragung von Kontoguthaben ermächtigt. Banküberweisungsaufträge können somit nur dem beauftragten Institut zur Ausführung zugeleitet werden. Bei Überweisungen gilt die Zahlung am Tag der Gutschrift des Betrages auf dem Konto des Finanzamtes als bewirkt (B).

Durch Postanweisung erfolgt die Barauszahlung eines am Postschalter eingezahlten Betrages an einen bestimmten Empfänger. In der dargestellten Weise (C) kann eine Zahlung nicht bewirkt werden.

Hat ein Steuerpflichtiger eine Einzugsermächtigung erteilt, ist das Finanzamt berechtigt, Beträge von seinem Konto abzurufen, die sodann auf das Konto des Finanzamts übertragen werden. Als Einzahlungstag gilt ohne Rücksicht auf die tatsächliche Buchung der Fälligkeitstag des jeweiligen Anspruchs. Dadurch ist sichergestellt, dass Verzögerungen beim Einzugsverfahren nicht zulasten des Steuerpflichtigen gehen.

## Zu Aufgabe 70

Richtig: B

Das Bestimmungsrecht über die Verwendung eines freiwillig geleisteten Betrages steht dem Einzahlenden zu (§ 225 Abs. 1 AO). Leistet ein Steuerpflichtiger eine Zahlung, ohne von seinem Bestimmungsrecht Gebrauch zu machen, und reicht der gezahlte Betrag nicht zur Deckung aller Schulden aus, erlöschen die Schulden in der gesetzlich vorgeschriebenen Reihenfolge (§ 225 Abs. 2 AO) bis zur Höhe des gezahlten Betrages. Für eine abweichende Buchung durch das Finanzamt ist kein Raum. Nur soweit innerhalb der vorgeschriebenen Reihenfolge Ansprüche gleicher Art gleichzeitig fällig sind und bei den Säumniszuschlägen entscheidet das Finanzamt nach eigenem Ermessen.

In der gesetzlich vorgeschriebenen Tilgungsreihenfolge wird durch die geleistete Zahlung zunächst das Zwangsgeld getilgt. Von den Steuern wird die früher fällige Umsatzsteuer vor der Einkommensteuer getilgt. Lediglich der dann noch verbleibende Rest findet für die Tilgung der Einkommensteuer Verwendung (B).

## Zu Aufgabe 71

Richtig: B, D

Leistet ein Steuerschuldner eine freiwillige Zahlung, ist er in seiner Entscheidung über die Verwendung des Betrages frei, das Finanzamt darf von dieser Bestimmung nicht abweichen (A). Fehlt es an einer solchen Bestimmung, gilt die vorgeschriebene Reihenfolge (§ 225 Abs. 2 AO). Für die im Gesetz vorgesehene Reihenfolge war der Gesichtspunkt maßgebend, dass zunächst die den Steuerpflichtigen am stärksten belastenden Schulden getilgt werden sollten. Erst in zweiter Linie ist die Fälligkeit der Schuld entscheidend. Wenn das Gesetz von Schuld spricht, ist die Zahlungsschuld gemeint. Der Zahlungsanspruch entsteht bereits durch die Festsetzung (§ 218 Abs. 1 AO), auf die Fälligkeit kommt es nicht an (B).

Die Lohnsteuer gehört zu den Steuerabzugsbeträgen und ist innerhalb der vorgeschriebenen Reihenfolge ohne Rücksicht auf die Fälligkeit vor der Umsatzsteuer zu tilgen (C). Durch die von U geleistete Zahlung werden getilgt:

| | |
|---|---|
| Einkommensteuer | 600 € |
| Zwangsgeld | 200 € |
| Lohnsteuer | 200 € |
| Umsatzsteuer | 70 € |
| insgesamt (D) | 1.070 € |

## Zu Aufgabe 72

Richtig: B

Leistet ein Steuerpflichtiger eine freiwillige Zahlung und trifft er keine Bestimmung über ihre Verwendung, so bestimmt das Finanzamt die Reihenfolge der Tilgung, wenn der Einzahlende nur übrige Steuern, nicht Steuerabzugsbeträge, schuldet, die gleichzeitig fällig geworden sind. Bei dieser Ermessensentscheidung sind die Interessen des Finanzamts und des Steuerpflichtigen gegeneinander abzuwägen. Dabei müssen auch die sich aus einer verspäteten Zahlung ergebenden Säumnisfolgen berücksichtigt werden. Hierbei sollte darauf geachtet werden, dass Steuerbeträge, bei denen Säumniszuschläge entstehen, zuerst getilgt werden (vgl. § 6 Kirchensteuerrahmengesetz).

## Zu Aufgabe 73

Richtig: B, C

Die Aufrechnung ist sowohl durch den Gläubiger der Ansprüche aus dem Steuerschuldverhältnis (§ 226 Abs. 1 AO) als auch durch den Schuldner dieser Ansprüche zulässig (§ 226 Abs. 3 AO).

Es gelten sinngemäß die Vorschriften des BGB. Die Aufrechnung kann danach erklärt werden, wenn die Haupt- und Gegenforderungen gleichartig und gegenseitig sind. Die Gleichartigkeit liegt vor, wenn beide Forderungen auf Geld gerichtet sind. Die Voraussetzung der Gegenseitigkeit ist erfüllt, wenn der Schuldner der einen Forderung zugleich Gläubiger der anderen Forderung ist und umgekehrt. Für die Aufrechnung gilt als Gläubiger oder Schuldner eines Anspruchs aus dem Steuerschuldverhältnis auch die Körperschaft, die die Steuer verwaltet (A, C, D).

Die Forderung, mit der aufgerechnet wird, muss fällig sein, während die Forderung, gegen die aufgerechnet wird, lediglich erfüllbar sein muss. Beide Voraussetzungen sind erfüllt.

Die Forderung des B wird mit Prüfung der Rechnung und Fertigung der zur Auszahlung notwendigen Kassenanordnung betragsmäßig festgesetzt und damit unbestritten (§ 226 Abs. 3 AO), sodass die Aufrechnung durch B wirksam erklärt werden kann.

## Zu Aufgabe 74

Richtig:  C, D

Die sich aus Festsetzungen ergebenden Zahlungsansprüche und die übrigen im Erhebungsverfahren entstehenden Zahlungsansprüche unterliegen einer besonderen Zahlungsverjährung (§ 228 AO). Die Verjährungsfrist beträgt einheitlich für alle Ansprüche 5 Jahre (C).

Die Verjährungsfrist beginnt mit Ablauf des Kalenderjahres, in dem der Anspruch erstmals fällig geworden ist (§ 229 Abs. 1 AO). Der Einkommensteueranspruch ist erstmals am 20. 1. 04 fällig mit der Folge, dass die Verjährungsfrist frühestens mit Ablauf des 31. 12. 04 beginnen kann (A).

Da die Verjährungsfrist erst mit Ablauf des Kalenderjahres 04 beginnt, können Mahnung und Stundung, die bereits im Kalenderjahr 04 vorgenommen worden sind, keine Unterbrechung herbeiführen (B).

Mit Ablauf der Frist von 5 Jahren (31. 12. 09) tritt die Wirkung der Verjährung ein (§ 232 AO), die Ansprüche aus dem Steuerschuldverhältnis erlöschen (D).

## Zu Aufgabe 75

Richtig:  A, C

Ansprüche aus dem Steuerschuldverhältnis werden nur verzinst, soweit dies gesetzlich vorgeschrieben ist (§ 233 AO). Eine unterschiedliche Behandlung gestundeter Steuern ist durch § 234 Abs. 1 AO nicht vorgesehen. Durch den Wortlaut „Dauer der gewährten Stundung" wird klargestellt, dass die Zinsen unabhängig von dem Zeitpunkt der Zahlung für den gesamten Stundungszeitraum erhoben werden (B). Dadurch ist es den Dienststellen möglich, die Stundungszinsen bereits in der Stundungsverfügung festzusetzen. Stundung und Zinslauf beginnen mit dem Tag, der dem Fälligkeitstag folgt. Bei der Bestimmung des Beginns des Stundungszeitraumes ist darauf zu achten, dass der Fälligkeitstag nach § 108 Abs. 3 AO hinausgeschoben sein kann (A).

Die Zinsen betragen einhalb vom Hundert für volle Monate (C), angefangene Monate bleiben außer Ansatz (§ 238 Abs. 1 AO). Stundungszinsen sind nach § 239 Abs. 2 AO auf volle Euro zum Vorteil des Steuerpflichtigen gerundet festzusetzen (D).

## Zu Aufgabe 76

Richtig:   A, C, D

Zu verzinsen ist der Differenzbetrag zwischen der festgesetzten Steuer und den anzurechnenden Steuerabzugsbeträgen (A). Für die Zinsberechnung gilt § 238 AO mit der Folge, dass der zu verzinsende Betrag jeder Steuerart auf den nächsten durch 50 Euro teilbaren Betrag abgerundet wird.

Der Zinslauf beginnt grundsätzlich 15 Monate nach Ablauf des Kalenderjahres, in dem die Steuer entstanden ist (§ 233 a Abs. 2 AO). Für den Anspruch aus der Veranlagung 02 somit am 1. April 04 (B).

§ 233 a Abs. 2 AO bestimmt als Endzeitpunkt des Zinszeitraumes den Bekanntgabetag des jeweiligen Anspruchs (C). Somit ergibt sich folgende Zinsberechnung: 900 € × 0,5 % × 6 (volle Monate) = 27 € (D).

## Zu Aufgabe 77

Richtig:   B

Vorauszahlungen auf die Einkommensteuer sind am 10. März, 10. Juni, 10. September und 10. Dezember zu entrichten (§ 37 Abs. 1 EStG). Soweit der Steuerpflichtige seiner Zahlungsverpflichtung vor Eintritt der Fälligkeit oder innerhalb der Schonfrist (Ausnahme: Übergabe oder Übersendung von Zahlungsmitteln) nachkommt, vermindern diese Zahlungen die Bemessungsgrundlage für die zu erhebenden Säumniszuschläge.

| | | |
|---|---|---:|
| I/03 | Nach Abzug der rechtzeitig bzw. innerhalb der Schonfrist geleisteten Zahlungen verbleibt ein Steuerrückstand von 201 €, der innerhalb des ersten Monats der Säumnis getilgt wird. Zu erhebende Säumniszuschläge | 2 € |
| II/03 | Diese Vorauszahlung wird nach Ablauf der Schonfrist und innerhalb des ersten Monats der Säumnis entrichtet. Zu erhebende Säumniszuschläge | 11 € |
| III/03 | Die Tilgung wird innerhalb der Schonfrist vorgenommen, mit der Folge, dass die entstandenen Säumniszuschläge nicht erhoben werden | — € |
| IV/03 | Die Tilgung erfolgt erst im 3. Monat der Säumnis. Zu erhebende Säumniszuschläge | 33 € |
| | Insgesamt | 46 € |

## Zu Aufgabe 78

Richtig:   A

| | |
|---|---:|
| Rückständiger Steuerbetrag: | 2.535 € |

Für die Berechnung der zu erhebenden Säumniszuschläge sind zwei Ansprüche mit unterschiedlichen Fälligkeiten zu untersuchen. Der gesetzliche Fälligkeitstag der Vorauszahlung bleibt auch nach Erteilung des Steuerbescheides 03 maßgebend, weil nur für den Mehrbetrag eine besondere Zahlungsfrist eingeräumt wird (§ 36 Abs. 4 EStG). Da die geforderte Vorauszahlung nicht rechtzeitig entrichtet worden ist, entstehen Säumniszuschläge für jeden angefangenen Monat der Säumnis. Die Tilgung erfolgt im 10. Monat der Säumnis. Die zu erhebenden Säumniszuschläge betragen  ............................................ 200 €

Die Abschlusszahlung in Höhe von 535 € ist am 20. 9. 03 fällig. Wegen verspäteter Zahlung sind Säumniszuschläge zu erheben. Für die Berechnung ist der Steuerrückstand auf den nächsten durch 50 Euro teilbaren Betrag abzurunden.  ....... 5 €

Insgesamt zu zahlender Betrag .................................. 2.740 €

## Zu Aufgabe 79

Richtig:   D

Der Säumniszuschlag ist ein im Steuerrecht verankertes Druckmittel zur Durchsetzung von Zahlungsansprüchen, die auch der Höhe nach feststehen. Deshalb kann ein Säumniszuschlag erst entstehen, wenn die Steuer angemeldet oder festgesetzt worden ist (§ 240 Abs. 1 Satz 3 AO).

Wird eine Fälligkeitssteuer nach dem gesetzlichen Zahlungstermin erstmals angemeldet, beginnt der erste Monat der Säumnis und die Schonfrist erst mit Ablauf des Tages des Eingangs der Voranmeldung oder Anmeldung (A, B).

| | |
|---|---|
| Beginn der Säumnis: | 23. 4. 03 |
| Ende der Schonfrist: | 28. 4. 03 (§ 108 Abs. 3 AO) |
| Einzahlungstag: | 12. 5. 03 |

Die Zahlung des U erfolgt noch innerhalb des ersten Monats der Säumnis, sodass nur 5,50 € Säumniszuschlag zu entrichten sind (C). Sollen Säumniszuschläge durch Vollstreckungsmaßnahmen beigetrieben werden, ist stets ein besonderes Leistungsgebot erforderlich (D), wenn die Steuer, zu der die Säumniszuschläge erhoben werden, bereits getilgt worden ist (§ 254 Abs. 2 AO).

## Zu Aufgabe 80

Richtig:   C

§ 240 Abs. 1 Satz 4 AO bestimmt, dass entstandene Säumniszuschläge bei einer nachträglichen Änderung der Bemessungsgrundlage unverändert erhalten bleiben. Durch diese Klarstellung des Gesetzgebers wird ausdrücklich ausgeschlossen, dass Säumniszuschläge als Nebenleistungen zur Steuer das rechtliche Schicksal der Hauptschuld teilen (D). Der gesetzliche Fälligkeitstag der Umsatzsteuer-Vorauszahlung wird durch die Herabsetzung nicht beeinflusst (B). Die Herabsetzung erfolgt innerhalb des ersten Monats der Säumnis, sodass die verminderte Steuerschuld für den zweiten Monat der Säumnis als Bemessungsgrundlage gilt. Die Zahlung der Schuld erfolgt innerhalb des zweiten Monats der Säumnis. Da der Säumniszuschlag nicht mit der Steuer getilgt worden ist, bedarf es eines besonderen Leistungsgebotes. U ist zur Zahlung von 14 € Säumniszuschlag aufzufordern (A, C).

# Lösungen: Buchführung

## Zu Aufgabe 81

Richtig: B, C, D

Bestandskonten (mit Ausnahme des Kapitalkontos) sind Konten, welche die Anfangsbestände aus dem Eröffnungsbilanzkonto aufnehmen und beim Jahresabschluss die Schlussbestände an das Schlussbilanzkonto abgeben. Dabei werden weder Unterkonten des Kapitals noch das Kapitalkonto selbst berührt. Buchungen auf solchen Konten sind deshalb ohne Auswirkung auf Gewinn und Kapital.

Nach der Gliederung der Bilanz unterscheidet man aktive und passive Bestandskonten. Folgerichtig stehen die Anfangsbestände bei den aktiven Bestandskonten im Soll, bei den passiven Bestandskonten allerdings im Haben.

## Zu Aufgabe 82

Richtig: A, B, C, D

Geht man davon aus, dass das Bankkonto vor dem Geschäftsvorfall eine Schuld von 5.000 € zulasten des Betriebsinhabers auswies, werden durch die vorzunehmende Buchung Bank an Kasse ein passives und ein aktives Bestandskonto angesprochen. Zugänge (Erhöhungen der Schuldposten) werden auf passiven Bestandskonten im Haben, Abgänge (Verminderungen der Schuldposten) im Soll gebucht. Deshalb vollzieht sich auf dem Bankkonto und auf dem Kassenkonto jeweils ein Abgang. Es liegt ein Aktiv-/Passivtausch vor. Die Bilanzsumme vermindert sich also um 1.000 €.

## Zu Aufgabe 83

Richtig: A, C

Tritt der Betriebsinhaber eine Forderung gegen einen Kunden durch besondere Vereinbarung an einen Dritten ab, so wird dieser Vorgang als Forderungsabtretung bezeichnet.

Wird dadurch gleichzeitig nach dem Willen der Beteiligten eine Lieferantenschuld des Betriebsinhabers in gleicher Höhe getilgt, so sind am Tage der Vereinbarung durch die vorgegebene Buchung die Kundenforderungen und Lieferantenschulden entsprechend zu mindern (A).

Eine derartige Buchung kommt auch in Betracht, wenn der Betriebsinhaber und ein Geschäftsfreund gleich hohe betriebliche Forderungen und Schulden gegeneinander durch besondere Vereinbarung aufrechnen (C).

Erhält oder bezahlt der Betriebsinhaber Beträge durch Banküberweisung, so ist das Bankkonto anzusprechen (B, D).

## Zu Aufgabe 84

Richtig:  A, C

Die Miete für Dezember 02 und das Gewerbesteuerguthaben für das Kalenderjahr 02 waren nach dem Grundsatz der periodengerechten Gewinnermittlung in der Bilanz per 31. 12. 02 als sonstige Forderungen auszuweisen.

Bei Überweisung der aktivierten Beträge auf das Bankkonto des Betriebsinhabers erlöschen Mietforderung und Forderung gegen die Gemeinde, und es ist wie vorgegeben zu buchen (A, C).

Wird der Beitrag zu einer betrieblichen Versicherung für 03 in 02 bezahlt, ist der Betrag zu buchen: aktive Rechnungsabgrenzungsposten an Bank (vgl. § 5 Abs. 5 EStG). Es kann auch zunächst ein Aufwandskonto angesprochen werden und die Rechnungsabgrenzung bei Erstellung des Jahresabschlusses gebucht werden.

Verrechnet die Gemeinde das Gewerbesteuerguthaben für das Kalenderjahr 02 am 1. 8. 03 mit fälliger Grundsteuer für das private Einfamilienhaus, ist zu buchen: Privatentnahmen an sonstige Forderungen (D).

## Zu Aufgabe 85

Richtig:  A, C, D

Die Abführung der Abzugsbeträge (Lohnsteuer und Sozialversicherung) vom Bruttolohn erfolgt in der Regel erst innerhalb bestimmter, durch Gesetz festgelegter Fristen nach dem Lohnzahlungstag. Da die Buchführung jedoch stets den tatsächlichen Stand von Vermögen und Schulden ausweisen soll, ist bereits am Lohnzahlungstag durch Buchungen kenntlich zu machen, dass in Höhe der noch abzuführenden Abzugsbeträge eine Verpflichtung des Betriebsinhabers besteht. Dies hat nicht nur am Jahresende, sondern auch im Laufe des Wirtschaftsjahres zu geschehen. Werden dann die einbehaltenen Beträge abgeführt, so erlischt die Verbindlichkeit, und es ist wie vorgegeben zu buchen (A, D).

Telefongebühren des Zeitraumes Dezember 02, die zu Beginn des neuen Jahres bezahlt werden, sind bereits im Dezember 02 entstanden und in diesem Jahr als Aufwand auszuweisen. Es gelten im Grunde die gleichen Grundsätze wie zu den Abzugsbeträgen ausgeführt (C).

Für voraussichtliche Gewerbesteuernachzahlungen sind Rückstellungen zu bilden. Bei Bezahlung in einem späteren Wirtschaftsjahr ist zu buchen: Rückstellungen an Bank (B).

Handelt es sich um eine Gewerbesteuernachzahlung, die nicht erwartet wurde und für die deshalb keine Rückstellung gebildet worden war, ist bei Bezahlung zu buchen: Aufwandskonto an Bank.

## Zu Aufgabe 86

Richtig: A, C

Die vom Betriebsinhaber vorgenommene Buchung bewirkt eine Minderung der Umsatzsteuerschuld. Durch die Gegenbuchung auf dem Konto Privateinlagen wird angezeigt, dass die Minderung dieser betrieblichen Schuld durch private Mittel herbeigeführt wurde. Dies kann dadurch geschehen sein, dass die Finanzkasse ein Guthaben an Personensteuern mit fälliger Umsatzsteuer verrechnete. Dann ist am Tage des Bekanntwerdens dieser Verrechnung wie vorgegeben zu buchen (A). Die betriebliche Umsatzsteuerschuld kann jedoch auch mit privaten Geldmitteln vom privaten Bankkonto bezahlt worden sein (C).

Überweist hingegen die Finanzkasse überzahlte Umsatzsteuer, die sich aufgrund betrieblicher Geschäftsvorfälle ergeben hat, auf ein privates Konto, ist zu buchen: Privatentnahmen an Umsatzsteuerschuld (B).

Die gleiche Buchung ist auch vorzunehmen, wenn Umsatzsteuer auf Entnahmen entstanden ist (vgl. § 12 Nr. 3 EStG; D).

## Zu Aufgabe 87

Richtig: C, D

Geht eine in früheren Jahren direkt abgeschriebene Forderung aus einem Warenverkauf auf dem betrieblichen Bankkonto ein, ohne dass der Betriebsinhaber schon zu einem früheren Zeitpunkt vom Wiederaufleben der Forderung Kenntnis hatte, so müsste zunächst durch die Buchung – Debitoren an sonstige betriebliche Erträge (Erträge aus abgeschriebenen Forderungen) und Umsatzsteuerschuld – der Forderungsbestand richtig gestellt werden. Erst danach wäre durch die Buchung – Bank an Debitoren – der Eingang der Forderung zu registrieren. Da sich jedoch im vorliegenden Fall Wiederaufleben und Erlöschen der Forderung zum gleichen Zeitpunkt ergeben, können beide Buchungen zusammengezogen und es kann auf die sich im Endergebnis doch gegenseitig aufhebenden Buchungen auf dem Debitorenkonto verzichtet werden (C).

Wird ein geringwertiges Wirtschaftsgut, dessen Anschaffungskosten in einem früheren Zeitraum in voller Höhe als Betriebsausgaben abgezogen wurden (es besteht auch kein Erinnerungswert mehr), veräußert, entsteht stets in Höhe des Nettoverkaufserlöses ein sonstiger betrieblicher Ertrag. Da umsatzsteuerlich ein Hilfsgeschäft vorliegt, ist auch das Umsatzsteuerschuldkonto anzusprechen (D).

Aufgrund eines Geschäftsvorfalles, wie in Antwort A dargestellt, ist zu buchen: Bank an Umsatzsteuerschuld.

Aufgrund eines Geschäftsvorfalles, wie in Antwort B dargestellt, ist zu buchen: Bank an Anlagekonto, sonstige betriebliche Erträge und Umsatzsteuerschuld.

## Zu Aufgabe 88

Richtig:   A, B, D

Auf den Sachkonten werden die Geschäftsvorfälle nach sachlichen Gesichtspunkten geordnet im Hauptbuch gebucht. Sie sind bei der doppelten Buchführung das Kernstück der eigentlichen Buchführung. Im Grunde genommen bezeichnet man alle in der Buchführung vorkommenden Konten, die keine Personenkonten sind (vgl. zu Aufgabe 84), als Sachkonten, z. B. die Bestandskonten, alle Kapitalvorkonten und die gemischten Konten.

## Zu Aufgabe 89

Richtig:   C

Die Personenkonten beinhalten die Darstellung des Geschäftsverkehrs mit den einzelnen Lieferanten und Kunden (Geschäftsfreunden). Sie sind Bestandteile des Geschäftsfreundebuches, das für jeden Lieferanten und jeden Kunden ein besonderes Konto enthält.

Daneben wird im Hauptbuch (vgl. zu Aufgabe 83) ein Sachkonto für alle Lieferanten und ein Sachkonto für alle Kunden geführt.

Personenkonten sind also zusätzliche Konten außerhalb der eigentlichen Buchführung, auf denen der Inhalt der Sachkonten Kundenforderungen und Lieferantenschulden nochmals dargestellt wird, jedoch getrennt für die einzelnen Kunden und getrennt für die einzelnen Lieferanten.

## Zu Aufgabe 90

Richtig:   B, C, D

Erfolgskonten sind Unterkonten des GuV-Kontos zur Aufnahme sämtlicher **betrieblicher** Kapitaländerungen. Da das GuV-Konto beim Jahresabschluss die Summe dieser Kapitaländerungen als Gewinn oder Verlust an das Kapitalkonto abgibt, sind Buchungen auf Erfolgskonten erfolgswirksam und kapitalwirksam.

## Zu Aufgabe 91

Richtig:   A, D

Buchungssatz am 30. 12. 02:

Löhne 3.000 € und soziale Aufwendungen (Arbeitgeberanteil) 580 € an Kasse 1.820 € und sonstige Verbindlichkeiten (noch abzuführende Abgaben) 1.760 €.

Buchungssatz am 10. 1. 03:

Sonstige Verbindlichkeiten 1.760 € an Bank 1.760 €.

Hinweis auf die Ausführungen zu Aufgabe 85.

Der Betriebsinhaber wendet im Zeitpunkt der Lohnzahlung am 30. 12. 02 neben dem bar ausgezahlten Nettolohn auch die einbehaltenen Steuerabzugsbeträge, den einbehaltenen Arbeitnehmeranteil und den Arbeitgeberanteil zur Sozialversicherung auf, da in Höhe dieser Beträge bei Auszahlung des Nettolohnes eine Verpflichtung entsteht. Der Aufwand bedeutet Gewinnminderung und gleichzeitig betriebliche Kapitalminderung in Höhe von 3.580 € (A).

Die am 10. 1. 03 vorzunehmende Buchung berührt zwei Bestandskonten in gleicher Höhe. Es handelt sich damit um eine erfolgsneutrale Betriebsvermögensumschichtung (D).

## Zu Aufgabe 92

Richtig:   A, B, C, D

Buchungssatz am 1. 4. 02:

Privatentnahmen 580 € an Provisionserträge 500 € und Umsatzsteuerschuld 80 €.

Durch die Buchung auf dem Erfolgskonto Provisionserträge wird eine betriebliche Kapitalerhöhung (Gewinnerhöhung) von 500 € bewirkt (A).

Die gleichzeitig erfolgte Privatentnahme des insgesamt gutgeschriebenen Betrages stellt eine private Kapitalverminderung von 580 € dar (B).

Zusammen gesehen erfolgt also eine Kapitalminderung von 80 € (C).

Für einen Handelsvertreter gehört die Vermittlung von Geschäften zu den Grundgeschäften seines Gewerbes. Im Zeitpunkt der Ausführung der Leistung entsteht damit eine Umsatzsteuerschuld, die Höhe der abzugsfähigen Vorsteuer wird jedoch davon nicht berührt (D).

## Zu Aufgabe 93

Richtig:   B, C, D

Durch die Bestellung der Waren am 28.12.02 wird noch keine Buchung notwendig. Der Wareneingang jedoch ist zu buchen, auch wenn noch keine Rechnung vorliegt, da sich der Warenbestand und die Lieferantenschuld durch diesen Vorgang verändern. Zu beachten ist jedoch, dass die Voraussetzungen für den Vorsteuerabzug nach § 15 Abs. 1 UStG am 30.12.02 noch nicht gegeben sind. Die Lieferung ist zwar an den Unternehmer (Betriebsinhaber) ausgeführt, der Beleg über die Vorsteuer, die Rechnung, ist aber noch nicht in seinen Händen.

Da die Lieferantenschuld gleichwohl 1.160 € beträgt, die Vorsteuer hier aber nicht zu den Anschaffungskosten der Waren gehört (§ 9 b Abs. 1 EStG), ist das Konto sonstige Forderungen (noch nicht abzugsfähige Vorsteuer) im Soll anzusprechen.

Am 30.12.02 ist deshalb zu buchen:

Wareneinkauf 1.000 € und sonstige Forderungen 160 € an Kreditoren 1.160 €.

Beim Eingang der Rechnung am 5.1.03 liegen dann alle Voraussetzungen für den Vorsteuerabzug vor. Die Vorsteuer auf den Wareneinkauf ist damit im Voranmeldungszeitraum Januar 03 abzugsfähig.

Buchung: Vorsteuer an sonstige Forderungen 160 €.

Am 10.2.03, bei Bezahlung der Waren, verbleibt lediglich die Buchung: Kreditoren 1.160 € an Bank 1.160 €.

## Zu Aufgabe 94

Richtig:   A, C

Die vorgegebene Buchung bewirkt einen Zugang auf dem Wareneinkaufskonto. Die Gegenbuchung auf dem Kreditorenkonto gibt an, dass dieser Zugang noch nicht bezahlt wurde. Die gebuchten Beträge gehören also bis auf die Vorsteuer zum Einstandspreis (den Anschaffungskosten) der eingekauften Waren. Es kann sich demnach um den Wareneinkauf selbst handeln, der auf Ziel erfolgte (C), oder um beim Wareneinkauf angefallene Warennebenkosten (Frachten, Zölle), die noch nicht bezahlt worden sind (A).

Bei der Überweisung der Frachtkosten an den Spediteur (B) müsste das Bankkonto angesprochen werden.

Preisnachlässe der Lieferanten auf noch nicht bezahlte Waren (D) sind Berichtigungen der gebuchten Wareneinkäufe und deshalb zu buchen:

Kreditoren an Wareneinkauf und Vorsteuer.

## Zu Aufgabe 95

Richtig:  A, D

Die der Buchung zugrunde liegenden Geschäftsvorfälle unterscheiden sich von denen der Aufgabe 94 lediglich dadurch, dass die Zugänge auf dem Wareneinkaufskonto privat bezahlt wurden (D).

Auch wenn ein Lieferant eine private Mietschuld an den Betriebsinhaber durch die Hergabe von Waren begleicht, handelt es sich um einen Wareneinkauf, der mit privaten Mitteln bezahlt wurde (A).

Zu beachten ist, dass bei der Einlage von Waren, die ursprünglich für den privaten Verbrauch erworben wurden, die Voraussetzungen für den Vorsteuerabzug nicht erfüllt sind, da die Waren beim Einkauf nicht für das Unternehmen bestimmt waren. In solchen Fällen ist zu buchen: Wareneinkauf an Privateinlagen (B).

Bezahlt ein Kunde, wenn auch mit seinen privaten Mitteln, einen Wareneinkauf, der schon zwei Monate zurückliegt, ist zu buchen: Finanzkonto an Debitoren; würde der gezahlte Betrag vom Betriebsinhaber privat vereinnahmt: Privatentnahmen an Debitoren (C).

## Zu Aufgabe 96

Richtig:  A, C, D

Das Wareneinkaufskonto ist ein gemischtes Konto, das Warenverkaufskonto ein Erfolgskonto. Deshalb wirken sich Buchungen auf beiden Konten erfolgswirksam aus.

Der Gewinnerhöhung durch die Buchung im Haben des Warenverkaufskontos steht eine Gewinnminderung durch die Buchung im Soll auf dem Wareneinkaufskonto in gleicher Höhe gegenüber.

Die Buchung ist also erfolgsneutral. Die Höhe des Eigenkapitals bleibt unverändert (A).

Die Buchung bewirkt jedoch eine Erhöhung des wirtschaftlichen Wareneinsatzes (C) und eine Erhöhung des wirtschaftlichen Umsatzes (D).

## Zu Aufgabe 97

Richtig:  A, B, C, D

Buchungen auf der Sollseite des Wareneinkaufskontos wirken sich gewinnmindernd aus (vgl. zu Aufgabe 96). Buchungen auf Bestandskonten (Vorsteuer) und Privatkonten sind erfolgsneutral. Es ergibt sich somit eine betriebliche Kapitalminderung von 500 €.

Buchungen auf der Habenseite von Privatkonten bewirken eine private Kapitalerhöhung, die hier 580 € beträgt.

Insgesamt erhöht sich das Kapital um 80 €.

## Zu Aufgabe 98

Richtig:   A, C

Die dem Buchungssatz zugrunde liegenden Geschäftsvorfälle sind Berichtigungen gebuchter Wareneinkäufe, da sie die beim Einkauf vorgenommene Buchung aufheben. Es kann sich dabei um Preisnachlässe von Lieferanten auf noch nicht bezahlte Wareneinkäufe oder um die Rücksendung noch nicht bezahlter Waren an die Lieferanten handeln (A, C).

Nicht in Betracht kommt jedoch ein Wareneinkauf auf Ziel, der genau seitenverkehrt zu buchen wäre (D).

Gleicht der Betriebsinhaber eine Lieferantenschuld durch Hingabe von Waren aus, ist zu buchen: Kreditoren an Warenverkauf und Umsatzsteuerschuld.

Selbst wenn er die Waren zum Einstandspreis hingeben würde, wäre das Umsatzsteuerschuldkonto und nicht das Vorsteuerkonto anzusprechen (B).

## Zu Aufgabe 99

Richtig:   B, C, D

In den Fällen B, C, D gilt es, den wirtschaftlichen Wareneinsatz um Positionen zu bereinigen, die seinerzeit als Wareneinkäufe dem Wareneinkaufskonto belastet wurden, damit in den Wareneinsatz eingingen, tatsächlich jedoch nicht zur Veräußerung gelangt sind.

Da bei der Rohgewinnprobe z. B. im Rahmen des inneren Betriebsvergleichs die verkauften Waren zum Verkaufspreis (wirtschaftlicher Umsatz) mit den verkauften Waren zum Einstandspreis (wirtschaftlicher Wareneinsatz) verglichen werden, müssen, um aussagefähige Werte zu erlangen, eingekaufte Waren, die nicht veräußert wurden, aber auch nicht mehr im Warenbestand enthalten sind, auf ein besonderes Aufwandskonto umgebucht werden.

Für private Zwecke entnommene Waren sind auf das Konto Privatentnahmen – Entnahme von Gegenständen zu buchen.

## Zu Aufgabe 100

Richtig:   B

Es handelt sich eindeutig um einen betrieblichen Geschäftsvorfall und nicht um die Entnahme von Gegenständen für außerbetriebliche Zwecke. Das Konto Privatentnahmen wird nicht berührt.

Es liegt ein innerbetrieblicher Warenverbrauch vor, der aus kalkulatorischen Gründen durch die Buchung „Aufwandskonto an Wareneinkauf" umzubuchen ist (Hinweis auf die Ausführungen zu Aufgabe 99). Damit werden der wirtschaftliche Wareneinsatz vermindert und der Rohgewinn erhöht.

Reingewinn und Kapital ändern sich in ihrer Höhe nicht, weil der Sollbuchung auf einem Aufwandskonto eine Habenbuchung auf einem gemischten Konto gegenübersteht.

### Zu Aufgabe 101

Richtig:  A, C, D

Die vorzunehmende Buchung würde lauten: Debitoren 46.400 € an Warenverkauf 40.000 € und Umsatzsteuerschuld 6.400 €.

Die Position Debitoren erhöht sich damit um 46.400 €, die Position Umsatzsteuerschuld um 6.400 €. Das Konto Warenverkauf wird nicht über das Schlussbilanzkonto abgeschlossen, beeinflusst das Bilanzbild also nicht. Allerdings ergibt sich eine Abnahme des Warenbestands zum Einstandspreis von 30.000 €.

Die Bilanzsumme erhöht sich um 16.400 €. Die Zunahme vollzieht sich auf der Aktivseite durch die Erhöhung der Position Debitoren um 46.400 €, bei gleichzeitiger Abnahme der Position Waren um 30.000 €. Auf der Passivseite ergibt sich die Zunahme durch die Erhöhung der Position Umsatzsteuerschuld um 6.400 € und durch die zum Ausgleich der Bilanz notwendige Kapitalerhöhung um 10.000 €, die dem Warenrohgewinn entspricht.

### Zu Aufgabe 102

Richtig:  A

Die vorzunehmende Buchung würde lauten: Wareneinkauf 20.000 € und Vorsteuer 3.200 € an Privateinlagen 23.200 €.

Die Position Waren erhöht sich damit um 20.000 €. Die abzugsfähige Vorsteuer erhöht sich um 3.200 €. Die Position Umsatzsteuerschuld vermindert sich also. Die Position Kreditoren wird nicht berührt.

Der Ausgleich der Bilanz wird durch eine Zunahme der Position Kapital von 23.200 € bewirkt, die der Privateinlage entspricht.

### Zu Aufgabe 103

Richtig:  D

Die Buchung kommt nur in Frage, wenn Waren auf Ziel veräußert werden, der Betriebsinhaber jedoch nach vereinnahmten Entgelten versteuert, vgl.

§ 20 UStG (D). In diesem Fall entsteht die Umsatzsteuer erst mit Ablauf des Voranmeldungszeitraums, in dem die Entgelte vereinnahmt worden sind (§ 13 Abs. 1 Nr. 1 b UStG). Gleichwohl nehmen die Kundenforderungen in Höhe des Warenwerts zuzüglich der Umsatzsteuer, die dem Kunden in Rechnung gestellt wurde, zu. Das Warenverkaufskonto darf aber nur in Höhe des Warenwerts angesprochen werden, da sich sonst in Höhe der noch nicht entstandenen Umsatzsteuer eine Gewinnerhöhung ergeben würde. Der Betriebsinhaber hat deshalb noch kenntlich zu machen, dass in Höhe der Umsatzsteuer in der Zukunft noch eine Verpflichtung auf ihn zukommt. Er benutzt dazu das Konto sonstige Verbindlichkeiten (noch nicht entstandene Umsatzsteuer).

Aufgrund eines Geschäftsvorfalls wie in Antwort A dargestellt, ist zu buchen: Debitoren an Warenverkauf. Aufgrund von Sachverhalten wie in den Antworten B und C dargestellt, ist zu buchen: Debitoren an Warenverkauf und Umsatzsteuerschuld.

## Zu Aufgabe 104

Richtig:   C, D

Die dem Buchungssatz zugrunde liegenden Geschäftsvorfälle sind Berichtigungen gebuchter Warenverkäufe, da sie die beim Verkauf vorgenommene Buchung aufheben. Es kann sich dabei um Preisnachlässe durch den Betriebsinhaber auf von Kunden noch nicht bezahlte Waren oder um die Rücksendung noch nicht bezahlter Waren durch Kunden handeln (C, D).

Nicht in Betracht kommt jedoch ein Warenverkauf auf Ziel, der genau seitenverkehrt zu buchen wäre (A).

Gleicht ein Kunde eine Forderung durch Hergabe von Waren aus, die zur Weiterveräußerung bestimmt sind, ist zu buchen: Wareneinkauf und Vorsteuer an Debitoren (B).

## Zu Aufgabe 105

Richtig:   B, D

Im Zeitpunkt des Warenverkaufs vermindert sich der Warenbestand um 500 €. Diesem Wareneinsatz (Aufwand) steht buchmäßig kein Warenverkauf gegenüber. Auch die Buchung der Bezahlung des Kunden: Finanzkonto 1.160 € an Debitoren 1.160 € führt nicht zur Richtigstellung.

Dadurch ist zwar der wirtschaftliche Wareneinsatz zutreffend, der wirtschaftliche Umsatz jedoch um 1.000 € zu niedrig. Rohgewinn und Reingewinn werden damit um 1.000 € zu niedrig ausgewiesen.

## Zu Aufgabe 106

Richtig: B, C, D

Der Buchung hätte ein Warenverkauf bei gleichzeitiger Entnahme der Bezahlung des Kunden in die Privatsphäre des Betriebsinhabers zugrunde liegen müssen.

Durch die Buchung auf der Habenseite des Warenverkaufskontos verändert sich zwar der wirtschaftliche Wareneinsatz nicht, weil das Wareneinkaufskonto nicht berührt wurde. Allerdings werden der wirtschaftliche Umsatz und damit Rohgewinn und Reingewinn um jeweils 1.000 € zu hoch ausgewiesen. Durch die Buchung auf dem Konto Umsatzsteuerschuld im Haben ist die Zahllast um 160 € zu hoch.

## Zu Aufgabe 107

Richtig: B

Antwort A definiert den Warenbestand. Antwort C den wirtschaftlichen Umsatz. Antwort D umschreibt den Begriff wirtschaftlicher Wareneinsatz nur für den Fall, dass keine Lieferantenschulden vorhanden sind. Es handelt sich hier also nicht stets um den wirtschaftlichen Wareneinsatz.

## Zu Aufgabe 108

Richtig: D

Werden verschiedene Werte vorgegeben und wird dann nach der Höhe des wirtschaftlichen Wareneinsatzes gefragt, so besteht eine leicht überschaubare Lösungsmöglichkeit darin, sich ein Wareneinkaufskonto einzurichten und die vorgegebenen Werte der jeweiligen Kontenseite zuzuordnen bzw. sie als nicht zum Wareneinkaufsbereich gehörig außer Betracht zu lassen. Bei der Saldierung des Kontos ergibt sich dann der gesuchte Wert.

| Wareneinkauf | | | |
|---|---|---|---|
| Anfangsbestand | 20.000 € | Rücksendungen | |
| Eingang | 100.000 € | an Lieferanten | 4.000 € |
| Bezugskosten | 3.000 € | Verdorbene Waren | |
| | | (Einstandspreis) | 2.000 € |
| | | Privatentnahmen | |
| | | (Einstandspreis) | 1.000 € |
| | | Wirtschaftlicher | |
| | | Wareneinsatz | 106.000 € |
| | | Endbestand | 10.000 € |
| | 123.000 € | | 123.000 € |

## Zu Aufgabe 109

Richtig:   B, C

Antwort A definiert den Begriff Reingewinn.

## Zu Aufgabe 110

Richtig:   D

Werden verschiedene Werte vorgegeben und wird dann nach der Höhe des Rohgewinns gefragt, so besteht eine leicht überschaubare Lösungsmöglichkeit darin, sich ein Wareneinkaufskonto und ein Warenverkaufskonto einzurichten und die vorgegebenen Werte dem jeweiligen Konto zuzuordnen oder sie als nicht zum Warenkontenbereich gehörig auszuscheiden.

Schließt man dann die Konten nach der Nettomethode ab, so ergibt sich der gesuchte Wert als Saldo auf dem Warenverkaufskonto.

Der gesuchte Wert wird jedoch nur dann zutreffend ermittelt, wenn auf dem Wareneinkaufskonto die Bestände mit den Einstandspreisen und nicht mit den eventuell abweichenden Bilanzwerten (hier z. B. beim Endbestand 9.000 €) eingetragen werden.

### Wareneinkauf

| | | | |
|---|---|---|---|
| Anfangsbestand | | Innerbetrieblicher | |
| (Einstandspreis) | 20.000 € | Verbrauch | 2.000 € |
| Eingang | 100.000 € | Wirtschaftlicher | |
| | | Wareneinsatz | 106.000 € |
| | | Endbestand | |
| | | (Einstandspreis) | 12.000 € |
| | 120.000 € | | 120.000 € |

### Warenverkauf

| | | | |
|---|---|---|---|
| Wirtschaftlicher | | Wirtschaftlicher | |
| Wareneinsatz | 106.000 € | Umsatz | 159.000 € |
| Rohgewinn | 53.000 € | | |
| | 159.000 € | | 159.000 € |

## Zu Aufgabe 111

Richtig:   D

Die Antworten A und B umschreiben den Begriff wirtschaftlicher Umsatz nur in Ausnahmefällen, z. B. wenn keine Hilfsgeschäfte vorgekommen sind

(A). Die Definition in Antwort B setzt weiter voraus, dass zum Jahresbeginn und Jahresende keine Kundenforderungen vorhanden waren. Antwort C definiert den Begriff wirtschaftlicher Wareneinsatz.

## Zu Aufgabe 112

Richtig: D

Hier werden verschiedene Werte vorgegeben, und es wird nach der Höhe des wirtschaftlichen Umsatzes gefragt, ohne dass der Wareneinsatz mitgeteilt wird. Der Rohgewinn ist jedoch bekannt.

Eine leicht überschaubare Lösungsmöglichkeit besteht darin, sich ein Wareneinkaufskonto einzurichten und die vorgegebenen Werte dem Konto zuzuordnen oder als nicht zum Warenkontenbereich gehörig außer Betracht zu lassen.

| Wareneinkauf | | | |
|---|---|---|---|
| Anfangsbestand | 20.000 € | Preisnachlässe | |
| Eingang | 93.000 € | von Lieferanten | 2.000 € |
| | | Gestohlene Waren | |
| | | (Einstandspreis) | 1.000 € |
| | | Wirtschaftlicher | |
| | | Wareneinsatz | 100.000 € |
| | | Endbestand | 10.000 € |
| | 113.000 € | | 113.000 € |

Der Saldo auf dem Wareneinkaufskonto beträgt 100.000 €. Dieser Wert ist der wirtschaftliche Wareneinsatz. Der wirtschaftliche Umsatz kann nun wie folgt ermittelt werden:

| | |
|---|---|
| Wirtschaftlicher Wareneinsatz | 100.000 € |
| + Rohgewinn | 60.000 € |
| Wirtschaftlicher Umsatz | 160.000 € |

## Zu Aufgabe 113

Richtig: C

Wird der Warenbestand am 31.12.02 zu niedrig ausgewiesen, geht buchmäßig der Unterschiedsbetrag zur richtigen Höhe des Warenbestandes in den Wareneinsatz ein. Dieser wird deshalb zu hoch ausgewiesen. Folglich werden Rohgewinn und Reingewinn zu niedrig ausgewiesen.

Der wirtschaftliche Umsatz wird durch diesen Vorgang nicht berührt (C).

## Zu Aufgabe 114

Richtig:  A, B, C, D

Aufgrund der Zweischneidigkeit der Bilanz wirken sich Bewertungsfehler oder andere Fehler, die die Höhe des Warenbestandes am Schluss eines Wirtschaftsjahres berühren, stets auch auf das Ergebnis des folgenden Wirtschaftsjahres aus.

Aufgrund des Bilanzzusammenhanges entspricht nämlich der Warenbestand vom 31. 12. 02 dem vom 1. 1. 03. Deshalb wird auch der Wareneinsatz des Kalenderjahres 03 beeinflusst. Er ist um 10.000 € zu niedrig, Rohgewinn und Reingewinn dieses Jahres damit um den gleichen Betrag zu hoch.

Der wirtschaftliche Umsatz wird durch diesen Vorgang nicht berührt.

## Zu Aufgabe 115

Richtig:  A, C, D

Im Laufe des Wirtschaftsjahres getätigte Betriebseinnahmen und Betriebsausgaben müssen spätestens am Jahresende daraufhin untersucht werden, ob sie auch tatsächlich wirtschaftlich in dieses Jahr gehören. Ist das nicht der Fall, müssen sie mit Hilfe besonderer Bilanzposten buchmäßig in das Wirtschaftsjahr übertragen werden, dem sie wirtschaftlich zuzurechnen sind, vgl. § 5 Abs. 5 EStG. Im vorgegebenen Fall sind im Kalenderjahr 02 Ausgaben angefallen, die wirtschaftlich zum Teil in das Kalenderjahr 02 und zum anderen Teil in das Kalenderjahr 03 gehören. Es ist hier ein aktiver Rechnungsabgrenzungsposten in Höhe von 3.000 € zu bilden, dessen Aufgabe es ist, den Mietaufwand des Kalenderjahres 02 entsprechend zu mindern, den Gewinn entsprechend zu erhöhen.

Buchung: aktive Rechnungsabgrenzungsposten an Mietaufwand.

Das Konto Mietaufwand ist ein Erfolgskonto, das über das GuV-Konto abzuschließen ist.

Das Konto aktive Rechnungsabgrenzungsposten ist ein Konto, das über das Schlussbilanzkonto abgeschlossen wird.

## Zu Aufgabe 116

Richtig:  A, C

Hinweis auf die Ausführungen zu Aufgabe 115. Allerdings ist hier zu beachten, dass nach § 5 Abs. 5 EStG nur transitorische Rechnungsabgrenzungsposten gebildet werden dürfen, also in den Fällen, in denen die Geldbewegung im Kalenderjahr 02 bereits erfolgt ist.

Liegt die Geldbewegung erst im Kalenderjahr 03, werden die Konten sonstige Forderungen und sonstige Verbindlichkeiten zur richtigen Periodenabgrenzung verwendet.

## Zu Aufgabe 117

Richtig: D

Wie sich aus den Ausführungen zu den Aufgaben 115 und 116 ergibt, sind stets die Gewinne aller beteiligten Kalenderjahre unzutreffend, wenn Ausgaben nicht periodengerecht abgegrenzt werden.

## Zu Aufgabe 118

Richtig: C, D

Hinweis auf die Ausführungen zu den Aufgaben 115 und 116.

Folgende Buchungen sind vorzunehmen:

Am 30. 12. 02: Privatentnahmen 400 € und aktive Rechnungsabgrenzungsposten 600 € an Bank 1.000 €. (Es ist auch zulässig, zunächst das Konto Mietaufwand anzusprechen und entsprechende Umbuchungen beim Jahresabschluss vorzunehmen.) Diese Buchungen sind erfolgsneutral, vermindern das Kapital jedoch um 400 €.

In 03: Mietaufwand an aktive Rechnungsabgrenzungsposten. Diese Buchung vermindert Gewinn und Kapital um jeweils 600 €.

## Zu Aufgabe 119

Richtig: B, D

Die am 2. 5. 03 vorzunehmende Buchung lautet: Rückstellungen 5.000 € und Prozesskosten (Aufwandskonto) 600 € an Privateinlagen 5.600 €.

Diese Buchung bewirkt eine betriebliche Kapitalminderung, zugleich Gewinnminderung von 600 € (Buchung auf dem Aufwandskonto) und eine private Kapitalerhöhung von 5.600 € (Zahlung der Prozesskosten mit privaten Mitteln). Insgesamt erhöht sich das Kapital um 5.000 €. Diese Erhöhung vollzieht sich auf der Passivseite der Bilanz durch den Wegfall der Rückstellung von 5.000 €.

## Zu Aufgabe 120

Richtig: A, B, C, D

Rückstellungen dienen der richtigen zeitgerechten Gewinnermittlung. Deshalb ist der Kaufmann bei Aufstellung der Schlussbilanz verpflichtet, die voraussichtliche Gewerbesteuerabschlusszahlung für das abgelaufene Wirtschaftsjahr durch eine Rückstellung zu berücksichtigen. Dies geschieht durch die Buchung: Betriebssteuern an Rückstellungen. Das Konto Betriebssteuern ist ein Erfolgskonto, das über das GuV-Konto abzuschließen ist. Das Konto Rückstellungen wird über das Schlussbilanzkonto abgeschlossen.

Es liegt im Wesen von Rückstellungen, dass sich bei der in einem späteren Kalenderjahr erfolgenden Zahlung ergibt, dass der vorher erwartete Betrag der Höhe nach nicht genau zutrifft. Stellt sich heraus, dass die Rückstellung zu hoch war, ist der Unterschiedsbetrag gewinnerhöhend aufzulösen (Rückstellungen an sonstige betriebliche Erträge).

Im vorgegebenen Fall wird der dann noch zu zahlende Betrag aus privaten Geldmitteln bezahlt, sodass das Konto Privateinlagen im Haben anzusprechen ist.

## Zu Aufgabe 121

Richtig:   A, B, C

Die Privatkonten sind Unterkonten des Kapitalkontos für die privaten Kapitaländerungen. Sie werden beim Jahresabschluss über das Kapitalkonto abgeschlossen. Folglich sind Buchungen auf Privatkonten zwar erfolgsneutral, verändern aber die Höhe des Kapitals.

## Zu Aufgabe 122

Richtig:   D

Durch die vom Betriebsinhaber vorgenommene Buchung wurde der Kassenbestand gemindert. Es liegen somit Zahlungen seitens des Betriebsinhabers vor, die teils privater und teils betrieblicher Natur sind. Tilgungsbeträge wurden nicht geleistet, da sonst das Darlehenskonto im Soll angesprochen worden wäre (B).

Es wurden Zinsen für betriebliche und private Schulden zur gleichen Zeit bar bezahlt.

## Zu Aufgabe 123

Richtig:   A, B, D

Bei einer Barentnahme nehmen Kasse und Kapital in gleicher Höhe ab. Man spricht in diesen Fällen nicht von einem Aktiv-Passivtausch, da durch diesen Begriff Betriebsvermögensumschichtungen bezeichnet werden.

Barentnahmen führen zu keiner Gewinnauswirkung (vgl. Gewinnbegriff § 4 Abs. 1 Satz 1 EStG). Sie bewirken jedoch eine Minderung der Bilanzsumme.

## Zu Aufgabe 124

Richtig:  A, B, C

Die vorzunehmende Buchung lautet: Privatentnahmen 500 € und Mietaufwand 428 € an Warenverkauf 800 € und Umsatzsteuerschuld 128 €.

Durch den Geschäftsvorfall wird eine private Kapitaländerung von 500 € und eine betriebliche Kapitaländerung von 428 €, insgesamt eine Kapitalminderung von 928 € ausgelöst. Sie vollzieht sich auf der Aktivseite der Bilanz durch den Abgang des Warenpostens von 800 € und auf der Passivseite der Bilanz durch Zunahme des Postens Umsatzsteuerschuld um 128 €. Die Bilanzsumme nimmt um 800 € ab.

## Zu Aufgabe 125

Richtig:  A, B, C

Der Buchung liegt die Entnahme von Waren für nichtunternehmerische Zwecke im Erhebungsgebiet zugrunde. Bemessungsgrundlage ist der Einkaufspreis.

Diese Entnahme selbst hat keinerlei Auswirkung auf den Reingewinn. Unterlässt der Betriebsinhaber diese Entnahme nämlich, so ist der Gewinn genauso hoch wie nach diesem Geschäftsvorfall und der vorgenommenen Buchung.

Die reine Buchung der erfolgten Entnahme jedoch beeinflusst Wareneinsatz, Rohgewinn und Reingewinn. Unterlässt nämlich der Betriebsinhaber die Buchung der erfolgten Entnahme, so geht auch die entnommene Ware in den Wareneinsatz ein, vermindert den Rohgewinn und den Reingewinn.

Das Kapital vermindert sich, weil der privaten Kapitalminderung von 1.160 € nur eine betriebliche Kapitalerhöhung von 1.000 € gegenübersteht.

## Zu Aufgabe 126

Richtig:  A, B

Durch die vom Betriebsinhaber vorgenommene Buchung wird der Endbestand des Gebäudekontos erhöht. Durch die Gegenbuchung auf dem Konto Privateinlagen wird angezeigt, dass der Zugang auf dem Gebäudekonto aus dem Privatvermögen erfolgte. Es muss sich demnach um die Einlage eines bislang zum Privatvermögen gehörenden Gebäudes oder aber um die Anschaffungskosten des Gebäudes handeln, die mit privaten Mitteln bezahlt wurden.

Unterhaltskosten sind nicht aktivierungspflichtig und daher nicht auf dem Gebäudekonto zu buchen (C).

Bei aktivierungspflichtigen Herstellungskosten fällt für den Betriebsinhaber abzugsfähige Vorsteuer an. Somit müsste das Konto Vorsteuer angesprochen werden (D).

## Zu Aufgabe 127

Richtig:  A, D

Bei Neufahrzeugen (Anschaffung ab 1. 4. 1999) gilt umsatzsteuerlich die private Nutzung durch den Vorsteuerabzug von 50 % als abgegolten (§ 3 Abs. 9 a UStG, Abschn. 24 c Abs. 2 Satz 4 UStR 2000).

Die auf die private Nutzung von Neufahrzeugen (Anschaffung ab dem 1. 4. 1999) entfallenden Kosten können nach der 1%-Methode ermittelt werden (§ 6 Abs. 1 Nr. 4 Satz 2 EStG). Der umgerechnete Brutto-Listenpreis von 28.646 € ist auf volle 100 € abzurunden (II. 1 des BMF-Schreibens vom 21. 1. 2002, BStBl I S. 148).

Berechnung:    1 % v. 28.600 € =    286 €
               286 € × 12 =    3.432 €

Die erforderliche Buchung lautet: Privatentnahmen (Verwendung von Gegenständen) 3.432 € an verschiedene Aufwandskonten 3.432 €.

Die Aufwendungen werden also um 3.432 € zu hoch, der Gewinn um 3.432 € zu niedrig (A), das Kapital am Ende des Jahres jedoch richtig ausgewiesen.

Da sowohl die Privatentnahme als auch die Gewinnerhöhung nicht gebucht wurden, wird die Bilanzsumme nicht berührt (D).

## Zu Aufgabe 128

Richtig:  A, D

Die Forderung gegen A ist als Forderungsverlust auszubuchen: Forderungsverluste 10.000 € und Umsatzsteuer 1.600 € (§ 17 Abs. 2 Nr. 1 UStG) an Kundenforderungen 11.600 €.

Die Forderung gegen B ist als gesonderter Bilanzposten mit dem noch zu erwartenden Nettobetrag von (60 % von 20.000 € =) 12.000 € zuzüglich der vollen Umsatzsteuer von 3.200 € (§ 17 UStG noch nicht erfüllt) – also mit 15.200 € (D) – anzusetzen. Die Kundenforderungen sind insoweit um 23.200 € zu vermindern, der Differenzbetrag von 8.000 € ist als Aufwand zu buchen.

Die Kundenforderungen betragen 655.200 € (690.000 € ∕ 11.600 € ∕ 23.200 € = 655.200 €).

## Zu Aufgabe 129

Richtig: B

Der im Vorjahr erfasste Aufwand von 8.000 € ist nur in Höhe von 6.000 € eingetreten, es muss ein Ertrag von 2.000 € gebucht werden.
Die Umsatzsteuer ist bisher noch nicht berichtigt worden, nun liegen die Voraussetzungen des § 17 UStG vor. Die bisher entstandene Umsatzsteuer von 3.200 € entsteht tatsächlich letztlich nur in Höhe von 16 % von 14.000 € = 2.240 €, d. h., die Umsatzsteuerschuld ist um 960 € zu mindern. Die zweifelhafte Forderung ist eingegangen, die entsprechende Habenbuchung ist vorzunehmen.

## Zu Aufgabe 130

Richtig: C

Nur Buchungen auf Konten, die beim Jahresabschluss über das GuV-Konto abzuschließen sind, können sich auf den Gewinn auswirken. Dies gilt für Erfolgskonten und gemischte Konten (z. B. Wareneinkauf). Wird sowohl auf der Sollseite als auch auf der Habenseite auf Konten dieser Art gebucht, so hebt sich die Wirkung auf, die Höhe des Gewinns verändert sich damit nicht.

## Zu Aufgabe 131

Richtig: A

Nur Buchungen auf Konten, die beim Jahresabschluss über das GuV-Konto oder direkt über das Kapitalkonto abzuschließen sind, können sich auf das Kapital auswirken. Dies gilt für die zu Aufgabe 130 genannten Konten und die Privatkonten. Wird sowohl auf der Sollseite als auch auf der Habenseite auf Konten dieser Art gebucht, so hebt sich die Wirkung auf, die Höhe des Kapitals verändert sich damit nicht.

## Zu Aufgabe 132

Richtig: A, B

Hinweis auf die Ausführungen zu den Aufgaben 130 und 131.

## Zu Aufgabe 133

Richtig: A, C, D

Folgende Konten geben Bestände an das Schlussbilanzkonto ab: Bestandskonten, gemischte Konten und das Kapitalkonto.

## Zu Aufgabe 134

Richtig:   A, C

Beim Abschluss der Warenkonten nach der Bruttomethode werden der wirtschaftliche Wareneinsatz vom Wareneinkaufskonto und der wirtschaftliche Umsatz vom Warenverkaufskonto auf das GuV-Konto umgebucht. Der Rohgewinn wird bei dieser Methode weder auf den Warenkonten noch in dem GuV-Konto ausgewiesen. Er kann erst durch besondere Berechnung (wirtschaftlicher Umsatz ∕ wirtschaftlicher Wareneinsatz) ermittelt werden. Da bei der Nettomethode lediglich der Rohgewinn auf das GuV-Konto umgebucht wird, ist bei der Bruttomethode bei sonst gleichem Zahlenwerk die Kontensumme des GuV-Kontos höher.

## Zu Aufgabe 135

Richtig:   D

Beim Abschluss der Warenkonten nach der Nettomethode wird lediglich der Rohgewinn, der sich als Saldo auf dem Warenverkaufskonto ergibt, auf das GuV-Konto umgebucht. Die Kontensumme des Warenverkaufskontos wird von der Summe der Warenverkäufe gebildet, sie ist deshalb beim Abschluss der Warenkonten nach beiden Methoden gleich hoch.

## Zu Aufgabe 136

Richtig:   A, B, C, D

Die vorgenommene Buchung kommt beim Abschluss der Warenkonten nach der Netto-Methode und der Brutto-Methode vor. Im ersten Fall handelt es sich um die Umbuchung des als Saldo auf dem Warenverkaufskonto ermittelten Rohgewinns auf das GuV-Konto. Im zweiten Fall handelt es sich um die Umbuchung des wirtschaftlichen Umsatzes (verkaufte Waren zum Verkaufspreis) auf das GuV-Konto.

## Zu Aufgabe 137

Richtig:   C, D

Durch diese Buchung wird im Rahmen des Jahresabschlusses der Saldo eines Aufwandskontos, die Aufwandssumme, auf das GuV-Konto übertragen.

Der Saldo steht zum Ausgleich des Kontos zwar stets auf der kleineren Kontenseite (hier: Habenseite). Bezeichnet wird er jedoch stets nach der größeren Kontenseite (hier: Sollseite).

Da beide angesprochenen Konten Unterkonten des Kapitalkontos sind, ein Privatkonto aber nicht beteiligt ist, ergibt sich keine Gewinnauswirkung durch diese Buchung.

## Zu Aufgabe 138

Richtig:  A, C, D

Hier erfolgt der Abschluss des GuV-Kontos. Die Summe der betrieblichen Kapitaländerungen wird auf das Kapitalkonto umgebucht. Da das Kapitalkonto durch diese Buchung im Soll angesprochen wird, handelt es sich um einen Verlust.

## Zu Aufgabe 139

Richtig:  A, B, D

Unter Eigenkapital versteht man betriebswirtschaftlich grundsätzlich die Mittel, die im Betrieb vorhanden sind und vom Betriebsinhaber bzw. dem Betrieb selbst aufgebracht wurden. Sie erscheinen als rechnerische Größe auf der Passivseite der Bilanz. Wenn keine Schulden (Fremdkapital) vorhanden sind, entspricht die Summe der Besitzposten dem Kapital (A). Wenn Schulden vorhanden sind, ist Kapital die Summe der Besitzposten abzüglich der Summe der Schuldposten (D). Wenn der Betrieb überschuldet ist, die Schulden also die Besitzposten übersteigen, so ist Kapital die Summe der Schuldposten abzüglich der Summe der Besitzposten (B). Das Kapital erscheint in diesem Fall als Ausgleichsposten auf der Aktivseite der Bilanz.

## Zu Aufgabe 140

Richtig:  A, B, C, D

Der Gewinn ist in den vier vorgegebenen Fällen wie folgt zu ermitteln:

| | A | B | C | D |
|---|---|---|---|---|
| Betriebsvermögen am 31. 12. 03 | ∕ 50.000 € | 150.000 € | ∕ 10.000 € | 40.000 € |
| ∕ Betriebsvermögen am 31. 12. 02 | ∕ 110.000 € | 80.000 € | 30.000 € | ∕ 20.000 € |
| Betriebsvermögens-änderung | 60.000 € | 70.000 € | ∕ 40.000 € | 60.000 € |
| + Privatentnahmen | 20.000 € | 30.000 € | 100.000 € | 30.000 € |
| ∕ Privateinlagen | 30.000 € | 50.000 € | 10.000 € | 40.000 € |
| Gewinn | 50.000 € | 50.000 € | 50.000 € | 50.000 € |

# Lösungen: Einkommensteuer

## Zu Aufgabe 141

Richtig:  A, C, D

Die veranlagte Einkommensteuer, Lohnsteuer und Kapitalertragsteuer stellen nach dem VI. Abschnitt des EStG (§§ 36 ff. EStG) Erhebungsformen der Einkommensteuer dar (für natürliche Personen). Hingegen ist die Körperschaftsteuer eine Art der Einkommensteuer (für juristische Personen und die ihnen gleichgestellte nicht rechtsfähige Personenvereinigung).

## Zu Aufgabe 142

Richtig:  A, B, C, D

Bei der Aufteilung der Steuern in Besitz-, Verkehr- und Verbrauchsteuern gehört die veranlagte Einkommensteuer zu den Besitzsteuern. Da die veranlagte Einkommensteuer an das zu versteuernde Einkommen der natürlichen Personen anknüpft, bei dessen Ermittlung die persönlichen Verhältnisse Berücksichtigung finden, gehört die veranlagte Einkommensteuer zu den Personensteuern (Unterscheidung zwischen Personen- und Sachsteuern – z. B. § 12 Nr. 3 EStG). Bei der in der Finanzwirtschaft üblichen Unterscheidung zwischen direkten und indirekten Steuern ist die veranlagte Einkommensteuer eine direkte Steuer, weil der gesetzliche Steuerschuldner mit dem wirtschaftlichen Steuerträger identisch ist. Da ferner das Aufkommen an der veranlagten Einkommensteuer dem Bund und den Ländern gemeinsam zusteht, gehört die Einkommensteuer zu den Gemeinschaftsteuern (Artikel 106 Abs. 3 GG). Die Gemeinden erhalten einen Anteil an dem Aufkommen der veranlagten Einkommensteuer, der von den Ländern an ihre Gemeinden auf der Grundlage der Einkommensteuerleistungen ihrer Einwohner weiterzuleiten ist (Artikel 106 Abs. 5 GG).

## Zu Aufgabe 143

Richtig:  A, B, C

Für die unbeschränkte Steuerpflicht einer Person bei der Einkommensteuer ist nach § 1 Abs. 1 EStG zunächst das Vorhandensein eines Wohnsitzes (§ 8 AO) im Inland erforderlich (A). Ist ein solcher nicht vorhanden, ist die unbeschränkte Steuerpflicht trotzdem gegeben, wenn die Person einen gewöhnlichen Aufenthalt (§ 9 AO) im Inland hat (C). Personen, die weder einen Wohnsitz noch einen gewöhnlichen Aufenthalt im Inland haben, sind nach § 1 Abs. 4 EStG nur dann beschränkt steuerpflichtig, wenn sie inländische Einkünfte i. S. des § 49 EStG erzielen (B, D).

## Zu Aufgabe 144

Richtig: B

Die persönliche Steuerpflicht einer natürlichen Person endet mit deren Tod (A, C). Da G bis zum 31. 3. 03 keine inländischen Einkünfte erzielt hat, ist er bis zu diesem Zeitpunkt nicht steuerpflichtig. Ab 1. 4. 03 ist G aufgrund der Wohnsitznahme in Köln unbeschränkt steuerpflichtig (B). Hätte G schon in der Zeit vom 1. 1. bis 31. 3. 03 inländische Einkünfte i. S. des § 49 EStG erzielt, wäre er für diesen Zeitraum bereits beschränkt steuerpflichtig gewesen (D).

## Zu Aufgabe 145

Richtig: A, B, D

Einkünfte aus Land- und Forstwirtschaft, Gewerbebetrieb und selbstständiger Arbeit werden nach § 2 Abs. 2 Nr. 1 EStG als Gewinn bezeichnet. Bei den anderen Einkunftsarten sind Einkünfte der Überschuss der Einnahmen über die Werbungskosten (§ 2 Abs. 2 Nr. 2 EStG).

## Zu Aufgabe 146

Richtig: B, C

Nach § 2 Abs. 7 Satz 2 EStG ist grundsätzlich das Kalenderjahr der Ermittlungszeitraum bei der Einkommensteuer. Nach § 4 a EStG ist davon abweichend bei Land- und Forstwirten und bei Gewerbetreibenden der Gewinn nach dem Wirtschaftsjahr zu ermitteln (B), das (z. B. § 4 a Abs. 1 Nr. 1 EStG) nicht mit dem Kalenderjahr übereinstimmen muss (C). Das Wirtschaftsjahr kann nach § 8 b EStDV auch einen Zeitraum von weniger als 12 Monaten umfassen, wenn z. B. ein Betrieb im Laufe eines Kalenderjahrs eröffnet wird (A).

Der Bemessungszeitraum für die Einkommensteuer ist nach § 2 Abs. 7 Satz 1 EStG stets das Kalenderjahr, unabhängig davon, ob als Ermittlungszeitraum u. a. ein vom Kalenderjahr abweichendes Wirtschaftsjahr für den Stpfl. in Betracht kommt oder nicht (D).

## Zu Aufgabe 147

Richtig: B

Bei Land- und Forstwirten ist der Gewinn nach dem Wirtschaftsjahr zu ermitteln. Das Wirtschaftsjahr umfasst in der Regel den Zeitraum vom 1. 7. – 30. 6. (§ 4 a Abs. 1 Nr. 1 EStG; Abweichung: § 8 c EStDV). Der Gewinn eines Wirtschaftsjahres ist auf das Kalenderjahr, in dem das Wirtschaftsjahr beginnt, und auf das Kalenderjahr, in dem das Wirtschaftsjahr endet, entsprechend dem zeitlichen Anteil aufzuteilen. Veräußerungsgewinne sind bei der Aufteilung auszuscheiden und dem Gewinn des Kalenderjahres hinzuzurechnen, in dem sie entstanden sind (§ 4 a Abs. 2 Nr. 1 EStG).

Ermittlung der in den Kj. 02–04 anzusetzenden Gewinne (ohne Freibetrag nach § 13 Abs. 3 EStG):

**02**

| | | | |
|---|---|---|---|
| Gewinn Wj. 01/02 | = 30.000 € | | |
| davon entfallen $^6/_{12}$ auf das Kj. 02 | | = | 15.000 € |
| Gewinn Wj. 02/03 | = 22.000 € | | |
| davon entfallen $^6/_{12}$ auf das Kj. 02 | | = | 11.000 € |
| Gewinn 02 | | = | 26.000 € |

**03**

| | | | |
|---|---|---|---|
| Gewinn Wj. 02/03 | = 22.000 € | | |
| davon entfallen $^6/_{12}$ auf das Kj. 03 | | = | 11.000 € |
| Gewinn Wj. 03/04 | = 140.000 € | | |
| ⁒ Veräußerungsgewinn | 132.000 € | | |
| Aufteilungsgewinn | = 8.000 € | | |
| davon entfallen $^6/_{12}$ auf das Kj. 03 | | = | 4.000 € |
| + Veräußerungsgewinn (entstanden am 2. 8. 03) | | = | 132.000 € |
| Gewinn 03 | | = | 147.000 € |

**04**

| | | | |
|---|---|---|---|
| Gewinn Wj. 03/04 | = 140.000 € | | |
| ⁒ Veräußerungsgewinn | 132.000 € | | |
| Aufteilungsgewinn | = 8.000 € | | |
| davon entfallen $^6/_{12}$ auf das Kj. 04 | | = | 4.000 € |
| Gewinn Wj. 04/05 | = 16.000 € | | |
| davon entfallen $^6/_{12}$ auf das Kj. 04 | | = | 8.000 € |
| Gewinn 04 | | = | 12.000 € |

## Zu Aufgabe 148

Richtig:  C

Der Gewinn aus der Beteiligung als Kommanditist gehört nach § 15 Abs. 1 Nr. 2 EStG zu den Einkünften aus Gewerbebetrieb. Da die KG ein vom Kj abweichendes Wj. hat, gilt der Gewinn des Wirtschaftsjahres 04/05 in dem Kj. als bezogen, in dem das Wirtschaftsjahr endet (§ 4 a Abs. 2 Nr. 2 EStG). Da der Stpfl. den Teilbetrag erfolgsneutral gebucht hat, ist für das Kj. 05 der Gewinnanteil in voller Höhe (24.000 €), zuzüglich des Gewinns aus seinem Baubetrieb (§ 15 Abs. 1 Nr. 1 EStG), bei den Einkünften aus Gewerbebetrieb anzusetzen (24.000 € + 60.000 € = 84.000 €).

## Zu Aufgabe 149

Richtig:   B, C

Bei Gewerbetreibenden, die nicht im Handelsregister eingetragen sind, ist das Wirtschaftsjahr nach § 4 a Abs. 1 Nr. 3 EStG das Kalenderjahr (B).

Ein vom Kalenderjahr abweichendes Wirtschaftsjahr ist für im Handelsregister eingetragene Gewerbetreibende nach § 4 a Abs. 1 Nr. 2 EStG möglich (C).

Für die Umstellung des Wirtschaftsjahrs ist das Einvernehmen des Finanzamts nur erforderlich, wenn das neu gewählte Ende des Wirtschaftsjahrs nicht der 31. 12. eines Kalenderjahrs ist (A, D). Durch die Umstellung kann sich auch ein Wirtschaftsjahr mit einem Zeitraum von weniger als 12 Monaten ergeben (§ 8 b EStDV).

## Zu Aufgabe 150

Richtig:   A, C

Der Freibetrag für Land- und Forstwirte ist nach § 13 Abs. 3 EStG in Höhe dieser Einkünfte (D), höchstens aber in Höhe von 670 € bzw. von 1.340 € bei zusammen zu veranlagenden Ehegatten, von der Summe der Einkünfte (A) zur Ermittlung des Gesamtbetrags der Einkünfte (B) abzuziehen (§ 2 Abs. 3 Satz 1 EStG, R 3 EStR), auch wenn die Einkünfte nur in einem Teil des VZ erzielt wurden (R 124 EStR). Der Freibetrag in Höhe von höchstens 1.340 € ist auch dann zu gewähren, wenn nur einer der Ehegatten Einkünfte aus Land- und Forstwirtschaft erzielt hat (H 124 „Zusammenveranlagung" EStH).

Die Grenzen der Summe der Einkünfte von 30.700 € bzw. von 61.400 € bei zusammen zu veranlagenden Ehegatten sind Freigrenzen, bei deren Überschreiten der Freibetrag ganz entfällt (D).

## Zu Aufgabe 151

Richtig:   B, C

Der Altersentlastungsbetrag ist nach § 2 Abs. 3 Satz 1 EStG von der Summe der Einkünfte zur Ermittlung des Gesamtbetrags der Einkünfte abzuziehen (A), die außergewöhnlichen Belastungen nach § 2 Abs. 4 EStG vom Gesamtbetrag der Einkünfte zur Ermittlung des Einkommens (B).

Sowohl der freibleibende Betrag nach § 46 Abs. 3 EStG als auch der Härteausgleich nach § 70 EStDV sind nach Maßgabe dieser Vorschriften vom Einkommen zur Ermittlung des zu versteuernden Einkommens abzuziehen (C).

Die Steuerermäßigungen – wie die Ermäßigung gemäß § 34 g EStG – sind nach § 2 Abs. 6 EStG (R 4 EStR) von der tariflichen Einkommensteuer zur Ermittlung der festzusetzenden Einkommensteuer abzuziehen (D).

## Zu Aufgabe 152

Richtig:   B

Der Altersentlastungsbetrag ist nach § 24 a EStG wie folgt zu ermitteln: 40 % des Bruttoarbeitslohns (4.500 €) und der positiven Summe der Einkünfte, die nicht solche aus nichtselbstständiger Arbeit sind. Dabei bleiben Versorgungsbezüge i. S. des § 19 Abs. 2 EStG (5.380 €) und Einkünfte aus Leibrenten i. S. des § 22 Nr. 1 Satz 3 Buchst. a EStG außer Betracht. Da sich hier keine positive Summe der Einkünfte ergibt (+ 2.000 € ∕ 5.000 € = ∕ 3.000 €), beträgt der Altersentlastungsbetrag (40 % von 4.500 € =) 1.800 €. Der Höchstbetrag von 1.908 € wird nicht erreicht.


## Zu Aufgabe 153

Richtig: A, B, C, D

Ermittlung des zu versteuernden Einkommens:

| | |
|---|---:|
| Gewinn/Einkünfte aus selbstständiger Arbeit i. S. des § 18 Abs. 1 Nr. 1 EStG = Summe der Einkünfte (BE 180.000 € ∕ BA 60.000 €) | 120.000 €   (A) |
| ∕ Altersentlastungsbetrag nach § 24 a EStG (40 % von 120.000 €, höchstens =) | 1.908 € |
| = Gesamtbetrag der Einkünfte | 118.092 €   (B) |
| ∕ Sonderausgaben Pauschbetrag nach § 10 c Abs. 1 EStG in Höhe von | 36 € |
| ∕ Vorsorgeaufwendungen i. S. des § 10 Abs. 1 Nr. 2 a EStG i. V. mit § 10 Abs. 3 Nr. 1 u. 2 EStG in Höhe von | 4.000 € |
| = Einkommen | 114.056 €   (C) |
| ∕ Freibeträge nach § 32 Abs. 6 EStG | 2.904 € |
| = zu versteuerndes Einkommen | 111.152 €   (D) |


## Zu Aufgabe 154

Richtig:   D

Ermittlung der Summe der Einkünfte:

| | |
|---|---:|
| Einkünfte aus nichtselbstständiger Arbeit der Ehefrau | |
| Bruttoarbeitslohn | 24.000 € |
| Arbeitnehmer-Pauschbetrag (§ 9 a Nr. 1 EStG) | ∕ 1.044 € |
| Einkünfte | 22.956 € |

| | Übertrag: | 22.956 € |
|---|---|---|
| Ehemann | | |
| Arbeitslosengeld steuerfrei nach § 3 Nr. 2 EStG | | — |
| Ausgaben hierfür nicht abzugsfähig nach § 3 c EStG | | — |
| Einkünfte aus Gewerbebetrieb | | |
| 1.200 € ∕ 240 € = | | 960 € |
| Summe der Einkünfte | | 23.916 € |

## Zu Aufgabe 155

Richtig:  A, D

Nach § 2 Abs. 3 Satz 2 EStG sind zunächst die Summen der Einkünfte aus jeder Einkunftsart zu bilden:

| | | |
|---|---|---|
| § 15 EStG | 85.000 ∕ 40.000 = | 45.000 € |
| § 20 EStG | | 48.000 € |
| § 21 EStG | | ∕ 15.000 € |

Der horizontale Verlustausgleich innerhalb einer Einkunftsart ist ohne jede Beschränkung möglich (C).

Dann ist die Summe der positiven Einkünfte festzustellen:

| | |
|---|---|
| § 15 EStG | 45.000 € |
| § 20 EStG | 48.000 € |
| | 93.000 € |

Da die Summe der positiven Einkünfte 51.500 € übersteigt, ist nach § 2 Abs. 3 Satz 3 EStG eine Minderung durch die negativen Summen der Einkünfte (vertikaler Verlustausgleich) nur bis 51.500 € zuzüglich der Hälfte des 51.500 € übersteigenden Betrags zulässig, d. h., die negativen Einkünfte können bis zur Höhe von

| | |
|---|---|
| | 51.500 € |
| $^1/_2$ v. (93.000 ∕ 51.500 =) 41.500 € = | 20.750 € |
| Verlustverrechnungsvolumen | 72.250 € (B) |

ausgeglichen werden.

Da die Verluste mit 15.000 € diese Grenze nicht überschreiten, sind sie in voller Höhe auszugleichen, d. h., die Summe der Einkünfte beträgt (93.000 ∕ 15.000 =) 78.000 € (A).

Für die eventuelle Anwendung des Verlustabzugs gem. § 10 d EStG von Verlusten aus einem anderen VZ ist eine Aufteilung der Summe der Einkünfte vorzunehmen. Nach § 2 Abs. 3 Satz 4 EStG erfolgt die Minderung im Verhältnis der positiven Einkünfte:

| | | |
|---|---|---|
| § 15 EStG | 45.000/93.000 v. 78.000 € = | 37.742 € |
| § 20 EStG | 48.000/93.000 v. 78.000 € = | 40.258 € (D) |
| | | 78.000 € |

## Zu Aufgabe 156

Richtig:   A, C, D

Die Summen der Einkünfte aus jeder Einkunftsart betragen (§ 2 Abs. 3 Satz 2 EStG):

| | | |
|---|---|---:|
| § 15 EStG | ∕ 180.000 + 140.000 = | ∕ 40.000 € |
| § 20 EStG | | 120.000 € |
| § 21 EStG | ∕ 85.000 ∕ 6.000 = | ∕ 91.000 € |
| § 22 EStG | | 4.000 € |
| Die rechnerische Summe der Einkünfte beträgt | | ∕ 7.000 €. |

Die Verlustausgleichsbeschränkung in § 2 Abs. 3 Sätze 2 ff. EStG ist zu beachten.

Die Summe der positiven Einkünfte ergibt sich mit (120.000 + 4.000 =) 124.000 €, ein vertikaler Verlustausgleich mit den negativen Einkünften ist bis zur Höhe von

|  |  |
|---|---:|
| | 51.500 € |
| + ½ v. (124.000 ∕ 51.500 =) 72.500 € = | 36.250 € |
| | 87.750 € |

zulässig (§ 2 Abs. 3 Satz 3 EStG); die Summe der negativen Einkünfte ist mit (40.000 + 91.000 =) 131.000 € höher, der übersteigende Betrag von 43.250 € darf nicht ausgeglichen werden. Er steht für die Anwendung des Verlustabzugs gem. § 10 d EStG in anderen VZ zur Verfügung.

Die Summe der Einkünfte beträgt damit 124.000 ∕ 87.750 = 36.250 €. Sie setzt sich nach § 2 Abs. 3 Satz 4 EStG wie folgt zusammen:

| | | |
|---|---|---:|
| § 20 EStG | 120.000/124.000 v. 36.250 € = | 35.081 €, |
| § 22 EStG | 4.000/124.000 v. 36.250 € = | 1.169 €, |
| | | 36.250 €. |

Für den Verlustabzug gem. § 10 d EStG verbleiben nach § 2 Abs. 3 Satz 5 EStG

| | | |
|---|---|---:|
| § 15 EStG | 40.000/131.000 v. 43.250 € = | 13.206 €, |
| § 21 EStG | 91.000/131.000 v. 43.250 € = | 30.044 €, |
| insgesamt also | | 43.250 €; |

verrechnet mit der Summe der Einkünfte von 36.250 €, ergibt sich die rechnerische Summe der Einkünfte von ∕ 7.000 €.

## Zu Aufgabe 157

Richtig:   D

Ermittlung des Einkommens:

| | |
|---|---:|
| Summe der Einkünfte (§ 2 Abs. 1 EStG) | 30.300 € |
| ./. Altersentlastungsbetrag (§ 24 a EStG, 40 % von 20.300 €, höchstens =) | 1.908 € |
| ./. Freibetrag für Land- und Forstwirte (§ 13 Abs. 3 EStG) | 600 € |
| = Gesamtbetrag der Einkünfte | 27.792 € |
| ./. Sonderausgaben-Pauschbetrag (§ 10 c Abs. 1 EStG) | 36 € |
| ./. für Vorsorgeaufwendungen (§ 10 c Abs. 2 EStG) | — |
| = Einkommen | 27.756 € |

## Zu Aufgabe 158

Richtig:   A, D

Beim Betriebsvermögensvergleich ergibt sich zunächst der Saldo aller Betriebsvermögensänderungen, wenn das Betriebsvermögen am Ende des Wirtschaftsjahrs mit dem vom Ende des vorangegangenen Wirtschaftsjahrs verglichen wird (C). Da in dieser Differenz auch die privat veranlassten Betriebsvermögensänderungen enthalten sind, muss zur Ermittlung des Gewinns nach § 4 Abs. 1 EStG noch eine Korrektur um diese privaten Änderungen erfolgen. Da die Entnahmen das Betriebsvermögen gemindert haben, sind diese der Differenz hinzuzurechnen, entsprechend sind die Einlagen abzuziehen (A). Diese Art der Gewinnermittlung ist auch bei § 5 EStG anzuwenden. Bei der Gewinnermittlung nach § 4 Abs. 3 EStG ist der Überschuss der Betriebseinnahmen über die Betriebsausgaben zu ermitteln (D).

## Zu Aufgabe 159

Richtig:   B

Der private Nutzungsanteil kann nach § 6 Abs. 1 Nr. 4 Satz 3 EStG mit dem Anteil der Gesamtkosten ermittelt werden, wenn – wie im vorliegenden Fall – diese durch Belege und ein ordnungsgemäßes Fahrtenbuch nachgewiesen sind.

Berechnung: 30 % von 12.600 € = 3.780 €.

Der private Kfz-Nutzungsanteil gehört zu den nicht abziehbaren Kosten der Lebensführung nach § 12 Nr. 1 EStG (Entnahme). Der Gewinn ist deshalb zunächst um 3.780 € zu erhöhen. Umsatzsteuer fällt nicht an, da die private Nutzung bei den Fahrzeugen, bei deren Anschaffung die Vorsteuer nur zu 50 % abziehbar war, nicht der Umsatzsteuer unterliegt (§ 3 Abs. 9 a Satz 2 UStG).

Die Aufwendungen für Fahrten mit dem eigenen PKW zwischen Wohnung und Betrieb sind zwar Betriebsausgaben, sie dürfen aber nach § 4 Abs. 5 Nr. 6 EStG nur mit den in § 9 Abs. 1 Nr. 4 EStG genannten Entfernungs-kilometersätzen als Betriebsausgabe abgezogen werden. Der Unterschieds-betrag zwischen dem tatsächlichen Aufwand pro Entfernungskilometer – bei Pelz 1,26 € (s. u.) – und dem sich nach § 9 Abs. 1 Nr. 4 EStG er-gebenden Betrag ist als nicht abziehbare Betriebsausgabe dem Gewinn hinzuzurechnen, wenn die private Nutzung des Fahrzeugs nach § 6 Abs. 1 Nr. 4 Satz 3 EStG ermittelt wird.

Danach ergibt sich folgende Berechnung:

| | |
|---|---:|
| Kfz-Kosten insgesamt | 12.600 € |
| ∕ 30 % Privatanteil | 3.780 € |
| betrieblich veranlasste Kfz-Kosten | 8.820 € |
| (Fahrleistung: 20.000 km ∕ 30 % private Nutzung) | |

Auf 1 km Fahrleistung entfallen (8.820 : 14.000 =) 0,63 €, das entspricht 1,26 € pro Entfernungskilometer. Für 1.000 Entfernungskilometer ist daher nach § 4 Abs. 5 Nr. 6 EStG die Differenz zwischen 1,26 € und dem Kilo-metersatz nach § 9 Abs. 1 Nr. 4 EStG dem Gewinn als nicht abziehbare Betriebsausgaben hinzuzurechnen. Für 2003 z. B. bedeutete das eine Hin-zurechnung von (1,26 ∕ 0,36 =) 0,90 € × 1.000 km = 900 €.

## Zu Aufgabe 160

Richtig: D

Nach § 6 Abs. 1 Nr. 4 Satz 2 EStG ist die private Kfz-Nutzung mit 1 % des Listenpreises des genutzten Fahrzeugs im Zeitpunkt der Erstzulassung einschließlich Umsatzsteuer als Entnahme für jeden Kalendermonat anzu-setzen. Für die Entnahme ergibt sich damit bei dem Stpfl. Pelz ein Ansatz von (1 % von 46.400 € = 464 € monatlich, 464 × 12 =) 5.568 €. Dieser Betrag ist gewinnerhöhend zu berücksichtigen.

## Zu Aufgabe 161

Richtig: D

Der Ansatz der nicht abziehbaren Betriebsausgaben mit dem sich aus den tatsächlichen Aufwendungen ergebenden Betrag von 900 € (A; Ermittlung s. zu Aufgabe 159 am Ende) kommt nur in Betracht, wenn für die private Nutzung des Fahrzeugs § 6 Abs. 1 Nr. 4 Satz 3 EStG angewandt wird. Im

Übrigen ist die Höhe der nicht abziehbaren Betriebsausgaben nach § 4 Abs. 5 Nr. 6 EStG als Differenz zwischen dem Produkt aus 0,03 % des Listenpreises (hier von 46.400 € = 13,92 €), der Anzahl der Entfernungskilometer (hier: 5 km) sowie der Anzahl der Monate (hier: 12) – Produkt bei Pelz: (13,92 × 5 × 12 =) 835,20 € – und dem sich nach § 9 Abs. 1 Nr. 4 EStG ergebenden Betrag – in 2003 bei Pelz: 1.000 km × 0,36 € = 360 € – zu ermitteln. Für den Stpfl. Pelz betragen die nicht abziehbaren Betriebsausgaben (835,20 ⁒ 360 =) 475,20 €. Dem Gewinn ist dieser Betrag in dieser Höhe hinzuzurechnen.

## Zu Aufgabe 162

Richtig: A

§ 11 EStG gilt für alle Einkünfte aus den sieben Einkunftsarten, mit Ausnahme der durch Bestandsvergleich ermittelten Gewinne (§ 11 Abs. 1 Satz 4 und Abs. 2 Satz 3 EStG). Betriebsversicherung und Miete sind regelmäßig wiederkehrende Ausgaben. Grundsätzlich sind Ausgaben in dem Kj. abzusetzen, in dem sie geleistet worden sind. Eine Ausnahme hiervon bilden regelmäßig wiederkehrende Ausgaben, die kurze Zeit (10 Tage – H 116 „Allgemeines" EStH) vor Beginn oder kurze Zeit nach Beendigung des Kj., zu dem sie wirtschaftlich gehören, abgeflossen sind; auf die Fälligkeit kommt es nicht an (BFH v. 23. 9. 1999, BStBl 2000 II S. 121). Diese Ausgaben gelten als in dem Kj. geleistet, zu dem sie wirtschaftlich gehören (§ 11 Abs. 2 Satz 2 i. V. mit Abs. 1 Satz 2 EStG).

Die Betriebsversicherung gilt deshalb im Kj. 02 als geleistet. Die Miete ist nicht kurze Zeit nach Beendigung des Kj. abgeflossen, zu dem sie wirtschaftlich gehört (erst am 25. 1. 02). Der Betrag ist deshalb im Kj. 02 (Jahr der Zahlung) als Betriebsausgabe abzusetzen.

Demnach bleibt der erklärte Gewinn 01 in Höhe von 12.000 € unverändert. Der Gewinn 02 ist auf (14.000 € ⁒ 1.800 € =) 12.200 € zu berichtigen.

## Zu Aufgabe 163

Richtig: A

Auch bei einem Gewinnermittler nach § 4 Abs. 3 EStG wirkt sich die Umsatzsteuer im Ergebnis (abgesehen von der nur zeitlichen Verschiebung der im Januar geleisteten Zahllast für Dezember) erfolgsneutral aus. Der Stpfl. hat jedoch die Umsatzsteuer auf die Entnahme (§ 3 Abs. 1 b Nr. 1 UStG) im Rahmen der an das Finanzamt abgeführten Zahllast als Betriebsausgabe (160 €) abgesetzt, wobei dieser Betrag in den Einnahmen nicht enthalten ist. Somit hat sich die Umsatzsteuer auf die Entnahme unzulässigerweise gewinnmindernd ausgewirkt (§ 12 Nr. 3 EStG). Der Gewinn beträgt demnach (18.150 € + 160 € =) 18.310 €.

## Zu Aufgabe 164

Richtig:   B

Nach der Rechtsprechung sind Entnahmen auch bei der Gewinnermittlung nach § 4 Abs. 3 EStG mit dem Teilwert als Einnahmen anzusetzen (2.200 €).

Der Gewinn beträgt demnach (20.000 € + 2.200 € =) 22.200 €.

## Zu Aufgabe 165

Richtig:   C, D

Die Anschaffungskosten des zum Betriebsvermögen gehörenden Grund und Bodens betragen 32.100 € (einschl. Anschaffungsnebenkosten). Die Anschaffungskosten sind jedoch erst im Zeitpunkt der Veräußerung (oder Entnahme) als Betriebsausgaben zu berücksichtigen (§ 4 Abs. 3 Satz 4 EStG). Der für das Kj. 01 erklärte Gewinn ändert sich somit nicht (C).

Im Kj. 02 sind die Einnahmen um den Veräußerungserlös von 40.000 € zu erhöhen, gleichfalls erhöhen sich aber auch die Betriebsausgaben um die Anschaffungskosten für den Grund und Boden (32.100 €).

Der Gewinn des Kj. 02 beträgt demnach 22.000 € + (40.000 € ∕ 32.100 € =) 7.900 € = 29.900 € (D).

## Zu Aufgabe 166

Richtig:   B

Die Betriebsausgabe wurde bereits im Zeitpunkt der Bezahlung der Ware beim Einkauf berücksichtigt. Eine nochmalige Berücksichtigung als Betriebsausgabe (200 €) aufgrund des Diebstahls ist falsch, weil sich durch das Fehlen einer entsprechenden Einnahme dieser Vorgang insgesamt in Höhe der tatsächlichen Aufwendungen (150 €) gewinnmindernd ausgewirkt hat. Die Betriebsausgaben sind um 200 € zu vermindern.

Scheiden abnutzbare Wirtschaftsgüter durch Diebstahl aus dem Betriebsvermögen aus, so ist – wie bei der Veräußerung – der Restbuchwert (5.400 €) als Betriebsausgabe abzusetzen. Der Teilwert ist nur bei der Entnahme (als Einnahme) von Bedeutung. Die bisher erfassten Betriebsausgaben von 5.000 € sind daher um 400 € zu erhöhen.

Die Betriebsausgaben für 01 betragen somit
40.000 € + (∕ 200 € + 400 € =) 200 € = 40.200 €.

## Zu Aufgabe 167

Richtig:   A, C

Der alte PKW ist mit dem Restbuchwert als Betriebsausgabe und mit dem Anrechnungswert als Einnahme anzusetzen. Da beide Fahrzeuge zu 30 % privat genutzt worden sind, stellt dieser Anteil der AfA eine Privatentnahme dar.

Berechnung:

| | | | |
|---|---|---|---|
| Erklärter Gewinn 01 | | 18.000 € | |
| + Einnahme alter PKW | | 3.000 € | |
| + 30 % privatanteilige AfA alter PKW (AfA für $^1/_{12}$ = 100 € =) | | 30 € | |
| + 30 % privatanteilige AfA neuer PKW (AfA für ein Jahr – R 44 Abs. 2 EStR 25 % von 21.600 – § 9 b UStG =) 5.400 = | | 1.620 € | |
| oder ohne Vereinfachungsregelung des R 44 Abs. 2 EStR 30 % von ($^{11}/_{12}$ von 5.400 =) 4.950 = | | | (1.485) |
| | | 22.650 € | (22.515) |
| abzüglich alter PKW Wert 1. 1. 01 | 2.400 € | | |
| ∕. AfA | 100 € | 100 € | |
| Restbuchwert | 2.300 € | | |
| Abgang | 2.300 € | 2.300 € | |
| Anschaffungskosten neuer PKW | 21.600 € | | |
| ∕. AfA | 5.400 € | 5.400 € | (4.950) |
| Restbuchwert 31. 12. 01 | 16.200 € | | |
| Gewinn 01 | | 14.850 € | (15.165) |

## Zu Aufgabe 168

Richtig:   A, C, D

Die an den Lieferanten gezahlte USt (Vorsteuer) ist im Zeitpunkt der Zahlung (§ 11 Abs. 2 EStG) als Betriebsausgabe abziehbar (A). Da die Anschaffungskosten für das Wirtschaftsgut – ohne Vorsteuer – nicht mehr als 410 € betragen (390 €), kann der Stpfl. im Jahr der Anschaffung (01) den Nettobetrag als Betriebsausgabe absetzen (Bewertungsfreiheit nach § 6 Abs. 2 EStG).

Der Gewinn für das Kj. 01 beträgt demnach (10.000 € ∕. 390 € =) 9.610 € (C). Da der Stpfl. ein Wahlrecht hat, ist die unter D vorgegebene Antwort ebenfalls richtig.

## Zu Aufgabe 169

Richtig:  A, C, D

Ob der Vorsteuerbetrag auf die Umsatzsteuerschuld anzurechnen ist oder nicht (§ 15 Abs. 1 und 2 UStG), spielt für die Prüfung der Grenze des § 6 Abs. 2 EStG keine Rolle (R 86 Abs. 2 EStR). Die Anschaffungskosten der Schreibmaschine betragen nach Skonto-Abzug nicht mehr als 410 €, sodass der Stpfl. die Bewertungsfreiheit nach § 6 Abs. 2 EStG in Anspruch nehmen kann. Die Frachtkosten (netto) gehören ebenfalls zu den Anschaffungskosten des Wirtschaftsguts.

Berechnung der Anschaffungskosten i. S. des § 6 Abs. 2 EStG:

| | |
|---|---:|
| Anschaffungskosten ohne USt | 420 € |
| ∕ 5 % von 420 € | 21 € |
| | 399 € |
| + Frachtkosten (ohne USt) | 10 € |
| | 409 € |

Als Betriebsausgaben i. S. des § 4 Abs. 4 EStG darf der Stpfl. demnach im Kj. 01 abziehen:

| | |
|---|---:|
| 1. Anschaffungskosten für die Schreibmaschine (§ 6 Abs. 2 EStG) | 409,— € |
| 2. An den Lieferanten gezahlte USt (16 % von 399 € =) | 63,84 € |
| 3. Gezahlte USt für die Beförderungsleistung (Fracht) | 1,60 € |
| | 474,44 € |

Der Gewinn für das Kj. 01 beträgt demnach (15.000 € ∕ 474,44 € =) 14.525,56 € (A).

Übt der Stpfl. sein Wahlrecht aber dahin gehend aus, dass er auf die Bewertungsfreiheit nach § 6 Abs. 2 EStG verzichtet und stattdessen die Anschaffungskosten auf die betriebsgewöhnliche Nutzungsdauer verteilt, so ergibt sich folgende Berechnung:

| | | |
|---|---:|---:|
| Anschaffungskosten (§ 9 b Abs. 1 Satz 1 EStG) | 409 € | |
| AfA nach § 7 Abs. 1 EStG (BND = 10 Jahre) 10 % von 409 € = 40,90 € (Jahres-AfA), für ½ Jahr (R 44 Abs. 2 Satz 3 EStR) = | 20,45 € | |
| bzw. für 4 Monate (Anschaffung: 1. 9. 01) | | 13,64 € |
| gezahlte USt (63,84 € + 1,60 € =) | 65,44 € | 65,44 € |
| Betriebsausgaben im Kj. 01 | 85,89 € | 79,08 € |

Der Gewinn für das Kj. 01 kann demnach auch mit (15.000 € ∕ 85,89 € =) 14.914,11 € (C) bzw. mit (15.000 € ∕ 79,08 € =) 14.920,92 € (D) angesetzt werden.

## Zu Aufgabe 170

Richtig:   C

Die Hingabe des PKW an den Sohn ist eine Entnahme. Sachentnahmen sind bei der Gewinnermittlung nach § 4 Abs. 3 EStG als fiktive Betriebseinnahmen anzusetzen. Der Wertansatz erfolgt nach § 6 Abs. 1 Nr. 4 EStG (entsprechende Anwendung) mit dem Teilwert, der hier den Wiederbeschaffungskosten entspricht.

Die Betriebseinnahmen erhöhen sich somit um 12.000 €.

Der Buchwert ist auf den Tag des Ausscheidens zu ermitteln und in diesem Gewinnermittlungszeitraum als Betriebsausgabe zu behandeln. Die AfA bis zum Ausscheiden stellt ebenfalls eine Betriebsausgabe dar.

Ermittlung der Betriebsausgaben:

Anschaffungskosten 2. 1. 01 = 20.000 € ∕ AfA 01 und 02 von 10.000 € = Buchwert 1. 1. 03 von 10.000 €.

| | |
|---|---:|
| Buchwert 1. 1. 03 | 10.000 € |
| ∕ AfA bis 31. 3. 03 | 1.250 € |
| Restbuchwert 31. 3. 03 | 8.750 € |

Die Betriebsausgaben erhöhen sich danach um (1.250 € + 8.750 € =) 10.000 €.

Der Gewinn für das Kj. 03 beträgt demnach (20.000 € + 12.000 € ∕ 10.000 € =) 22.000 € (C).

## Zu Aufgabe 171

Richtig:   B

Betriebsausgaben können nach § 4 Abs. 4 EStG nur betrieblich veranlasste Aufwendungen sein. Die Schenkung der Lampe an die Tante ist privat veranlasst und daher als Entnahme einzuordnen.

Nach § 4 Abs. 5 Nr. 1 EStG sind nur Geschenke an Personen, die nicht Arbeitnehmer des Steuerpflichtigen sind, vom Betriebsausgabenabzug ausgeschlossen. Die Schenkung an den Lohnbuchhalter ist damit den abziehbaren Betriebsausgaben zuzuordnen.

Die Schenkung an den Kunden würde nach § 4 Abs. 5 Nr. 1 Satz 1 EStG als nicht abziehbare Betriebsausgabe anzusehen sein, da die Ausgabe aber gesondert aufgezeichnet ist (§ 4 Abs. 7 EStG) und die Anschaffungskosten der dem Kunden im Wirtschaftsjahr zugewendeten Gegenstände mit 35 € unter 40 € liegen, ist eine abziehbare Betriebsausgabe gegeben (§ 4 Abs. 5 Nr. 1 Satz 2 EStG).

## Zu Aufgabe 172

Richtig: B

Hinweis auf den Gewinnbegriff (§ 5 Abs. 1 i. V. mit § 4 Abs. 1 EStG). Die nicht abziehbaren Betriebsausgaben stellen keine Entnahme dar. Sie sind außerhalb der Bilanz dem Gewinn hinzuzurechnen.

Berechnung:

| | |
|---|---:|
| Betriebsvermögen 31. 12. 02 | 55.000 € |
| Betriebsvermögen 31. 12. 01 | 40.000 € |
| | 15.000 € |
| + Entnahmen (15.000 € + 3.000 € =) | 18.000 € |
| | 33.000 € |
| ∕ Einlagen | 2.000 € |
| | 31.000 € |
| + nicht abziehbare Betriebsausgaben | 1.000 € |
| Gewinn 02 | = 32.000 € |

## Zu Aufgabe 173

Richtig: C

Die Kapitalertragsteuer, eine besondere Erhebungsform der Einkommensteuer, ist nach § 12 Nr. 3 EStG bei der Ermittlung der Einkünfte nicht abziehbar.

Löhne und Gehälter sind durch den Betrieb veranlasst (§ 4 Abs. 4 EStG).

Aufwendungen für Mittagsheimfahrten gehören zu den nichtabzugsfähigen Kosten der Lebensführung (§ 12 Nr. 1 EStG, R 23 Abs. 1 EStR).

Die Anschaffungskosten für die Maschine sind erst vom Zeitpunkt der Anschaffung an (10. 1. 02) im Wege der AfA (Anschaffungskosten betragen mehr als 410 €, § 6 Abs. 2 EStG kommt nicht in Betracht) als Betriebsausgaben abzugsfähig.

Die Betriebsausgaben 01 betragen demnach (30.000 € ∕ 200 € ∕ 300 € ∕ 400 € =) 29.100 €.

## Zu Aufgabe 174

Richtig: B, C, D

Der Übergang von der Gewinnermittlung nach § 4 Abs. 3 EStG zur Gewinnermittlung durch Bestandsvergleich nach § 5 Abs. 1 EStG erfordert, dass Betriebsvorgänge, die bisher nicht erfasst worden sind, im Jahr des ersten Bestandsvergleichs berücksichtigt werden. Entsprechendes gilt für

Betriebsvorgänge, die sich doppelt oder nicht auswirken würden (R 17 Abs. 1 EStR, H 17 „Gewinnberichtigungen ... – Wechsel zum Betriebsvermögensvergleich" EStH).

Auf Antrag des Stpfl. können die Zurechnungsbeträge gleichmäßig auf das Jahr des Übergangs und das Folgejahr oder das Jahr des Übergangs und die beiden folgenden Jahre verteilt werden.

Bei der Gewinnermittlung nach § 4 Abs. 3 EStG haben sich die bezahlten Waren in Höhe von (20.000 € ./. 5.000 € =) 15.000 € bereits als Betriebsausgaben ausgewirkt. Da diese Waren jedoch im Anfangsbestand enthalten sind, gehen sie bei der Veräußerung in den Wareneinsatz ein und vermindern damit den Roh- und den Reingewinn nochmals um 15.000 €. Um eine doppelte Gewinnminderung zu vermeiden, ist eine Zurechnung von 15.000 € vorzunehmen (s. auch Anlage zu den EStR). Danach würde der Gewinn für das Kj. 02 45.000 € betragen (C).

Auf Antrag des Stpfl. ist der Übergangsgewinn gleichmäßig auf 2 oder 3 Jahre zu verteilen (R 17 Abs. 1 Satz 4 EStR). Danach würde der Gewinn für das Kj. 02 entweder 30.000 € + ($\frac{1}{3}$ von 15.000 € =) 5.000 € = 35.000 € (D) oder 30.000 € + ($\frac{1}{2}$ von 15.000 € =) 7.500 € = 37.500 € (B) betragen.

## Zu Aufgabe 175

Richtig:   C

Die geleistete Anzahlung hat sich bisher bei der Gewinnermittlung nach § 4 Abs. 3 EStG nicht ausgewirkt. Erst vom Anschaffungszeitpunkt an erhält der Stpfl. für das Wirtschaftsgut die AfA. Bei den beiden Gewinnermittlungsarten ergeben sich keine unterschiedlichen Gewinnauswirkungen. Eine Gewinnberichtigung entfällt deshalb.

Die Kundenforderungen haben sich bisher bei der Gewinnermittlung nach § 4 Abs. 3 EStG noch nicht ausgewirkt (noch kein Zufluss der Einnahme). Der Eingang der Forderung bewirkt nach den Grundsätzen des Bestandsvergleichs lediglich eine erfolgsneutrale Betriebsvermögensumschichtung. Deshalb ist der Gewinn des Kj. 02 um 4.000 € zu erhöhen.

Der Gewinn 02 beträgt 34.000 €.

## Zu Aufgabe 176

Richtig:   B

Bank- bzw. Geldbestände haben bei beiden Gewinnermittlungsarten keine Auswirkung auf den Gewinn. Eine Gewinnberichtigung entfällt insoweit.

Bei der Gewinnermittlung nach § 4 Abs. 3 EStG gehören vereinnahmte Umsatzsteuerbeträge im Zeitpunkt ihrer Vereinnahmung zu den Betriebseinnahmen, verausgabte Umsatzsteuerbeträge (gezahlte Vorsteuer und an das Finanzamt abgeführte Umsatzsteuer) im Zeitpunkt ihrer Verausgabung zu den Betriebsausgaben (H 86 „Gewinnermittlung ..." EStH). Ein Abzug ist bisher mangels Abfluss nicht erfolgt. Die Bezahlung wirkt sich bei der Gewinnermittlung nach § 5 Abs. 1 EStG erfolgsneutral aus. Deshalb ist der Gewinn für das Kj. 02 um 500 € auf 29.500 € zu berichtigen.

## Zu Aufgabe 177

Richtig:   C

Sowohl bei der Gewinnermittlung nach § 4 Abs. 3 EStG als auch bei der Gewinnermittlung nach § 5 Abs. 1 EStG erhält der Stpfl. für abnutzbare Wirtschaftsgüter des Anlagevermögens die AfA. Eine unterschiedliche Behandlung ist somit nicht gegeben. Der Gewinn ist insoweit nicht zu berichtigen.

Die Betriebsversicherung ist eine regelmäßig wiederkehrende Ausgabe, die kurze Zeit vor Beginn des Kj. gezahlt worden ist, zu dem sie wirtschaftlich gehört. Diese Ausgabe galt deshalb im Kj. 01 noch nicht als abgeflossen (noch keine Betriebsausgabe – § 11 Abs. 2 Satz 2 EStG). Da die Auflösung dieses Bilanzpostens im Kj. 02 eine Gewinnminderung bewirkt, erfolgt keine Gewinnberichtigung.

## Zu Aufgabe 178

Richtig:   A

Die Aufnahme der Bankschulden zum Erwerb von Wirtschaftsgütern, für die der Stpfl. bei beiden Gewinnermittlungsarten die AfA erhält, führt nicht zu einer Gewinnauswirkung. Eine Gewinnberichtigung entfällt deshalb.

Hinsichtlich der Gewerbesteuer ist im Kj. 01 noch keine Verausgabung erfolgt. Somit hat sich dieser Vorgang bisher bei der Gewinnermittlung nach § 4 Abs. 3 EStG noch nicht als Betriebsausgabe ausgewirkt. Bei der Zahlung der GewSt wird lediglich das Rückstellungskonto erfolgsneutral aufgelöst. Der Gewinn ist deshalb um 2.000 € zu mindern und beträgt danach 28.000 €.

## Zu Aufgabe 179

Richtig:   B, C

Eine Einzelveranlagung kommt – neben für ganzjährig ledige, geschiedene oder verwitwete Personen – auch für einen Ehegatten dann in Betracht, wenn der andere Ehegatte im Jahr der Auflösung der Ehe wieder geheiratet hat und für dessen neue Ehe die Voraussetzungen des § 26 Abs. 1

Satz 1 EStG vorliegen (A). Nach § 26 Abs. 1 Satz 2 EStG findet für die auf-
gelöste Ehe dann die Ehegattenbesteuerung grundsätzlich keine Anwendung; § 26 Abs. 1 Satz 3 EStG lässt aber eine Ausnahme zu, wenn die Ehe
durch Tod aufgelöst wurde und die Ehegatten der neuen Ehe die besondere Veranlagung wählen (D). Die Ehegattenbesteuerung erfolgt nur, wenn
die Voraussetzungen des § 26 Abs. 1 Satz 1 EStG zu Beginn oder im Laufe
des VZ gleichzeitig vorgelegen haben bzw. eingetreten sind (B, C).

## Zu Aufgabe 180

Richtig:   A, B, C

Die Ehegattenbesteuerung ist für den VZ 01 anzuwenden, weil zu Beginn
des VZ 01 die Voraussetzungen des § 26 Abs. 1 Satz 1 EStG vorgelegen
haben. Die Stpfl. kann deshalb zwischen getrennter Veranlagung (C) und
Zusammenveranlagung (B) wählen (§§ 26 a, 26 b EStG). Die besondere
Veranlagung nach § 26 c EStG kommt nur für den VZ der Eheschließung
(nicht auch der Auflösung) in Betracht.

Für den VZ 02 findet die Ehegattenbesteuerung keine Anwendung. Es ist
eine Einzelveranlagung (A) durchzuführen (§ 25 EStG).

## Zu Aufgabe 181

Richtig:   A, D

Nach § 26 Abs. 1 Satz 2 und 3 EStG bleibt die Ehe mit einem im VZ Verstorbenen für die Ehegattenbesteuerung unberücksichtigt, wenn der über-
lebende Ehegatte im selben VZ mit einem neuen Ehegatten ebenfalls § 26
Abs. 1 Satz 1 EStG erfüllt und keine besondere Veranlagung gemäß § 26 c
EStG beantragt wird, sodass dann für den Verstorbenen nur eine Einzelveranlagung in Betracht kommt (A). Ansonsten verbleibt es auch für den
VZ des Todes eines Ehegatten bei der Ehegattenbesteuerung (D).

## Zu Aufgabe 182

Richtig:   B, C, D

Ehegatten werden getrennt veranlagt, wenn einer der Ehegatten die
getrennte Veranlagung wählt (C, D; § 26 Abs. 2 Satz 1 EStG).

Eine Zusammenveranlagung ist nicht nur dann durchzuführen, wenn beide
Ehegatten die Zusammenveranlagung wählen (A; § 26 Abs. 2 Satz 2 EStG),
sondern auch dann, wenn die Ehegatten die erforderlichen Erklärungen
nicht abgeben (B; § 26 Abs. 3 EStG).

## Zu Aufgabe 183

Richtig: B, C, D

Nach § 26 a Abs. 1 Satz 1, § 26 b und § 26 c Abs. 1 Satz 1 EStG sind die Einkünfte ungeachtet der Veranlagungsart stets getrennt zu ermitteln (A, B). Bei der Zusammenveranlagung sind die Einkünfte dann zusammenzurechnen (C); es ergibt sich damit nur eine Summe der Einkünfte (D).

## Zu Aufgabe 184

Richtig: B, C, D

Außergewöhnliche Belastungen werden nur bei der Zusammenveranlagung und der getrennten Veranlagung gemeinsam ermittelt, nicht aber bei der besonderen Veranlagung nach § 26 c EStG (A). Nach § 24 a Satz 3 und 4 EStG ist der Altersentlastungsbetrag auch bei einer Zusammenveranlagung für jeden Ehegatten gesondert zu ermitteln. Im Übrigen s. Begründung zu Aufgabe 183.

## Zu Aufgabe 185

Richtig: A, B, C, D

Wie sich aus den Einleitungssätzen zu § 10 Abs. 1 und § 12 EStG ergibt, handelt es sich bei den Sonderausgaben (§§ 10 ff. EStG) um – ausnahmsweise – abzugsfähige Kosten der Lebensführung (B, C, D). Sonderausgaben sind nach § 2 Abs. 4 EStG vom Gesamtbetrag der Einkünfte abzuziehen (A).

## Zu Aufgabe 186

Richtig: C

Durch die Beschränkung der Abzugsfähigkeit von Vorsorgeaufwendungen (nach § 10 Abs. 2 1. Halbsatz EStG: Vorsorgeaufwendungen = Sonderausgaben i. S. des § 10 Abs. 1 Nr. 2 EStG) nach § 10 Abs. 3 EStG ergibt sich eine Zweiteilung der Sonderausgaben in Vorsorgeaufwendungen und „übrige Sonderausgaben". Während für Vorsorgeaufwendungen (Versicherungsbeiträge) nur bei Steuerpflichtigen mit Arbeitslohn eine Pauschalregelung durch § 10 c Abs. 2 und 3 EStG (Vorsorgepauschale) vorgesehen ist, wird für die übrigen Sonderausgaben bei allen Steuerpflichtigen nach § 10 c Abs. 1 EStG mindestens der Sonderausgaben-Pauschbetrag von 36 € (§ 10 c Abs. 4 EStG – bei Splittingtarif: 72 €) abgezogen. Da ein Mindestansatz für die Vorsorgeaufwendungen des ledigen Gewerbetreibenden A (Krankenversicherungsbeiträge – § 10 Abs. 1 Nr. 2 a EStG) nicht in Betracht kommt, ist die Höhe des Abzugs aufgrund der geleisteten Beiträge von 5.500 € – die rückgewährten sind nach H 86 a „Abzugshöhe ..." EStH von den gezahlten Beiträgen desselben VZ abzuziehen – allein nach § 10 Abs. 3 EStG festzustellen.

abzugsfähig

| | | |
|---|---|---|
| Danach ist zunächst ein Vorwegabzug nach § 10 Abs. 3 Nr. 2 EStG für die Versicherungsbeiträge bis zur Höhe von | 5.500 € | |
| 3.068 € (bei Zusammenveranlagung 6.136 €) möglich. | 3.068 € | 3.068 € |
| Die verbleibenden Aufwendungen von | 2.432 € | |
| sind nach § 10 Abs. 3 Nr. 1 EStG bis zu einem Grundhöchstbetrag von | 1.334 € | 1.334 € |
| (bei Zusammenveranlagung 2.668 €) abzugsfähig. | | |
| Der übersteigende Betrag von | 1.098 € | |
| kann nach § 10 Abs. 3 Nr. 4 EStG noch zur Hälfte, höchstens bis zur Höhe des hälftigen Höchstbetrags von 667 € (50 % des Grundhöchstbetrags), abgezogen werden, für A also | | 549 € |
| Für Vorsorgeaufwendungen sind bei A abzugsfähig: | | 4.951 € |

Die Spenden an die Partei rechnen nach § 10 b Abs. 2 EStG nur insoweit zu den Sonderausgaben, als sie nicht nach § 34 g EStG begünstigt sind. 1.650 € der Spenden des A führen nach dieser Vorschrift zu einer Ermäßigung der Einkommensteuer um 825 €, sodass noch (1.680 ./. 1.650 =) 30 € als Sonderausgaben verbleiben. Für die übrigen Sonderausgaben ist aber nach § 10 c Abs. 1 EStG mindestens der Sonderausgaben-Pauschbetrag von 36 € abzuziehen.

| | | |
|---|---|---|
| | | 36 € |
| Für Sonderausgaben ist bei A für den VZ 01 ein Betrag in Höhe von abzuziehen. | | 4.987 € |

## Zu Aufgabe 187

Richtig: C

Die Unterhaltszahlungen an die geschiedene Ehefrau in Höhe von (12 × 1.000 =) 12.000 € sind nach § 10 Abs. 1 Nr. 1 EStG auch in dieser Höhe abzugsfähig, da die Zustimmung vorliegt, der Höchstbetrag von 13.805 € nicht überschritten wird und die Unterhaltszahlungen für die Tochter nicht in den Sonderausgabenabzug einbezogen werden können. Für die Fortbildungsmaßnahmen betragen die Aufwendungen i. S. des § 10 Abs. 1 Nr. 7 EStG 500 € + (5 × 150 =) 750 € = 1.250 €; diese sind aber nur bis zum Höchstbetrag von 1.227 € als Sonderausgaben abzugsfähig. Es kommt weder eine zeitanteilige Berücksichtigung der Höchstbeträge von 920 € und 1.127 € noch deren Verdopplung in Betracht.

## Zu Aufgabe 188

Richtig: A

Bausparbeiträge sind nicht als Sonderausgaben zu berücksichtigen, da sie nicht in § 10 Abs. 1 EStG aufgeführt sind.

Berechnung des abzuziehenden Betrags:

Vergleich zwischen § 10 Abs. 3 EStG und § 10 c Abs. 2 und 4 EStG.

Berechnung der Höchstbeträge nach § 10 Abs. 3 EStG

Beschränkt abzugsfähige Sonderausgaben/Vorsorgeaufwendungen

| | | | abzugsfähig |
|---|---|---|---|
| Versicherungen (§ 10 Abs. 1 Nr. 2 EStG) | | 5.400 € | |
| ∕ Vorwegabzug (§ 10 Abs. 3 Nr. 2 EStG) | 6.136 € | | |
| gekürzt nach § 10 Abs. 3 Nr. 2 Satz 2 EStG um 16 % des Arbeitslohns von 27.000 € | 4.320 € | 1.816 € | 1.816 € |
| | | 3.584 € | |
| Grundhöchstbetrag (§ 10 Abs. 3 Nr. 1 EStG) bei Ehegatten 2.668 € | | 2.668 € | 2.668 € |
| | | 916 € | |
| hälftiger Höchstbetrag (§ 10 Abs. 3 Nr. 4 EStG) 50 % vom Restbetrag, höchstens 50 % von 2.668 € = | | 458 € | 458 € |
| Danach evtl. abzugsfähige Summe | | | 4.942 € |

Berechnung der Vorsorgepauschale nach § 10 c Abs. 2 und 4 EStG

| | | | |
|---|---|---|---|
| 20 % von 27.000 € = | 5.400 € | | |
| davon vorab: 6.136 € ∕ 4.320 € = | 1.816 € | | 1.816 € |
| Grundhöchstbetrag | 2.668 € | | 2.668 € |
| verbleiben | 916 € | | |
| hälftiger Abzug | 458 € | (höchstens 1.334 €) | 458 € |
| | | | 4.942 € |

(Bis 2003: Abrundung auf den nächsten durch 36 ohne Rest teilbaren €-Betrag = abzugsfähige Vorsorgepauschale 4.932 €)

Die Vorsorgepauschale ist abzuziehen, wenn der Stpfl. keinen höheren Abzug aufgrund der nachgewiesenen Vorsorgeaufwendungen erreicht.

Die für das Kj. 01 insgesamt abzuziehenden Sonderausgaben betragen:

| | |
|---|---:|
| Unbeschränkt abzugsfähige „übrige Sonderausgaben" Kirchensteuer § 10 Abs. 1 Nr. 4, § 10 c Abs. 1 und Abs. 4 Nr. 1 EStG, wenn über SA-Pauschbetrag von 72 € | 450 € |
| Beschränkt abzugsfähige Sonderausgaben/ Vorsorgeaufwendungen | 4.942 € |
| abzuziehen | 5.392 € |

## Zu Aufgabe 189

Richtig: B

Berechnung:

Vergleich zwischen § 10 Abs. 3 EStG und § 10 c Abs. 3 und 4 EStG

Berechnung der Höchstbeträge nach § 10 Abs. 3 EStG

Beschränkt abzugsfähige Sonderausgaben/Vorsorgeaufwendungen

| | | | abzugsfähig |
|---|---:|---:|---:|
| Versicherungen (§ 10 Abs. 1 Nr. 2 EStG) | 3.900 € | | |
| ./. Vorwegabzug (§ 10 Abs. 3 Nr. 2 EStG) | 6.136 € | | |
| ./. 16 % von 32.400 € | 5.184 € | 952 € | 952 € |
| | | 2.948 € | |
| Höchstbeträge nach § 10 Abs. 3 Nr. 1 u. 4 EStG | | 2.668 € | 2.668 € |
| 50 % von | | 280 € | 140 € |
| Summe der evtl. abzugsfähigen Vorsorgeaufwendungen | | | 3.760 € |

Berechnung der Vorsorgepauschale nach § 10 c Abs. 2 Sätze 3 und 4, Abs. 3 und 4 EStG

| | |
|---|---:|
| 20 % von 32.400 € = 6.480 €, höchstens 2.268 € | 2.268 € |
| (Bis 2003: ohne Rest durch 36 teilbar) | |
| evtl. abzugsfähige Vorsorgepauschale | 2.268 € |

Der Stpfl. hat Vorsorgeaufwendungen nachgewiesen, die abzugsfähigen Aufwendungen übersteigen die ihm mindestens zustehende Vorsorgepauschale.

Die für das Kj. 01 insgesamt abzuziehenden Sonderausgaben betragen:

Sonderausgaben-Pauschbetrag nach § 10 c
Abs. 1 und Abs. 4 Nr. 1 EStG                                    72 €
abzugsfähige Vorsorgeaufwendungen                           3.760 €
                                                            _____
                                                            3.832 €

## Zu Aufgabe 190

Richtig:  B

Da der Stpfl. Arbeitslohn bezogen hat, ist mindestens die Vorsorgepauschale zu berücksichtigen (§ 10 c Abs. 2 EStG).

Ermittlung der Vorsorgepauschale:

Maßgebend ist nach § 10 c Abs. 2 Satz 4 EStG der um den Altersentlastungsbetrag von 40 % v. 6.948 €, höchstens 1.908 €, geminderte Arbeitslohn (R 171 a Abs. 2 EStR) von (6.948 ./. 1.908 =) 5.040 €.

20 % von 5.040 € = 1.008 €, höchstens 1.134 € gemäß § 10 c Abs. 3 EStG.
Da die Vorsorgepauschale von 1.008 € mehr als die nachgewiesenen Aufwendungen von 900 € beträgt, ist diese zu gewähren.

## Zu Aufgabe 191

Richtig:  A

Ermittlung der Vorsorgepauschale nach § 10 c Abs. 4 Satz 2 EStG, da nur
der Ehemann zum Personenkreis des § 10 c Abs. 3 EStG gehört. Es sind
zwei Ermittlungen zu vergleichen:

Entweder

   20 % von (3.000 € ./. Altersentlastungsbetrag
      von 1.200 € =)                          1.800 €        =      360 €

+  20 % von (25.100 € ./. Versorgungs-Freibetrag
      von 3.072 € =) 22.028 € = 4.406 €,
      höchstens 1.134 €                                         1.134 €
                                                                   _____
                                                                   1.494 €

höchstens:

6.136 € ./. (16 % von 23.828 € =) 3.812 € = 2.324 €
zuzüglich 2.668 € = 4.992 €
zuzüglich 50 % vom evtl. Rest
(Bis 2003: abgerundet auf durch 36 ohne Rest
teilbaren Betrag)                                          also:   1.494 €

oder

   20 % von 22.028 € = 4.406 €, höchstens 2.268 €           2.268 €

Zu berücksichtigen ist der höhere Betrag von 2.268 € als Vorsorgepauschale.

## Zu Aufgabe 192

Richtig:　B

Die Vorsorgepauschale gem. § 10 c EStG ist mit dem Ergebnis der Höchstbetragsberechnung gem. § 10 Abs. 3 EStG zu vergleichen.

Die Vorsorgepauschale beträgt nach § 10 c Abs. 2, 3 und 4 EStG 20 % des Arbeitslohns, höchstens 2.268 €.

Der Arbeitslohn des S beträgt nach § 10 c Abs. 2 Satz 4 EStG:

| | |
|---|---:|
| Bruttoarbeitslohn (21.500 + 2.500 =) | 24.000 € |
| ∕. Versorgungs-Freibetrag – 40 % v. 21.500 €, höchstens 3.072 €, | 3.072 € |
| ∕. Altersentlastungsbetrag, der auf den Arbeitslohn entfällt, 40 % v. 2.500 € – R 171 a Abs. 2 EStR | 1.000 € |
| | 19.928 € |

20 % v. 19.928 € liegen über 2.268 €; die Vorsorgepauschale beträgt 2.268 €.

Aufgrund der Höchstbetragsberechnung ergibt sich ein Abzug von:

| | | | |
|---|---|---|---:|
| Vorsorgeaufwendungen | | | 3.500 € |
| davon vorweg abzugsfähig gem. § 10 Abs. 3 Nr. 2 EStG | 6.136 € | | |
| ∕. 16 % v. 2.500 € = | 400 € | | |
| bis | 5.736 € | → | 3.500 € |

Der Abzug aufgrund der Höchstbetragsberechnung ist günstiger, der Betrag von 3.500 € ist für Vorsorgeaufwendungen abzuziehen.

## Zu Aufgabe 193

Richtig:　A, B, D

Im Kj. 01 ist Markus sowohl für L als für Frau K ein nichteheliches Kind und damit mit beiden im 1. Grad verwandt, für beide kommen damit für 01 für Markus die Freibeträge nach § 32 Abs. 3 i. V. mit Abs. 6 Satz 1 EStG in Betracht (A, B).

Da bei Frau K das Splitting-Verfahren nicht anzuwenden ist und Markus bei ihr gemeldet ist, erfolgt für Frau K bis 2004 die Gewährung des Haushaltsfreibetrags nach § 32 Abs. 7 Satz 1 EStG (D). Eine Zuordnung nach § 32 Abs. 7 Satz 2 EStG ist nicht erforderlich, da Markus nicht bei beiden Elternteilen gemeldet war.

## Zu Aufgabe 194

Richtig: A, B, C

Als gemeinsames Kind des L und der Frau K wird von Katrin zu beiden im Kj. 02 ein Kindschaftsverhältnis i. S. des § 32 Abs. 1 Nr. 1 EStG begründet, da Katrin im 1. Grad mit beiden Elternteilen verwandt ist (A). Da die Eltern die Voraussetzungen des § 26 Abs. 1 Satz 1 EStG erfüllen, kommen bei einer Zusammenveranlagung die (verdoppelten) Beträge nach § 32 Abs. 6 Satz 2 EStG in Betracht (B). Katrin ist im Dezember 02 geboren und damit nach § 32 Abs. 3 EStG für diesen Monat zu berücksichtigen (C).

## Zu Aufgabe 195

Richtig: A, B, C

Die Tochter ist ein leibliches Kind der Frau B und nicht von einer anderen Person angenommen (A). Durch die Eheschließung wird kein Kindschaftsverhältnis zu A begründet (B). Die Tochter hat im gesamten Kj. 01 das 18. Lebensjahr noch nicht vollendet und ist damit nach § 32 Abs. 3 EStG zu berücksichtigen (C), ungeachtet ihrer Erwerbstätigkeit (D). Die Höhe der eigenen Einkünfte und Bezüge ist nur bei der Berücksichtigung von Kindern nach § 32 Abs. 4 Nr. 1 und 2 EStG bedeutsam.

## Zu Aufgabe 196

Richtig: B, C

Da die Tochter bis einschl. November 01 das 18. Lebensjahr noch nicht vollendet hatte, wird sie für diesen Zeitraum nach § 32 Abs. 3 EStG berücksichtigt. Für den VZ 02 ergibt sich bis 31. 7. aufgrund des Schulbesuchs die steuerliche Berücksichtigung nach § 32 Abs. 4 Nr. 2 a EStG. Da die Tochter aber ab 1. 8. 02 ihre Berufsausbildung mangels Ausbildungsplatzes nicht beginnen kann, beim Arbeitsamt als Bewerberin gemeldet ist und auch keine Einnahmen erzielt, ist für die Berücksichtigung § 32 Abs. 4 Nr. 1 EStG erfüllt (B), ebenso für VZ 03 (C). Für den VZ 04 kommt § 32 Abs. 4 Nr. 1 EStG nur noch für 7 Monate in Betracht, da die Tochter zwar erst im November das 21. Lebensjahr vollendet, aber ab 1. 8. 04 nicht mehr als Arbeitsuchende beim Arbeitsamt gemeldet ist (D).

## Zu Aufgabe 197

Richtig: C, D

Da das Kind das 18. Lebensjahr, aber nicht das 27. Lebensjahr vollendet hat und sich in Berufsausbildung befindet, kommt nicht § 32 Abs. 3 EStG (A) in Betracht, sondern § 32 Abs. 4 Nr. 2 a EStG.

Bei der Einzelveranlagung der Frau A kann neben dem Haushaltsfreibetrag nach § 32 Abs. 7 EStG noch ein Kinderfreibetrag nach § 32 Abs. 6
Satz 3 Nr. 1 EStG vom Einkommen (und nicht vom Gesamtbetrag der Einkünfte – B) abgezogen werden, da der Vater verstorben ist (C).

Für die ledige Stpfl. ist hinsichtlich des ESt-Tarifs § 32 a Abs. 1 (–3) EStG
anzuwenden (D).

## Zu Aufgabe 198

Richtig:  A, C, D

Nach § 32 a Abs. 5 EStG ist bei einer Zusammenveranlagung der Splitting-
tarif anzuwenden. Eine Einzelveranlagung kommt erst ab dem Kj. 03 in
Betracht, da im Kj. 02 noch die Voraussetzungen des § 26 Abs. 1 Satz 1
EStG vorgelegen haben.

Verwitwete erhalten für den VZ nach dem Tod des Ehegatten nach § 32 a
Abs. 6 Nr. 1 i. V. mit Abs. 5 EStG den Splittingtarif, wenn sie im Zeitpunkt
des Todes des Ehegatten von diesem nicht dauernd getrennt gelebt haben.
Danach erhält die Witwe für das Kj. 03 den Splittingtarif. Für das Kj. 04 ist
die besondere Regelung des § 32 a Abs. 6 Nr. 1 EStG nicht mehr anzuwenden, sodass hier der Grundtarif in Betracht kommt.

## Zu Aufgabe 199

Richtig:  A, D

Für den VZ 02 lagen die Voraussetzungen des § 26 Abs. 1 EStG (Ehegattenbesteuerung) vor. Bei der getrennten Veranlagung erhält jeder Ehegatte
die Freibeträge gemäß § 32 Abs. 6 Satz 1 EStG in Höhe von 2.904 €, aber
keinen Haushaltsfreibetrag nach § 32 Abs. 7 EStG (B); bei der Zusammenveranlagung sind die Freibeträge von 5.808 € nach § 32 Abs. 6 Satz 2 EStG
zu berücksichtigen (A).

Da bei der Einzelveranlagung der Witwe das Splittingverfahren anzuwenden ist, ist für diesen VZ kein Haushaltsfreibetrag nach § 32 Abs. 7 EStG
zu berücksichtigen (C).

Da für das Kj. 04 der Grundtarif zur Anwendung kommt, sind nach § 32
Abs. 6 Satz 3 Nr. 1 EStG Freibeträge von 5.808 € und bis 2004 nach § 32
Abs. 7 EStG der Haushaltsfreibetrag vom Einkommen abzuziehen (D).

## Zu Aufgabe 200

Richtig:  A

Bis einschließlich Oktober ist das Kind nach § 32 Abs. 3 EStG zu berücksichtigen, da es noch nicht das 18. Lebensjahr vollendet hat. Die eigenen

Einkünfte sind insoweit unmaßgeblich. Die Freibeträge nach § 32 Abs. 6 Satz 2 EStG betragen für diese Monate ($^{10}/_{12}$ von 5.808 =) 4.840 €.

Die Berücksichtigung des Kindes für die Monate November und Dezember nach § 32 Abs. 4 Nr. 2 a EStG ist nach Sätzen 2 bis 8 der Vorschrift abhängig von der Höhe der eigenen Einkünfte und Bezüge in diesen Monaten. Diese dürfen nicht über $^{2}/_{12}$ des in Satz 2 genannten Grenzbetrags (2003: $^{2}/_{12}$ v. 7.188 € = 1.198 €; 2004: $^{2}/_{12}$ v. 7.428 € = 1.238 €; 2005: $^{2}/_{12}$ v. 7.680 € = 1.280 €) liegen. Die eigenen Einkünfte betragen nach R 180 e Abs. 1 i. V. mit R 192 a Abs. 2 Nr. 1 EStR

| | |
|---|---|
| Bruttoarbeitslohn 2 × 640 € = | 1.280 € |
| ./. zeitanteiliger Arbeitnehmer-Pauschbetrag | |
| $^{2}/_{12}$ v. 1.044 € = | 174 € |
| | 1.106 € |

Dieser Betrag liegt unter dem anteiligen Grenzbetrag, das Kind ist auch für November und Dezember zu berücksichtigen. Der für diese Monate in Betracht kommende Kinderfreibetrag ergibt sich mit (2 × 484 =) 968 €, sodass insgesamt (4.840 + 968 =) 5.808 € als Freibeträge gemäß § 32 Abs. 6 EStG in Betracht kommen.

## Zu Aufgabe 201

Richtig:   A, B

Für jeden vollen Kalendermonat, in dem das Kind das 18. Lebensjahr noch nicht vollendet hat – hier von Januar bis einschl. August – wird es nach § 32 Abs. 3 EStG berücksichtigt; dabei spielen die eigenen Einkünfte und Bezüge des Kindes keine Rolle (A).

Für die Berücksichtigung des Kindes ab September nach § 32 Abs. 4 Nr. 2 a EStG ist nach § 32 Abs. 4 Satz 2 EStG die Höhe der eigenen Einkünfte und Bezüge zu beachten (B). Nach § 32 Abs. 4 Sätze 6–8 EStG wären die nach Vollendung des 18. Lebensjahrs erzielten eigenen Einkünfte und Bezüge maßgebend. Nach der DA 63.4.2.10 Abs. 3 der Dienstanweisungen zur Durchführung des Familienleistungsausgleichs nach dem X. Abschnitt des EStG (DA-FamEStG) wären die zeitanteiligen Einkünfte und Bezüge für den Monat August dabei mit $^{18}/_{30}$ anzusetzen (D). Nach Sinn und Zweck der Sätze 6–8 ist die zeitanteilige Erfassung der Einkünfte und Bezüge für August nur dann vorzunehmen, wenn § 32 Abs. 4 Nr. 2 a EStG nur in einem Teil des Monats vorliegt. Für den Monat August ist § 32 Abs. 4 Nr. 2 a EStG aber überhaupt nicht anzuwenden, da das Kind für diesen Monat noch nach § 32 Abs. 3 EStG berücksichtigt wird. Die Antworten C und D wären daher nur dann zutreffend, wenn für das Kind in einem Teil des fraglichen Monats § 32 Abs. 3 und 4 EStG überhaupt nicht in Betracht kommt (DA 63.4.1.1 Abs. 6 DA-FamEStG).

## Zu Aufgabe 202

Richtig:  B

Nach § 31 EStG ist der Kinderfreibetrag, der Vater und Mutter jeweils nach § 32 Abs. 6 Satz 1 EStG mit 1.824 € neben dem Betreuungsfreibetrag von 1.080 € zusteht, nur dann bei der Veranlagung zur Einkommensteuer abzuziehen, wenn die Minderung der Einkommensteuer durch Kinder- und Betreuungsfreibetrag höher ist als die Hälfte des Kindergeldes. Die Mutter erhält zwar das volle Kindergeld, im Wege des zivilrechtlichen Ausgleichs steht dem Vater aber die Hälfte zu. Der Betreuungsfreibetrag steht Vater und Mutter zu, auf die Haushaltszugehörigkeit kommt es nicht an.

## Zu Aufgabe 203

Richtig:  D

Die vor Abzug der zumutbaren Belastung berücksichtigungsfähigen Aufwendungen nach § 33 Abs. 1 EStG betragen:

| | |
|---|---:|
| Krankenhauskosten | 3.500 € |
| ./. Erstattung Krankenkasse | 2.800 € |
| | 700 € |
| ./. Krankenhaustagegeld (750 €, aber nur bis zur Höhe der durch einen Krankenhausaufenthalt verursachten Kosten, nicht aber Leistungen aus einer Krankentagegeldversicherung – H 186–189 „Ersatz von dritter Seite" EStH –) | 700 € |
| | 0 € |
| Krankheitskosten | 1.500 € |
| ./. Erstattung Krankenkasse | 1.200 € |
| | 300 € |

## Zu Aufgabe 204

Richtig:  D

Nach der Übersicht des § 33 Abs. 3 EStG beträgt die zumutbare Belastung 2 % von 15.000 €.

## Zu Aufgabe 205

Richtig:  A, D

Die gesamten Aufwendungen sind dem Stpfl. zwangsläufig erwachsen (§ 33 Abs. 2 EStG), zumal er sich ihnen aus rechtlichen Gründen nicht entziehen kann (A). Die Krankheitskosten sind im Rahmen des § 33 EStG zu berücksichtigen (H 190 „Abgrenzung zu § 33 EStG" EStH), während die Unterhaltsleistungen im Kj. 01 mit dem Höchstbetrag nach § 33a Abs. 1 EStG abziehbar sind (D), da die tatsächlichen Aufwendungen höher sind.

## Zu Aufgabe 206

Richtig:  B

Für die in Haushaltsgemeinschaft lebenden Eltern erhalten die Söhne insgesamt höchstens einen Freibetrag in Höhe des zweifachen Höchstbetrags gem. § 33 a Abs. 1 EStG (H 190 „Unterhalt für mehrere Personen" EStH). Da die Söhne aber nur insgesamt 13.200 € im VZ aufgewendet haben, ist dieser Betrag nach § 33 a Abs. 1 Satz 6 EStG auf K und L entsprechend ihrem Anteil an den Unterhaltsleistungen aufzuteilen. K erhält somit nach § 33 a Abs. 1 EStG einen Betrag von ($^5/_{11}$ von 13.200 € =) 6.000 € (B) und L einen Betrag von ($^6/_{11}$ von 13.200 € =) 7.200 €.

## Zu Aufgabe 207

Richtig:  B, C, D

Da die unterstützte Person eigene Einkünfte und Bezüge hat, die zur Bestreitung des Unterhalts bestimmt oder geeignet sind, ist § 33 a Abs. 1 Satz 4 EStG zu beachten. Die eigenen Einkünfte und Bezüge werden wie folgt ermittelt (H 190 „Anrechnung eigener Einkünfte und Bezüge" EStH i. V. mit R 180 e EStR):

| | | |
|---|---:|---:|
| Einkünfte aus nichtselbstständiger Arbeit (§ 19 Abs. 1 Nr. 1 EStG): | 3.000 € | |
| abzüglich | | |
| Arbeitnehmer-Pauschbetrag (§ 9 a Nr. 1 EStG) | 1.044 € | 1.956 € |
| Einkünfte aus Kapitalvermögen (§ 20 Abs. 1 Nr. 7 EStG): | 700 € | |
| abzüglich | | |
| Werbungskosten-Pauschbetrag (§ 9 a Nr. 2 EStG) | 51 € | |
| Sparer-Freibetrag (§ 20 Abs. 4 EStG) | 649 € | 0 € |
| Summe der Einkünfte | | = 1.956 € |

Der Sparer-Freibetrag von 649 € ist nach § 33 a Abs. 1 Satz 4 i. V. mit § 32 Abs. 4 Satz 4 EStG als Bezüge anrechenbar, allerdings nur soweit er die Kostenpauschale nach R 180 e Abs. 3 Satz 1 EStR von 180 € übersteigt.

Die eigenen Bezüge des Vaters betragen danach (649 ⁒ 180 =) 469 €. Das Vermögen (Sparguthaben) ist – wegen Geringfügigkeit – nicht zu berücksichtigen (R 190 Abs. 2 EStR).

Ermittlung des abziehbaren Betrags:

| | |
|---|---:|
| Summe der eigenen Einkünfte und Bezüge | |
| des Vaters 1.956 + 469 = | 2.425 € |
| übersteigt den Betrag von | 624 € |
| um | 1.801 € (C) |

Der Höchstbetrag nach § 33 a Abs. 1 EStG (2003: 7.188 €, 2004: 7.428 €, 2005: 7.680 €) vermindert sich um 1.801 €; die Aufwendungen des Stpfl. liegen darunter, sie sind in der geleisteten Höhe von (350 × 12 =) 4.200 € zu berücksichtigen.

## Zu Aufgabe 208

Richtig:   B, C

Da ein Anspruch auf einen Kinderfreibetrag oder Kindergeld nicht besteht, ist § 33 a Abs. 2 EStG nicht anzuwenden (B). Die Aufwendungen sind nach § 33 a Abs. 1 i. V. mit § 33 a Abs. 4 EStG (Ausbildung und Unterstützung bis einschl. Juni) mit höchstens $^6/_{12}$ des Höchstbetrags gem. § 33 a Abs. 1 EStG von 7.428 € = 3.714 € zu berücksichtigen. Der Sohn hat jedoch eigene Bezüge, sodass § 33 a Abs. 1 Satz 4 EStG zu beachten ist. Die Einkünfte des Sohnes in 01 betragen 0 €.

| | |
|---|---:|
| Als eigene Bezüge ergeben sich | |
| 12 × 500 € = 6.000 €, | |
| davon entfallen auf den Unterhaltszeitraum | 3.000 € |
| ./. Kostenpauschale (R 180 e Abs. 3 Satz 1 | |
| i. V. mit R 192 a Abs. 2 Nr. 1 EStR) von $^6/_{12}$ v. 180 € = | 90 € |
| verbleiben | 2.910 € |

| | |
|---|---:|
| Ermittlung des abziehbaren Betrags nach § 33 a Abs. 1 u. 4 EStG (R 192 a Abs. 2 EStR): | |
| eigene Bezüge von | 2.910 € |
| übersteigen den Betrag von $^6/_{12}$ von 624 € | 312 € |
| um | 2.598 € |

Der anteilige Höchstbetrag (2004) nach § 33 a Abs. 1 u. 4 EStG von 3.714 € vermindert sich somit um 2.598 € auf 1.116 €. Aufgrund der Haushaltszugehörigkeit des Sohnes ist gem. R 190 Abs. 1 Satz 5 EStR ein Aufwand des Stpfl. in Höhe dieses Höchstbetrags zu unterstellen. Ein Abzug lediglich der gezahlten Beträge kommt damit nicht in Betracht.

## Zu Aufgabe 209

Richtig:   B, C

Die Unterhaltsaufwendungen für die geschiedene Ehefrau sind nach § 33 a Abs. 1 EStG bis zum Höchstbetrag, die Aufwendungen für das Kind dagegen nicht zu berücksichtigen, da für das Kind Kindergeld oder ein Kinderfreibetrag gewährt wird. Die Aufwendungen für die Ehefrau übersteigen nicht den Höchstbetrag, sie sind in voller Höhe von (600 × 12 =) 7.200 € abzugsfähig.

## Zu Aufgabe 210

Richtig: D

W erfüllt ab Februar die altersmäßigen Voraussetzungen für den Abzug des Sonderfreibetrags nach § 33 a Abs. 2 EStG. Für die Monate Februar und März kommt nach § 33 a Abs. 2 Nr. 1 i. V. mit Abs. 4 EStG ein Freibetrag von $^2/_{12}$ von 924 € = 154 € in Betracht. Für die Monate April bis Juni sind je $^1/_{12}$ von 924 € zu berücksichtigen – also 3 × 77 € = 231 € –, da X während dieser Monate auswärts untergebracht ist. Für die Monate Oktober bis Dezember beträgt der anteilige Sonderfreibetrag $^3/_{12}$ von 924 € = 231 €; dieser ist aber um die Ausbildungszuschüsse zu mindern (§ 33 a Abs. 4 Satz 3 EStG). Die Zuschüsse von (3 × 100 € =) 300 € sind um die Kostenpauschale nach R 180 e Abs. 3 Satz 1 EStR von 180 € zu kürzen, sodass sich der für diese Monate zu gewährende Sonderfreibetrag mit 231 € ./. (300 ./. 180 =) 120 € = 111 € ergibt.

Insgesamt beträgt der in Betracht kommende Sonderfreibetrag gem. § 33 a Abs. 2 EStG

$$154 € + 231 € + 111 € = 496 €.$$

## Zu Aufgabe 211

Richtig: C

Der sich nach § 33 a Abs. 2 EStG ergebende Betrag von 496 € (s. zu Aufgabe 210) ist um die eigenen Einkünfte zu kürzen, soweit diese $^8/_{12}$ von 1.848 € = 1.232 € übersteigen; nach R 192 a Abs. 2 Nr. 2 EStR sind die Einkünfte aus Vermietung und Verpachtung anteilig mit $^8/_{12}$ von 1.980 € = 1.320 € dem anrechnungsfreien Betrag gegenüberzustellen. Der Sonderfreibetrag ergibt sich für die 8 Monate mit $^8/_{12}$ von 924 € = 616 €; er ist um (1.320 ./. 1.232 =) 88 € zu kürzen. Der verbleibende Sonderfreibetrag von (616 ./. 88 =) 528 € entfällt in Höhe von ($^3/_8$ von 528 =) 198 € auf die Monate Oktober bis Dezember. Für diese Monate ist noch die Kürzung von 120 € aufgrund der Zuschüsse vorzunehmen, sodass de Sonderfreibetrag gem. § 33 a Abs. 2 EStG mit

$$(^5/_8 \text{ von } 528 =) 330 € + (198 ./. 120 =) 78 € = 408 €$$

anzusetzen ist.

## Zu Aufgabe 212

Richtig:    B

Der Pauschbetrag kann nach § 33 b Abs. 5 EStG bei der Veranlagung der Eltern berücksichtigt werden, da die Tochter unbeschränkt einkommensteuerpflichtig ist, nur bei den Eltern steuerlich zu berücksichtigen ist und den Pauschbetrag nicht selbst in Anspruch nimmt.

Für die Höhe des Pauschbetrags ist der höchste Grad der Behinderung maßgebend (R 194 Abs. 7 EStR). Der zu berücksichtigende Pauschbetrag beträgt damit nach § 33 b Abs. 3 Satz 2 EStG 890 €. Eine zeitanteilige Berechnung (D) wird auch bei einer Änderung des Grads der Behinderung im Laufe eines Jahres nicht vorgenommen.

## Zu Aufgabe 213

Richtig:    B

Nach § 33 a Abs. 3 Satz 2 Nr. 1 i. V. mit Abs. 4 EStG sind die Aufwendungen für die Heimunterbringung bis zum Höchstbetrag von 11 × ($^{1}/_{12}$ von 624 =) 52 € = 572 € abzugsfähig, da Kosten für Dienstleistungen enthalten sind, die mit denen einer Haushaltshilfe vergleichbar sind. Eine Verdopplung des Höchstbetrags kommt grundsätzlich bei Ehegatten nicht in Betracht.

## Zu Aufgabe 214

Richtig:    D

Die Aufwendungen für die Betreuung der Kinder (beide unter 14 Jahre alt) können als außergewöhnliche Belastungen gemäß § 33 c EStG geltend gemacht werden. M kann ihre Aufwendungen je Kind nach § 33 c Abs. 1 Satz 3 EStG geltend machen, soweit sie 774 € übersteigen, nach Satz 2 kann der übersteigende Betrag aber nur bis 750 € je Kind in Abzug gebracht werden. Die Aufwendungen der M für die Tochter betragen (12 × 125 =) 1.500 €, der Betrag von 774 € wird um 726 € überstiegen. Der Betrag von 726 € liegt unter 750 € und ist daher in dieser Höhe abzugsfähig. Die Aufwendungen für den Sohn von (12 × 60 =) 720 € erreichen die Grenze von 774 € nicht, ein Abzug kommt damit nicht in Betracht.

## Zu Aufgabe 215

Richtig:    B, C

Die Zinsen gehören zu den Einkünften aus Kapitalvermögen (§ 20 Abs. 1 Nr. 7 EStG). Die einbehaltene Kapitalertragsteuer (besondere Erhebungsform der Einkommensteuer) und der darauf erhobene Solidaritätszuschlag dürfen nach § 12 Nr. 3 EStG bei der Ermittlung der Einkünfte nicht abgezogen werden. In Höhe des Freistellungsauftrags hat die Bausparkasse nach § 44 a Abs. 1 Nr. 1 i. V. mit Abs. 2 Nr. 1 EStG zu Recht vom Kapitalertragsteuerabzug Abstand genommen.

Berechnung:

| | |
|---|---:|
| Gutschrift | 3.734 € |
| + Kapitalertragsteuer und Solidaritätszuschlag | 1.266 € |
| Einnahmen | 5.000 € |
| ./. Werbungskosten-Pauschbetrag (§ 9 a Nr. 2 EStG) | 51 € |
| ./. Sparer-Freibetrag (§ 20 Abs. 4 EStG) | 1.550 € |
| Einkünfte aus Kapitalvermögen | 3.399 € |

## Zu Aufgabe 216

Richtig: B, C

Da die Ehegatten nicht mehr als 102 € an Werbungskosten nachweisen, ist ihnen der Werbungskosten-Pauschbetrag nach § 9 a Nr. 2 EStG in Höhe von 102 € zu gewähren. Diesen Pauschbetrag können die Ehegatten nach ihrem Belieben unter sich aufteilen (R 85 Abs. 1 EStR). Nach den Werbungskosten ist bei der Ermittlung der Einkünfte noch der (gemeinsame) Sparer-Freibetrag abzuziehen, der nach § 20 Abs. 4 EStG für die Ehegatten 3.100 € beträgt und grundsätzlich bei jedem Ehegatten zur Hälfte zu berücksichtigen ist. Eine Übertragung auf den anderen Ehegatten ist nur möglich, soweit der Betrag von 1.550 € von einem Ehegatten nicht voll ausgeschöpft werden kann (A). Der Abzug des Sparer-Freibetrags darf nicht zu einem Verlust führen (D).

Während das Ergebnis C den niedrigsten Betrag für den Ehemann durch Berücksichtigung des vollen Werbungskosten-Pauschbetrags bei ihm ergibt, sind für das Ergebnis B mit dem niedrigsten Betrag für die Ehefrau zwei Berechnungen möglich:

| | Ehemann | Ehefrau | Ehemann | Ehefrau |
|---|---:|---:|---:|---:|
| Einnahmen | 1.900 € | 1.580 € | 1.900 € | 1.580 € |
| Werbungskosten | 72 € | 30 € | 0 € | 102 € |
| Sparer-Freibetrag | 1.550 € | 1.550 € | 1.622 € | 1.478 € |
| Einkünfte | 278 € | 0 € | 278 € | 0 € |

## Zu Aufgabe 217

Richtig: D

Der Aufwand stellt Herstellungsaufwand dar, der zwar die 4.000-€-Grenze des R 157 Abs. 2 EStR nicht übersteigt, der aber der endgültigen Fertigstellung des Gebäudes dient. Eine Berücksichtigung kann nur im Wege der AfA erfolgen. Die AfA nach § 7 Abs. 4 EStG ist grundsätzlich zeitanteilig zu berechnen (A), und zwar nach § 9 a EStDV ab dem Zeitpunkt der Fertigstellung – hier Oktober 03. Nach R 44 Abs. 10 Satz 3 EStR sind nachträgliche Herstellungskosten im Jahr ihrer Entstehung so zu behandeln, als ob sie zu Beginn des Jahres aufgewendet worden wären (D).

## Zu Aufgabe 218

Richtig:   A, C

Da Bad und Dusche bisher nicht vorhanden waren, liegt Herstellungsaufwand vor, der im Wege der AfA nach § 7 Abs. 4 EStG zu berücksichtigen ist (A).

Eine besondere Absetzung für Abnutzung etwa von 10 % von 2.320 € = 232 € pro Jahr kommt nicht in Betracht (B).

Der Aufwand ohne Umsatzsteuer beträgt nicht mehr als 4.000 €, sodass er nach R 157 Abs. 2 EStR auf Antrag als Erhaltungsaufwand behandelt werden kann. Erhaltungsaufwand kann im Jahr der Leistung in voller Höhe als Werbungskosten berücksichtigt werden (C).

Die nicht als Vorsteuer abzugsfähige Umsatzsteuer von 320 € gehört in allen Fällen nach § 9 b EStG zu dem begünstigten Aufwand.

## Zu Aufgabe 219

Richtig:   A, B

Unter A wurde die Gebäude-AfA nach § 7 Abs. 4 Nr. 2 EStG ab Zeitpunkt der Fertigstellung (1. 7. 02) ermittelt.

Berechnung:   2 % von 310.000 €                    =    6.200 €
               für 6 Monate                         =    3.100 €

Unter B wurde die Gebäude-AfA nach § 7 Abs. 5 Nr. 3 b EStG ermittelt (in voller Höhe).

Berechnung:   5 % von 310.000 €                    =   15.500 €

Unter C wurde die AfA nach § 7 Abs. 5 Nr. 3 a EStG ermittelt. Diese AfA ist nicht möglich, da das Gebäude zwar vom Stpfl. hergestellt, aber der Bauantrag nach dem 1. 1. 1996 gestellt wurde.

## Zu Aufgabe 220

Richtig:   A, B, C, D

Gem. § 7 Abs. 5 a EStG i. V. mit R 42 Abs. 6 i. V. mit R 13 Abs. 3 Nr. 5 i. V. mit R 13 Abs. 4 EStR liegen mit den vier unterschiedlich genutzten Geschossen vier Gebäudeteile vor, die als selbstständige unbewegliche Wirtschaftsgüter anzusehen sind (A).

Die Anschaffungskosten des Erdgeschosses betragen

| | | | |
|---|---|---|---|
| ¼ des Kaufpreises von (720.000 ∕. 160.000 =) 560.000 € | | = | 140.000 € |
| zuzügl. Nebenkostenanteil ⁵⁶⁰/₇₂₀ v. 16.960 € = 13.192 €, | | | |
| ¼ v. 13.192 € | | = | 3.298 € |
| | (B) | | 143.298 € |

| | | | |
|---|---|---|---|
| Für den 1. Stock ist der Umsatzsteueranteil der Erwerbsnebenkosten gem. § 9 b Abs. 1 EStG auszuscheiden – Anschaffungskosten | | | 140.000 € |
| ⁵⁶⁰/₇₂₀ v. 16.000 € = 12.444 €; ¼ v. 12.444 € | | = | 3.112 € |
| | (C) | | 143.112 € |

Bezüglich der eigengenutzten Wohnung ergeben sich keine Einkünfte, somit gehört auch die AfA für diesen Gebäudeteil zu den Kosten der Lebensführung i. S. des § 12 Nr. 1 EStG.

Für die übrigen Gebäudeteile kommen nur zeitanteilig lineare Absetzungen für Abnutzung nach § 7 Abs. 4 EStG in Betracht (R 44 Abs. 2 EStR), da die Voraussetzungen des § 7 Abs. 5 EStG aufgrund des Alters des Gebäudes nicht erfüllt sind (D).

## Zu Aufgabe 221

Richtig: B

Neben dem Zeitpunkt des Bauantrags erfüllt das Erdgeschoss in jedem Fall die Voraussetzungen des § 7 Abs. 4 Nr. 1 EStG, da es nicht Wohnzwecken dient und zum (notwendigen – R 13 Abs. 7 EStR) Betriebsvermögen des V gehört. Für den 2. Stock scheidet aufgrund der Wohnzweckennutzung die Anwendung des § 7 Abs. 4 Nr. 1 EStG aus. Für den 1. Stock ist die Anwendung des § 7 Abs. 4 Nr. 1 EStG abhängig von der Behandlung als (gewillkürtes – R 13 Abs. 9 EStR) Betriebsvermögen.

## Zu Aufgabe 222

Richtig: C, D

Nach § 21 Abs. 2 EStG ist die Nutzungsüberlassung der Wohnung an den Onkel in einen entgeltlichen Teil von 500/1.200 (R 162 EStR) und einen unentgeltlichen Teil von 700/1.200 aufzuteilen. Neben dem auf die eigengenutzte Wohnung entfallenden Anteil von ⅓ (1.200/3.600) sind damit auch 700/3.600 der Aufwendungen (Wohnung des Onkels) und damit insgesamt 1.900/3.600 der Aufwendungen den Kosten der Lebensführung zuzuordnen.

## Zu Aufgabe 223

Richtig:  B, C

Der Ertragsanteil der Rente entspricht den Einnahmen i. S. des ESt-Rechts. Setzt der Bezug der Rente aus der gesetzlichen Rentenversicherung bereits mit Beginn des Monats ein, in dem der Stpfl. das 65. Lebensjahr vollendet, so ist trotzdem dieses Lebensalter bei der Ermittlung des Ertragsanteils zugrunde zu legen (R 167 Abs. 5 EStR). Danach beträgt der Ertragsanteil nach § 22 Nr. 1 Satz 3 Buchst. a EStG 27 % (B). Die Einnahmen sind mit 27 % von 14.000 € = 3.780 € anzusetzen. Nach Abzug des Werbungs-kosten-Pauschbetrages von 102 € (§ 9 a Nr. 3 EStG) betragen die Einkünfte i. S. des § 22 Nr. 1 Satz 3 Buchst. a EStG 3.678 € (C).

## Zu Aufgabe 224

Richtig:  A

Die Erwerbsunfähigkeitsrente ist in ihrer Laufzeit auf 8 Jahre beschränkt, da mit Vollendung des 65. Lebensjahrs die Umwandlung in ein Alters-ruhegeld erfolgt (R 167 Abs. 7 EStR). Für das Kj. 07 ist daher nach § 55 Abs. 2 EStDV ein Ertragsanteil von 15 v. H. anzusetzen.

Der sich nach § 22 Nr. 1 Satz 3 Buchst. a EStG ergebende Ertragsanteil kommt wegen der Beschränkung der Laufzeit für die Erwerbsunfähigkeits-rente nicht in Betracht.

## Zu Aufgabe 225

Richtig:  D

Ein privates Veräußerungsgeschäft bei Grundstücken liegt dann vor, wenn der Zeitraum zwischen Anschaffung und Veräußerung nicht mehr als 10 Jahre beträgt (§ 23 Abs. 1 Nr. 1 EStG). Zwar spricht der Gesetzgeber im § 23 Abs. 3 EStG vom Gewinn aus Veräußerungsgeschäften, doch sind Ein-künfte daraus nach § 22 Nr. 2 EStG anzusetzen (sonstige Einkünfte). Es handelt sich somit um Überschusseinkünfte, bei denen für den zeitlichen Ansatz § 11 EStG zu beachten ist (§ 2 Abs. 2 EStG).

Nach § 23 Abs. 3 EStG ist der Gewinn wie folgt zu ermitteln:

| | |
|---|---|
| Veräußerungserlös | 60.000 € |
| ./. Veräußerungskosten/Werbungskosten | 2.000 € |
| ./. Anschaffungskosten | 50.000 € |
| | 8.000 € |

Da § 11 Abs. 1 EStG zu beachten ist, betrug der im Kj. 02 zugeflossene Überschuss (53.000 € ./. 52.000 € =) 1.000 €. Dieser Betrag ist auch nach § 22 Nr. 2 EStG anzusetzen, weil er nicht weniger als 512 € beträgt (§ 23

Abs. 3 Satz 6 EStG). Den restlichen Betrag von 7.000 € hat der Stpfl. im Kj. 03 zu versteuern (D).

## Zu Aufgabe 226

Richtig:  A, D

Nach § 2 Abs. 6 i. V. mit § 34 g EStG ist die tarifliche Einkommensteuer von 500 € um 50 v. H. der Parteispenden von 1.200 €, also um 600 € – höchstens 825 € nicht erreicht – zu ermäßigen. Eine Ermäßigung kann aber nicht zu einem Erstattungsbetrag führen; die festzusetzende Einkommensteuer beträgt daher 0 € (A). Nur die Lohnsteuer, nicht aber der Solidaritätszuschlag, ist nach § 36 Abs. 2 Nr. 2 EStG auf die festzusetzende Einkommensteuer anzurechnen, sodass sich eine Einkommensteuer-Erstattung von 800 € ergibt (D).

## Zu Aufgabe 227

Richtig:  C

Die Aufwendungen für die Hilfen im Haushalt sind nach § 33 a Abs. 3 Nr. 1 a EStG in Höhe von 624 € als außergewöhnliche Belastungen abzuziehen. Für die Steuerermäßigung gemäß § 35 a EStG verbleiben

$$
\begin{array}{rcl}
12 \times 1.000\ € &=& 12.000\ € \\
6 \times\ 300\ € &=& \underline{1.800\ €} \\
&& 13.800\ €
\end{array}
$$

./. gemäß § 33 a Abs. 3 EStG
begünstigt            624 €  – davon 312 € vom 1.7.– 31.12.
                              (§ 33 a Abs. 4 EStG) –
              ————
              13.176 €

Gemäß § 35 a Abs. 1 Nr. 1 EStG ist für die geringfügig beschäftigte Haushaltshilfe die Einkommensteuer um

10 % v. (1.800 ./. 312 =) 1.488 € = 149 € (höchstens 255 € nicht erreicht)

zu ermäßigen; für die Hausgehilfin beträgt die Steuerermäßigung nach § 35 a Abs. 1 Nr. 2 EStG

12 % v. (12.000 ./. 312 =) 11.688 € = 1.403 €.

Die Ermäßigung beträgt daher insgesamt (149 + 1.403 =) 1.552 €.

## Zu Aufgabe 228

Richtig:  A

Die Ermäßigung nach § 35 Abs. 1 EStG ist für S für den Gewinn aus dem Einzelhandel nach Nr. 1 der Vorschrift mit 1,8 × 1.575 € = 2.835 € und für den anteiligen Gewinn aus der OHG nach Nr. 2 der Vorschrift mit (20 % v. 1.300 € = 260 €) 1,8 × 260 € = 468 € anzusetzen; die gesamte Ermäßigung beträgt damit (2.835 + 468 =) 3.303 €.

Der auf die gewerblichen Einkünfte entfallende Anteil an der Einkommensteuer ist nach § 35 Abs. 1 Satz 1 EStG von der tariflichen Einkommensteuer vor Abzug der Ermäßigung gemäß § 34 g EStG zu ermitteln. Die Ermäßigung ist nicht nach § 35 Abs. 1 Sätze 2 u. 3 EStG ausgeschlossen, da die angegebenen Hebesätze mindestens 200 v. H. betragen.

## Zu Aufgabe 229

Richtig:   A, D

Für den VZ 05 werden gemäß § 37 Abs. 3 Satz 2 EStG zum 10. 6., 10. 9. und 10. 12. jeweils (21.800 ⁒ 5.000 = 16.800; 16.800 : 3 =) 5.600 € festgesetzt, da die Erhöhung auch mindestens 50 € beträgt (§ 37 Abs. 5 EStG). Für den VZ 03 kommt eine nachträgliche Erhöhung der 4. Vorauszahlung nach § 37 Abs. 4 i. V. mit Abs. 3 Satz 3 EStG nicht mehr in Betracht, da mehr als 15 Monate seit dem Ablauf des VZ verstrichen sind; wohl aber für den VZ 04. Die letzte Vorauszahlung für den VZ 04 könnte um (21.800 ⁒ 4 × 5.000 =) 1.800 € erhöht werden; diese Erhöhung ist aber nach § 37 Abs. 5 EStG nicht zulässig, da sich die Erhöhung nicht auf mindestens 2.500 € beläuft. Ab dem 10. 3. 06 werden die Vorauszahlungen mit (21.800 : 4 =) 5.450 € pro Quartal festgesetzt, da diese Erhöhung (5.450 statt 5.000) mindestens 50 € beträgt.

## Zu Aufgabe 230

Richtig:   D

Die Bemessungsgrundlage für die Zuschlagsteuern ist nach § 51 a Abs. 2 EStG wie folgt zu ermitteln:

| | |
|---|---:|
| tarifliche Einkommensteuer nach Abzug der Freibeträge gemäß § 32 Abs. 6 EStG | 16.000 € |
| Ermäßigung gemäß § 34 g EStG (nicht § 35 EStG) | ⁒   800 € |
| Erhöhung um die nach § 3 Nr. 40 EStG steuerfreien Einnahmen | +   500 € |
| | 15.700 € |

# Lösungen: Eigenheimzulage

## Zu Aufgabe 231

Richtig:  A, C

Nach § 2 Abs. 1 Satz 1 EigZulG sind sowohl Einfamilienhäuser (A), als auch
Eigentumswohnungen (B, C), als auch andere Wohnungen im eigenen
Haus (D) begünstigt, wenn sie im Inland gelegen sind. Diese Voraussetzungen sind für alle genannten Objekte gegeben. Nicht erforderlich ist die
ständige oder ausschließliche Eigennutzung (A); eine zeitweise Vermietung
ist unschädlich, wenn die Eigennutzung überwiegt (C); s. Anwendungs-
erlass zum EigZulG v. 10. 2. 1998 Rz. 62 i. V. mit R 42 a Abs. 3 EStR.

Der Ausschluss der Begünstigung nach § 2 Abs. 1 Satz 2 EigZulG ist bei
Ferienhäusern oder -wohnungen von den baurechtlichen Vorgaben abhängig zu machen. Liegt eine Wohnung in einem Ferienhausgebiet, in dem
eine dauernde Wohnungsnutzung untersagt ist, kommt eine Begünstigung
– unabhängig von der tatsächlichen Nutzung – nicht in Betracht (B).

Soweit für ein Objekt Absetzungen für Abnutzung als Betriebsausgaben
oder Werbungskosten im Rahmen einer doppelten Haushaltsführung geltend gemacht werden, ist die Begünstigung ebenfalls ausgeschlossen (D).
Eine teilweise Nutzung zur Einkunftserzielung ist unschädlich, insoweit
kommt ggf. eine Kürzung der Bemessungsgrundlage nach § 8 EigZulG in
Betracht.

## Zu Aufgabe 232

Richtig:  B

Der Förderzeitraum beginnt nach § 3 EigZulG mit dem Jahr der Fertigstellung oder Anschaffung. Anschaffungszeitpunkt ist der Tag des Übergangs
der Nutzen und Lasten; der Förderzeitraum beginnt damit für E mit dem
Kj. 2002 und endet mit dem Jahr 2009 (B). Dass E aufgrund fehlender
Eigennutzung i. S. des § 4 EigZulG frühestens ab 2003 einen Anspruch
auf Eigenheimzulage hat, führt nicht zu einer Verschiebung (D) oder
Verkürzung (C) des Förderzeitraums. Der Abschluss des Kaufvertrags ist
ebenso unmaßgeblich wie die Eigentumsübertragung durch die Eintragung
im Grundbuch (D).

## Zu Aufgabe 233

Richtig:  A

Grundsätzlich ist die Förderung gem. § 7 b EStG ab 1964, § 10 e EStG,
§§ 15, 15 b Berlinförderungsgesetz oder nach dem Eigenheimzulagegesetz
für einen Stpfl. nur für ein Objekt möglich (§ 6 Abs. 1 Satz 1 und Abs. 3

EigZulG). Ehegatten i. S. des § 26 EStG können nach § 6 Abs. 1 Satz 2 EigZulG diese Förderung für zwei Objekte in Anspruch nehmen. Nach § 6 Abs. 2 Satz 1 EigZulG ist ein Anteil an einem Objekt als ein Objekt anzusehen; nach Satz 2 der Vorschrift sind aber die Ehegattenanteile an einer gemeinsamen Wohnung nur als ein Objekt anzusehen, wenn § 26 EStG erfüllt ist. Die Förderung eines zweiten Objektes wäre demnach für die Ehegatten Hansen möglich.

Bei der Appartementwohnung handelt es sich um ein Objekt i. S. des § 2 EigZulG, bei dem auch die Voraussetzung der Eigennutzung gem. § 4 EigZulG erfüllt ist, da die Wohnung der Tochter als Angehörige i. S. des § 15 Abs. 1 Nr. 3 AO unentgeltlich zu Wohnzwecken überlassen wird. Für diese Wohnung können die Ehegatten die Förderung in Anspruch nehmen, ungeachtet der Eigentumsverhältnisse – Alleineigentum eines Ehegatten oder gemeinschaftliches Eigentum – (A).

Der Ausbau des Dachgeschossbodens ist zwar ein begünstigtes Objekt i. S. des § 2 Abs. 2 EigZulG, es kommt aber eine Förderung so lange nicht in Betracht, wie die Förderung für das Einfamilienhaus in Anspruch genommen wird, da beide begünstigten Objekte in einem räumlichen Zusammenhang belegen sind und eine gleichzeitige Beanspruchung für derartige Objekte nicht zulässig ist. Frühestens ab dem Kj. 2007 könnte für den Ausbau die Förderung in Anspruch genommen werden (B).

Sowohl für den Garagenneubau als auch für den Anbau des häuslichen Arbeitszimmers kommt keine Förderung in Betracht, da bei beiden Objekten kein Wohnraum geschaffen wird und damit weder eine Wohnung i. S. des § 2 Abs. 1 EigZulG noch ein Ausbau bzw. eine Erweiterung i. S. des § 2 Abs. 2 EigZulG vorliegt (C, D).

## Zu Aufgabe 234

Richtig:   B

Der Förderzeitraum für die Eigentumswohnung läuft vom Kj. 2002 bis 2009 (s. Aufgabe 232). Maßgebend für die Ermittlung der Einkunftsgrenze können nach § 5 EigZulG nur Jahre des Förderzeitraums (mit dem Vorjahr) sein. Zunächst ist daher die Summe der Gesamtbeträge der Einkünfte für die Kj. 2002 als Erstjahr und 2001 als Vorjahr zu ermitteln. Diese liegt mit (90.000 + 100.000 =) 190.000 € unter der für F maßgebenden Freigrenze von (163.614 + 30.678 für den ehelichen Sohn =) 194.292 €, sodass F die Eigenheimzulage ab dem Kj. 2002 in Anspruch nehmen könnte (A). Wie sich die Einkünfte in den Folgejahren entwickeln, ist unmaßgeblich (C, D).

Da die Eigennutzung durch F erst im Kj. 2003 beginnt, kann er auch erst ab 2003 die Eigenheimzulage in Anspruch nehmen, und zwar bis zum Ablauf des Förderzeitraums in 2009 (B).

## Zu Aufgabe 235

Richtig:   C

Die Eigenheimzulage setzt sich gem. § 9 Abs. 1 EigZulG aus dem Fördergrundbetrag und der Kinderzulage zusammen.

Der Fördergrundbetrag ist mit 2,5 % der Bemessungsgrundlage gem. § 8 EigZulG von (45.000 + 6.000 =) 51.000 € anzusetzen, da die Wohnung zum Anschaffungszeitpunkt älter als 3 Jahre war (§ 9 Abs. 2 Satz 2 EigZulG).

Für die Kinderzulage nach § 9 Abs. 5 EigZulG von 767 € für jedes haushaltszugehörige Kind sind bei der erstmaligen Festsetzung der Zulage gem. § 11 Abs. 1 Satz 2 EigZulG die Verhältnisse zu Beginn der Eigennutzung maßgebend. Da der Adoptivsohn zwar im Förderzeitraum in 2002 und 2003 zum Haushalt der Ehegatten gehörte, aber nicht mehr ab Beginn der Eigennutzung, scheidet für ihn eine Kinderzulage aus. Auch für die Tochter kommt für das Kj. 2003 keine Kinderzulage in Betracht, da sie erst in 2004 geboren wurde und damit für 2003 noch kein Kindergeld oder Kinderfreibetrag für sie gewährt werden konnte. Danach bleibt nur eine Kinderzulage für den ehelichen Sohn, sodass die Eigenheimzulage für 2003

| | |
|---|---|
| Grundbetrag (2,5 % v. 51.000 € =) | 1.275 € |
| + Kinderzulage für 1 Kind | 767 € |
| | 2.042 € beträgt. |

## Zu Aufgabe 236

Richtig:   B, D

Nach § 11 Abs. 1 Satz 1 EigZulG wird die Eigenheimzulage für sämtliche Jahre im ersten Jahr festgesetzt. Die Festsetzung erfolgt für F und dessen Ehefrau gem. § 11 Abs. 6 Satz 3 EigZulG auch zusammen, da § 26 Abs. 1 EStG erfüllt ist (D).

Für die 2004 geborene Tochter ist gem. § 9 Abs. 5 EigZulG erst ab diesem Kj. eine Kinderzulage zu gewähren. Damit haben sich die Verhältnisse für die Höhe der Zulage seit der letzten Festsetzung geändert; gem. § 11 Abs. 2 EigZulG ist mit Wirkung ab dem Kj. 2004 bis zum Ende des Förderzeitraums eine Neufestsetzung vorzunehmen.

## Zu Aufgabe 237

Richtig:   C

Zur Bemessungsgrundlage gehören gem. § 8 EigZulG $^{80}/_{100}$ der Herstellungskosten von 105.000 €, da der nicht zu eigenen Wohnzwecken genutzte Teil auszuscheiden ist, unabhängig davon, ob er einkommensteuerlich als Betriebsausgaben oder Werbungskosten abgezogen werden kann oder nicht.

Die Anschaffungskosten des Vaters für das Grundstück wären nur im Erbfall zu erfassen; der unentgeltliche Erwerb durch Schenkung führt nicht zur Erhöhung der Bemessungsgrundlage.

Die Bemessungsgrundlage für den Fördergrundbetrag ergibt sich mit

$^{80}/_{100}$ von 105.000 € = 84.000 €.

## Zu Aufgabe 238

Richtig: D

Der Förderzeitraum beginnt nach § 3 EigZulG mit der Fertigstellung; diese ist gegeben, wenn das Objekt bewohnbar ist. Der Begünstigungszeitraum von 8 Jahren läuft damit für G, da die Einkunftsgrenzen auch unterschritten sind, von 2002 bis 2009.

Der Fördergrundbetrag ist gem. § 9 Abs. 2 EigZulG in allen Jahren mit 5 % der Bemessungsgrundlage von 84.000 € (= 4.200 €), höchstens jedoch mit 2.556 € anzusetzen.

Die Kinderzulage beträgt gem. § 9 Abs. 5 EigZulG für jedes der Kinder des G 767 €, da die Halbteilung nach Satz 3 der Vorschrift nur zur Anwendung käme, wenn die Mutter auch Miteigentümerin des Hauses wäre. Die erforderliche Haushaltszugehörigkeit nach Satz 2 der Vorschrift ist für den 16-jährigen Sohn und die 19-jährige Tochter – nicht aber für das dritte bei der Mutter wohnende Kind – gegeben, da sie mit in das Objekt eingezogen sind; der spätere Auszug ist unschädlich. Für jedes Jahr wären danach Kinderzulagen von 2 × 767 € = 1.534 € zu berücksichtigen. Da die Tochter aber letztmalig für 2006 steuerlich zu berücksichtigen ist, kann ab 2007 nur noch eine Kinderzulage von 767 € gewährt werden.

G erhält daher

für 2002 bis 2006 jeweils eine Zulage von (2.556 + 1.534 =) 4.090 €
und für 2007 bis 2009 jeweils eine Zulage von (2.556 + 767 =) 3.323 €.

## Zu Aufgabe 239

Richtig: A, C

Die Eigenheimzulage wird nach § 11 EigZulG für sämtliche Jahre des Förderzeitraums im Erstjahr auf Antrag des G gem. § 12 Abs. 1 EigZulG festgesetzt (A).

Der Anspruch auf Eigenheimzulage entsteht gem. § 10 EigZulG im Jahr des Nutzungsbeginns erst mit Beginn der Nutzung, in allen anderen Jahren mit Beginn des Kj. (B).

Nach § 12 Abs. 2 EigZulG ist G nur verpflichtet, das Ende der steuerlichen Berücksichtigung der Tochter anzuzeigen, da dadurch eine Minderung der

Zulage eintritt (C). Der Auszug der Tochter betrifft die Höhe der Zulage nicht, sodass diesbezüglich keine Verpflichtung des G besteht (D).

## Zu Aufgabe 240

Richtig: C

Für den Ausbau ist die Bemessungsgrundlage für den Fördergrundbetrag gem. § 8 EigZulG mit 15.000 € anzusetzen; der Wert der Eigenleistung stellt keinen Aufwand dar und ist nicht zu berücksichtigen. Der Fördergrundbetrag ergibt sich nach § 9 Abs. 1 Satz 2 EigZulG mit 2,5 % von 15.000 € = 375 € jährlich.

Aufgrund der beiden zu berücksichtigenden haushaltszugehörigen Kinder beträgt die Kinderzulage jährlich (2 × 767 € =) 1.534 €. Da die Ehegatten gemeinsam Eigentümer des Hauses sind, ist die Festsetzung der Zulage zusammen durchzuführen; für eine Anwendung der Halbteilung nach § 9 Abs. 5 Satz 3 EigZulG bleibt kein Raum.

Aufgrund der Objektbeschränkung gem. § 6 Abs. 1 Satz 2 EigZulG bei in räumlichen Zusammenhang belegenen Objekten von Ehegatten scheidet das Kj. 2003 für eine Förderung aus, da in diesem Jahr bereits das Einfamilienhaus als ein Objekt i. S. des § 6 Abs. 2 u. 3 EigZulG gefördert wird. Da der Förderzeitraum gem. § 3 EigZulG von 2003 bis 2010 läuft, ist damit nur noch eine Förderung für die Jahre 2004 bis 2010 möglich.

Nach § 9 Abs. 6 EigZulG dürfen Fördergrundbeträge und Kinderzulagen bei Ausbauten zusammen 50 % der Bemessungsgrundlage nicht überschreiten, d. h., sie dürfen für die Ehegatten nur bis zur Höhe von 50 % v. 15.000 € = 7.500 € festgesetzt werden. Bei einer Eigenheimzulage von je (375 + 1.534 =) 1.909 € für die Jahre 2004 bis 2006 bleibt für das Kj. 2007 noch ein Rest von (7.500 ./. 3 × 1.909 =) 1.773 € an Eigenheimzulage. Für die Folgejahre entfällt eine Eigenheimzulage.

# Lösungen: Lohnsteuer

## Zu Aufgabe 241

Richtig: A, C, D

Für das Vorliegen eines Dienstverhältnisses ist es erforderlich, dass eine natürliche Person einem Wirtschaftsgebilde ihre Arbeitskraft schuldet und dabei weisungsgebunden tätig wird. Die natürliche Person übt dann diese Tätigkeit nichtselbstständig aus (§ 1 Abs. 2 LStDV). Das ist immer dann der Fall, wenn eine natürliche Person im öffentlichen oder privaten Dienst gegen Entgelt beschäftigt ist (§ 19 Abs. 1 Nr. 1 EStG – § 1 Abs. 1 LStDV).

Wird jeweils nur eine erbrachte Leistung bezahlt, so wird das Entgelt nicht für das Schulden von Arbeitskraft, sondern für den Leistungserfolg entrichtet. Die derart erbrachten Leistungen werden nicht im Rahmen eines Dienstverhältnisses ausgeführt.

## Zu Aufgabe 242

Richtig: A, B, D

Das Vorliegen eines Dienstverhältnisses ist allein abhängig von der nichtselbstständigen (weisungsgebundenen) Ausübung der Tätigkeit.

B darf nur für die Fa. C tätig werden, er ist insoweit weisungsgebunden. Der Fahrtkostenersatz spricht für eine nichtselbstständige Ausübung der Tätigkeit, da eine selbstständig tätige Person typischerweise auch das sich aus der Tätigkeit ergebende Risiko zu tragen hat. Soweit der Erfolg der Leistung von der Fa. C honoriert wird, trägt B das Risiko der Höhe der Einnahmen. Ein bezahlter Jahresurlaub zur Erhaltung der Arbeitskraft dagegen entledigt B eines Teils des Risikos der Tätigkeit.

Ob die Tätigkeit des B im Rahmen eines Dienstverhältnisses ausgeübt wird, lässt sich erst aufgrund des Gesamtbildes der Tätigkeitsmerkmale würdigen. Dazu ist es notwendig, zu erkennen, ob B im Wesentlichen bezüglich Art, Ort, Zeit und Umfang der Tätigkeit weisungsgebunden ist (H 67 „Allgemeines" LStH).

## Zu Aufgabe 243

Richtig: B, D

Auch zwischen Ehegatten kann ein steuerrechtlich anzuerkennendes Dienstverhältnis bestehen, wenn das Dienstverhältnis (wie im Sachverhalt) ernsthaft vereinbart und den Vereinbarungen entsprechend tatsächlich durchgeführt wird. Der Arbeitslohn von 1.400 € wird aus einem Dienstverhältnis erzielt, da er angemessen ist und nicht den an andere Arbeitnehmer für eine gleichartige Tätigkeit gezahlten Lohn übersteigt (R 19 Abs. 1 EStR, H 19 „Arbeitsverhältnisse zwischen Ehegatten" EStH).

## Zu Aufgabe 244

Richtig:  D

Die Unterrichtstätigkeit ist als Nebentätigkeit in Bezug auf die nichtselbstständige oder selbstständige Ausübung getrennt zu prüfen, da beide Tätigkeiten des L weder unmittelbar miteinander zusammenhängen noch für dasselbe Wirtschaftsgebilde ausgeübt werden.

Eine nebenberufliche Lehrtätigkeit an einer Schule oder einem Lehrgang mit festem Stundenplan kann nur dann als weisungsgebundene Tätigkeit angesehen werden, wenn der Unterrichtende in den Schul- oder Lehrgangsbetrieb fest eingegliedert ist. L erteilt an der Volkshochschule nur vier Stunden Unterricht wöchentlich während des Semesters und kann mit dieser geringen Stundenzahl nicht als fest in den Schulbetrieb eingegliedert angesehen werden (R 68 LStR). Da auch keine anderen Merkmale für das Vorliegen eines Dienstverhältnisses sprechen, ist L bezüglich der Unterrichtserteilung nicht weisungsgebunden und steht insoweit in keinem Dienstverhältnis.

## Zu Aufgabe 245

Richtig:  C

Arbeitslohn liegt nur vor, wenn Einnahmen durch ein Dienstverhältnis veranlasst sind. Die Bezüge von der VBL werden aufgrund der geleisteten Beiträge und nicht aufgrund des früheren Dienstverhältnisses gezahlt. Sie sind kein Arbeitslohn (§ 2 Abs. 2 Nr. 2 Satz 2 LStDV). Sie sind daher auch keine Versorgungsbezüge i. S. des § 19 Abs. 2 EStG. Die Bezüge sind im Rahmen der Einkünfte i. S. des § 22 EStG als Leibrente mit dem Ertragsanteil zu erfassen.

## Zu Aufgabe 246

Richtig:  B, C

Nach § 8 Abs. 1 EStG sind Einnahmen auch Güter, die in Geldeswert bestehen. Dazu gehören auch Sachbezüge, die aus einem Dienstverhältnis gewährt werden. Die Zurverfügungstellung des Krans ist durch das Dienstverhältnis veranlasst und stellt für E einen über eine bloße Aufmerksamkeit hinausgehenden geldwerten Vorteil dar (R 73 LStR). Der Sachbezug ist nach § 8 Abs. 3 EStG zu bewerten, da es sich bei der Zurverfügungstellung des Krans um eine Dienstleistung handelt (R 32 Abs. 1 Nr. 2 LStR).

## Zu Aufgabe 247

Richtig:  D

Bei dem Betriebsausflug handelt es sich um eine herkömmliche Betriebs-veranstaltung i. S. des R 72 LStR. Übliche Zuwendungen im Rahmen solcher Betriebsveranstaltungen gehören nicht zum Arbeitslohn, da das betriebliche Interesse des Arbeitgebers insoweit als überwiegend anzu-sehen ist.

Auch bezüglich der Saalmiete und der Aufwendungen für die Musik-kapelle wird der einzelne Arbeitnehmer bereichert. Er erlangt insoweit einen geldwerten Vorteil aus dem Dienstverhältnis, es liegt Arbeitslohn vor. Zusammen mit Busfahrt und Verpflegung stellen die Aufwendungen aber trotzdem keinen Arbeitslohn dar, da sie mit 105 € geldwertem Vorteil pro Arbeitnehmer nicht über bei solchen Veranstaltungen übliche Zuwendun-gen von geringem Wert hinausgehen. Nach der Anweisung in R 72 LStR ist von üblichen Zuwendungen, die nicht als Arbeitslohn anzusehen sind, immer auszugehen, wenn der Gesamtwert der Zuwendungen 110 € pro Teilnehmer nicht übersteigt.

## Zu Aufgabe 248

Richtig:  C

Von der Abfindung aufgrund der vom Arbeitnehmer ausgesprochenen Kündigung bleiben gemäß § 3 Nr. 9 EStG höchstens 10.226 € steuerfrei, da G das 50. Lebensjahr vollendet hat und das Dienstverhältnis mindestens 15 Jahre bestanden hat. Der Höchstbetrag von 12.271 € kommt nicht zur Anwendung, da das Dienstverhältnis zwar mindestens 20 Jahre bestanden hat, G aber noch nicht das 55. Lebensjahr vollendet hat. Es verbleibt für G ein stpfl. Arbeitslohn von 4.774 €.

## Zu Aufgabe 249

Richtig:  A

Die Zuwendung kann nach R 73 LStR nicht als eine Aufmerksamkeit aus persönlichem Anlass des Arbeitnehmers angesehen werden, da es sich um eine Geldzuwendung handelt. Die Zahlung ist durch das Dienstverhältnis veranlasst und somit Arbeitslohn.

Gemäß § 3 Nr. 15 EStG bleiben Geburtsbeihilfen bis 358 € je Kind steuerfrei. Da die Zuwendung zwei Monate nach der Geburt erfolgt, ist der zeitliche Zusammenhang zur Geburt gewahrt und eine Geburtsbeihilfe ge-geben (H 15 „zeitliche Beschränkung" LStH). Von der Zuwendung bleiben (2 × 358 =) 716 € steuerfrei, es verbleibt ein stpfl. Arbeitslohn von 34 €.

## Zu Aufgabe 250

Richtig:  A

Da die Zuwendungen durch das Dienstverhältnis veranlasst sind und in Geld bestehen, handelt es sich um steuerpflichtigen Arbeitslohn; es kommt weder eine Steuerbefreiung noch eine Begünstigung nach R 72 oder 73 LStR in Betracht.

§ 34 Abs. 2 Nr. 4 i. V. mit Abs. 1 EStG ist auf die Jubiläumszuwendungen an N anzuwenden (R 200 Abs. 2 EStR und H 119 „Fünftelungsregelung" LStH); nach H 200 „Jubiläumszuwendungen" EStH sind dabei aber die aus Anlass des Unternehmensjubiläums gezahlten 400 € auszuscheiden. Die Fünftelregelung des § 34 Abs. 1 EStG ist damit nur auf den Betrag von 1.500 € anzuwenden.

## Zu Aufgabe 251

Richtig:  A, B

Gemäß § 3 Nr. 62 Satz 1 EStG ist der Zuschuss des V an W zu dessen Krankenversicherung bei einer Ersatzkasse in Höhe der Hälfte des Gesamtbeitrags steuerfrei, da W krankenversicherungspflichtig ist. 210 € bleiben danach steuerfrei. Der verbleibende Betrag von 20 € ist steuerpflichtig und damit im Bruttoarbeitslohn zu erfassen (R 24 Abs. 2 Nr. 1 LStR).

## Zu Aufgabe 252

Richtig:  C

J erhält sowohl von M als auch von F aufgrund des Dienstverhältnisses (R 73 LStR) Waren, die nicht überwiegend für den Bedarf der Arbeitnehmer vertrieben oder hergestellt werden. Die Wertgrenze von 40 € in R 73 Abs. 1 LStR für die Einordnung als nicht anzusetzende Aufmerksamkeit ist überschritten. Da auch keine Pauschalbesteuerung nach § 40 EStG in Betracht kommt, ist die Bewertung der Sachbezüge nach § 8 Abs. 3 EStG vorzunehmen. Danach sind die Waren mit den um 4 % geminderten Endpreisen des M und des F anzusetzen, d. h. mit 96 % von 3.364 € = 3.229,44 € bei M und mit 96 % von 535 € = 513,60 € bei F. Diese Vorteile sind aber in jedem Dienstverhältnis nach § 8 Abs. 3 Satz 2 EStG bis zur Höhe von 1.224 € im Kalenderjahr steuerfrei (R 32 Abs. 1 Nr. 1 LStR). Aus dem Warenbezug von M ergibt sich danach für J ein steuerpflichtiger Arbeitslohn von (3.229,44 ./. 1.224 =) 2.005,44 € (C), aus dem Warenbezug von F verbleibt kein steuerpflichtiger Arbeitslohn.

## Zu Aufgabe 253

Richtig:  A, C, D

G erhält für die tatsächlich geleistete Stunde Feiertagsarbeit einen Zuschlag von 26 € neben dem Grundlohn. Der Zuschlag bleibt gemäß § 3 b

Abs. 1 Nr. 4 EStG bis zur Höhe von 150 % des Grundlohns von 20 € – also bis 30 € – steuerfrei. Da der neben dem Grundlohn gezahlte Zuschlag (R 30 Abs. 1 LStR) nur 26 € beträgt, ist er auch in dieser Höhe steuerfrei. Als stpfl. Arbeitslohn ist daher lediglich der Grundlohn von 20 € zu erfassen.

## Zu Aufgabe 254

Richtig: B

Gemäß § 38 a Abs. 1 Satz 2 EStG (s. § 11 Abs. 1 Satz 3 EStG) gilt laufender Arbeitslohn in dem Kalenderjahr als bezogen, in dem der Lohnzahlungszeitraum endet. Ohne Rücksicht auf den tatsächlichen Zufluss gilt danach das Gehalt für den Monat Dezember 01 mit Ablauf des 31. 12. 01 als bezogen. Obwohl U zu diesem Zeitpunkt noch lebte, ist der Arbeitslohn Frau U als Einnahme zugeflossen und ihr daher zuzurechnen, allerdings als Einnahme für das Kalenderjahr 01.

Gemäß § 38 a Abs. 1 Satz 3 EStG wird der als Arbeitslohn aus dem Dienstverhältnis gezahlte sonstige Bezug in Form der Sondervergütung (Tantieme) in dem Zeitpunkt bezogen, in dem er dem Arbeitnehmer zufließt. Da U im Zeitpunkt des Zuflusses (Zahlung am 4. 2. 02) nicht mehr lebte, konnte er auch über diesen Betrag keine wirtschaftliche Verfügungsmacht mehr erlangen. Vielmehr ist die Sondervergütung von 15.000 € Frau U zugeflossen und gehört zu ihrem Arbeitslohn des Kalenderjahres 02 (R 76 LStR), da zum Arbeitslohn auch Bezüge und Vorteile eines Rechtsnachfolgers (Erbin) aus dem Dienstverhältnis des Rechtsvorgängers gehören (§ 2 Abs. 2 Nr. 2 LStDV).

## Zu Aufgabe 255

Richtig: C

Aufwendungen, die sowohl beruflichen Zwecken als auch der privaten Lebensführung dienen, sind nur dann insoweit, als sie beruflichen Zwecken dienen, als Werbungskosten zu berücksichtigen, wenn eine Trennung der Aufwendungen leicht und einwandfrei (d. h. ohne unzumutbares Eindringen in die Privatsphäre des Stpfl.) möglich ist. Ist das – wie im Sachverhalt – nicht möglich und die private Mitbenutzung nicht von untergeordneter Bedeutung, so gehört der gesamte Aufwand nach § 12 Nr. 1 EStG zu den nichtabzugsfähigen Ausgaben; eine Aufteilung kommt nicht in Betracht (R 33 Abs. 1 u. 2 LStR).

## Zu Aufgabe 256

Richtig: D

Die von R erbrachte Dienstleistung zum Zwecke der Ausbildung wird mit Bezügen vergütet, die gemäß § 19 EStG steuerpflichtigen Arbeitslohn darstellen. Obwohl sich R noch nicht in der Ausbildung befindet und Ausbildungskosten grundsätzlich zu den Kosten der privaten Lebensführung gehören, die nur im Rahmen des § 10 Abs. 1 Nr. 7 EStG berücksichtigt werden können, sind die Aufwendungen des R unmittelbar durch das zum Zweck der Ausbildung eingegangene Dienstverhältnis veranlasst. Aufwendungen aber, die durch ein gegenwärtiges Dienstverhältnis veranlasst sind, aus dem stpfl. Einnahmen fließen, sind Werbungskosten. Die Aufwendungen des R stellen daher gemäß § 9 EStG in Höhe von 925 € Werbungskosten (H 34 „Ausbildungsdienstverhältnis" LStH) dar.

## Zu Aufgabe 257

Richtig:  A

Für Fahrten zwischen Wohnung und Arbeitsstätte mit dem eigenen PKW kann K die Entfernungspauschale gemäß § 9 Abs. 1 Nr. 4 EStG arbeitstäglich als Werbungskosten geltend machen. Die Mittagsheimfahrt kann nicht zu einer Erhöhung des Werbungskostenabzugs führen. Die Leistung des Arbeitgebers ist von diesem richtigerweise nicht steuerfrei belassen worden, da § 3 Nr. 34 EStG nur in Betracht kommt, wenn eine Fahrberechtigung für ein öffentliches Verkehrsmittel vom Arbeitnehmer erworben wird (R 21 b LStR). Da der Aufwendungssatz des Arbeitgebers dem normalen Lohnsteuerabzug unterworfen wurde, kommt eine Kürzung der Werbungskosten insoweit nicht in Betracht. Die abzugsfähigen Werbungskosten ergeben sich 2003 wie folgt: 220 Arbeitstage zu 10 km = 2.200 km, 2.200 km zu 0,36 € = 792 €. Wäre die Ersatzleistung pauschal besteuert worden, hätte gemäß § 40 Abs. 2 Satz 3 EStG eine Kürzung der Werbungskosten erfolgen müssen.

## Zu Aufgabe 258

Richtig:  C

Gemäß § 9 Abs. 1 Nr. 4 EStG ist bei Fahrten zwischen Wohnung und Arbeitsstätte mit dem eigenen PKW für jeden Kilometer, den die Wohnung von der Arbeitsstätte entfernt liegt, die Entfernungspauschale arbeitstäglich zu berücksichtigen. Für S ergibt sich danach ein Werbungskostenabzug für 10 km in Höhe der Pauschale. Die Umwegstrecke von 6 km kann auch bei einer Fahrgemeinschaft von Ehegatten nach Tz. 1.5 des BMF-Schreibens vom 11. 12. 2001 (BStBl 2001 I S. 994) nicht berücksichtigt werden.

Für R kommt, da der Grad der Behinderung bei ihm 80 beträgt, § 9 Abs. 2 Nr. 1 EStG in Betracht. Danach kann R die tatsächlichen Aufwendungen für Fahrten zwischen Wohnung und Arbeitsstätte geltend machen. Ohne Einzelnachweis der tatsächlichen Aufwendungen kann R nach R 42 Abs. 7 i. V. mit R 38 Abs. 1 Satz 6 LStR i. V. mit H 38 „Pauschale Kilometersätze"

LStH 0,30 € für jeden gefahrenen Kilometer (= 0,60 € für jeden Kilometer der Entfernung) geltend machen. Für R ergibt sich für jeden Tag der Benutzung des PKW ein Werbungskostenabzug von 0,30 € für 40 km.

## Zu Aufgabe 259

Richtig: A, D

Die Fahrten zwischen Wohnung und Arbeitsstätte in mehreren Dienstverhältnissen sind für sich zu betrachten, allerdings darf für die Ermittlung der Entfernungspauschale des § 9 Abs. 1 Nr. 4 EStG nach Tz. 1.8 des BMF-Schreibens (s. Aufgabe 258) nur maximal die Hälfte der tatsächlich gefahrenen Kilometer angesetzt werden. Für A ergeben sich daher 16 km. Für C betragen die Entfernungen zwar (10 + 6 =) 16 km, er legt aber tatsächlich an einem Arbeitstag nur eine Strecke von (10 + 8 + 6 =) 24 km zurück; es können bei ihm nur ($^1/_2$ von 24 =) 12 km angesetzt werden.

Die Aufwendungen des B und des D für Mittagsfahrten sind nach R 37 Abs. 3 Satz 5 LStR als Reisekosten im Rahmen einer Dienstreise zu berücksichtigen. Für die verbleibenden Fahrstrecken ist nach H 42 „Fahrtkosten – bei einfacher Fahrt" LStH für jeden gefahrenen Kilometer die Hälfte der Entfernungspauschale gemäß § 9 Abs. 1 Nr. 4 EStG anzusetzen; für B sind das (10 + 8 =) 18 km, d. h. für 9 km ist die Enfernungspauschale anzusetzen; für D sind das (20 + 12 =) 32 km, d. h., für 16 km ist die Entfernungspauschale anzusetzen.

## Zu Aufgabe 260

Richtig: A

Gemäß § 9 Abs. 1 Nr. 6 u. 7 i. V. mit § 7 Abs. 1 EStG können Arbeitsmittel, deren Nutzung sich über einen Zeitraum von mehr als einem Jahr erstreckt, mit der jährlichen Absetzung für Abnutzung als Werbungskosten berücksichtigt werden. Da nach § 9 Abs. 1 Nr. 7 Satz 2 i. V. mit § 6 Abs. 2 EStG aus Vereinfachungsgründen die Aufwendungen für Arbeitsmittel im Jahr der Verausgabung in voller Höhe als Werbungskosten abgesetzt werden können, wenn die Anschaffungskosten (ohne Umsatzsteuer) für das einzelne Arbeitsmittel 410 € nicht übersteigen, sind die Aufwendungen für den Schreibtisch, den Rechner und das Schreibtisch-Set im Kalenderjahr 02 in voller Höhe als Werbungskosten absetzbar. Lediglich für den Computer ist nur die Absetzung für Abnutzung von (1.200 € : 5 =) 240 € als Werbungskosten zu berücksichtigen. Dieser Betrag wäre nach § 7 Abs. 1 EStG für das Kalenderjahr 02 nur in Höhe von $^{10}/_{12}$ von 240 € anzusetzen, da die Nutzung in diesem Jahr erst ab dem Monat März vorlag (zeitanteilige Absetzung für Abnutzung). Aufgrund der Vereinfachungsregelung des R 44 Satz 3 LStR kann für im 1. Halbjahr angeschaffte Arbeitsmittel der volle

Jahresbetrag und für im 2. Halbjahr angeschaffte Arbeitsmittel der halbe Jahresbetrag der Absetzung für Abnutzung angesetzt werden. Es kann damit für den Computer bei einem als Werbungskosten abzugsfähigen Betrag von 240 € verbleiben.

W kann daher für diese Aufwendungen 400 € + 100 € + 40 € + 240 € = 780 € als Werbungskosten geltend machen.

## Zu Aufgabe 261

Richtig: A, C

Da sich die regelmäßige Arbeitsstätte des S in Goslar befindet, wird er sowohl in Köln als auch in Hamburg außerhalb seiner Wohnung und seiner regelmäßigen Arbeitsstätte tätig. Es handelt sich jeweils um eine vorübergehende Auswärtstätigkeit, sodass S sich sowohl in Köln als auch in Hamburg auf Dienstreise befand (R 37 Abs. 3 LStR). Nach R 37 Abs. 3 Satz 3 LStR ist allerdings die Tätigkeit in Köln nur für drei Monate als Dienstreise anzusehen. Danach ist Köln bis zur Beendigung seiner dortigen Tätigkeit als regelmäßige Arbeitsstätte des S anzusehen. Während dieser Zeit (1 Monat) führt S gemäß § 9 Abs. 1 Nr. 5 Satz 2 EStG i. V. mit R 43 Abs. 1 Satz 1 LStR einen doppelten Haushalt (Einsatzwechseltätigkeit – R 37 Abs. 5 LStR – ist auch erfüllt). Es verbleiben drei Monate Dienstreise nach Köln und ein Monat Dienstreise nach Hamburg, sodass sich S im Kalenderjahr 01 insgesamt vier Monate auf Dienstreise befand und einen Monat einen doppelten Haushalt führte.

## Zu Aufgabe 262

Richtig: B, C

F wird außerhalb seiner regelmäßigen Arbeitsstätte (Apotheke) und seiner Wohnung vorübergehend tätig; F befindet sich daher auf einer Dienstreise (R 37 Abs. 3 LStR).

Als Werbungskosten kommen nach § 9 Abs. 1 Satz 1 EStG die Fahrtkosten für die Hin- und Rückfahrt mit dem eigenen PKW in Betracht, die ohne Einzelnachweis nach R 38 Abs. 1 LStR i. V. mit H 38 „Pauschale Kilometersätze" LStH in Höhe von 0,30 € pro gefahrenen Kilometer – hier also mit 0,30 € × 26 km = 7,80 € – abzugsfähig sind.

Die Zahlung des Arbeitgebers in Höhe von 5,20 € ist als Reisekostenvergütung gemäß § 3 Nr. 16 EStG steuerfrei, sodass sich der Werbungskostenabzug für die Fahrtkosten gemäß § 3 c EStG i. V. mit H 38 „Werbungskostenabzug und Erstattung durch den Arbeitgeber" LStH um 5,20 € auf 2,60 € ermäßigt.

Für den Verpflegungsmehraufwand anlässlich der Dienstreise kommt kein Werbungskostenabzug in Betracht, da die Dienstreise nicht länger als 8 Stunden gedauert hat (§ 4 Abs. 5 Nr. 5 EStG).

## Zu Aufgabe 263

Richtig: A, D

T übt vorwiegend eine Einsatzwechseltätigkeit aus. Das Werk in Hildesheim ist auch während der Tätigkeit in Mannheim seine regelmäßige Arbeitsstätte, da er hier einen wesentlichen Teil der ihm insgesamt übertragenen Arbeiten in einem Umfang verrichtet, der nach R 37 Abs. 2 LStR ausreicht, um das Werk als Mittelpunkt seiner Tätigkeit anzusehen.

T befindet sich damit auf einer Dienstreise, da er in Mannheim beruflich außerhalb seiner Wohnung und seiner regelmäßigen Arbeitsstätte (Auswärtstätigkeit) vorübergehend tätig wird. Eine doppelte Haushaltsführung kommt nicht in Betracht, da T dafür in Mannheim eine regelmäßige Arbeitsstätte haben müsste.

## Zu Aufgabe 264

Richtig: A

Der Abzug von Fahrtkosten aus Anlass einer Dienstreise als Werbungskosten ist grundsätzlich gemäß § 9 Abs. 1 Satz 1 EStG i. V. mit R 38 Abs. 1 LStR in nachgewiesener Höhe möglich. Bei Ausführung dieser Fahrten mit dem eigenen PKW ist es nach H 38 „Pauschale Kilometersätze" LStH möglich, ohne Einzelnachweis 0,30 € pro gefahrenen Kilometer als Werbungskosten zu berücksichtigen. Für die Hinfahrt nach Mannheim am 5. 3. 04 und für die Rückfahrt am 5. 4. 04 kann T daher jeweils (400 km × 0,30 € =) 120 € als Werbungskosten geltend machen.

Die Zwischenheimfahrt am 14./15. 3. mit dem eigenen PKW ist nach H 38 „Dienstreisen" Nr. 1 LStH ebenfalls als Werbungskosten zu berücksichtigen. Danach kann T für seine Heimfahrt 0,30 € pro gefahrenen Kilometer – hier also 2 × 400 km × 0,30 € = 240 € – als Werbungskosten geltend machen. Der Werbungskostenabzug für die Fahrtkosten beträgt damit insgesamt 2 × 120 € + 240 € = 480 €.

## Zu Aufgabe 265

Richtig: A

Mehraufwendungen für Verpflegung anlässlich einer Dienstreise können nach § 9 Abs. 5 i. V. mit § 4 Abs. 5 Nr. 5 EStG mit 24 € täglich bei einer Abwesenheit von 24 Stunden, mit 12 € bei einer Abwesenheit von (mindestens) 14 bis 24 Stunden und mit 6 € bei einer Abwesenheit von (mindestens) 8 bis 14 Stunden als Werbungskosten berücksichtigt werden.

Am 5. 3. (von 10 Uhr bis 24 Uhr), am 14. 3. und am 5. 4. (jeweils von 0 Uhr bis 20 Uhr) ist T mindestens 14 Stunden auf Dienstreise. Für diese 3 Tage ist daher jeweils ein Pauschbetrag von 12 € zu berücksichtigen. Hieraus ergeben sich Werbungskosten in Höhe von 36 €. Am 15. 3. ist T nur von 17 bis 24 Uhr und damit unter 8 Stunden von Wohnung und regelmäßiger Arbeitsstätte abwesend, für diesen Reisetag ist kein Verpflegungsmehraufwand anzusetzen. Für die restlichen 28 Tage des Aufenthalts in Mannheim war T 24 Stunden von Wohnung und regelmäßiger Arbeitsstätte abwesend; es sind 28 × 24 € = 672 € als Verpflegungsmehraufwand anzusetzen.

Die Mehraufwendungen für Verpflegung kann T insgesamt mit 672 € + 36 € = 708 € als Werbungskosten geltend machen.

## Zu Aufgabe 266

Richtig: D

Gemäß § 9 Abs. 1 Satz 1 EStG i. V. mit R 38 Abs. 1 und R 40 Abs. 2 LStR kommen für Z die nachgewiesenen Fahrt- und Unterbringungskosten in Höhe von 150 € als Werbungskosten in Betracht. Außerdem ist der Mehraufwand für Verpflegung als Werbungskosten zu berücksichtigen. Dieser ergibt sich nach § 9 Abs. 5 i. V. mit § 4 Abs. 5 Nr. 5 EStG für den 15. 9. mit 6 € (11 1/2 Stunden – unter 14, aber mindestens 8 Stunden) und für den 16. 9. mit 12 € (19 Stunden – unter 24, aber mindestens 14 Stunden).

Es ergeben sich insgesamt 6 € + 12 € = 18 € Mehraufwendungen für Verpflegung und damit anlässlich der Dienstreise insgesamt 150 € + 18 € = 168 € berücksichtigungsfähige Aufwendungen.

Für die Ermittlung der Höhe des für Z möglichen Werbungskostenabzugs aufgrund der Dienstreise sind diese Aufwendungen gemäß § 3 c EStG nur insoweit zu berücksichtigen, als der Arbeitgeber sie nicht steuerfrei erstattet hat. Z kann daher aufgrund der Dienstreise 168 € ∕. 150 € = 18 € als Werbungskosten geltend machen.

## Zu Aufgabe 267

Richtig: C

Die Einnahme von 950 € wurde von H aus einem gegenwärtigen Dienstverhältnis erzielt und fällt damit nicht unter die gemäß § 19 Abs. 2 EStG begünstigten Versorgungsbezüge. Obwohl die Voraussetzungen für die Gewährung des Altersentlastungsbetrags gemäß § 24 a EStG gegeben sind, ist dieser bei der verlangten Lösung nicht zu berücksichtigen, da er erst von der Summe der Einkünfte zur Ermittlung des Gesamtbetrags der Einkünfte abzuziehen ist.

Dem Bruttoarbeitslohn von 950 € sind nach § 2 Abs. 2 Nr. 2 EStG die tatsächlichen Werbungskosten von 1.010 € gegenüberzustellen, sodass sich die Einkünfte mit (950 € ∕. 1.010 € =) ∕. 60 € ergeben.

Ein Abzug des Arbeitnehmer-Pauschbetrags von 1.044 € kommt nicht in Betracht, da gemäß § 9 a Satz 2 EStG dieser Abzug nicht zu negativen Einkünften führen darf.

**Zu Aufgabe 268**

Richtig: A, C

Von den Pensionszahlungen von 18.000 €, die Versorgungsbezüge i. S. des § 19 Abs. 2 Nr. 1 a EStG darstellen, bleibt ein Versorgungs-Freibetrag in Höhe von (40 % von 18.000 € = 7.200 €, höchstens 3.072 €) 3.072 € steuerfrei, es verbleibt ein stpfl. Betrag von 14.928 €. Der stpfl. Arbeitslohn von (14.928 € + 13.000 € aus dem gegenwärtigen Dienstverhältnis =) 27.928 € ist um die Rückzahlung von 800 € zu kürzen, da für sonstige Bezüge bezüglich des Zu- und Abflusses § 38 a Abs. 1 i. V. mit § 11 EStG anzuwenden ist. Die Rückzahlung der zu viel gezahlten Tantieme ist nicht als Werbungskosten (§ 9 EStG nicht erfüllt), sondern als negative Einnahme zum Ausgleich der im Kalenderjahr 01 vorgenommenen Besteuerung zu behandeln.

Von dem verbleibenden steuerpflichtigen Arbeitslohn von 27.128 € ist zur Ermittlung der Einkünfte der Arbeitnehmer-Pauschbetrag von 1.044 € abzuziehen, sodass die Einkünfte des F aus nichtselbstständiger Arbeit für das Kalenderjahr 02 26.084 € betragen.

**Zu Aufgabe 269**

Richtig: B

Gemäß § 39 Abs. 2 Satz 1 EStG ist die Stadt Goslar für die Ausstellung der Lohnsteuerkarte für das Kalenderjahr 02 zuständig, da J in deren Bezirk am 20. 9. 01 seine Hauptwohnung hatte.

**Zu Aufgabe 270**

Richtig· C

L ist am 20. 9. 01 mit Hauptwohnung (1. Wohnsitz) in Hildesheim gemeldet. Gemäß § 39 Abs. 2 Satz 1 EStG ist daher die Stadt Hildesheim für die Ausstellung der Lohnsteuerkarte des L für das Kalenderjahr 02 zuständig.

Die besonderen Regelungen des § 39 Abs. 2 Satz 2 EStG für verheiratete Arbeitnehmer sind nicht anzuwenden, da hierfür Voraussetzung ist, dass die Ehegatten am 20. 9. nicht dauernd getrennt leben. Am 20. 9. 01 lebten die Ehegatten L aber bereits dauernd getrennt.

Für die Ausstellung der Lohnsteuerkarte ist ebenfalls unbeachtlich, an welchem Ort der Arbeitnehmer seine Tätigkeit ausübt.

## Zu Aufgabe 271

Richtig:    C

Da die Ehefrau des G nicht unbeschränkt einkommensteuerpflichtig ist, kommt für G weder die Steuerklasse IV noch die Steuerklasse III in Betracht. G ist daher von der Gemeinde gemäß § 38 b Nr. 1 EStG (Nr. 2 nicht, da Haushaltsfreibetrag erst durch Sohn Manuel) in die Steuerklasse I einzureihen. Diese Steuerklasse hat gemäß § 39 Abs. 3 Nr. 1 EStG die Gemeinde in Buchstaben („eins") auf der Lohnsteuerkarte zu bescheinigen. Außerdem ist die Zahl der Kinderfreibeträge für Kinder, die gemäß § 39 Abs. 3 Nr. 2 EStG zu berücksichtigen sind, zu bescheinigen. Sohn Tonio ist nicht unbeschränkt einkommensteuerpflichtig und damit nicht nach § 39 Abs. 3 Nr. 2 EStG zu berücksichtigen. Für die Eintragung des Sohnes Manuel ist gemäß § 39 Abs. 3 a EStG das Finanzamt und nicht die Gemeinde zuständig. Der Familienstand des G ist nicht einzutragen.

## Zu Aufgabe 272

Richtig:    D

Für Arbeitnehmer, die im Kalenderjahr die Voraussetzungen der Ehegattenbesteuerung nicht erfüllen, ist für das 1. Dienstverhältnis die Steuerklasse mit „zwei" zu bescheinigen, wenn bei ihnen aufgrund eines Kindes, das von der Gemeinde aufgrund des § 39 Abs. 3 Nr. 2 EStG einzutragen ist, der Haushaltsfreibetrag nach § 32 Abs. 7 EStG zu berücksichtigen ist (§ 38 b Nr. 2 EStG).

Abweichend hiervon sind verwitwete Arbeitnehmer ohne Rücksicht auf das Alter im Kalenderjahr nach dem Tod des Ehegatten in Steuerklasse III einzureihen, wenn der verstorbene Ehegatte im Zeitpunkt des Todes unbeschränkt einkommensteuerpflichtig war und die Ehegatten zu diesem Zeitpunkt nicht dauernd getrennt lebten (§ 38 b Nr. 3 b EStG).

## Zu Aufgabe 273

Richtig:    D

Nach § 39 Abs. 5 Satz 3 EStG ist ein Steuerklassenwechsel bei Arbeitnehmerehegatten im Laufe des Kalenderjahres nur einmal möglich. Aufgrund der Anweisung des R 109 Abs. 5 LStR gilt diese Einschränkung nicht, wenn der Steuerklassenwechsel deswegen beantragt wird, weil ein Ehegatte keinen Arbeitslohn mehr bezieht. Der beantragte Steuerklassenwechsel ist daher möglich. Er ist gemäß § 39 Abs. 5 Satz 4 EStG mit Wirkung vom 1. 11. 02 an (Beginn des auf die Antragstellung vom 8. 10. 02 folgenden Monats) vorzunehmen.

**Zu Aufgabe 274**

Richtig: C

Für Anträge auf Wechsel der Steuerklasse bei Arbeitnehmerehegatten ist nach § 39 Abs. 5 Satz 3 EStG die Gemeinde zuständig. Nach R 109 Abs. 11 Nr. 2 LStR hat die Stadt Alfeld als Wohnsitzgemeinde im Zeitpunkt der Vorlage der Lohnsteuerkarte die Bearbeitung des Antrags vorzunehmen.

**Zu Aufgabe 275**

Richtig: B

Die Eintragung der sich im Laufe des Kalenderjahres ergebenden steuerlichen Berücksichtigung des Sohnes nach § 32 Abs. 4 EStG ist gemäß § 39 Abs. 5 Satz 1 u. 2 EStG vom Finanzamt mit Wirkung ab 10. 1. 02 einzutragen. Da W bis zum 25. 1. 02 von ihrem Ehemann nicht dauernd getrennt lebte, verbleibt es für das Kalenderjahr 02 bei der Steuerklasse III. Lediglich ein gemeinsamer Antrag beider Ehegatten auf Steuerklassenwechsel wäre möglich, wenn beide Arbeitnehmer wären.

Nur wenn W bereits vor dem 1. 1. 02 von ihrem Ehemann dauernd getrennt gelebt hätte, wäre Antwort A richtig gewesen.

**Zu Aufgabe 276**

Richtig: A, B, C, D

Der eintragungsfähige Betrag ist wie folgt zu ermitteln:

1. Gemäß § 39 a Abs. 1 Nr. 4 EStG
   der Pauschbetrag gemäß § 33 b von          720 €

2. Gemäß § 39 a Abs. 1 Nr. 1 EStG
   Werbungskosten, soweit sie den Arbeitnehmer-
   Pauschbetrag von 1.044 € übersteigen          0 €

3. Gemäß § 39 a Abs. 1 Nr. 2 EStG
   Sonderausgaben i. S. des § 10 Abs. 1 Nr. 4,
   soweit sie den Sonderausgaben-Pauschbetrag
   von 36 € übersteigen          1.164 €

4. Gemäß § 39 a Abs. 1 Nr. 3 EStG
   der als außergewöhnliche Belastung nach
   § 33 a Abs. 1 EStG zu gewährende Betrag von          1.500 €

   Summe: = eintragungsfähiger Betrag:          3.384 €

**Zu Aufgabe 277**

Richtig: A

Die nach § 39 a Abs. 1 Nr. 1–3 EStG eintragungsfähigen Beträge können neben dem Pauschbetrag gemäß § 33 b EStG eingetragen werden, da gemäß § 39 a Abs. 2 Satz 4 EStG

| die Aufwendungen an Werbungskosten, soweit sie den Arbeitnehmer-Pauschbetrag von 1.044 € übersteigen | 0 € |
|---|---|
| die Aufwendungen in Sonderausgaben in Höhe von | 1.200 € |
| und der gemäß § 33 a EStG abziehbare Betrag in Höhe von | 1.500 € |

mit insgesamt    2.700 €

die Grenze von 600 € übersteigen, und zwar um 2.100 €.

## Zu Aufgabe 278

Richtig:  C

Gemäß § 39 a Abs. 2 EStG ist der Freibetrag von 3.384 € vom Finanzamt insgesamt einzutragen. Gemäß § 39 a Abs. 2 Satz 6 EStG ist der Freibetrag auf die der Antragstellung folgenden Monate gleichmäßig zu verteilen. Der Antrag ist im Juni gestellt, der monatliche Freibetrag beträgt 3.384 € : 6 Monate = 564 € ab Juli 02.

## Zu Aufgabe 279

Richtig:  B

Der maßgebende Betrag ist gemäß § 39 a Abs. 3 Satz 2 EStG für die Ehegatten gemeinsam zu ermitteln:

| Die Aufwendungen beider Ehegatten i. S. des § 9 EStG, soweit bei dem jeweiligen Ehegatten 1.044 € überstiegen wurden, betragen | 924 € |
|---|---|
| Die Vorsorgeaufwendungen i. S. des § 10 Abs. 1 Nr. 2 b EStG sind nicht zu berücksichtigen. | |
| Die Aufwendungen beider Ehegatten i. S. des § 10 Abs. 1 Nr. 4 EStG betragen 316 € + 200 € = | 516 € |
| Die Aufwendungen beider Ehegatten i. S. des § 33 EStG betragen | 1.080 € |
| Der Verlust aus Vermietung und Verpachtung ist bei der Ermittlung der Grenze nicht zu berücksichtigen. | |
| Summe der Aufwendungen = maßgebender Betrag | 2.520 € |

## Zu Aufgabe 280

Richtig:  D

Der Jahresfreibetrag ergibt sich gemäß § 39 a Abs. 3 EStG wie folgt:

Außer den Werbungskosten sind die Beträge gemeinsam zu ermitteln und je zur Hälfte aufzuteilen.

|  | Freibetrag J | Freibetrag K |
|---|---|---|
| Erhöhte Werbungskosten (über 1.044 €) | 924 € | 0 € |
| Erhöhte eintragungsfähige Sonderausgaben (über 72 € – Pauschbetrag bei Ehegatten) | 222 € | 222 € |
| Abzugsfähiger Betrag der außergewöhnlichen Belastungen 1.080 € ∕ 1.600 € = | 0 € | 0 € |
| Verlust aus Vermietung und Verpachtung 4.200 € | 2.100 € | 2.100 € |
| Jahresfreibeträge: | 3.246 € | 2.322 € |

Gemäß § 39 a Abs. 2 Satz 7 EStG sind die Freibeträge mit Wirkung vom 1. 1. des Kalenderjahres an einzutragen, da der Antrag der Ehegatten im Januar gestellt wurde.

Der Monatsfreibetrag für J beträgt (3.246 € : 12 Monate =) 271 €; der Monatsfreibetrag für K beträgt (2.322 € : 12 Monate =) 194 €.

## Zu Aufgabe 281

Richtig:  A

Gemäß § 39 b Abs. 2 EStG hat H zunächst den Lohnzahlungszeitraum (Monat) und den laufenden Arbeitslohn (500 €) festzustellen. Von diesem Arbeitslohn ist der Versorgungs-Freibetrag von (40 % von 500 €, höchstens 256 € =) 200 € und der Freibetrag lt. Lohnsteuerkarte von 50 € abzuziehen. Mit dem sich ergebenden Betrag von 500 € ∕ 200 € ∕ 50 € = 250 € hat H unter Berücksichtigung der Steuerklasse III die Lohnsteuer des G für den Monat April zu ermitteln.

## Zu Aufgabe 282

Richtig:  B

Die 30 € monatlich gehören nach § 3 Nr. 34 EStG nicht zum stpfl. Arbeitslohn. Die Weihnachtsgratifikation dagegen gehört zum Arbeitslohn. Diese Zahlung stellt einen sonstigen Bezug dar, der aber unter 150 € liegt und daher gemäß § 39 b Abs. 3 Satz 8 EStG als laufender Arbeitslohn zu behandeln ist.

Der laufende Arbeitslohn beträgt insgesamt 700 € + 100 € = 800 €. Der Arbeitslohn ist um den monatlichen Anteil des Altersentlastungsbetrags von 40 % des Arbeitslohns, höchstens 159 €, also um 159 € zu kürzen (R 117 LStR). F hat die Lohnsteuer des E für den Monat November bei einem Betrag von 641 € zu ermitteln.

## Zu Aufgabe 283

Richtig:   A, B, C, D

Bei schuldhafter Nichtvorlage der Lohnsteuerkarte sind gemäß § 39 c Abs. 1 Satz 1 EStG die Steuerabzugsbeträge (Lohnsteuer, Lohnkirchensteuer, Solidaritätszuschlag zur Lohnsteuer) nach Steuerklasse VI zu ermitteln. Nach R 124 Abs. 2 LStR ist ein Verschulden des Arbeitnehmers erst anzunehmen, wenn die Lohnsteuerkarte für das laufende Kalenderjahr nicht bis zum 31. März vorgelegt wird.

Für die Monate Januar und Februar 02 konnte A davon ausgehen, dass B kein Verschulden trifft, und die Steuerabzugsbeträge nach den ihm bekannten Familienverhältnissen des B ermitteln (§ 39 c Abs. 1 Satz 2 EStG, R 124 Abs. 3 LStR). Nach dem 31. März hat A nunmehr eine schuldhafte Nichtvorlage der Lohnsteuerkarte zu unterstellen, da B keinerlei Nachweis zu seiner Entlastung führt. Diese Unterstellung wirkt für den gesamten Zeitraum der Nichtvorlage. Die Steuerabzugsbeträge des B sind daher ab Januar 02 rückwirkend nach Steuerklasse VI zu ermitteln und bei der Lohnabrechnung für den Monat März einzubehalten (§ 39 c Abs. 2 Sätze 3 und 4 EStG). Die Möglichkeit der Änderung des Steuerabzugs gemäß § 41 c EStG bei späterer Vorlage der Lohnsteuerkarte bleibt unberührt.

## Zu Aufgabe 284

Richtig:   D

Gemäß § 41 Abs. 1 EStG i. V. mit § 4 Abs. 2 LStDV hat der Arbeitgeber den Arbeitslohn, getrennt nach Barlohn und Sachbezügen, die einbehaltene Lohnsteuer und die steuerfreien Vergütungen getrennt in dem Lohnkonto einzutragen. In den Arbeitslohn sind die steuerfreien Vergütungen nicht einzubeziehen.

## Zu Aufgabe 285

Richtig:   B, D

Bei Eröffnung einer Betriebsstätte ist für die Bestimmung des Lohnsteuer-Anmeldungszeitraums im Kalenderjahr der Eröffnung die für den ersten vollen Kalendermonat nach der Eröffnung abzuführende und auf einen Jahresbetrag umgerechnete Lohnsteuer maßgebend (§ 41 a Abs. 2 Satz 4 EStG).

Der erste volle Kalendermonat nach der Eröffnung ist der Monat Mai 01, sodass die für diesen Monat abzuführende Lohnsteuer auf einen Jahresbetrag umzurechnen (also mit 12 zu multiplizieren) ist.

Für die Bestimmung des Lohnsteuer-Anmeldungszeitraums des Kalenderjahrs 02 ist nach § 41 a Abs. 2 Satz 3 EStG die für die Zeit von der Betriebseröffnung bis zum 31. 12. 01 abzuführende Lohnsteuer auf einen Jahresbetrag umzurechnen (also mit $^{12}/_9$ zu multiplizieren). Der errechnete Jahresbetrag ist maßgebend.

## Zu Aufgabe 286

Richtig:  A, B

Nach § 41 b Abs. 1 EStG i. V. mit R 135 LStR ist in der Lohnsteuerbescheinigung, die nach Beendigung des Dienstverhältnisses auf der Lohnsteuerkarte vorzunehmen ist, die Dauer des Dienstverhältnisses, die Höhe des Arbeitslohns einschließlich der sonstigen Bezüge in einer Summe (hier: 14.700 €) und die hierauf entfallende einbehaltene Lohnsteuer (hier: 2.436,20 €) anzugeben.

Gemäß § 39 b Abs. 1 und § 41 b Abs. 1 EStG hat der Arbeitgeber nach Beendigung des Dienstverhältnisses die Lohnsteuerkarte mit eingetragener Lohnsteuerbescheinigung dem Arbeitnehmer auszuhändigen. Eine Weiterleitung an den neuen Arbeitgeber ist ohne Zustimmung des Arbeitnehmers nicht zulässig. Die steuerfreien Ersatzleistungen bei doppelter Haushaltsführung sollen nach R 135 Abs. 7 LStR auf der Lohnsteuerkarte bescheinigt werden; eine Verpflichtung hierzu besteht aber nicht, da es sich nicht um eine der in § 41 b EStG aufgeführten steuerfreien Leistungen handelt.

## Zu Aufgabe 287

Richtig:  A, B, D

Weil die Fa. Z am 31. 12. 01 mindestens 10 Arbeitnehmer beschäftigt hat und die Lohnsteuerbescheinigung aus dem Dienstverhältnis bei der Fa. W vorliegt, ist die Fa. Z nach § 42 b Abs. 1 EStG zur Durchführung des Lohnsteuer-Jahresausgleichs verpflichtet, da auch ein Ausschließungsgrund nach § 42 b Abs. 1 Satz 4 EStG nicht vorliegt.

Nach § 42 b Abs. 2 EStG ist die Jahreslohnsteuer bei dem Jahresarbeitslohn von (14.700 € + 12.000 € =) 26.700 € zu ermitteln.

Der Lohnsteuer-Jahresausgleich kann gemäß § 42 b Abs. 3 EStG noch spätestens bei der Lohnabrechnung für den Monat März 02 durchgeführt werden.

Die erstattete Lohnsteuer ist gemäß § 42 b Abs. 4 EStG in jedem Fall bei der Lohnsteuerbescheinigung für das Kalenderjahr 01 zu berücksichtigen.

## Zu Aufgabe 288

Richtig:  C

Für die Ehegatten ist eine Veranlagung zur ESt gemäß § 46 Abs. 2 Nr. 3 a EStG durchzuführen, da die Ehegatten beide Arbeitslohn bezogen haben, die Ehegatten zusammen zu veranlagen sind und die Ehefrau nach der Steuerklasse V besteuert worden ist.

§ 46 Abs. 2 Nr. 1 EStG ist nicht anzuwenden, da die Einkünfte aus Vermietung und Verpachtung nicht mehr als 410 € positiven Überschuss ergeben, sondern einen Verlust.

§ 46 Abs. 2 Nr. 2 EStG ist ebenfalls nicht anzuwenden, da keiner der Ehegatten nebeneinander von mehreren Arbeitgebern Arbeitslohn bezogen hat. Eine Veranlagung auf Antrag (§ 46 Abs. 2 Nr. 8 EStG) kann nur in Betracht kommen, wenn sonst kein Veranlagungsgrund gegeben ist.

## Zu Aufgabe 289

Richtig:  B

Weder betragen die Einkünfte des R, die nicht dem Steuerabzug vom Arbeitslohn zu unterwerfen waren, ggf. gekürzt um den Altersentlastungsbetrag, mehr als 410 € noch hat er dem Progressionsvorbehalt unterliegende Leistungen in einer solchen Höhe erhalten, § 46 Abs. 2 Nr. 1 EStG ist nicht erfüllt (A).

Da R aus zwei verschiedenen früheren Dienstverhältnissen Versorgungsbezüge (also Arbeitslohn) erhält, ist R nach § 46 Abs. 2 Nr. 2 EStG zur Einkommensteuer zu veranlagen (B).

R fällt zwar unter den Personenkreis des § 10 c Abs. 3 EStG, aber für seine Bezüge wurde die Lohnsteuer nicht unter Berücksichtigung der Vorsorgepauschale nach § 10 c Abs. 2 EStG erhoben; § 46 Abs. 2 Nr. 3 EStG ist nicht anzuwenden (C).

§ 46 Abs. 2 Nr. 3 a EStG kommt nicht in Betracht, da die Einkommensteuer des R wohl nach dem Splittingtarif ermittelt wird (§ 32 a Abs. 6 Nr. 1 EStG) und ein Teil der Bezüge nach Steuerklasse VI zu besteuern war, aber keine Ehegattenveranlagung durchzuführen ist (D).

## Zu Aufgabe 290

Richtig:  D

Die Ehegatten sind aus folgenden Gründen nicht von Amts wegen zu veranlagen:

Die nicht dem Lohnsteuerabzug unterliegenden Einkünfte betragen mit 400 € (1.000 € ⁒ 600 €) nicht mehr als 410 € (§ 46 Abs. 2 Nr. 1 EStG).

Keiner der Ehegatten bezieht nebeneinander von mehreren Arbeitgebern Arbeitslohn (§ 46 Abs. 2 Nr. 2 EStG).

Die Ehegatten gehören zwar zum Personenkreis des § 10 c Abs. 3 EStG, aber bei keinem war Lohnsteuer unter Berücksichtigung der Vorsorgepauschale nach § 10 c Abs. 2 EStG zu erheben (§ 46 Abs. 2 Nr. 3 EStG).

Keiner der Ehegatten war nach der Steuerklasse V oder VI zu besteuern (§ 46 Abs. 2 Nr. 3 a EStG).

Da auch keine andere Vorschrift für eine Veranlagung von Amts wegen erfüllt ist, bleibt nach § 46 Abs. 2 Nr. 8 EStG nur noch die Möglichkeit einer Veranlagung auf Antrag.

# Lösungen: Körperschaftsteuer

## Zu Aufgabe 291

Richtig:  A, B, C, D

Die Körperschaftsteuer ist eine besondere Art der Einkommensteuer für juristische Personen. Wie die Einkommensteuer gehört die Körperschaftsteuer zu den direkten Steuern, weil der Steuerschuldner und der Steuerträger identisch sind. Außerdem ist die Körperschaftsteuer eine Personensteuer, die nicht als Betriebsausgabe abgezogen werden darf. Das Aufkommen der Körperschaftsteuer steht dem Bund und den Ländern gemeinsam zu (Artikel 106 Abs. 3 GG). Die Körperschaftsteuer gehört daher zu den Gemeinschaftsteuern.

## Zu Aufgabe 292

Richtig:  A, B

Unbeschränkt körperschaftsteuerpflichtig sind die in § 1 Abs. 1 KStG genannten juristischen Personen. Sowohl die GmbH als auch die Volksbank gehören dazu. Hat eine juristische Person weder ihre Geschäftsleitung noch ihren Sitz im Inland, aber inländische Einkünfte, so ist sie mit diesen beschränkt steuerpflichtig (§ 2 KStG). Eine OHG gehört als Personengesellschaft nicht zu den juristischen Personen.

## Zu Aufgabe 293

Richtig:  C

Da das Körperschaftsteuergesetz den Zeitpunkt des Beginns der Körperschaftsteuerpflicht nicht bestimmt, sind zivilrechtliche Regelungen und wirtschaftliche Überlegungen maßgebend.

Die Steuerpflicht beginnt bei juristischen Personen nicht erst mit der Eintragung in das Handelsregister, sondern schon durch die notarielle Beurkundung des Gesellschaftsvertrages, hier am 15. Dezember 2003 (C). Bis zu diesem Zeitpunkt lag eine Vorgründungsgesellschaft vor, die steuerlich als OHG oder GbR behandelt wird. Die Gründer beziehen dann als Mitunternehmer gemäß § 15 Abs. 1 Nr. 2 EStG Einkünfte aus Gewerbebetrieb (R 2 KStR).

## Zu Aufgabe 294

Richtig:  C

Bei der Ermittlung des Einkommens sind einkommensteuerliche und körperschaftsteuerliche Abzugsverbote zu beachten.

So dürfen nach § 10 Nr. 2 KStG die Körperschaftsteuer, der Solidaritätszuschlag und Aufwendungen, für die nach § 4 Abs. 5 EStG ein Abzugsverbot gilt, die Bemessungsgrundlage nicht mindern. Die als Einnahme gebuchte Körperschaftsteuererstattung ist vom Einkommen abzuziehen. Die Spenden für mildtätige und kirchliche Zwecke wurden im Rahmen des § 9 Abs. 1 Nr. 2 KStG ordnungsgemäß erfasst. Parteispenden sind nicht abzugsfähig.

Aufsichtsratsvergütungen dürfen lediglich zur Hälfte als Ausgabe behandelt werden (§ 10 Nr. 4 KStG).

Berechnung:

| | | |
|---|---|---:|
| Gewinn | | 240.000 € |
| KSt-Zahlung | + | 23.000 € |
| SolZ-Zahlung | + | 1.265 € |
| KSt-Erstattung | ⁒ | 2.265 € |
| Geschenke | + | 3.200 € |
| Spenden an Parteien | + | 7.800 € |
| Aufsichtsratsvergütungen | + | 9.000 € |
| | | 282.000 € |

## Zu Aufgabe 295

Richtig: A, B, C, D

Nach § 8 Abs. 3 Satz 2 KStG dürfen verdeckte Gewinnausschüttungen das Einkommen der Körperschaft nicht mindern.

Eine verdeckte Gewinnausschüttung im Sinne dieser Vorschrift liegt vor, wenn die Gesellschaft ihren Gesellschaftern einen Vorteil gewährt, den gesellschaftsfremde Personen nicht erhalten würden. In den Beispielen A – D liegen verdeckte Gewinnausschüttungen vor.

# Lösungen: Gewerbesteuer

## Zu Aufgabe 296

Richtig:   A, B

Die Berechtigung zur Erhebung der Gewerbesteuer steht den Gemeinden zu. Nach § 1 GewStG ist die Gewerbesteuer eine Gemeindesteuer (A) und keine Gemeinschaftsteuer.

Ihr Wesen liegt darin, dass sich die Höhe der Steuerschuld nach der Leistungsfähigkeit des Steuergegenstandes (Gewerbebetrieb) richtet. Bei der Bemessung der Steuer kommt es nicht auf die Leistungsfähigkeit des Steuerschuldners (Unternehmer) an. Damit ist die Gewerbesteuer eine Sachsteuer und keine Personensteuer. Nach § 3 Abs. 2 AO ist die Gewerbesteuer eine Realsteuer (B).

## Zu Aufgabe 297

Richtig:   A, D

Die land- und forstwirtschaftlichen Nebenbetriebe bzw. Nebenleistungen sind von selbstständigen Gewerbebetrieben abzugrenzen.

Zu den Einkünften aus Land- und Forstwirtschaft gehören nach § 13 Abs. 2 Nr. 1 EStG auch die Einkünfte aus land- und forstwirtschaftlichen Nebenbetrieben.

Es handelt sich hierbei um Betriebe, die für sich allein betrachtet einen Gewerbebetrieb darstellen würden, die jedoch mit der landwirtschaftlichen Urproduktion derart eng verbunden sind, dass der land- und forstwirtschaftliche Hauptbetrieb die wesentliche wirtschaftliche Grundlage für den Nebenbetrieb bildet. Der Nebenbetrieb muss dem Hauptbetrieb zu dienen bestimmt sein, d. h. ihn fördern, verbilligen oder seinen Ertrag steigern.

Es werden unterschieden Be- oder Verarbeitungsbetriebe und Substanzbetriebe.

Die Abgrenzung zum selbstständigen Gewerbebetrieb wird beim verarbeitenden Betrieb danach vollzogen, ob die eingesetzte Rohstoffmenge regelmäßig und nachhaltig überwiegend zugekauft wird und das be- und verarbeitete Produkt überwiegend für den Verkauf bestimmt ist (Abschn. 11 GewStR i. V. mit R 135 Abs. 3 und 5 EStR). Ist dies der Fall, so liegt kein Nebenbetrieb vor.

Nach diesen Grundsätzen handelt es sich bei der Molkerei um einen selbstständigen Gewerbebetrieb (A).

Ein Substanzbetrieb, der dauernd und nachhaltig Substanz an Fremde veräußert, ist nur als land- und forstwirtschaftlicher Nebenbetrieb anzusehen, wenn die gewonnene Substanz überwiegend im eigenen land- und forstwirtschaftlichen Betrieb verwendet wird (R 135 Abs. 3 Satz 3 EStR). Danach stellt die Kiesgrube eine gewerbliche Tätigkeit (D), die Torfgewinnung hingegen einen unselbstständigen Teil des gärtnerischen Betriebs dar. Gelegentlich werden durch den Landwirt Dienstleistungen (z. B. Fuhrleistungen) erbracht. Nach R 135 Abs. 10 EStR sind Einkünfte aus solchen Tätigkeiten aus Vereinfachungsgründen zu den Einkünften aus Land- und Forstwirtschaft zu rechnen, wenn die Empfänger der Leistungen ebenfalls Land- und Forstwirte sind und die Einnahmen aus dieser Tätigkeit nicht mehr als ein Drittel des Gesamtumsatzes des landwirtschaftlichen Betriebes und nicht mehr als 51.500 € im Wirtschaftsjahr betragen.

## Zu Aufgabe 298

Richtig:  D

Auch die Einkünfte aus Tierzucht und Tierhaltung gehören zu den Einkünften aus Land- und Forstwirtschaft, wenn die Tierbestände den in § 13 Abs. 1 Nr. 1 EStG angegebenen Umfang nicht übersteigen (für die ersten 20 Hektar nicht mehr als 10 Vieheinheiten (VE), für die nächsten 10 Hektar nicht mehr als 7 VE, für die nächsten 20 Hektar nicht mehr als 6 VE, für die nächsten 50 Hektar nicht mehr als 3 VE und für die weitere Fläche nicht mehr als 1,5 VE – alles je Hektar).

Bei der Feststellung der Tierbestände ist von der regelmäßigen und nachhaltigen Erzeugung oder Haltung während der Wirtschaftsjahre auszugehen. Der maßgebende Umrechnungsschlüssel für die Vieheinheiten ergibt sich aus R 124 a EStR.

Insgesamt darf der Landwirt in dem vorgegebenen Beispiel nachhaltig (20 × 10 + 10 × 7 =) 270 VE erzeugen bzw. halten. Da diese Grenze überschritten wird, gehört der darüber hinausgehende Tierbestand zur gewerblichen Tierzucht und Tierhaltung. Dabei sind zunächst die weniger flächenabhängigen Tierzweige der gewerblichen Tierzucht zuzurechnen.

Da sowohl die Schweinemast als auch die Legehennenhaltung nach R 124 a Abs. 2 EStR zu den weniger flächenabhängigen Tierzweigen gehören, ist die Schweinemast wegen der größeren Zahl der VE der gewerblichen Tierzucht und Tierhaltung zuzurechnen.

Da die verbleibenden Tierbestände die Zahl der zulässigen VE dann nicht mehr überschreiten, gehören sie zur landwirtschaftlichen Tierzucht und Tierhaltung.

## Zu Aufgabe 299

Richtig:  C

Die Tätigkeit als Fahrlehrer unterliegt als unterrichtende Tätigkeit nicht der Gewerbesteuer. Es handelt sich hier um Einkünfte aus selbstständiger

Arbeit (vgl. § 18 Abs. 1 Nr. 1 EStG). Wenn diese Einkünfte mit gewerblichen Einkünften z. B. aus einem Kraftfahrzeughandel zusammentreffen, spricht man von einer gemischten Tätigkeit.

Bei einer gemischten Tätigkeit ist nur die gewerbliche Tätigkeit als Gewerbebetrieb anzusehen.

Das gilt auch dann, wenn ein enger sachlicher und wirtschaftlicher Zusammenhang zwischen den Tätigkeiten gegeben ist. Und zwar so lange, wie eine getrennte steuerliche Behandlung durch eine getrennte Buchführung oder Schätzung möglich ist.

Sind die Tätigkeiten derart unlösbar miteinander verflochten, dass sie sich gegenseitig bedingen, so sind sie als einheitlicher Gewerbebetrieb zu behandeln – vgl. Abschn. 11 Abs. 1 GewStR i. V. mit H 136 „gemischte Tätigkeit" EStH.

Im vorliegenden Fall ist eine Trennung der Tätigkeiten durchaus möglich. Die Einkünfte aus der Tätigkeit als Fahrlehrer sind Einkünfte aus selbstständiger Arbeit. Der Kraftfahrzeughandel ist ein Gewerbebetrieb.

## Zu Aufgabe 300

Richtig: A, B, D

Die Ausübung einer freiberuflichen Tätigkeit nach § 18 Abs. 1 Nr. 1 EStG stellt keinen Gewerbebetrieb dar. Auch die gemeinsame Ausübung selbstständiger Arbeit im Rahmen z. B. einer Gesellschaft bürgerlichen Rechts ist grundsätzlich keine gewerbliche Betätigung.

Eine solche Gesellschaft wird aber dann zum Gewerbebetrieb, wenn eine berufsfremde Person als Gesellschafter beteiligt ist (A, D) – vgl. Abschn. 11 Abs. 1 GewStR i. V. mit H 136 „Gesellschaft" EStH.

Eine Personengesellschaft, die von Angehörigen eines freien Berufs gegründet wird, kann einen Gewerbebetrieb darstellen. Diese Vermutung kann jedoch dadurch widerlegt werden, dass nachgewiesen wird, dass die Gesellschaft sich mit einer freiberuflichen Tätigkeit befasst und ein Handelsgewerbe eindeutig nicht betrieben wird (C) – vgl. H 28 „Handelsregister – Personengesellschaft" EStH.

Gründen jedoch mehrere Personen zur Ausübung einer Tätigkeit im Sinne des § 18 Abs. 1 Nr. 1 EStG eine Kapitalgesellschaft, so unterliegt diese nach § 2 Abs. 2 GewStG der Gewerbesteuer (Abschn. 13 GewStR). Diese gesetzliche Vermutung ist nicht widerlegbar (B).

## Zu Aufgabe 301

Richtig: B

Gewerbeertrag ist der nach den Vorschriften des EStG zu ermittelnde Gewinn aus Gewerbebetrieb, der bei der Ermittlung des Einkommens für den dem Erhebungszeitraum entsprechenden Veranlagungszeitraum zu berücksichtigen ist (§ 7 GewStG). Dieser Betrag ist um die in den §§ 8 und 9 GewStG bezeichneten Beträge zu korrigieren.

Zum Gewerbeertrag gehören auch Gewinne oder Verluste, die beim Übergang von der Gewinnermittlung nach § 4 Abs. 3 EStG zur Gewinnermittlung durch Betriebsvermögensvergleich entstanden sind. Hat der Betriebsinhaber einen Antrag auf Verteilung eines Übergangsgewinns nach R 17 Abs. 1 EStR gestellt, so gilt die Verteilung auch für die Gewerbesteuer (Abschn. 39 Abs. 3 GewStR).

Gewinne oder Verluste aus der Veräußerung oder Aufgabe eines Gewerbebetriebs gehören dagegen nicht zum Gewerbeertrag. Das gilt auch für Gewinne oder Verluste, die sich aus der Veräußerung einer Beteiligung an einer Personengesellschaft, die zum notwendigen Betriebsvermögen gehörte, ergeben haben (Abschn. 38 Abs. 3 GewStR).

Berechnung:

| | |
|---|---:|
| Laufender Gewinn des Kalenderjahrs 04 | 40.000 € |
| + ⅓ des im Kalenderjahr 02 angefallenen Übergangsgewinns | 5.000 € |
| + Verlust aus der Veräußerung der Beteiligung an der Personengesellschaft | 10.000 € |
| | 55.000 € |

## Zu Aufgabe 302

Richtig: A, B, C, D

In der Regel wird man den Gewinn aus dem Einkommensteuerbescheid auch für Zwecke der Gewerbesteuer verwenden dürfen (A).

Ist ein Gewinnfeststellungsbescheid erteilt worden, so ist der Gewinn dieses Bescheides regelmäßig Ausgangspunkt für die Ermittlung des Gewerbeertrages (B, C).

Es bedarf jedoch einer selbstständigen Gewinnermittlung für die Gewerbesteuer, wenn Vorschriften für die Gewinnermittlung ausdrücklich auf die Einkommensteuer beschränkt sind, sich die Nichtanwendung aus dem Wesen der Gewerbesteuer ergibt (Hinweis auf die Ausführungen zu Aufgabe 301) oder der Gewinn lt. Einkommensteuer- bzw. Feststellungsbescheid falsch ermittelt wurde, vgl. Abschn. 38 Abs. 1 GewStR (D).

## Zu Aufgabe 303

Richtig: B

Kontokorrentschulden sind im Allgemeinen laufende Schulden. Als Dauerschulden sind sie nur anzusehen, wenn aus dem Geschäftsverhältnis der

Beteiligten geschlossen werden muss, dass trotz der äußeren Form des Kontokorrentkredits ein bestimmter Mindestkredit das Betriebskapital des Unternehmens dauernd verstärken soll.

In diesem Fall ist für die Hinzurechnung der Dauerschuldzinsen grundsätzlich von dem Mindestbetrag der Schuld im Erhebungszeitraum (dem niedrigsten Schuldenstand) auszugehen.

Hat jedoch der niedrigste Schuldenstand nur während ganz kurzer Zeit – bis zu sieben Tage – bestanden, so ist der Mindestbetrag der Schuld durch Außerachtlassen der niedrigsten Kontostände an insgesamt sieben Tagen im Jahr zu ermitteln (Abschn. 45 Abs. 7 GewStR).

Die Dauerschuldzinsen für 01 belaufen sich auf 8 % von 30.000 € = 2.400 €. Die Hälfte dieses Betrages ist nach § 8 Nr. 1 GewStG dem Gewinn 01 hinzuzurechnen.

## Zu Aufgabe 304

Richtig:  B

Die Renten- und die Pachtzahlungen werden beim Empfänger nicht zur Gewerbesteuer herangezogen, sodass eine Hinzurechnung zum Gewinn des B vorzunehmen ist.

Bei den Rentenzahlungen sind nach § 8 Nr. 2 GewStG nur die Beträge hinzuzurechnen, die auch den Gewinn gemindert haben; das ist die Differenz zwischen der Summe der gezahlten Beträge von (12 × 500 € =) 6.000 € und der Verminderung des Passivpostens von (40.000 € ./. 36.000 € =) 4.000 €, hier also 2.000 € (Abschn. 49 Abs. 3 GewStR).

Nach § 8 Nr. 7 GewStG ist nur die Hälfte der Pachtzinsen dem Gewinn hinzuzurechnen, die auf die nicht in Grundbesitz bestehenden Wirtschaftsgüter des Anlagevermögens entfällt. Die die Räumlichkeiten betreffenden Pachtzahlungen von 9.000 € bleiben danach außer Betracht. Zu den Pachtzinsen gehören nach Abschn. 53 Abs. 5 GewStR auch die nach vertraglicher Verpflichtung aufgewendeten Beträge für die Instandhaltung des Inventars. Hinzuzurechnen ist damit aufgrund der Pacht ein Betrag von (3.000 € + 2.000 € = 5.000 €, davon 1/2 =) 2.500 €.

Der insgesamt hinzuzurechnende Betrag beträgt 2.000 € + 2.500 € = 4.500 € (B)

## Zu Aufgabe 305

Richtig:  A

Nach § 9 Nr. 1 Satz 1 GewStG ist die Summe des Gewinns und der Hinzurechnungen um 1,2 v. H. des Einheitswerts des Grundbesitzes zu kürzen, der zum Betriebsvermögen des Unternehmens gehört. Als Bemessungsgrundlage für den Kürzungsbetrag sind 140 % der nach den Wertverhältnissen vom 1. 1. 1964 festgestellten Einheitswerte anzusetzen (Abschn. 59 Abs. 4 GewStR).

Die Zugehörigkeit zum Betriebsvermögen ist nach den Vorschriften des Einkommensteuerrechts zu beurteilen (vgl. § 20 GewStDV i. V. mit R 13 Abs. 7 EStR und H 13 Abs. 7 „Miteigentum" EStH). Danach können Grundstücke nur zum Betriebsvermögen gerechnet werden, wenn diese dem Unternehmer auch steuerlich zuzurechnen sind. Da das Grundstück Braunlage, Finkenweg 4, im Eigentum der Ehefrau steht und eine vom bürgerlichen Recht abweichende Zurechnung (z. B. nach § 39 Abs. 2 AO) nicht in Betracht kommt, ist eine Kürzung nach § 9 Nr. 1 Satz 1 GewStG für dieses Grundstück nicht vorzunehmen.

Die Frage, ob der Grundbesitz zum Betriebsvermögen des Unternehmers gehört, ist grundsätzlich nach dem Stand zu Beginn des Erhebungszeitraums zu beurteilen (Abschn. 59 Abs. 3 GewStR). Somit kommt eine Kürzung für das Grundstück Braunlage, Sachsenring 1, im Erhebungszeitraum 02 noch in Betracht, für das Grundstück Braunlage, Petersberg 2, allerdings noch nicht.

Maßgebend für die Kürzung ist der Einheitswert, der auf den letzten Feststellungszeitpunkt vor dem Ende des Erhebungszeitraums lautet. Für das Grundstück Braunlage, Wiesenweg 3, ist die Kürzung also vom Einheitswert auf den 1. 1. 02 zu berechnen.

Berechnung:

|  | Einheitswerte |
|---|---|
| 1. Braunlage, Sachsenring 1 | 10.000 € |
| 2. Braunlage, Wiesenweg 3 | 40.000 € |
|  | 50.000 € |
| 140 % | 70.000 € |
| Kürzungsbetrag 1,2 % | 840 € |

**Zu Aufgabe 306**

Richtig: D

Hinweis auf die Ausführungen zu Aufgabe 305.

Die Zugehörigkeit zum Betriebsvermögen ist nach den Vorschriften des Einkommensteuerrechts zu beurteilen (R 13 Abs. 7 EStR).

Ist nur ein Teil eines Grundstücks einkommensteuerlich zum Betriebsvermögen des Unternehmers zu rechnen, so ist für die Berechnung der Kürzung nach § 9 Nr. 1 Satz 1 GewStG von dem Teil des Einheitswerts auszugehen, der auf den in den Steuerbilanzen ausgewiesenen Teil des Grundstücks entfällt (Abschn. 59 Abs. 2 GewStR). Dabei kommt es nicht darauf an, ob das Grundstück bzw. der Grundstücksteil zum notwendigen oder gewillkürten Betriebsvermögen gehört. Die Kürzung kommt auch für einen Grundstücksteil in Betracht, der zwar für eigene gewerbliche Zwecke genutzt wird, aber einkommensteuerlich nicht zum Betriebsvermögen zu rechnen ist, weil er von untergeordneter Bedeutung ist (Abschn. 59 Abs. 1 GewStR i. V. mit R 13 Abs. 8 EStR).

Berechnung:

| | | | | | Einheitswerte |
|---|---|---|---|---|---|
| 1. Bad Sachsa, Marktstraße 1 | 40 % von 15.000 € | = | 6.000 € |
| 2. Bad Sachsa, Ringstraße 2 | 100 % von 23.000 € | = | 23.000 € |
| 3. Bad Sachsa, Drosselweg 3 | 60 % von 50.000 € | = | 30.000 € |
| 4. Bad Sachsa, Steinkamp 4 | 10 % von 10.000 € | = | 1.000 € |
| | | | 60.000 € |
| 140 % | | | 84.000 € |
| Kürzungsbetrag 1,2 % | | | 1.008 € |

## Zu Aufgabe 307

Richtig: C

Da die KG mit dem erzielten Gewinn selbst der Gewerbesteuer unterliegt, ist nach § 9 Nr. 2 der Gewinn des G um den Gewinnanteil von 25.000 € zu kürzen.

Bezüglich der Mieteinnahmen aus der Überlassung des betrieblichen LKW an den Kunden handelt es sich zwar um Mietzinsen für die Überlassung eines nicht in Grundbesitz bestehenden Wirtschaftsguts des Anlagevermögens i. S. des § 9 Nr. 4 GewStG, eine Kürzung des Gewinns kann nach dieser Vorschrift aber nicht erfolgen, da die Mietzahlungen beim Mieter nicht dem Gewinn hinzugerechnet werden (Abschn. 63 GewStR); § 8 Nr. 7 Satz 2 GewStG ist beim Mieter nicht erfüllt, da es sich nicht um die Vermietung eines Betriebs oder Teilbetriebs handelt und der Mietzins 125.000 € nicht übersteigt.

## Zu Aufgabe 308

Richtig: A, C

Weicht bei Unternehmen, die Bücher nach den Vorschriften des HGB zu führen verpflichtet sind, das Wirtschaftsjahr, für das sie regelmäßig Abschlüsse machen, vom Kalenderjahr ab, so gilt der Gewerbeertrag als in dem Erhebungszeitraum bezogen, in dem das Wirtschaftsjahr endet, § 10 Abs. 2 GewStG. Das GewStG folgt damit der in § 4 a Abs. 2 Nr. 2 EStG niedergelegten Regelung über die zeitliche Zuordnung des Gewinns aus Gewerbebetrieb bei vom Kalenderjahr abweichendem Wirtschaftsjahr.

Das bedeutet, dass für den Erhebungszeitraum 01 keine Gewerbesteuer auf den Gewerbeertrag anfällt (A). Für den Erhebungszeitraum 02 ist der Gewerbeertrag mit 60.000 € anzusetzen (C).

## Zu Aufgabe 309

Richtig:  A, B, C, D

Nach § 11 Abs. 1 GewStG ist der Gewerbeertrag auf volle 100 € abzurunden. Danach ist ein Abzug von 24.500 € vorzunehmen, soweit es sich bei den Gewerbetreibenden um eine natürliche Person oder um eine Personengesellschaft handelt.

Für die Anwendung der Steuermesszahl ergeben sich damit

| | |
|---|---|
| für die GmbH | 1.300 €, |
| für die OHG (31.000 € ⁒ 24.500 € =) | 6.500 €, |
| für den Elektrohändler (31.000 € ⁒ 24.500 € =) | 6.500 €, |
| für den Hausgewerbetreibenden (37.000 € ⁒ 24.500 € =) | 12.500 €. |

Die Steuermesszahl für die GmbH beträgt 5 % (§ 11 Abs. 2 Nr. 2 GewStG), für die OHG und den Elektrohändler 1 % (§ 11 Abs. 2 Nr. 1 GewStG) sowie für den Hausgewerbetreibenden 0,5 % (§ 11 Abs. 3 GewStG) für die ersten 12.000 € sowie 1 % für die restlichen 500 €.

Der Steuermessbetrag ist daher für alle genannten Gewerbetreibenden auf (5 % von 1.300 €, 1 % von 6.500 € bzw. 0,5 % von 12.000 € zuzüglich 1 % von 500 € =) 65 € festzusetzen.

## Zu Aufgabe 310

Richtig:  A, B, C

Steht die Hebeberechtigung bezüglich desselben Betriebs in einem Erhebungszeitraum mehreren Gemeinden zu, so ist der Gewerbesteuermessbetrag zu zerlegen (§ 28 GewStG).

Das gilt, wenn ein Gewerbebetrieb Betriebsstätten in mehreren Gemeinden unterhält (A), wenn sich die (eine) Betriebsstätte eines Gewerbebetriebs über mehrere Gemeinden erstreckt (B) – vgl. § 30 GewStG – oder wenn die (eine) Betriebsstätte des Gewerbebetriebs innerhalb eines Erhebungszeitraums in eine andere Gemeinde verlegt worden ist (C).

Eine Zerlegung kommt dagegen nicht in Betracht, wenn ein Unternehmer mehrere selbstständige Gewerbebetriebe unterhält. In diesen Fällen ist der Gewerbeertrag jedes Betriebs gesondert zu ermitteln und für jeden Betrieb ein Gewerbesteuermessbetrag festzusetzen.

# Lösungen: Bewertung

## Zu Aufgabe 311

Richtig: C

Hinweis auf § 1 Abs. 2 BewG.

## Zu Aufgabe 312

Richtig: B

Hinweis auf § 11 Abs. 1 BewG.

## Zu Aufgabe 313

Richtig: C

Für die unverzinsliche und befristete Kapitalforderung ist nach § 12 Abs. 3 BewG der Gegenwartswert zu ermitteln. Der Berechnung wird die Tabelle 1 der Anlage zum gleich lautenden Ländererlass vom 7. 12. 2001, BStBl 2001 I S. 1041, zugrunde gelegt.

Die Restlaufzeit des Darlehens ist nach Tz. 1.2 des o. a. Erlasses taggenau zu berechnen. Sie beträgt am 1. 1. 2006 noch 13 Jahre und 1 Tag.

Berechnung (interpolieren):

| | | |
|---|---|---|
| Gegenwartswert | 13 Jahre | = 0,499 |
| Gegenwartswert | 14 Jahre | = 0,473 |
| Differenz | | = 0,026 : 360 Tage |
| | | = 0,00007 |

Gegenwartswert für 13 Jahre und 1 Tag:

$$
\begin{array}{rl}
& 0,499 \\
- & 0,00007 \\
\hline
& 0,49893 \times 20.000 = \underline{\underline{9.978\ \text{€}}}
\end{array}
$$

## Zu Aufgabe 314

Richtig: B

Es handelt sich um eine Rente auf bestimmte Zeit. Nach § 13 Abs. 1 BewG ist der Kapitalwert zu ermitteln. Für die Ermittlung des Kapitalwerts ist es unerheblich, ob die Zahlungen am Anfang oder Ende des Jahres erfolgen, weil das Gesetz eine mittelschüssige Zahlungsweise unterstellt. Bei Zahlung am 1. 1. würde sich somit keine Änderung der nachfolgenden Lösung ergeben.

Kapitalwert am 1. 1. 2004:

Anlage 9 a (9 Jahre) 7,143 × 5.000 = $\underline{\underline{35.715\ \text{€}}}$

## Zu Aufgabe 315

Richtig:  C

Die Kapitalforderung ist nach § 12 Abs. 3 BewG zu bewerten.

a) Ermittlung des Gegenwartswerts der am
   1.1. 2007 noch nicht getilgten 4 Raten:
   Tabelle 2 (oder 7) (4 Jahre) 3,602 × 3.000 =                    10.806 €

b) Ermittlung des Gegenwartswerts
   der Restforderung von 7.000 €:
   Tabelle 1 (15 Jahre) 0,448 × 7.000 =                            3.136 €

Gegenwartswert 1.1. 2007                                          13.942 €

## Zu Aufgabe 316

Richtig:  D

Die Bewertung der Rente auf Lebenszeit erfolgt nach § 14 Abs. 1 BewG und Anlage 9.

A vollendet mit Ablauf des 31.12. 2003 sein 45. Lebensjahr.

Der Vervielfältiger nach Anlage 9 beträgt 14,030.

Kapitalwert am 1.1. 2004: 8.000 × 14,030 =                       112.240 €

## Zu Aufgabe 317

Richtig:  D

Der Gegenwartswert der Kapitalforderung ist nach § 12 Abs. 3 BewG und unter Verwendung der Tabellen 1 und 6 des o. a. Ländererlasses (vgl. zu Aufgabe 308) zu ermitteln.

Die Laufzeit der Kapitalforderung ist von der Lebenserwartung der Amalie Müller (M) am Stichtag abhängig. M hatte am 1.1. 2004 ihr 54. Lebensjahr erreicht. Ihre Lebenserwartung beträgt noch 27 Jahre. Die Forderung wird somit in 27 Jahren fällig.

Gegenwartswert am 1.1. 2004:
Tabelle 1 (27 Jahre) 0,236 × 35.000 =                            8.260 €

## Zu Aufgabe 318

Richtig:  B

Es handelt sich um eine Höchstzeitrente (abgekürzte Leibrente). Unter Beachtung des § 13 Abs. 1 Satz 2 BewG ergibt sich folgende Vergleichsberechnung:

a) § 13 Abs. 1 Satz 1 BewG

Tabelle 7 (oder 2) (19 Jahre) 11,927 × 6.000 = 71.562 €

b) § 14 Abs. 1 und Anlage 9 zum BewG

A ist am 1. 1. 2004 54 Jahre alt.

Seine Lebenserwartung beträgt 22 Jahre

6.000 × 12,008 = 72.048 €

Der niedrigere Kapitalwert von 71.562 € ist anzusetzen, § 13 Abs. 1 Satz 2 BewG.

## Zu Aufgabe 319

Richtig:  C

Am 1. 1. 2013 (0.00 Uhr) hat A noch eine Forderung von 8 × 3.000 €. Der Gegenwartswert ist nach § 12 Abs. 1 BewG und Tabelle 2 zu ermitteln:

Tabelle 2 (8 Jahre) 6,509 × 3.000 = 19.527 €

## Zu Aufgabe 320

Richtig:  B

Der Kapitalwert der Leibrente ist nach § 14 Abs. 1 BewG und Anlage 9 zu berechnen:

7.000 × 11,506 = 80.542 €

4.000 × 3,835 (15,341 – 11,506) = 15.340 €

Kapitalwert am 1. 1. 2004 95.882 €

## Zu Aufgabe 321

Richtig:  B

Hinweis auf § 19 Abs. 1 BewG.

## Zu Aufgabe 322

Richtig:  B, C, D

Nur für den Grundbesitz werden Einheitswerte festgestellt. Zum Grundbesitz gehören die Betriebe der Land- und Forstwirtschaft, die Grundstücke (siehe im Einzelnen § 75 BewG) und die Betriebsgrundstücke (§ 19 Abs. 1 BewG). Der Wert von gewerblichen Betrieben wird nicht in Form von Einheitswerten festgestellt (§ 98 a BewG).

## Zu Aufgabe 323

Richtig: A, B

Die Einheitswerte werden nach den Vorschriften des Bewertungsgesetzes in Zeitabständen von je sechs Jahren festgestellt (Hauptfeststellung) – A.

§ 19 BewG bestimmt abschließend, für welche wirtschaftlichen Einheiten Einheitswerte festzustellen sind – B.

Die festgestellten Einheitswerte müssen der Besteuerung zugrunde gelegt werden (§ 182 Abs. 1 AO) – C.

Für die wirtschaftlichen Einheiten des Betriebsvermögens werden keine Einheitswerte festgestellt (vgl. § 19 Abs. 1 BewG) – D.

## Zu Aufgabe 324

Richtig: B, C, D

Auf den 1. 1. 2003 ist eine kombinierte Zurechnungs-, Art- und Wertfortschreibung durchzuführen.

1. Eine Zurechnungsfortschreibung ist durchzuführen, weil der Eigentümer des Grundstücks wechselte und das Grundstück als wirtschaftliche Einheit bestehen blieb (§ 22 Abs. 2 BewG) – D.

2. Eine Artfortschreibung muss erfolgen, weil die Art des Grundstücks (Einfamilienhaus) von der zuletzt getroffenen Feststellung (unbebautes Grundstück) abweicht (§ 22 Abs. 2 BewG) – B.

3. Eine Wertfortschreibung ist durchzuführen, weil die Voraussetzungen des § 22 Abs. 1 BewG erfüllt sind – C.

## Zu Aufgabe 325

Richtig: A, B

Vor der Veräußerung bestanden zwei wirtschaftliche Einheiten (Betriebe des A und B). Da B nach dem Erwerbsvorgang alle Ländereien von einer Hofstelle aus bewirtschaftet, hat er den erworbenen Betrieb mit seinem bisherigen verschmolzen. Ab 1. 6. besteht also nur noch eine wirtschaftliche Einheit. Der Einheitswert für den veräußerten Betrieb ist auf den 1. 1. 2003 aufzuheben (§ 24 Abs. 1 Nr. 1 u. Abs. 2 BewG) – A.

Für den Betrieb des B ist auf den 1. 1. 2003 eine Wertfortschreibung durchzuführen, weil die Wertgrenzen des § 22 Abs. 1 BewG überschritten sind – B.

Eine Zurechnungsfortschreibung setzt voraus, dass

1. eine bestehende wirtschaftliche Einheit

2. den Eigentümer wechselt und

3. als wirtschaftliche Einheit bestehen bleibt.

Da die letzte Voraussetzung nicht erfüllt ist, darf eine Zurechnungsfortschreibung nicht durchgeführt werden – C.

## Zu Aufgabe 326

Richtig:  A, B

Der nach § 30 BewG abgerundete Wert des Betriebs der Land- und Forstwirtschaft auf den 1. 1. 2003 weicht vom zuletzt festgestellten Einheitswert auf den 1. 1. 1984 um mehr als 5.000 DM (beachte Umrechnung in €) nach unten ab. Es ist eine Wertfortschreibung durchzuführen (§ 22 Abs. 1 BewG).

Durch den Verkauf des bisher zum Betrieb der Land- und Forstwirtschaft gehörenden Landstreifens wurde eine wirtschaftliche Einheit neu gegründet. Auf den 1. 1. 2003 ist daher eine Nachfeststellung durchzuführen (§§ 19 Abs. 1, 23 Abs. 1 Nr. 1 und Abs. 2 BewG).

Eine Zurechnungsfortschreibung kommt nicht in Betracht, weil keine bestehende wirtschaftliche Einheit den Eigentümer wechselte und als wirtschaftliche Einheit bestehen blieb.

## Zu Aufgabe 327

Richtig:  A, D

Hinweis auf § 22 Abs. 1 BewG.

## Zu Aufgabe 328

Richtig:  B, C

Auf den 1. 1. 2004 ist eine Zurechnungsfortschreibung durchzuführen (§ 22 Abs. 2 BewG), weil der Eigentümer gewechselt hat. Da das Grundstück kein Betriebsgrundstück mehr ist, ist außerdem eine Artfortschreibung wegen Änderung der Vermögensart vorzunehmen.

## Zu Aufgabe 329

Richtig:  C

Hinweis auf § 9 Abs. 1 BewG.

## Zu Aufgabe 330

Richtig:  A, B, C

Hinweis auf § 75 Abs. 4 BewG.

## Zu Aufgabe 331

Richtig:  A, C

Es handelt sich um ein gemischt genutztes Grundstück (§ 75 Abs. 4 BewG). Das Grundstück ist ein Betriebsgrundstück, da es zu mehr als 50 % eigenbetrieblichen Zwecken dient (§ 99 Abs. 2 Satz 1 BewG). Es ist mit 140 % des Einheitswerts bei der Ermittlung des Gewerbesteuermessbetrages zu erfassen (§ 9 Nr. 1 GewStG in Verbindung mit § 121 a BewG).

## Zu Aufgabe 332

Richtig:  A, B

Für Zwecke einer Schenkungsteuer ist eine Wertfeststellung durchzuführen. Das zu 100 % eigenbetrieblich genutzte Grundstück ist als Betriebsgrundstück mit dem Bedarfswert anzusetzen (§ 12 ErbStG). Die übrigen Wirtschaftsgüter, also auch die Verbindlichkeiten, sind mit den Steuerbilanzwerten zu erfassen (§ 109 Abs. 1 BewG).

## Zu Aufgabe 333

Richtig:  B

Für den Bestand und die Bewertung sind die Verhältnisse im Feststellungszeitpunkt 31. 12. 2002 maßgebend (§ 11 ErbStG). Das Betriebsgrundstück wird mit dem festgestellten Bedarfswert angesetzt (§ 12 ErbStG), die übrigen Wirtschaftsgüter des Gewerbebetriebs mit den Steuerbilanzwerten (§ 109 Abs. 1 BewG).

Wertermittlung:

| | |
|---|---:|
| Grundstück | 320.000 € |
| übrige Besitzkosten | + 161.700 € |
| Schuldposten | ./. 124.600 € |
| | 357.100 € |

## Zu Aufgabe 334

Richtig:  A, C

Betriebsgrundstücke sind gem. § 99 Abs. 1 BewG stets beim Betriebsvermögen zu erfassen.

Liegt die eigenbetriebliche Nutzung eines bebauten Grundstücks durch den Eigentümer zwischen mehr als 50 % und 80 %, so handelt es sich um ein gemischt genutztes Grundstück (§ 75 Abs. 4 BewG) und gleichzeitig um ein Betriebsgrundstück (§ 99 Abs. 2 Satz 1 BewG). Gemischt genutzte Grundstücke können folglich Betriebsgrundstücke sein.

## Zu Aufgabe 335

Richtig:  B, C

Grundbesitzwerte nach § 138 BewG werden nur im Bedarfsfall ermittelt. Die auf den 1. Januar 1935 oder 1. Januar 1964 festgestellten Einheitswerte sind bei der Erbschaft- und Schenkungsteuer ab 1. Januar 1996 und bei der Grunderwerbsteuer ab 1. Januar 1997 nicht mehr anwendbar (§ 138 Abs. 1 BewG).

An deren Stelle tritt der so genannte Grundbesitzwert (Bedarfswert), der gesondert festgestellt wird. Bei der Bedarfsbewertung werden die Wertverhältnisse zum 1. Januar 1996 zugrunde gelegt.

Diese gelten bis zum 31. Dezember 2006.

## Zu Aufgabe 336

Richtig:  C

Unbebaute Grundstücke werden nach § 145 BewG bewertet. Dabei wird wie folgt vorgegangen:

| | | |
|---|---|---|
| 1.100 m² × 110 €/m² | = | 121.000 € |
| abzüglich 20 % | = | ∕. 24.200 € |
| Grundbesitzwert | | 96.800 € |

Der so ermittelte Grundbesitzwert wird auf volle fünfhunderter Euro nach unten abgerundet und beträgt dann 96.500 € (§ 139 BewG).

## Zu Aufgabe 337

Richtig:  A, B, C, D

Vergleiche § 146 BewG.

## Zu Aufgabe 338

Richtig:  D

Für die Bewertung der bebauten Grundstücke ist zunächst der Durchschnitt der Jahresmieten aus den letzten drei Jahren zu ermitteln:

120.660 € : 3 = 40.220 € (Durchschnitt)

Danach wird wie folgt vorgegangen (§ 146 BewG):

| | | |
|---|---|---|
| 12,5 × 40.220 € | = | 502.750 € |
| abzüglich (20 Jahre × 0,5 %) | = | ∕. 50.275 € |
| | | 452.475 € |
| Grundbesitzwert (abgerundet) | = | 452.000 € |

Mindestwertprüfung (§ 146 Abs. 6 BewG):

| | | |
|---|---|---|
| 620 m² × 250 €/m² | = | 155.000 € |
| abzüglich 20 % | = | ∕ 31.000 € |
| | | 124.000 € |

Der anzusetzende Grundbesitzwert beträgt 452.000 €.

## Zu Aufgabe 339

Richtig:  B

Das Einfamilienhaus wurde vom Eigentümer selbst genutzt. Daher tritt an die Stelle der Jahresmiete die übliche Miete (§ 146 BewG), also 13.500 € (150 m² × 7,50 €/m² × 12).

Eine Wertminderung wegen des Alters kommt nicht in Betracht, weil seit der Bezugsfertigkeit bis zum Besteuerungszeitpunkt kein Jahr vollendet worden ist (§ 146 Abs. 4 BewG).

Da das bebaute Grundstück ausschließlich Wohnzwecken dient und nicht mehr als zwei Wohnungen enthält, ist der ermittelte Grundstückswert um 20 % zu erhöhen.

Berechnung:

| | | |
|---|---|---|
| 13.500 € × 12,5 | = | 168.750 € |
| Wertminderung wegen Alters | = | − |
| Grundbesitzwert | = | 168.750 € |
| Zuschlag (20 %) | = | 33.750 € |
| Grundbesitzwert | = | 202.500 € |

Mindestwertprüfung (§ 146 Abs. 6 BewG):

| | | |
|---|---|---|
| 800 m² × 75 €/m² | = | 60.000 € |
| abzüglich 20 % | = | ∕ 12.000 € |
| | | 48.000 € |

Der anzusetzende Grundbesitzwert beträgt 202.500 €.

## Zu Aufgabe 340

Richtig:  C

Das ZFH wurde nicht genutzt. Daher tritt an die Stelle der Jahresmiete die übliche Miete (§ 146 Abs. 3 BewG), also 15.120 € (180 m² × 7 €/m² × 12). Wegen Alters kommt eine Wertminderung von 25 % (Höchstsatz) in Betracht (§ 146 Abs. 4 BewG). Auch bei einem ZFH ist der ermittelte Grundstückswert um 20 % zu erhöhen (§ 146 Abs. 5 BewG).

Berechnung:

| | | |
|---|---|---|
| 15.120 € × 12,5 | = | 189.000 € |
| Wertminderung 25 % | = | ./. 47.250 € |
| Grundbesitzwert | = | 141.750 € |
| Zuschlag (20 %) | = | 28.350 € |
| Grundbesitzwert | = | 170.100 € |

Mindestwertprüfung (§ 146 Abs. 6 BewG):

| | | |
|---|---|---|
| 1.000 m² × 100 €/m² | = | 100.000 € |
| abzüglich 20 % | = | ./. 20.000 € |
| | | 80.000 € |

Der anzusetzende Grundbesitzwert (abgerundet) beträgt 170.000 €.

-

# Lösungen: Umsatzsteuer

## Zu Aufgabe 341

Richtig:  A

Bei indirekten Steuern sind Steuerschuldner (der, der die Steuer an den Gläubiger zu entrichten hat) und Steuerträger (der, der durch die Steuer letztlich belastet wird) zwei verschiedene Wirtschaftsgebilde. Darum ist C falsch. Indirekte Steuern werden unmittelbar bei dem Steuerschuldner erhoben. Dieser hat jedoch die Möglichkeit, sie auf den Steuerträger zu überwälzen (A). Da der Staat die indirekten Steuern nicht unmittelbar bei den Steuerträgern erhebt, kann er auch nicht deren wirtschaftliche und persönliche Verhältnisse berücksichtigen (D). Die indirekten Steuern werden deshalb verschiedentlich auch als unsozial bezeichnet.

Die Feststellung unter B ist – für sich gesehen – richtig. Sie darf aber nicht daraus gefolgert werden, dass die Umsatzsteuer eine indirekte Steuer ist. Sie ergibt sich vielmehr daraus, dass die Umsatzsteuer nach Art. 106 Abs. 3 GG zu den Gemeinschaftsteuern gehört.

## Zu Aufgabe 342

Richtig:  A, B, D

Nach Art. 106 Abs. 3 GG sind die Einkommen- und die Umsatzsteuer Gemeinschaftsteuern, d. h., ihr Aufkommen steht dem Bund und den Ländern gemeinschaftlich zu (A).

Bei den direkten Steuern sind Steuerschuldner und Steuerträger identisch. Schuldner der Einkommensteuer ist die natürliche Person, die ein zu versteuerndes Einkommen hat. Da sie die Einkommensteuer nicht auf andere überwälzen kann, ist sie auch Steuerträger. Die Einkommensteuer ist deshalb eine direkte Steuer (B). Zur Umsatzsteuer als indirekte Steuer vgl. die Lösung zu Aufgabe 341. „Besitzsteuern" ist ein Sammelbegriff für die Steuern vom Einkommen, Ertrag und Vermögen. Die Einkommensteuer ist also eine Besitzsteuer, die Umsatzsteuer dagegen nicht (C). Da die Umsatzsteuer an Vorgänge des wirtschaftlichen Verkehrs (Lieferungen, sonstige Leistungen) anknüpft, ist sie eine Verkehrsteuer.

Die Höhe der Steuerschuld ist bei den Personensteuern, wie z. B. der Einkommensteuer, von den persönlichen Verhältnissen des Steuerpflichtigen, u. a. von seinem Familienstand, abhängig (D). Die Bemessung der Objektsteuern steht dagegen in keinem Zusammenhang mit den persönlichen Verhältnissen des Steuerschuldners. Sie richtet sich allein nach den Eigenschaften des Steuergegenstandes, z. B. bei der Umsatzsteuer nach den Besonderheiten der Lieferungen oder sonstigen Leistungen (D).

## Zu Aufgabe 343

Richtig:  D

Die Umsatzsteuer ist eine Allphasensteuer, weil sie auf jeder Stufe des Wirtschaftsablaufs erhoben wird, also beim Erzeuger, Hersteller, Großhändler und Einzelhändler. Wäre sie eine Mehrphasensteuer, würde sie nur auf mehreren, aber nicht auf allen Wirtschaftsstufen erhoben (B).

Die Umsatzsteuer wird als Nettoumsatzsteuer bezeichnet, weil jeder Unternehmer im Ergebnis nur die Differenz zwischen seinem Umsatz und den an ihn für sein Unternehmen bewirkten Umsätzen anderer Unternehmer zu versteuern hat. Diese Differenz ist die Wertschöpfung durch den Unternehmer. Sie wird auch Mehrwert genannt.

Gesetzestechnisch wird jedoch (außer bei der Differenzbesteuerung nach § 25 a UStG) nicht so verfahren, dass der Unternehmer von seinem Umsatz die Vorumsätze abzieht und von dem Nettoumsatz die Steuer berechnet (C). Der Unternehmer darf vielmehr von der Steuer auf seinen Umsatz die Umsatzsteuerbeträge abziehen, die ihm andere Unternehmer für Leistungen für sein Unternehmen gesondert in Rechnung gestellt haben (§ 15 Abs. 1 UStG). Die Umsatzsteuer ist deshalb eine Steuer mit Vorsteuerabzug.

## Zu Aufgabe 344

Richtig:  C

§ 1 UStG enthält keine abschließende Aufzählung der der Umsatzsteuer unterliegenden Vorgänge (A). Weitere Tatbestände enthält § 14 Abs. 2 und 3 UStG (zu hoher bzw. unberechtigter Steuerausweis).

Umsätze, die die Tatbestandsmerkmale einer der Nummern des § 1 Abs. 1 UStG erfüllen, werden – wie die Überschrift vor dem Text des § 1 zeigt – als steuerbare Umsätze bezeichnet (B). Steuerpflichtig sind diese Umsätze nur dann, wenn für sie keine der Befreiungsvorschriften (z. B. eine der Nummern des § 4 UStG) zutrifft.

Steuerbare Umsätze sind entweder steuerpflichtig oder steuerbefreit. Deshalb ist die Aussage C richtig.

Die Aussage D trifft in dieser Allgemeinheit nicht zu. Die bei der Einfuhr anfallende Umsatzsteuer (§ 1 Abs. 1 Nr. 4 UStG) unterliegt besonderen Vorschriften. Sie ist rechtlich eine Verbrauchsteuer und wird von den Behörden der Zollverwaltung erhoben, § 21 Abs. 1 und 2 UStG.

## Zu Aufgabe 345

Richtig:  D

Grundsätzlich muss bei einem innergemeinschaftlichen Erwerb der Erwerber ein Unternehmer sein; davon gibt es aber Ausnahmen in § 1 a Abs. 1

Nr. 2 b UStG – juristische Person, die kein Unternehmer ist – und in § 1 b Nr. 1 UStG – innergemeinschaftlicher Erwerb eines neuen Fahrzeugs durch einen Nichtunternehmer.

Auch bei Leistungsumsätzen muss der Leistende nicht immer ein Unternehmer sein; nach § 2 a EStG wird der Lieferer eines in das übrige Gemeinschaftsgebiet gelangenden neuen Fahrzeugs, wenn er kein Unternehmer ist, für diese Lieferung wie ein solcher behandelt.

## Zu Aufgabe 346

Richtig: A, B, C, D

Steuerfähigkeit i. S. des Umsatzsteuerrechts ist die Fähigkeit, Träger umsatzsteuerlicher Rechte und Pflichten sein zu können.

Steuerfähig im umsatzsteuerlichen Sinne sind natürliche Personen ohne Rücksicht auf ihre Geschäftsfähigkeit (A, C, D) und juristische Personen. Darüber hinaus ist jedes wirtschaftliche Gebilde steuerfähig, das – ohne natürliche oder juristische Person zu sein – als solches in nach außen erkennbarer Form selbstständig gewerblich oder beruflich handelnd auftritt, wie z. B. offene Handelsgesellschaften, Kommanditgesellschaften oder Grundstücksgemeinschaften (B).

## Zu Aufgabe 347

Richtig: B, C, D

Die unter A fallenden Personen sind nicht begriffsnotwendig Unternehmer, weil das nach § 2 Abs. 1 Satz 1 UStG erforderliche Tatbestandsmerkmal „selbstständig" fehlt. B enthält eine umfassende Definition des Unternehmerbegriffs, vgl. § 2 Abs. 1 Satz 1 und 3 UStG. Es genügt, wenn eine gewerbliche oder eine berufliche Tätigkeit selbstständig ausgeübt wird (§ 2 Abs. 1 Satz 1 UStG); darum trifft C zu.

Da die Gewinnerzielungsabsicht voraussetzt, dass eine Einnahmeerzielungsabsicht vorliegt, sind auch die unter D genannten Personen Unternehmer.

## Zu Aufgabe 348

Richtig: A, B, D

Nachhaltigkeit liegt vor, wenn tatsächlich mehrere gleichartige Handlungen unter Ausnutzung derselben Gelegenheit oder desselben dauernden Verhältnisses vorgenommen werden (BFH, BStBl 1954 III S. 238). Da der Arbeiter mehrmals unter Ausnutzung derselben Gelegenheit – Kauf und Instandsetzung – Gebrauchtwagen veräußert, ist er nachhaltig tätig (A). Auf den zeitlichen Abstand zwischen den einzelnen Geschäften kommt es grundsätzlich nicht an.

Auch bei einer nur einmaligen Handlung ist die Nachhaltigkeit gegeben, sofern sie auf Wiederholung angelegt ist, Abschn. 18 Abs. 2 UStR (B).

Die Veräußerung des Privatgrundstücks (C) ist ein einmaliger Vorgang, der in keinem Zusammenhang mit dem Gewerbebetrieb steht. Dass der Kaufpreis in mehreren Raten gezahlt wird, ist unerheblich. Es kommt nicht darauf an, dass nachhaltig Einnahmen erzielt werden, sondern darauf, dass eine nachhaltige Tätigkeit ausgeübt wird.

Die Witwe schließt zwar nur einen Mietvertrag ab (D). Tätigkeit i. S. des § 2 Abs. 1 Satz 1 UStG ist aber nicht der Abschluss des bürgerlich-rechtlichen Verpflichtungsgeschäfts, sondern die Erfüllung des Verpflichtungsgeschäfts. Die Witwe erfüllt es, indem sie fortgesetzt, also nachhaltig, die Benutzung des Zimmers durch den Mieter duldet (Abschn. 18 Abs. 2 UStR).

## Zu Aufgabe 349

Richtig:   A, D

R übt die Tätigkeit des Münzverkaufens nachhaltig aus (A), da er mehrere gleichartige Handlungen unter Ausnutzung derselben Gelegenheit ausführt. Nach der grammatischen Auslegung des § 2 Abs. 1 UStG würde – da die anderen Voraussetzungen ebenfalls gegeben sind – die Unternehmereigenschaft des R zu bejahen sein. Nach der Rechtsprechung des BFH (Urteil v. 29. 6. 1987, BStBl 1987 II S. 744) führt eine gelegentliche Veräußerung von Gegenständen des Privatvermögens aber nur dann zur Unternehmereigenschaft, wenn damit auch ein Händlerverhalten verbunden ist. Solange die An- und Verkäufe von Gegenständen des Privatvermögens nicht auf einen planmäßigen Güterumschlag gerichtet sind, sondern nur den privaten Neigungen z. B. des Münzsammelns dienen, begründet eine solche Tätigkeit keine Unternehmereigenschaft, Abschn. 18 Abs. 2 UStR (D).

## Zu Aufgabe 350

Richtig:   C

Das Finanzamt als rechtlich unselbstständige Behörde handelt für das Bundesland, zu dessen Steuerverwaltung es gehört. Das Land ist eine rechtsfähige Körperschaft des öffentlichen Rechts, das wie alle juristischen Personen steuerfähig im Sinne des Umsatzsteuerrechts ist (B). Nach § 2 Abs. 3 UStG sind Körperschaften des öffentlichen Rechts aber nur im Rahmen ihrer Betriebe gewerblicher Art und ihrer land- und forstwirtschaftlichen Betriebe gewerblich oder beruflich tätig. Dass das Finanzamt keinen derartigen Betrieb darstellt, bedarf keiner näheren Begründung. Die Veräußerung der Schreibmaschine stellt keine Leistung im Rahmen des Unternehmens des Landes dar und ist deshalb nicht steuerbar, Abschn. 23 UStR (C).

Nachhaltigkeit läge dagegen vor, weil die Behörden des Landes hin und wieder gebrauchte Gegenstände veräußern (D).

## Zu Aufgabe 351

Richtig: A, B, C, D

Leistungen sind nur dann steuerbar i. S. des § 1 Abs. 1 Nr. 1 UStG, wenn sie im Rahmen des Unternehmens bewirkt werden.

Zu den Leistungen im Rahmen des Unternehmens gehören Grund- und Hilfsgeschäfte sowie Nebentätigkeiten eines Unternehmers (Abschn. 20 UStR).

Grundgeschäfte sind die Geschäfte, die den eigentlichen Gegenstand des Unternehmens bilden, für einen Arzt mithin die Behandlung von Patienten (A, C). Unentgeltliche Behandlungen erfüllen zwar nicht den Wortlaut des § 1 Abs. 1 Nr. 1 UStG, werden aber den entgeltlichen sonstigen Leistungen nach § 3 Abs. 9 a UStG gleichgestellt (C).

Hilfsgeschäfte sind die Geschäfte, die – ohne Grundgeschäfte zu sein – der Bewirtschaftung des dem Unternehmen gewidmeten Vermögens dienen. Dazu zählt insbesondere die gelegentliche Veräußerung von Wirtschaftsgütern des Anlagevermögens (B), aber auch der entgeltliche Verzicht auf Rechtspositionen, die für das Unternehmen begründet wurden (D).

## Zu Aufgabe 352

Richtig: B, D

Ein steuerbarer Umsatz i. S. des § 1 Abs. 1 Nr. 1 UStG liegt nur vor, wenn ein Leistungsaustausch gegeben ist (Abschn. 1 UStR). Unter diesem Begriff fasst man die beiden Tatbestandsmerkmale „Leistung (als Oberbegriff für ‚Lieferung oder sonstige Leistung‘) gegen Entgelt" zusammen. Der Leistungsaustausch setzt also nicht voraus, dass die Leistung von einem Unternehmer bewirkt wird (A). „Unternehmer" ist Tatbestandsmerkmal für die Steuerbarkeit nach § 1 Abs. 1 Nr. 1 UStG, nicht aber für den Leistungsaustausch.

Die Leistung muss von dem Leistenden an einen Leistungsempfänger, also an einen zweiten Beteiligten, bewirkt werden (B). Innenumsätze, d. h. Umsätze zwischen mehreren Betrieben desselben Unternehmers, sind deshalb mangels Leistungsaustauschs nicht steuerbar i. S. des § 1 Abs. 1 Nr. 1 UStG.

Ein Leistungsaustausch setzt voraus, dass der Leistung eine Gegenleistung, das Entgelt, gegenübersteht. Die Gegenleistung braucht aber nicht vereinbart zu sein (C). Auch eine freiwillige Zuwendung ist Entgelt, wenn zwischen ihr und der Leistung ein wirtschaftlicher Zusammenhang (eine innere Verknüpfung) besteht (D).

## Zu Aufgabe 353

Richtig:   A, D

Zwischen welchen der beteiligten Personen ein Leistungsaustausch im umsatzsteuerlichen Sinne stattgefunden hat, ist nach den bestehenden privatrechtlichen Rechtsbeziehungen zu beurteilen.

Zwischen B und C ist ein Werkvertrag i. S. des § 631 BGB abgeschlossen worden, aufgrund dessen C eine Leistung (die Reparatur) und B eine Gegenleistung (Bezahlung des Rechnungsbetrages) zu erbringen hatte. Zwischen C und B liegt deshalb ein Leistungsaustausch vor (A), zwischen C und A dagegen nicht (C), weil zwischen diesen beiden Personen keine Rechtsbeziehungen bestehen. A überweist den Rechnungsbetrag für B.

A überweist den Rechnungsbetrag nicht, weil er von B eine Leistung erhalten hat (B), sondern weil er kraft gesetzlicher Vorschrift verpflichtet ist, einen von ihm schuldhaft verursachten Schaden zu ersetzen. Die Geldüberweisung durch A stellt mithin echten Schadensersatz dar, Abschn. 3 UStR (D).

## Zu Aufgabe 354

Richtig:   C

Wenn Vereinsbeiträge ohne Rücksicht auf die tatsächliche oder vermutete Inanspruchnahme der Vereinsleistungen gezahlt werden, sind sie nicht auf Leistungsaustausch, sondern auf Leistungsvereinigung gerichtet. Sie sollen der Erreichung des allgemeinen Vereinszwecks dienen. Bei diesen echten Mitgliederbeiträgen entfällt der Leistungsaustausch mangels innerer Verknüpfung mit den einzelnen Vereinsleistungen (A, C). Beweiszeichen für echte Mitgliederbeiträge ist, dass sie in gleicher oder gleichmäßiger Höhe erhoben werden, unabhängig davon, in welchem Umfang Vereinsleistungen in Anspruch genommen werden (Abschn. 4 UStR).

Davon abgesehen ist aber ein Leistungsaustausch zwischen einem Verein und dem einzelnen Mitglied durchaus möglich, etwa wenn Sonderleistungen des Vereins vorliegen, die neben den allgemeinen Mitgliederbeiträgen berechnet werden und von der tatsächlichen Inanspruchnahme der Leistungen abhängen, z. B. Verkauf verbilligter Eintrittskarten zu Veranstaltungen an Mitglieder (D).

Aussage B ist falsch, weil einem nicht eingetragenen Sportverein zwar die Rechtsfähigkeit i. S. des BGB, nicht aber die Steuerfähigkeit i. S. des Umsatzsteuerrechts fehlt (vgl. die Lösung zu Aufgabe 346).

## Zu Aufgabe 355

Richtig:   A, B, D

Leistung i. S. des Umsatzsteuerrechts ist jedes Tun (A), Dulden (B) oder Unterlassen (D), das Gegenstand des Rechtsverkehrs sein kann. Ausgenommen ist jedoch die reine Entgeltsentrichtung durch Geldzahlung oder -überweisung (C), weil ihr kein selbstständiger wirtschaftlicher Gehalt zukommt (Abschn. 1 Abs. 3 UStR). Sie ist Entgelt, aber bei wirtschaftlicher Betrachtung keine Leistung.

Zu beachten ist, dass unter den umsatzsteuerlichen Leistungsbegriff die Lieferungen (§ 3 Abs. 1 UStG) und die sonstigen Leistungen (§ 3 Abs. 9 UStG) fallen.

## Zu Aufgabe 356

Richtig: B, D

Der Gegenstandsbegriff des bürgerlichen Rechts (§§ 90, 90 a BGB) ist weit gefasst. Er umfasst körperliche Gegenstände (Sachen und Tiere), Rechte und immaterielle Wirtschaftsgüter. Der Gegenstandsbegriff des Umsatzsteuerrechts ist enger (C). Gegenstände im Sinne des § 3 Abs. 1 UStG sind neben Sachen und Tieren (B) nur einige unkörperliche Gegenstände, nämlich solche, die im Wirtschaftsverkehr wie Sachen umgesetzt werden. Dazu gehören in erster Linie Energien, z. B. Elektrizität, Wärme, Wasserkraft, und immaterielle Wirtschaftsgüter, z. B. Firmenwert und Kundenstamm (D). Rechte und Dienstleistungen sind umsatzsteuerrechtlich keine Gegenstände (Abschn. 24 Abs. 1 UStR).

## Zu Aufgabe 357

Richtig: C

Geliefert wird in dem Augenblick, in dem der Unternehmer den Abnehmer befähigt, im eigenen Namen wie ein Eigentümer über einen Gegenstand zu verfügen. Die bloße Verschaffung des Besitzes aufgrund eines Besitzmittlungsverhältnisses, z. B. eines Mietvertrages, reicht nicht aus (A). Regelmäßig wird geliefert, wenn bürgerlich-rechtlich das Eigentum übergeht. Im vorliegenden Fall geht das Eigentum erst mit Zahlung der zweiten Kaufpreisrate, also am 30. 4. 01, auf B über (D). B hatte bereits am 1. 4. 01 eine eigentümerähnliche Stellung erhalten. Die Parteien hatten an diesem Tage die für den Eigentumsübergang erforderlichen Erklärungen (Einigung über den Eigentumsübergang, § 929 Satz 2 BGB) abgegeben. B war bereits unmittelbarer Besitzer. A hatte von diesem Tage an keine Möglichkeit mehr, über den PKW zu verfügen, sofern B seine ausstehenden Verpflichtungen rechtzeitig erfüllte (wovon im Regelfall ausgegangen werden kann). Diese Überlegung rechtfertigt es, auch im Fall einer Lieferung unter Eigentumsvorbehalt (§ 455 BGB) eine Lieferung im Sinne des UStG anzunehmen (C).

Der bloße Abschluss des Verpflichtungsgeschäftes (Kaufvertrag) ist für den Zeitpunkt der Lieferung ohne Bedeutung (B).

## Zu Aufgabe 358

Richtig:   B, D

Bei einer Verpfändung wird der Pfandgläubiger zwar unmittelbarer Besitzer, nicht aber Eigentümer des Gegenstandes. Er erwirbt lediglich das Recht, den verpfändeten Gegenstand zu veräußern, sobald die gesicherte Forderung fällig und noch nicht bezahlt ist, §§ 1204 Abs. 1, 1228 BGB. Bis zu diesem Zeitpunkt ist er weder Eigentümer noch hat er eine eigentümerähnliche Stellung. Die Verpfändung allein stellt also noch keine Lieferung im Sinne des § 3 Abs. 1 UStG dar (A). Das Gleiche gilt für die Sicherungsübereignung (C). Bei ihr erwirbt zwar der Sicherungsnehmer (hier die Bank B) das bürgerlich-rechtliche Eigentum an dem Gegenstand. Er erlangt aber – wirtschaftlich gesehen – nicht die Möglichkeit, wie ein normaler Eigentümer über den Gegenstand zu verfügen (vgl. dazu § 903 BGB und § 39 Abs. 2 Nr. 1 AO). Unmittelbarer Besitzer bleibt der Sicherungsgeber (hier der Fleischermeister); er darf den Gegenstand auch benutzen. Nach Abwicklung des Kredits – Zahlung der Zinsen, Rückzahlung des kreditierten Betrages – muss der Sicherungsnehmer den Gegenstand zurückübereignen. Der Sicherungsnehmer hat nur dann die Möglichkeit, wie ein Eigentümer über den Gegenstand zu verfügen, wenn der Sicherungsgeber seinen Verpflichtungen aus dem Kreditvertrag nicht nachkommt. Erst in diesem Augenblick wird der sicherungsübereignete Gegenstand geliefert.

In den Fällen B und D liegen dagegen Lieferungen i. S. des § 3 Abs. 1 UStG vor, obwohl die Abnehmer nicht Eigentümer i. S. des bürgerlichen Rechts geworden sind. Der Kunde konnte nicht Eigentümer der Armbanduhr werden, weil es bei gestohlenen Sachen keinen Eigentumserwerb kraft guten Glaubens gibt, §§ 932, 935 BGB. Er erlangte aber tatsächlich die Möglichkeit, wie ein Eigentümer über die Sache zu verfügen, z. B. durch Veräußerung. Der Sechsjährige konnte nicht durch Einigung über den Eigentumsübergang und Übergabe (§ 929 BGB) Eigentümer der Eisportion werden, weil die Willenserklärungen eines Geschäftsunfähigen (§ 104 Nr. 1 BGB) nichtig sind (§ 105 Abs. 1 BGB). Er hatte aber die Möglichkeit erhalten, das Eis zu verzehren. Da dies praktisch die einzig sinnvolle Möglichkeit ist, über eine einzeln erworbene Eisportion zu verfügen, ist ihm die Verfügungsmacht verschafft worden.

## Zu Aufgabe 359

Richtig:   D

Da A beauftragt wurde, einen Rohbau zu errichten, ist er verpflichtet, ein bestimmtes Arbeitsergebnis herbeizuführen. Das ist das Kennzeichen für einen Werkvertrag, § 631 Abs. 1 BGB (C). Bei einem Dienstvertrag würde lediglich die Arbeitskraft geschuldet.

A verwendet für den Rohbau selbst beschaffte Hauptstoffe, bewirkt also eine Werklieferung, § 3 Abs. 4 UStG. Gegenstand der Lieferung ist bei einer Werklieferung das fertige Werk, hier also der Rohbau (D). Aufgrund des Werkvertrages wird eine einheitliche Leistung – die Lieferung des Rohbaues – bewirkt, die umsatzsteuerlich nicht in eine Lieferung (der Baustoffe) und eine sonstige Leistung (Herstellungsarbeiten) zerlegt werden darf (A, B).

## Zu Aufgabe 360

Richtig:  C

A wird für B aufgrund eines Werkvertrages (§ 631 BGB) tätig, weil er sich zur Herstellung von Möbeln verpflichtet hat, also für einen Arbeitserfolg einstehen muss. Die Leistung des Unternehmers bei einem Werkvertrag kann eine Lieferung oder eine sonstige Leistung sein. Eine Lieferung ist nur dann anzunehmen, wenn der Unternehmer zur Herstellung der Gegenstände selbst beschafften Hauptstoff verwendet, § 3 Abs. 4 UStG. Bei der Herstellung der von B bestellten Möbel ist Hauptstoff nur das Holz. Nägel, Leim, Scharniere und Lack sind bei der Herstellung eines Schranks Nebensachen. Da A den Hauptstoff nicht selbst beschaffte, sondern vom Besteller B erhielt, handelt es sich nicht um eine Lieferung von Möbeln (D). A bewirkt vielmehr mit der Herstellung der einzelnen Möbelstücke sonstige Leistungen i. S. des § 3 Abs. 9 UStG an B (Aussage C). Die einzelne sonstige Leistung (Herstellung des Möbelstücks) ist umsatzsteuerlich eine Leistungseinheit. Sie darf nicht in eine Lieferung (Verwendung der Nebensachen, vgl. Aussage A) und eine sonstige Leistung (reine Herstellungsarbeiten) aufgeteilt werden (Abschn. 27 UStR).

B liefert dem A kein Eichenholz (Aussage B), weil er ihm nicht die Verfügungsmacht über das Holz verschafft. A erhält das Holz nur, um daraus für B Möbel zu fertigen. Er darf nicht wie ein Eigentümer darüber verfügen, z. B. Möbel für Dritte daraus herstellen. Es handelt sich um eine sog. Materialgestellung.

## Zu Aufgabe 361

Richtig:  B, D

Wenn A seine Gesellen verpflegt, erbringt er diesen gegenüber Leistungen (je nach Sachverhalt Lieferungen oder sonstige Leistungen – § 3 Abs. 9 Sätze 4 und 5 UStG). Die Beherbergung der Gesellen stellt eine sonstige Leistung (§ 3 Abs. 9 UStG) des A an die Gesellen dar. Aussage B ist mithin richtig. Mit ihrer Arbeitsleistung erbringen die Gesellen eine sonstige Leistung an A. Der Begriff der sonstigen Leistung setzt nicht voraus, dass ein Unternehmer tätig wird, § 3 Abs. 9 UStG (A).

A verpflegt und beherbergt seine Gesellen aus betrieblichen Gründen, er erbringt damit eine Leistung und wird im Rahmen seines Unternehmens tätig. Dass A kein besonders berechnetes Entgelt erhält, hindert nach § 1 Abs. 1 Nr. 1 i. V. mit § 3 Abs. 1 b und 9 a UStG die Steuerbarkeit nicht (Abschn. 12 UStR). Aussage C stimmt nicht. Ein und derselbe Vorgang kann nur bei ein und derselben Person nicht der Lohn- und der Umsatzsteuer unterliegen. Die Sachbezüge der Gesellen unterliegen bei ihnen der Lohnsteuer; die Hingabe der Sachbezüge unterliegt bei A der Umsatzsteuer.

Da den sonstigen Leistungen der Gesellen Lieferungen und sonstige Leistungen des A gegenüberstehen und A zum Ausgleich der Mehrleistung noch den Barlohn zahlt, handelt es sich um einen tauschähnlichen Umsatz mit Baraufgabe, vgl. § 3 Abs. 12 Satz 2 UStG (D).

## Zu Aufgabe 362

Richtig:   A, C, D

Sicher ist, dass dem A die Verfügungsmacht über die Fernsehgeräte verschafft wurde. An ihn wurde also geliefert. Da vor ihm C die Verfügungsmacht hatte, liegt es nahe, eine Lieferung des C an A anzunehmen. Diese Annahme (B) ist jedoch nicht richtig.

Nach dem Sachverhalt liegt ein Reihengeschäft i. S. des Abschn. 31a Abs. 1 und 2 UStR vor. Mehrere Unternehmer – C und B – schließen Umsatzgeschäfte über dieselben Gegenstände (Fernsehgeräte) ab und erfüllen diese Geschäfte dadurch, dass der erste Unternehmer C unmittelbar dem letzten Abnehmer A die Verfügungsmacht verschafft. Die Lieferung an A ist gleichzeitig als Lieferung des Unternehmers C (an B) und des Unternehmers B (an A) anzusehen. Da C an B liefert und B an A, sind die Aussagen A und C richtig.

Die Aussage D ist zutreffend, da der Ort für die Lieferung des C nach § 3 Abs. 6 Sätze 1, 2 und 5 UStG in Kassel ist und für die Lieferung des B nach § 3 Abs. 6 Satz 5 i. V. mit Abs. 7 Nr. 2 UStG in Göttingen.

## Zu Aufgabe 363

Richtig:   B, D

Nach § 1 Abs. 2 Satz 1 UStG gehören die dort aufgeführten Gebiete – wie z. B. auch der Freihafen Bremen – zwar zum Gebiet der Bundesrepublik Deutschland, aber nicht zum Inland i. S. des UStG. Zum Ausland zählt nach § 1 Abs. 2 Satz 2 UStG alles, was nicht zum Inland gehört. Der Freihafen Bremen ist damit umsatzsteuerlich dem Ausland zuzuordnen. Da zum Gemeinschaftsgebiet nach § 1 Abs. 2 a Satz 1 UStG nur das Inland – also nicht die Freihäfen – und das übrige Gemeinschaftsgebiet zählen, gehört der Freihafen Bremen zum Drittlandsgebiet i. S. des § 1 Abs. 2 a Satz 3 UStG.

## Zu Aufgabe 364

Richtig: A, D

Der Ort der Lieferung ist gemäß § 3 Abs. 5 a UStG nach § 3 Abs. 6 UStG zu bestimmen, da §§ 3 c, 3 e, 3 f UStG nicht in Betracht kommen.

Befördern ist nach § 3 Abs. 6 Satz 2 UStG jede Fortbewegung des Liefergegenstandes. Wird die Beförderung von einem selbstständigen Beauftragten ausgeführt oder besorgt, liegt nach § 3 Abs. 6 Satz 3 UStG ein Versenden vor. Sowohl die Beförderung als auch die Versendung können vom Unternehmer oder vom Abnehmer vorgenommen werden. § 3 Abs. 7 Satz 1 UStG kann nur herangezogen werden, wenn der Liefergegenstand nicht befördert oder versendet wird.

Wenn – wie hier – ein Abholgeschäft vorliegt, ist der Ort der Lieferung nach § 3 Abs. 6 UStG zu ermitteln, weil der Abnehmer den Gegenstand versendet. Der Ort ist nach § 3 Abs. 6 Sätze 1 und 4 UStG Hannover, weil dort mit der Übergabe an den Frachtführer die Versendung beginnt.

## Zu Aufgabe 365

Richtig: A, D

Zwischen A und B ist ein Werkvertrag (§ 631 BGB) abgeschlossen worden. Da das Baumaterial von A beschafft wird, handelt es sich um eine Werklieferung (§ 3 Abs. 4 UStG). Gegenstand der Lieferung ist bei einer Werklieferung das fertige Werk (Leistungseinheit), hier also das schlüsselfertige Fertighaus mit Keller. Da das fertige Gebäude weder befördert noch versendet worden ist, kommt es darauf an, wo es sich befand, als B die Verfügungsmacht erlangte, vgl. § 3 Abs. 7 Satz 1 UStG. A bewirkt mithin eine nicht steuerbare Lieferung im Ausland (A). Es liegt daher auch kein innergemeinschaftliches Verbringen i. S. des § 3 Abs. 1 a UStG bezüglich der Fertighausteile vor, mit der Folge, dass bezüglich der Ortsbestimmung § 3 c UStG angewandt werden könnte.

Zwischen A und C wurde ebenfalls ein Werkvertrag abgeschlossen, aufgrund dessen C an A das Kellergeschoss zu liefern hatte. Diese Lieferung wurde nach § 3 Abs. 7 Satz 1 UStG in Venlo ausgeführt (D).

## Zu Aufgabe 366

Richtig: A, C, D

Bei sämtlichen vier Vorgängen handelt es sich um Lieferungen. Nach § 3 Abs. 5 a UStG ist der Ort dann nach § 3 Abs. 6 bis 8 UStG zu bestimmen, wenn § 3 c (und §§ 3 e, 3 f) UStG nicht in Betracht kommt. In allen Fällen liegt ein Versenden i. S. des § 3 Abs. 6 Satz 3 UStG vor, da jeweils ein selbstständiger Beauftragter den Transport ausführt. Die Waren gelangen auch jeweils aus dem Gebiet eines Mitgliedstaates – hier: Deutschland – in das Gebiet eines anderen Mitgliedstaates. Insoweit sind die Voraussetzungen des § 3 c Abs. 1 UStG erfüllt. Das weitere Tatbestandsmerkmal des Versendens durch den Lieferer ist bei der Lieferung an den belgischen Privatkunden K nicht erfüllt. Da auch § 3 Abs. 8 UStG nicht zutrifft, ist der Ort der Lieferung gemäß § 3 Abs. 6 Satz 1 UStG in Göttingen; der Vorgang ist steuerbar (D). Bei den übrigen Lieferungen ist die Versendung durch den Lieferer i. S. des § 3 c Abs. 1 UStG gegeben.

Sowohl bei T als auch bei L handelt es sich um Unternehmer, die den Gegenstand für ihr Unternehmen erwerben, und sie gehören zu den in § 1 a Abs. 1 Nr. 2 UStG genannten Personen. § 3 c Abs. 2 Nr. 1 UStG ist damit nicht erfüllt. § 3 c Abs. 1 UStG ist für die Lieferung an T nicht anzuwenden, da an T verbrauchsteuerpflichtige Tabakwaren geliefert werden und nach § 3 c Abs. 5 Satz 2 UStG keine weitere Prüfung in § 3 c UStG (insbesondere nicht Abs. 2 Nr. 2) vorzunehmen ist. Der Ort der Lieferung an T ist gemäß § 3 Abs. 6 Satz 1 UStG in Göttingen, der Umsatz ist steuerbar (A).

L gehört weder zu den in § 3 c Abs. 2 Nr. 1 UStG noch zu den in § 3 c Abs. 2 Nr. 2 UStG genannten Wirtschaftsgebilden, der Ort der Lieferung ist wie bei der Lieferung an T in Göttingen, der Umsatz ist steuerbar (C).

Für die Lieferung des verbrauchsteuerpflichtigen Weins an den dänischen Privatkunden P ist § 3 c Abs. 2 Nr. 1 UStG erfüllt, nach § 3 c Abs. 5 Satz 2 UStG keine weitere Prüfung in § 3 c UStG (insbesondere nicht Abs. 3 und 4) erforderlich und der Ort nach § 3 c Abs. 1 UStG dort, wo die Versendung endet. Der Ort der Lieferung ist in Dänemark, der Vorgang ist nicht steuerbar (B).

Die Angaben zu den Lieferschwellen in der Aufgabe waren für die Lösung danach entbehrlich.

### Zu Aufgabe 367

Richtig: B

A bewirkt mit der Beförderung eine sonstige Leistung (§ 3 Abs. 9 UStG). Der Ort der sonstigen Leistung bestimmt sich nach §§ 3 a, 3 b, 3 f UStG.

Nach der Grundregel des § 3 a Abs. 1 UStG würde die Beförderungsleistung in Aachen ausgeführt, weil A von dort aus sein Unternehmen betreibt (A).

Der Ort einer Beförderungsleistung ist jedoch nach der Ausnahmeregel des § 3 b Abs. 1 UStG zu bestimmen. Danach kommt es darauf an, wo die Beförderung bewirkt wird. Bei grenzüberschreitender Beförderung ist der auf das Ausland entfallende Teil der Beförderungsleistung nicht steuerbar (B). Kurze Beförderungsstrecken im Inland können als ausländische Beförderungsstrecken angesehen werden, § 3 b Abs. 1 Satz 3 Nr. 1 UStG. Kurz in diesem Sinne sind aber nur Strecken bis zu 10 km, § 5 UStDV (C).

Der Ort einer innergemeinschaftlichen Beförderung wird nur für die Beförderung von Gegenständen in § 3 b Abs. 3 UStG abweichend geregelt.

## Zu Aufgabe 368

Richtig:  D

Die Leistungen der Rechtsanwälte gehören zu den in § 3 a Abs. 4 Nr. 3 UStG aufgeführten sonstigen Leistungen. Da B als Empfänger einer solchen Leistung kein Unternehmer ist und seinen Wohnsitz im Drittlandsgebiet hat, wird die Leistung des A außerhalb des Inlands in Budapest ausgeführt, § 3 a Abs. 3 Satz 3 UStG. Sie ist mithin nicht steuerbar (D).

Aussage B beruht auf § 3 a Abs. 1 UStG. Diese Grundregel darf jedoch nicht angewendet werden, wenn einer der Ausnahmefälle des § 3 a Abs. 2–5 UStG vorliegt. Die Aussagen A und C würden voraussetzen, dass es sich bei der Leistung des A um eine wissenschaftliche Tätigkeit handelt, vgl. § 3 a Abs. 2 Nr. 3 a UStG. Die Rechtsberatung und die Durchsetzung der Rechtsansprüche durch A erfüllen dieses Tatbestandsmerkmal nicht. Es handelt sich um die typische praktische Berufstätigkeit eines Rechtsanwalts.

## Zu Aufgabe 369

Richtig:  B

Die sonstige Leistung des A (§ 3 Abs. 9 UStG) dient der Vorbereitung von Bauleistungen. Sie ist damit eine „sonstige Leistung im Zusammenhang mit einem Grundstück" und wird dort ausgeführt, wo das Grundstück liegt, also in Braunlage, § 3 a Abs. 2 Nr. 1 Satz 1 und 2 Buchst. c UStG.

Die in § 3 a Abs. 2 UStG enthaltenen Tatbestände haben Vorrang vor allen anderen Bestimmungen des § 3 a UStG.

## Zu Aufgabe 370

Richtig:  C

F tätigt, weil er die Waschmaschine im eigenen Namen, aber für Rechnung des W verkauft, ein Kommissionsgeschäft i. S. des § 383 HGB. Es handelt sich für ihn um eine Verkaufskommission. Nach § 3 Abs. 3 UStG liefert bei einer Verkaufskommission der Kommittent (hier W) an den Kommissionär (hier F). Entgelt ist der erzielte Verkaufspreis abzüglich der Provision. Aussage A träfe insoweit zu. Die Lieferung zwischen Kommittent und Kommissionär liegt aber erst im Zeitpunkt der Lieferung an den Abnehmer –

hier also im Oktober – vor (Abschn. 24 Abs. 2 Satz 9 UStR). Folgerichtig liegt dann auch im Oktober eine Lieferung des F an K zum Endverkaufspreis vor (C).

Eine sonstige Leistung (Geschäftsbesorgung) des F an W (vgl. Aussage B) könnte nur angenommen werden, wenn von einer unmittelbaren Lieferung des W an K ausgegangen wäre. Das lässt § 3 Abs. 3 UStG jedoch nicht zu.

**Zu Aufgabe 371**

Richtig: B, D

Handelsvertreter gehören zu einer Gruppe von Unternehmern, die im Umsatzsteuerschrifttum als Agenten bezeichnet werden. Agenten werden im fremden Namen und für fremde Rechnung tätig. Das von ihnen vermittelte Umsatzgeschäft wird unmittelbar zwischen ihrem Auftraggeber und dem Kunden abgeschlossen. A und C sind also Partner eines Kaufvertrages über einen Staubsauger. Mithin liefert A unmittelbar an C (Aussage D). B bewirkt eine sonstige Leistung (Vermittlung des Kaufvertrages) an A (Aussage B).

Dass C den Kaufpreis an B entrichtet und dieser nur den um die Provision gekürzten Betrag an A weiterleitet, beruht auf der dem B von A erteilten Inkassovollmacht. Diese besondere Abrede über den Zahlungsweg hat nichts mit der Frage zu tun, wer an wen Leistungen im Sinne des UStG bewirkt.

**Zu Aufgabe 372**

Richtig: A, C

Ein Unternehmer, der sich aus einem Unternehmen selbst versorgt, hätte umsatzsteuerliche Vorteile gegenüber den anderen Endverbrauchern, wenn nur der Leistungsaustausch besteuert würde. Da die Umsatzsteuer ihrer Wirkung nach eine allgemeine Verbrauchsteuer sein soll und der Grundsatz der Gleichmäßigkeit der Besteuerung zu beachten ist, durfte der Gesetzgeber die Unternehmer in diesen Fällen nicht günstiger stellen als Dritte, die beim Empfang gleicher Leistungen die Umsatzsteuer im Preis zu tragen haben. Das ist der Grund für die Besteuerung der unentgeltlichen Wertabgaben (A).

Der Vorsteuerabzug ist grundsätzlich auch dann zulässig, wenn Vorleistungen zur Ausführung von unentgeltlichen Wertabgaben verwendet werden. § 15 Abs. 2 UStG schließt den Vorsteuerabzug nur aus, wenn Vorleistungen zur Ausführung bestimmter steuerfreier oder bestimmter nicht steuerbarer Umsätze dienen (B).

Der Hinweis auf § 1 Abs. 1 Nr. 1 UStG in den einleitenden Worten vor § 4 Nr. 1 UStG stellt klar, dass die Steuerbefreiungen bei allen unter diese

Vorschriften fallenden Umsätzen – also auch bei unentgeltlichen Wertabgaben – anwendbar sind (C). Der Unternehmer soll auch insoweit nicht
schlechter gestellt sein als die übrigen Endverbraucher.

Während die Tatbestände des § 3 Abs. 1 b Nr. 1 und 2 UStG Leistungen im
Rahmen des Unternehmens für unternehmensfremde Zwecke erfordern,
werden beim Tatbestand des § 3 Abs. 1 b Nr. 3 UStG Aufwendungen für
aus unternehmerischen Gründen erbrachte Leistungen (D) erfasst, soweit
sie nach § 4 Abs. 5 und 7 EStG abzugsfähige Betriebsausgaben darstellen
und nicht von geringem Wert sind (z. B. Sachpreise bei Preisausschreiben
zu Werbezwecken). Die nichtabzugsfähigen Betriebsausgaben fallen unter
die Vorsteuerabzugsbeschränkung gem. § 15 Abs. 1 a Nr. 1 UStG.

## Zu Aufgabe 373

Richtig: D

A hat für seine Tochter einen Gegenstand (den Schrank) hergestellt, den
Hauptstoff für diesen Gegenstand (das Holz) aber nicht selbst beschafft.
Nägel, Leim, Scharniere und Lack sind bei der Herstellung des Schranks
lediglich Nebensachen. A bewirkt deshalb keine Lieferung, sondern eine
sonstige Leistung (Werkleistung – Abschn. 24 b Abs. 3 UStR) an seine Tochter, die mangels Entgelts keinen Leistungsaustausch darstellt, aber trotzdem steuerbar ist (A).

Eine unentgeltliche Wertabgabe i. S. des § 3 Abs. 1 b UStG, die einer Lieferung gegen Entgelt gleichgestellt wird, liegt dann vor, wenn die Leistung
einem Dritten gegenüber eine Lieferung wäre. Das ist hier nicht der Fall.

Für die unentgeltlich im Rahmen des Unternehmens erbrachte sonstige
Leistung fehlt ein betrieblicher Grund; sie erfolgt für Zwecke außerhalb des
Unternehmens. Es liegt deshalb eine unentgeltliche Wertabgabe i. S. des
§ 3 Abs. 9 a Nr. 2 UStG vor. Der Umsatz ist damit steuerbar nach § 1 Abs. 1
Nr. 1 UStG.

## Zu Aufgabe 374

Richtig: B

A duldet laufend die Benutzung der Wohnungen seines Hauses durch die
Mieter, um den Mietzins zu erhalten. Er ist daher selbstständig und nachhaltig zur Erzielung von Einnahmen tätig und somit Unternehmer i. S. des
§ 2 Abs. 1 UStG. Aussage A stimmt deshalb nicht

Mit der Vermietung der Wohnungen bewirkt A steuerbare sonstige Leistungen (§§ 1 Abs. 1 Nr. 1, 3 Abs. 9 UStG), die nach § 4 Nr. 12 a UStG
steuerbefreit sind (B). Der dem Unternehmen dienende Gegenstand ist das
bebaute Grundstück. Da dieser Gegenstand nicht dauernd den unternehmerischen Bereich verlässt, kommt eine unentgeltliche Wertabgabe nach
§ 3 Abs. 1 b UStG nicht in Betracht (C). Das Bewohnen der Wohnung im

eigenen Mehrfamilienhaus könnte vielmehr eine steuerbare unentgeltliche Wertabgabe i. S. des § 3 Abs. 9 a UStG darstellen. Diese setzt aber voraus, dass der Gegenstand ganz oder teilweise zum Vorsteuerabzug berechtigt hat. Aus dem Mehrfamilienhaus ergibt sich gem. § 15 Abs. 2 UStG keine Vorsteuerabzugsberechtigung, mit der Eigennutzung liegt danach keine steuerbare unentgeltliche Wertabgabe vor. Abschnitt 24 c Abs. 7 Satz 1 UStR könnte sich nur auf ein Mietwohnhaus beziehen, das in irgendeiner Weise zum Vorsteuerabzug berechtigt hat. Durch die jüngste Rechtsprechung des EuGH wäre die unentgeltliche Wertabgabe der eigenen Wohnungsnutzung im Übrigen auch nicht mehr befreit.

## Zu Aufgabe 375

Richtig:   B

Der Lebensmittelgroßhandel, eine in Einnahmeerzielungsabsicht ausgeübte nachhaltige Tätigkeit, wird selbstständig von der OHG betrieben. Die OHG ist umsatzsteuerfähig, weil sie – trotz fehlender Rechtsfähigkeit – als solche in nach außen erkennbarer Form selbstständig gewerblich handelnd auftritt. Folglich ist die OHG Unternehmer i. S. des § 2 Abs. 1 UStG. Die Gesellschafter selbst sind keine Unternehmer, weil sie den Lebensmittelgroßhandel im Namen der OHG betreiben.

A tätigt keinen steuerbaren Umsatz, weil er kein Unternehmer ist (A).

Die OHG tätigt unentgeltliche Wertabgaben i. S. von § 3 Abs. 1 b Nr. 1 UStG, da eine vom Willen des Unternehmers – hier der OHG, vertreten durch A – gesteuerte Wertabgabe des Unternehmens für unternehmensfremde Zwecke vorliegt (Abschn. 24 a Abs. 1 UStR).

## Zu Aufgabe 376

Richtig:   D

A bewirkt eine Lieferung i. S. des § 3 Abs. 1 UStG an seinen Sohn B. Die von B gezahlten 4.000 € sind umsatzsteuerlich als Entgelt anzusehen, weil der Entgeltsbegriff nicht Gleichwertigkeit mit der empfangenen Leistung voraussetzt. Da auch die anderen Tatbestandsmerkmale des § 1 Abs. 1 Nr. 1 UStG erfüllt sind, liegt ein steuerbarer Leistungsumsatz vor. Eine unentgeltliche Wertabgabe kommt nicht in Betracht, da ein Leistungsempfänger (der Sohn) als zweiter Beteiligter am Leistungsaustausch vorhanden ist. Die Höhe der Gegenleistung taugt nicht zur Abgrenzung zwischen Leistungsumsätzen und unentgeltlichen Wertabgaben. Die Lieferung ist auch steuerpflichtig. Bemessungsgrundlage ist aber nicht das Entgelt in Höhe von 4.000 € (§ 10 Abs. 1 UStG), sondern nach § 10 Abs. 5 Nr. 1 i. V. mit Abs. 4 Nr. 1 UStG der Einkaufspreis (ggf. zuzüglich Nebenkosten) von 30.000 €, weil B eine dem Einzelunternehmer A nahe stehende Person ist und der Einkaufspreis das Entgelt übersteigt.

## Zu Aufgabe 377

Richtig:   A, C

In dem Augenblick, in dem A beginnt, auf einem Teilstück eines Betriebsgrundstücks ein eigenes Einfamilienhaus zu errichten, überführt er das unbebaute Teilstück aus dem Betriebsvermögen in das Privatvermögen. Er tätigt damit eine steuerbare unentgeltliche Wertabgabe, § 3 Abs. 1 b Nr. 1 UStG, da er auch die nach Satz 2 erforderliche Vorsteuerabzugsberechtigung (bei der Anschaffung) hatte. Gegenstand der Entnahme ist das unbebaute Grundstück. Da Grundstücksveräußerungen unter das Grunderwerbsteuergesetz fallen (§ 1 GrEStG), sind sie nach § 4 Nr. 9 a UStG umsatzsteuerfrei. Entsprechend ist auch die unter § 1 Abs. 1 Nr. 1 i. V. mit § 3 Abs. 1 b Nr. 1 UStG fallende Entnahme eines Grundstücks steuerfrei (Abschn. 24 b Abs. 5 UStR – A).

Um die Entnahme eines bebauten Grundstücks (B, D) kann es sich nicht handeln, weil der Grund und Boden bereits bei Baubeginn entnommen worden ist. A entnimmt aber bei Fertigstellung des Hauses das Einfamilienhaus und tätigt damit eine steuerpflichtige unentgeltliche Wertabgabe nach § 3 Abs. 1 b Nr. 1 UStG. § 4 Nr. 9 a UStG findet keine Anwendung, weil nur die Veräußerung von bebauten oder unbebauten Grundstücken unter das Grunderwerbsteuergesetz fällt, nicht aber die bloße Veräußerung von Bauwerken.

## Zu Aufgabe 378

Richtig:   B, D

Eine unentgeltliche Wertabgabe i. S. des § 3 Abs. 9 a UStG setzt voraus, dass das Handeln des Unternehmers zu unternehmensfremden Zwecken einem Dritten gegenüber eine sonstige Leistung im Rahmen des Unternehmens darstellen würde (Abschn. 24 c Abs. 1 UStR). Einem Dritten hätte H erlaubt, einen dem Betrieb dienenden Gegenstand (den PKW) zu benutzen, das wäre eine sonstige Leistung durch Dulden gewesen, § 3 Abs. 9 UStG. Soweit H den PKW für private Zwecke nutzt, tätigt er damit eine unentgeltliche Wertabgabe i. S. des § 3 Abs. 9 a Nr. 1 UStG. Diese Vorschrift ist aber nicht anzuwenden, da H beim Erwerb des PKW und aus den laufenden Kosten nach § 15 Abs. 1 b UStG aufgrund der privaten Mitbenutzung nur 50 % der Vorsteuerbeträge abziehen kann und damit § 3 Abs. 9 a Satz 2 UStG die Anwendung des § 3 Abs. 9 a Nr. 1 UStG ausschließt.

Die unternehmerische Nutzung des PKW für Fahrten zwischen Wohnung und Betrieb ist (seit 1. 4. 1999) umsatzsteuerlich ohne Bedeutung. Der Kostennachweis und die Führung eines Fahrtenbuches sind nur ertragsteuerlich zu berücksichtigen.

## Zu Aufgabe 379

Richtig:  C

Für die Steuerbarkeit ist es ohne Bedeutung, dass K belgischer Staatsangehöriger ist, vgl. § 1 Abs. 2 Satz 3 UStG (D). Die Lieferung des K ist nicht steuerbar nach § 1 Abs. 1 Nr. 1 UStG, weil K kein Unternehmer ist. Das Fehlen der Unternehmereigenschaft darf aber nicht wie in Aussage A begründet werden. Als Verkäufer der Schmalfilmkamera ist K selbstständig tätig. Er wird aber nicht nachhaltig tätig (§ 2 Abs. 1 Satz 3 UStG), weil es sich um ein einmaliges Vorkommnis handelt.

Der Vorgang ist für F nicht als innergemeinschaftlicher Erwerb gegen Entgelt steuerbar, weil nach § 1a Abs. 1 Nr. 3a UStG die Lieferung an den Erwerber durch einen Unternehmer gegen Entgelt im Rahmen seines Unternehmens ausgeführt werden muss, K liefert aber nicht als Unternehmer im Rahmen seines Unternehmens.

## Zu Aufgabe 380

Richtig:  A, C

In den aufgeführten Fällen zu A, C und D gelangt jeweils ein Gegenstand aus dem Gebiet eines Mitgliedstaates in das Gebiet eines anderen Mitgliedstaates – hier nach Deutschland. Die Grundvoraussetzung für einen innergemeinschaftlichen Erwerb ist lediglich für die Lieferung des Gabelstaplers nicht erfüllt (B).

Der Erwerber muss nach § 1a Abs. 1 Nr. 2a UStG ein Unternehmer sein. Für den Erwerb durch N ist das nicht der Fall; da es sich aber um ein neues Fahrzeug i. S. des § 1b Abs. 2 und 3 UStG handelt, liegt hier nach § 1b Abs. 1 UStG gleichwohl ein innergemeinschaftlicher Erwerb vor. Dieser Erwerb wird nach § 3d UStG in Nürnberg und damit im Inland bewirkt, der Vorgang ist gemäß § 1 Abs. 1 Nr. 5 UStG steuerbar (A).

Die Sonderregelung des § 1b UStG kann für den Erwerb durch E nicht angewandt werden, da es sich nicht um ein neues Fahrzeug handelt. E ist als Erwerber Unternehmer, er erhält den PKW aber nicht von einem Unternehmer im Rahmen dessen Unternehmens, sodass nach § 1a Abs. 1 Nr. 3 UStG kein innergemeinschaftlicher Erwerb vorliegt (D).

Der Baustoffhändler H tätigt bezüglich des LKW keinen Erwerb, er verbringt (= transportiert außerhalb eines Liefervorgangs) mit dem LKW einen Gegenstand des Unternehmens aus dem übrigen Gemeinschaftsgebiet (hier: Niederlande) in das Inland zu seiner nicht nur vorübergehenden unternehmerischen Verfügung, er erfüllt damit die Fiktion des § 1a Abs. 2 UStG. Danach gilt H insoweit als Erwerber, das Verbringen gilt als innergemeinschaftlicher Erwerb gegen Entgelt. Der Ort des Erwerbs ist nach § 3d UStG Bad Bentheim, der Erwerb erfolgt damit im Inland und ist nach § 1 Abs. 1 Nr. 5 UStG steuerbar (C).

Aufgrund der Sachverhaltsvorgabe kommt eine Anwendung der Absätze 3 und 4 des § 1 a UStG nicht in Betracht.

## Zu Aufgabe 381

Richtig: B, C, D

Die Voraussetzungen des § 1 a Abs. 1 UStG für einen innergemeinschaftlichen Erwerb gegen Entgelt sind für den Kauf des Computers sämtlich erfüllt. Da Z ein Erwerber i. S. des § 1 a Abs. 3 Nr. 1 a UStG ist und es sich bei dem Computer nicht um ein neues Fahrzeug oder um verbrauchsteuerpflichtige Waren handelt (§ 1 a Abs. 5 UStG), muss für das Vorliegen eines innergemeinschaftlichen Erwerbs die Erwerbsschwelle nach § 1 a Abs. 3 Nr. 2 UStG überschritten sein bzw. muss nach Abs. 4 auf die Anwendung des Absatz 3 verzichtet worden sein. Ist der Verzicht ausgesprochen worden, liegt auch ohne Überschreiten der Erwerbsschwelle ein innergemeinschaftlicher Erwerb vor (C). Ansonsten darf für das Vorliegen eines innergemeinschaftlichen Erwerbs der Gesamtbetrag der Erwerbsentgelte (= Nettobeträge) weder im vorangegangenen noch im laufenden Jahr (voraussichtlich) über 12.500 € liegen. Ergeben sich keine anderen Auslandsgeschäfte, liegt der Gesamtbetrag des Entgelts von 12.000 € unter der Erwerbsschwelle, es liegt kein innergemeinschaftlicher Erwerb vor (A). Liegen die Erwerbsentgelte in beiden oder in einem der beiden Jahre über der Schwelle, ist ein innergemeinschaftlicher Erwerb gegeben (B, D). Auch wenn für den Erwerb des PKW die Erwerbsschwelle gemäß § 1 a Abs. 5 UStG unmaßgeblich war, muss der Erwerb bei der Schwellenberechnung berücksichtigt werden.

## Zu Aufgabe 382

Richtig: A, B

H bewirkt eine steuerbare Lieferung im Inland, §§ 1 Abs. 1 Nr. 1, 3 Abs. 1 UStG, weil er den Rasenmäher versendet und dem Frachtführer in Nürnberg übergeben hat, § 3 Abs. 6 Sätze 1 bis 4 UStG. Der Unternehmer H versendet den Gegenstand nach Zürich und damit ins Drittlandsgebiet, es liegt eine nach § 4 Nr. 1 a i. V. mit § 6 Abs. 1 Nr. 1 UStG steuerfreie Ausfuhrlieferung vor (B). Das Vorliegen eines ausländischen Abnehmers ist kein Tatbestandsmerkmal in § 6 Abs. 1 Nr. 1 UStG (C).

## Zu Aufgabe 383

Richtig: A, B

Es liegt ein Reihengeschäft i. S. des § 3 Abs. 6 Satz 5 UStG vor. Der Transport kann nur einer der beiden Lieferungen zugeordnet werden.

Holt R den Mäher selbst ab (C), kann der Transport nur der Lieferung an ihn zugeordnet werden; der Ort der Lieferung des G ist dann nach § 3

Abs. 7 Satz 2 Nr. 1 UStG in Göttingen, da sie als so genannte „ruhende" Lieferung der Beförderungslieferung vorangeht. § 6 a Abs. 1 Nr. 1 UStG ist für die Lieferung des G nicht erfüllt, der Umsatz ist steuerpflichtig.

Befördert G als Unternehmer den Mäher (A), ist der Ort seiner Lieferung nach § 3 Abs. 6 Sätze 1 und 5 UStG in Göttingen, der Umsatz ist steuerbar. § 6 a Abs. 1 Nr. 1 UStG ist ebenso erfüllt wie die Voraussetzungen in Nr. 2 a und Nr. 3, da der Abnehmer des G der Unternehmer K ist, der in Frankreich auch Erwerbsumsatzsteuer zu entrichten hat (§ 1 a UStG entsprechend); es liegt eine steuerfreie innergemeinschaftliche Lieferung gem. § 4 Nr. 1 b UStG vor.

Dieselbe Lösung ergibt sich nach § 3 Abs. 6 Satz 6 UStG, wenn K als Abnehmer auch in dieser Eigenschaft den Transport durchführt oder durchführen läßt (B), da dann der Transport ebenfalls der Lieferung des G an K zugeordnet wird.

Transportiert K aber als Lieferant (D), ist seiner Lieferung der Transport zuzuordnen und die Lieferung des G als „ruhende" Lieferung steuerbar und steuerpflichtig.

## Zu Aufgabe 384

Richtig:  A, C

B hat mit A das Umsatzgeschäft abgeschlossen. Er liefert deshalb das Garn an A. Die Lieferung gilt nach § 3 Abs. 5 a i. V. mit Abs. 6 Satz 1 UStG als in Neuß ausgeführt, weil dort die Beförderung begann und § 3 c UStG nicht anzuwenden ist. Sie ist mithin steuerbar (§ 1 Abs. 1 Nr. 1 UStG), aber nach §§ 4 Nr. 1 b, 6 a UStG steuerbefreit. Zwar ist der von B gelieferte Gegenstand (Garn) so nicht in das übrige Gemeinschaftsgebiet gelangt; § 6 a Abs. 1 Satz 2 UStG stellt aber klar, dass eine innergemeinschaftliche Lieferung im Sinne des Gesetzes auch vorliegt, wenn der Liefergegenstand vor der Versendung durch einen Beauftragten bearbeitet oder verarbeitet worden ist.

C wird für A aufgrund eines Werkvertrages (§ 631 BGB) tätig. C beschafft das Garn nicht selbst (Fall der Materialgestellung), bewirkt also eine sonstige Leistung an A (Werkleistung – Abschn. 27 Abs. 1 UStR). Diese Leistung ist nicht steuerbar; die Verarbeitung findet zwar im Inland statt, § 3 a Abs. 2 Nr. 3 c UStG, bestimmt jedoch, dass bei Verwendung einer Identifikationsnummer eines anderen Mitgliedstaates als Ort der sonstigen Leistung das Gebiet dieses Mitgliedstaates gilt.

## Zu Aufgabe 385

Richtig:  B, C

A entnimmt die Polstergarnitur zu unternehmensfremden Zwecken, § 3 Abs. 1 b Nr. 1 i. V. mit Satz 2 UStG ist erfüllt. Der Ort der unentgeltlichen

Wertabgabe befindet sich gem. § 3 f UStG dort, wo der Unternehmer sein Unternehmen betreibt, hier also in Köln.

Der steuerbare Umsatz ist auch steuerpflichtig (C). Ob die Voraussetzungen einer Steuerbefreiungsvorschrift – hier kommt § 4 Nr. 1 b UStG in Betracht – bei einer steuerbaren unentgeltlichen Wertabgabe gegeben sind, ist gelegentlich schwierig zu beurteilen, weil die Formulierung der Steuerbefreiungsvorschriften auf steuerbare entgeltliche Leistungsumsätze i. S. des § 1 Abs. 1 Nr. 1 UStG zugeschnitten ist.

§ 4 Nr. 1 b i. V. mit § 6 a UStG kann bei der unentgeltlichen Wertabgabe nicht angewendet werden, weil sich kein der Erwerbsbesteuerung unterliegender Vorgang ergibt.

Der Entnahmebestand ist erfüllt, wenn die Polstergarnitur die Lagerräume in Köln verlässt. Der weitere Transport ist ein außerbetrieblicher Vorgang. Durch den Transport mit dem Firmenlieferwagen tätigt A eine steuerbare unentgeltliche Wertabgabe i. S. des § Abs. 9 a Nr. 1 UStG, da sich der Ort gemäß § 3 f Abs. 3 UStG in Köln befindet. Da es sich um eine grenzüberschreitende Güterbeförderung handelt, ist dieser Umsatz jedoch nach § 4 Nr. 3 a UStG steuerbefreit (B).

## Zu Aufgabe 386

Richtig:   D

Soweit R Räume vermietet, ist er Unternehmer i. S. des § 2 Abs. 1 UStG. Das bebaute Grundstück dient seinem Unternehmen. Für die unentgeltliche Überlassung einer Wohnung an S, einen nahen Familienangehörigen, sind private Gründe ausschlaggebend. R tätigt damit eine steuerbare unentgeltliche Wertabgabe i. S. des § 3 Abs. 9 a UStG, da er auch zumindest teilweise aus dem Haus vorsteuerabzugsberechtigt ist.

Dieser Umsatz ist aufgrund der jüngsten Rechtsprechung des EuGH nicht nach § 4 Nr. 12 a UStG steuerbefreit. Es liegt keine Vermietung vor, da es an einem Mietzins fehlt; die unentgeltliche Wertabgabe ist daher steuerpflichtig.

## Zu Aufgabe 387

Richtig:   A, C

Soweit die Vermietung an andere Unternehmer für deren Unternehmen (Praxen der Freiberufler, Läden) erfolgt, sind diese Umsätze durch den Verzicht nach § 9 Abs. 1 UStG steuerpflichtig (A, C), wenn die Mieter Umsätze ausführen, die zum Vorsteuerabzug berechtigen (§ 9 Abs. 2 UStG).

Die Vermietung an das Finanzamt erfolgt nicht an einen anderen Unternehmer, die Vermietung bleibt steuerfrei (D).

Für die Vermietung an die GmbH ist § 9 Abs. 1 UStG zwar auch erfüllt, nach § 9 Abs. 2 UStG ist der Verzicht unzulässig, da eine Nutzung zu Wohnzwecken erfolgt, die nicht zum Vorsteuerabzug berechtigt.

## Zu Aufgabe 388

Richtig: A, C

K bewirkte eine Lieferung i. S. des § 3 Abs. 1 UStG. Da der PKW zu 60 % beruflichen Zwecken diente, erfolgt die Veräußerung im Rahmen des Unternehmens. Sie stellt ein nach § 1 Abs. 1 Nr. 1 UStG steuerbares Hilfsgeschäft dar.

§ 4 Nr. 14 UStG ist nicht anwendbar, weil diese Vorschrift nur die heilberufliche Tätigkeit des Arztes von der Umsatzsteuer befreit, nicht aber seine Hilfsgeschäfte aus Anlagenverkäufen (B). Gleichwohl ist der Umsatz nicht steuerpflichtig (D). Nach § 4 Nr. 28 UStG ist die Lieferung eines Gegenstandes steuerfrei, wenn der Unternehmer diesen Gegenstand vorher ausschließlich für eine nach § 4 Nr. 7–27 UStG steuerfreie Tätigkeit verwendet hat. Das ist hier der Fall. K hatte den PKW zu 60 % benutzt, um Umsätze auszuführen, die nach § 4 Nr. 14 UStG steuerfrei waren. Die private Nutzung ist nicht steuerbar, da § 3 Abs. 9 a UStG wegen des mangelnden Vorsteuerabzugs nicht erfüllt ist.

K konnte bei Anschaffung des PKW gem. § 15 Abs. 2 Nr. 1 UStG keinen Vorsteuerabzug in Anspruch nehmen. Durch § 4 Nr. 28 UStG soll erreicht werden, dass es beim Verkauf in solchen Fällen nicht zu einer umsatzsteuerlichen Doppelbelastung kommt.

## Zu Aufgabe 389

Richtig: B, D

Für die unter § 1 Abs. 1 Nr. 1 und 5 UStG fallenden Umsätze ist nach § 10 Abs. 1 UStG grundsätzlich das Entgelt die Bemessungsgrundlage. Für die unentgeltlichen Wertabgaben und die Einfuhr (§ 1 Abs. 1 Nr. 4 UStG) nennt der Gesetzgeber andere Begriffe als Bemessungsgrundlage (A).

Tauschähnliche Umsätze (zum Begriff vgl. § 3 Abs. 12 Satz 2 UStG) gehören zu den Umsätzen i. S. des § 1 Abs. 1 Nr. 1 UStG. Für sie ist demnach Bemessungsgrundlage das Entgelt, § 10 Abs. 2 Satz 2 UStG (B).

Die Begriffsbestimmung für das Entgelt bei C ist nicht richtig. Der Leistungsempfänger wendet auch die im Bruttopreis enthaltene Umsatzsteuer auf, um die Leistung zu erhalten. Die Umsatzsteuer gehört jedoch, wie § 10 Abs. 1 Satz 2 UStG zu entnehmen ist, nicht zum Entgelt.

Die Bemessungsgrundlage muss auch für die steuerfreien Umsätze ermittelt werden, weil der Unternehmer für Zwecke der Besteuerung u. a. die gesamten steuerbaren Umsätze aufzeichnen muss, § 22 Abs. 2 Nr. 1 und 2 UStG (D).

## Zu Aufgabe 390

Richtig: B, C

Die Erlaubnis zur Benutzung des Fernsprechgeräts stellt eine sonstige Leistung des G an den K dar (§ 3 Abs. 9 UStG), die auch steuerbar i. S. des § 1 Abs. 1 Nr. 1 UStG ist, weil K für diese Leistung ein Entgelt entrichtet (B). Die von K gezahlten 6,96 € sind kein durchlaufender Posten (§ 10 Abs. 1 Satz 5 UStG), den G im Namen der Telekom vereinnahmt und im Namen des K verausgabt (A). Voraussetzung für einen durchlaufenden Posten wären unmittelbare Rechtsbeziehungen zwischen der Telekom und K, aufgrund derer die Telekom von K den genannten Betrag zu fordern hätte. Die Telekom steht aber nur mit G, dem Inhaber des Anschlusses, in unmittelbarer Rechtsbeziehung (Abschn. 152 UStR).

Bemessungsgrundlage für die Leistung des G sind die von K gezahlten 6,96 €, abzüglich der darin enthaltenen Umsatzsteuer, § 10 Abs. 1 UStG. Da der Steuersatz für den Umsatz 16 % beträgt (§ 12 Abs. 1 UStG), muss die Steuer mit $^{16}/_{116}$ bzw. mit 13,79 % des Aufwands herausgerechnet werden. Nach Abzug der so errechneten Steuer von 0,96 € ergibt sich eine Bemessungsgrundlage von 6,96 ./. 0,96 = 6 € (C).

## Zu Aufgabe 391

Richtig: B

M bewirkt an K eine steuerpflichtige Lieferung des Fotokopiergeräts (§ 1 Abs. 1 Nr. 1, § 3 Abs. 1 UStG), die mit 16 % zu versteuern ist. Entgelt und damit Bemessungsgrundlage ist alles, was K aufgewendet hat, um diese Lieferung zu erhalten, also 428 €, abzüglich der in diesem Betrag enthaltenen Umsatzsteuer, § 10 Abs. 1 Satz 1 und 2 UStG. Umsatzsteuer in diesem Sinne ist die Steuer, die nach den Vorschriften des UStG bei Zahlung eines derartigen Bruttobetrages anfällt. Die Steuer beträgt bei einem Steuersatz von 16 % $^{16}/_{116}$ bzw. 13,79 % des Bruttobetrages, also 59,03 €. Folglich beträgt die Bemessungsgrundlage 368,97 €.

## Zu Aufgabe 392

Richtig: A

E bewirkt an N eine steuerpflichtige Lieferung der Waschmaschine, §§ 1 Abs. 1 Nr. 1, 3 Abs. 1 UStG. Da E keinen besonderen Antrag gestellt hat, versteuert er seine Umsätze nach vereinbarten Entgelten, §§ 16 Abs. 1 Satz 1, 20 Abs. 1 UStG. Bei dieser Besteuerungsart entsteht die Steuerschuld mit Ablauf des Voranmeldezeitraums, in dem die Leistung ausgeführt wurde, § 13 Abs. 1 Nr. 1 a Satz 1 UStG. E liefert bereits im August 01. Dass die Lieferung unter Eigentumsvorbehalt erfolgte, ändert daran nichts. Wer unter Eigentumsvorbehalt erwirbt, wird wirtschaftlicher Eigentümer und erhält auch die Verfügungsmacht über den Gegenstand. E hat deshalb in der Voranmeldung für August 01 das gesamte Entgelt für die Lieferung anzugeben.

Die im Gesamtbetrag von 1.200 € enthaltenen Finanzierungszuschläge von 200 € stellen die Gegenleistung für die unselbstständige Nebenleistung der Kreditgewährung dar, da eine Kreditgewährung im Zusammenhang mit einer Warenlieferung nur dann als gesonderte Leistung anzusehen ist, wenn sie (einschl. der Kreditkosten) gesondert vereinbart wird und auch der Jahreszins schon in der Vereinbarung angegeben wird (Abschn. 29 a UStR). Die unselbstständige Nebenleistung teilt das Schicksal der Hauptleistung; § 4 Nr. 8 a UStG ist damit für die Kreditgewährung des E nicht anwendbar. Bei Anwendung des Regelsteuersatzes ergibt sich bei dem Bruttobetrag von 1.200 € eine Bemessungsgrundlage von 1.034,48 € und eine Umsatzsteuer von 165,52 €.

## Zu Aufgabe 393

Richtig: A, B, C

E ist als Eisenwarenhändler und als Vermieter von Wohnungen Unternehmer i. S. des § 2 Abs. 1 UStG. Zu seinem Unternehmen gehören das Einzelhandelsgeschäft und das Mietwohngrundstück. E tätigt deshalb noch keinen steuerbaren Umsatz, als er den Rasenmäher auf das Mietwohngrundstück transportiert; denn der Gegenstand wird in diesem Augenblick noch nicht aus dem Unternehmen entnommen (nichtsteuerbarer Innenumsatz – B). Eine unentgeltliche Wertabgabe i. S. des § 3 Abs. 1 b UStG liegt vielmehr erst bei Beginn des Transports des Rasenmähers zum Einfamilienhaus vor (A). § 4 Nr. 28 UStG kommt nicht zur Anwendung, weil E infolge des Verzichts auf Steuerbefreiungen mit der Vermietung der Praxisräume auch steuerpflichtige Umsätze tätigt.

Als Bemessungsgrundlage für die unentgeltliche Wertabgabe ist der Einkaufspreis des Rasenmähers von 220 € anzusetzen, § 10 Abs. 4 Nr. 1 UStG (C).

## Zu Aufgabe 394

Richtig: C, D

Bei Abschluss des Kaufvertrages einige Tage vor dem Weihnachtsfest haben H und K entweder ausdrücklich oder stillschweigend vereinbart, dass dem K ein innerhalb einer kurzen Frist auszuübendes Umtauschrecht zustehen soll, falls das Buch nicht gefällt. Das geht daraus hervor, dass H bereit ist, das Buch unter Anrechnung des vollen Preises zurückzunehmen.

Ein solcher Umtausch ist kein Tausch i. S. des § 3 Abs. 12 Satz 1 UStG. Es liegt nur ein Kaufvertrag vor, aufgrund dessen H auch nur eine Lieferung zu bewirken hat. Die Lieferung des ersten Buches wird rückgängig gemacht. Geliefert i. S. des § 3 Abs. 1 UStG wird letztlich nur das zweite Buch. Die Bemessungsgrundlage dafür ist der Nettopreis des zweiten Buches, also 70 €. Gleichwohl hatte H im Dezember 01 zunächst von einem Umsatz mit einer Bemessungsgrundlage von 60 € auszugehen und nach § 17 Abs. 1 Satz 3 UStG erst im Januar 02 eine Korrektur der Umsatzsteuer nach § 17 Abs. 1 Nr. 1 UStG für den Differenzbetrag von 10 € vorzunehmen.

## Zu Aufgabe 395

Richtig:   A, B, C, D

Da der Vorjahresgesamtumsatz des R mehr als 125.000 € betragen hat, muss R seine Umsätze im laufenden Kalenderjahr nach vereinbarten Entgelten besteuern, §§ 16 Abs. 1 Satz 1, 20 Abs. 1 Nr. 1 UStG. Bei dieser Besteuerungsart entsteht die Steuer grundsätzlich mit Ablauf des Voranmeldungszeitraums, in dem die Leistung ausgeführt wurde, § 13 Abs. 1 Nr. 1 a Satz 1 UStG. In die Voranmeldung für diesen Zeitraum ist der Umsatz aufzunehmen.

Wenn – wie hier – eine Werklieferung vorliegt, ist der Umsatz erst mit der Übergabe des fertigen Werks ausgeführt. Danach wäre das Gesamtentgelt von 50.000 € in die Voranmeldung für Juli aufzunehmen.

Es ist jedoch bei Berechnung der Steuer nach vereinbarten Entgelten die Ist-Besteuerung vor Leistungsausführung zu beachten, vgl. § 13 Abs. 1 Nr. 1 a Satz 4 UStG. Danach sind Entgelte oder Teilentgelte, die vor Ausführung der Leistung entrichtet worden sind, bereits im Monat der Vereinnahmung steuerlich zu erfassen. Ob eine Rechnung mit gesondertem Steuerausweis erteilt wurde, ist entscheidungsunerheblich. In die Voranmeldung für April sind deshalb 8.000 € aufzunehmen (A). Die im Juni gezahlten 11.000 € werden im Voranmeldungszeitraum Mai noch nicht erfasst, weil die Vereinnahmung erst im Juni erfolgte. Das in die Voranmeldung für Juni aufzunehmende Entgelt beträgt (20.000 + 11.000 = 31.000 €; $^{100}/_{116}$ von 31.000 € =) 26.724,14 € (C). In die Voranmeldung für Juli ist dann noch der bislang nicht erfasste Betrag – 50.000 € ∕ (8.000 € + 26.724,14 €) = 15.275,86 € – aufzunehmen (D).

## Zu Aufgabe 396

Richtig:   A, B, C, D

Aufgrund der Lieferung im Februar entsteht für R nach § 13 Abs. 1 Nr. 1 a Satz 1 UStG eine Umsatzsteuer von 352 € mit Ablauf des Voranmeldungszeitraums Februar (B). Diese Lieferung wird im August rückgängig gemacht, da R das Gerät zurücknimmt (D). Nach § 17 Abs. 2 Nr. 3 i. V. mit Abs. 1 Nr. 1 UStG hat R die Umsatzsteuer zu berichtigen, und zwar nach § 17 Abs. 1 Satz 3 UStG in der Voranmeldung für August auf 0 € (C).

Die von R nicht erstatteten Teile der Ratenzahlungen sind als Entgelt für die sonstige Leistung der Überlassung des Fernsehgerätes zur Nutzung anzusehen. Diese ist mit der Abholung des Gerätes als ausgeführt anzusehen, sodass für R die in Antwort A mit 84,91 € berechnete Umsatzsteuer mit Ablauf des Augusts entsteht.

## Zu Aufgabe 397

Richtig: B

U bewirkt an R eine steuerpflichtige Lieferung des Geschenkpakets (§§ 3 Abs. 1, 1 Abs. 1 Nr. 1 UStG). Dabei ist die Hauptlieferung die Lieferung des Paketinhalts. Nebenleistungen sind die Lieferung des Verpackungsmaterials und das Versenden des Pakets. Stehen Nebenleistungen – wie hier – in unmittelbarem wirtschaftlichem Zusammenhang mit einer Hauptleistung, teilen sie das umsatzsteuerliche Schicksal der Hauptleistung (Abschn. 29 UStR).

Die Lieferung von Dauerwurst und Rollschinken unterliegt nach § 12 Abs. 2 Nr. 1 UStG i. V. mit Nr. 2 (Rollschinken) und 28 (Dauerwurst) der Anlage zum UStG dem ermäßigten Steuersatz von 7 %. Wein ist in der Anlage zum UStG nicht aufgeführt; insoweit findet also der Steuersatz von 16 % Anwendung.

Das Entgelt für die begünstigten Waren verhält sich zu dem Entgelt für die nicht begünstigten Waren wie 2 : 1. In demselben Verhältnis ist das Entgelt für die Nebenleistungen (15 €) in einen begünstigten und einen nicht begünstigten Betrag aufzuteilen (BdF-Erl. vom 27. 12. 1983 – BStBl 1983 I S. 567).

$$
\begin{array}{rcl}
7\ \%\ \text{von}\ 110\ € & = & 7{,}70\ € \\
16\ \%\ \text{von}\ 55\ € & = & 8{,}80\ € \\
& = & 16{,}50\ €\ \text{(B)}
\end{array}
$$

## Zu Aufgabe 398

Richtig: D

Wenn H sich und seiner Familie fertige Menüs aus der Küche seines Hotels servieren lässt, tätigt er eine steuerpflichtige unentgeltliche Wertabgabe i. S. des § 3 Abs. 1 b Nr. 1 UStG. Fertige Menüs gehören ebenso wie sonstige Lebensmittel zu den Gegenständen der Anlage zum UStG. Suppen fallen unter Nr. 33, Hauptgerichte unter Nr. 28, 32 oder 33, Nachspeisen unter Nr. 31, 32 oder 33. Ausgenommen sind nur Speisen, deren Charakter durch Kaviar, Langusten, Hummer, Austern oder Schnecken bestimmt wird (vgl.

Nr. 28 der Anlage zum UStG). Das ist bei „bescheidenen" Gerichten nicht der Fall. Die unentgeltliche Wertabgabe der fertigen Menüs durch H unterliegt deshalb dem ermäßigten Steuersatz von 7 %, § 12 Abs. 2 Nr. 1 UStG. Die Einordnung des Essens nach § 3 Abs. 9 Satz 4 UStG als sonstige Leistung und damit als unentgeltliche Wertabgabe i. S. des § 3 Abs. 9 a Nr. 2 UStG betrifft nur die Abgaben von Speisen zum Verzehr an Ort und Stelle (§ 3 Abs. 9 Satz 5 UStG), sodass die Anwendung des Steuersatzes von 16 % nicht in Betracht kommt (Abschn. 25 a Abs. 4 UStR).

Die in Aussage A wiedergegebene Ansicht findet im Gesetz keine Stütze.

## Zu Aufgabe 399

Richtig:  D

Der Verkauf eines zum betrieblichen Anlagevermögen gehörenden Gegenstandes, der Schreibmaschine, ist eine steuerbare Lieferung als Hilfsgeschäft, § 1 Abs. 1 Nr. 1 UStG. Dieser steuerbare Umsatz ist auch steuerpflichtig; denn § 4 Nr. 28 UStG träfe nur zu, wenn die Grundgeschäfte des Z steuerbefreit wären. Das ist jedoch nicht der Fall, da der Betrieb eines zahntechnischen Labors nicht unter § 4 Nr. 14 UStG fällt.

Leistungen der Zahntechniker unterliegen nach § 12 Abs. 2 Nr. 6 UStG dem ermäßigten Steuersatz von 7 %. Das gilt aber nur insoweit, als es sich um die eigentliche Tätigkeit, also die Grundgeschäfte des Zahntechnikers, handelt. Der Verkauf der Schreibmaschine ist kein Umsatz „aus der Tätigkeit als" Zahntechniker. Dieser Umsatz unterliegt deshalb dem Regelsteuersatz von 16 %.

## Zu Aufgabe 400

Richtig:  C

Umsatzsteuer fällt für den Veranlagungszeitraum 02 nicht an, wenn der nach § 19 Abs. 1 Satz 1 UStG maßgebende Umsatz zuzüglich der darauf entfallenden Steuer im Vorjahr 17.500 € nicht überstiegen hat und zu Beginn des Jahres 02 zu erwarten war, dass er in diesem Jahr 50.000 € nicht übersteigen würde. Zum maßgebenden Umsatz in diesem Sinne gehören nicht Umsätze von Wirtschaftsgütern des Anlagevermögens (§ 19 Abs. 1 Satz 2 UStG). Die für den alten Schreibtisch vereinnahmten 300 € bleiben deshalb außer Ansatz. Maßgebender Umsatz des Jahres 01 zuzüglich der darauf entfallenden Steuer sind daher die vereinnahmten 17.000 €. Nach den Angaben des Sachverhalts konnte zu Beginn des Jahres 02 nicht davon ausgegangen werden, dass die Umsätze dieses Jahres 50.000 € übersteigen würden. Bei H wird deshalb für die Umsätze des Kalenderjahres 02 keine Umsatzsteuer erhoben.

Das gilt jedoch nicht für die 480 €, die H dem Kfz-Händler gesondert in Rechnung stellte. Wer unter § 19 Abs. 1 UStG fällt, ist nicht zum gesonderten Steuerausweis berechtigt, § 19 Abs. 1 Satz 4 UStG. Tut er es trotzdem, schuldet er den gesondert ausgewiesenen Betrag, §§ 14 Abs. 3, 19 Abs. 1 Satz 3 UStG.

## Zu Aufgabe 401

Richtig:  D

R bewirkt an S eine steuerpflichtige Lieferung von Obst und Gemüse (§§ 1 Abs. 1 Nr. 1, 3 Abs. 1 UStG). Bemessungsgrundlage sind 214 € abzüglich der darin enthaltenen Umsatzsteuer (§ 10 Abs. 1 Satz 1 und 2 UStG). Für die Lieferungen von Obst und Gemüse beträgt der Steuersatz 7 %, § 12 Abs. 2 Nr. 1 UStG i. V. mit Nr. 10 und 11 der Anlage zum UStG. Für die Lieferung fallen also bei R 14 € Umsatzsteuer an. Da R aber in seiner Rechnung einen höheren als diesen Steuerbetrag ausweist, schuldet er nach § 14 Abs. 2 UStG auch den Mehrbetrag von 100 €, insgesamt also 114 €.

S ist nach § 15 Abs. 1 Nr. 1 UStG bei Vorliegen der dort genannten Voraussetzungen befugt, die ihm in Rechnung gestellte Steuer als Vorsteuer abzuziehen, aber nach Abschn. 192 Abs. 6 UStR nur insoweit, als die Umsatzsteuer für den Umsatz geschuldet wird; nicht etwa die darüber hinausgehende, vom leistenden Unternehmer gem. § 14 Abs. 2 UStG als überhöht ausgewiesen geschuldete Umsatzsteuer. S darf deshalb nur $^7/_{107}$ von 214 € = 14 € Vorsteuer abziehen. Er hat aber nach § 14 Abs. 1 Satz 1 UStG gegen R einen Anspruch auf Ausstellung einer berichtigten Rechnung (Abschn. 192 Abs. 7 UStR).

## Zu Aufgabe 402

Richtig:  C

V erwirbt mit dem Zweitwagen einen einheitlichen Gegenstand. Er darf die ihm von K gesondert in Rechnung gestellten 1.600 € als Vorsteuer abziehen, wenn der Zweitwagen „für sein Unternehmen" erworben wird, § 15 Abs. 1 Nr. 1 UStG. V kann die Vorsteuer zwar abziehen, da er eine entsprechende Entscheidung getroffen hat, aber nach § 15 Abs. 1 b UStG nur zu 50 % aufgrund der privaten Mitbenutzung, also 50 % v. 1.600 € = 800 €.

Ein Gegenstand, der zum einen Teil unternehmerischen und zum anderen Teil unternehmensfremden Zwecken dienen soll, wird grundsätzlich „für das Unternehmen" erworben (hierzu und zum Folgenden vgl. Abschn. 192 Abs. 18 Nr. 2 c Satz 2 UStR).

Eine Ausnahme (Folge: kein Vorsteuerabzug) gilt nach § 15 Abs. 1 Satz 2 UStG nur dann, wenn der Anteil der unternehmerischen Verwendung unter 10 % liegt.

Der Unternehmer hat die Entscheidungsfreiheit, ob er den Gegenstand nur teilweise zum Unternehmen gehörig betrachtet. Wird der Gegenstand nur mit seinem unternehmerisch genutzten Teil (bei V 30 %) dem Unternehmen zugeordnet, kann auch die Vorsteuer nur mit diesem Anteil – bei privat mitbenutzten PKW auch nur mit 50 % des Anteils – abgezogen werden. V hätte dann nur (30 % v. 1.600 € = 480 €, 50 % v. 480 € =) 240 € Vorsteuer abziehen können (D). Die Zuordnungsentscheidung trifft der Unternehmer mit der Inanspruchnahme des Vorsteuerabzugs.

## Zu Aufgabe 403

Richtig: B

Grundsätzlich darf Vorsteuer nur abgezogen werden, wenn die Steuer von anderen Unternehmen gesondert in Rechnung gestellt worden ist, § 15 Abs. 1 Nr. 1 UStG. Daran fehlt es hier. Für den Verpflegungsmehraufwand besitzt U nicht einmal Rechnungen. Das ist hier aber unbedeutend, da nach § 15 Abs. 1 a Nr. 2 UStG ein Vorsteuerabzug aus Reisekosten des Unternehmers insoweit nicht in Betracht kommt, als es sich um Verpflegungs- oder Übernachtungskosten handelt. Lediglich für die Fahrtkosten könnte U Vorsteuer abziehen; diese ist aber nicht in der Rechnung ausgewiesen.

§ 15 Abs. 5 Nr. 1 UStG lässt zu, dass durch Rechtsverordnung Ausnahmen von der Voraussetzung des gesonderten Steuerausweises festgelegt werden. Diese Ausnahmen sind in der UStDV enthalten.

Die Fahrkarte ist als Fahrausweis eine Rechnung i. S. des § 34 UStDV. Bei solchen Rechnungen ist der Vorsteuerabzug zulässig, wenn der Unternehmer den Rechnungsbetrag in Entgelt und Steuerbetrag aufteilt, § 35 Abs. 2 UStDV. Unter Anwendung des Herausrechensatzes (bei einem Steuersatz von 16 %) von 13,79 % auf den Bruttobetrag von 146 € ergibt sich eine Vorsteuer von 20,14 €.

V darf also 20,14 € Vorsteuer abziehen.

## Zu Aufgabe 404

Richtig: A

Zum Unternehmen des G gehören die Bautischlerei und das gemischt genutzte Grundstück, § 2 Abs. 1 Satz 2 UStG. Die Voraussetzungen des § 15 Abs. 1 Nr. 1 UStG liegen also für den in Rechnung gestellten Betrag vor.

Während die nach § 4 Nr. 12 a UStG steuerfreie Vermietung des Obergeschosses nach § 15 Abs. 2 Nr. 1 UStG zum Ausschluss des Vorsteuerabzugs aus damit im Zusammenhang stehenden Vorumsätzen führt, bleibt der Vorsteuerabzug aus Vorumsätzen im Zusammenhang mit den nach § 4 Nr. 1 UStG steuerfreien grenzüberschreitenden Lieferungen nach § 15 Abs. 3 Nr. 1 a UStG erhalten. Daneben gestatten auch die von G getätigten steuerpflichtigen Umsätze für die damit im Zusammenhang stehenden Vorumsätze den Vorsteuerabzug. Verwendet der Unternehmer eine empfangene Leistung nur zum Teil zur Ausführung von Umsätzen, die den Vorsteuerabzug ausschließen bzw. gestatten, ist der hierfür angefallene Vorsteuerbetrag nach § 15 Abs. 4 UStG aufzuteilen.

Die Aufteilung nach § 15 Abs. 4 UStG mit sachgerechter Zuordnung des Vorsteuerbetrags zu den ausgeführten Umsätzen (Abschn. 208 UStR) führt aufgrund der gleichen Nutzflächen im Erd- und Obergeschoss zur hälftigen Aufteilung des Vorsteuerbetrags. Der auf das Erdgeschoss entfallende Anteil von 800 € ist abzugsfähig, der auf das Obergeschoss entfallende Anteil von 800 € ist vom Vorsteuerabzug ausgeschlossen (A).

## Zu Aufgabe 405

Richtig: D

Für den Vorsteuerabzug in 1998 waren die durch den Verzicht auf die Steuerbefreiung als steuerpflichtig behandelten Umsätze maßgebend. Nach § 15 a Abs. 1 UStG ist eine Berichtigung des Vorsteuerabzugs erforderlich, wenn innerhalb eines Zeitraums von 10 Jahren (bei Grundstücken – sonst 5 Jahre oder kürzere Nutzungsdauer) eine Änderung der für den Vorsteuerabzug maßgebenden Verhältnisse eintritt. Das gilt nach § 15 a Abs. 4 UStG auch bei einer Veräußerung oder Entnahme. Da die Veräußerung der Gesamtfläche durch U aufgrund des erklärten Verzichts auf die Steuerbefreiung gemäß § 4 Nr. 9 a UStG nur zu $^3/_4$ (an Rechtsanwalt und an Dachdecker) steuerpflichtig ist und die Veräußerung an den Beamten steuerfrei bleibt, muss für $^1/_4$ der Vorsteuerbeträge von geänderten Verhältnissen ausgegangen werden.

Die Vorsteuer von $^1/_4$ von 12.000 € = 3.000 € ist nach § 15 a Abs. 2 UStG gleichmäßig auf die Zeit vom 1. 3. 1998 bis 28. 2. 2008 zu verteilen (§ 45 UStDV – Ende mit Februar 2008, da vor dem 16. 3. 2008 Ablauf der 10 Jahre). Pro Kalenderjahr steht damit für die Berichtigung ein Betrag von 300 € zur Disposition. Nach § 15 a Abs. 6 UStG ist die steuerliche Behandlung des Veräußerungsvorgangs für den restlichen Zeitraum maßgebend. Der aufgrund des steuerfreien Verkaufs zu berichtigende Vorsteuerabzug beträgt damit:

| | | | |
|---|---|---|---:|
| für 2004 | $^{11}/_{12}$ von 300 € | = | 275 € |
| für 2005–2007 | 3 × 300 € | = | 900 € |
| für 2008 | $^2/_{12}$ von 300 € | = | 50 € |
| insgesamt also | | | 1.225 € |

Bei einer Veräußerung ist nach § 44 Abs. 4 UStDV die Berichtigung des Vorsteuerabzugs für den Rest des Berichtigungszeitraums bereits bei der Berechnung der Vorauszahlung für den Voranmeldungszeitraum vorzunehmen, in dem die Veräußerung stattgefunden hat; bei U also für Februar 2004 der Gesamtbetrag von 1.225 €.

## Zu Aufgabe 406

Richtig:  A, C

Der Verkauf des PKW ist ein Hilfsgeschäft, das in vollem Umfang steuerbar und steuerpflichtig ist; G schuldet daher für den Verkaufsumsatz 16 % v. 40.000 € = 6.400 € Umsatzsteuer.

Gemäß § 15 a Abs. 4 UStG liegt eine Änderung der Verhältnisse für den Vorsteuerabzug vor, da gegenüber der Anschaffung mit einer Vorsteuerabzugsberechtigung von 50 % der Verkaufsumsatz zu 100 % zum Vorsteuerabzug berechtigt. Der Berichtigungszeitraum von 5 Jahren nach § 15 a Abs. 1 UStG ist zum Zeitpunkt des Verkaufs noch nicht abgelaufen. Gemäß § 15 a Abs. 6 i. V. mit Abs. 2 UStG ist der Berichtigungsbetrag zugunsten des G mit $^{50}/_{60}$ von (50 % v. 9.120 € =) 4.560 € = 3.800 € zu berechnen, da nur für 10 Monate des Zeitraums von 5 Jahren (= 60 Monate) die Vorsteuerabzugsbeschränkung zutrifft. Diesen Betrag von 3.800 € kann G gem. § 44 Abs. 4 UStG bereits in der Voranmeldung für den Zeitraum geltend machen, in dem die Lieferung stattgefunden hat; die Beschränkung in § 44 Abs. 4 Sätze 1 und 2 UStDV (Geltendmachung von bis 6.000 € erst in der Jahreserklärung) greift bei Veräußerungen nicht ein.

## Zu Aufgabe 407

Richtig:  C, D

Nach Abschn. 192 Abs. 18 Nr. 2 c UStR hat M die Möglichkeit, den PKW in vollem Umfang dem Unternehmen zuzuordnen; er kann ihn aber auch nur in Höhe von 70 % dem Unternehmen zuordnen. Die Beschränkung des Vorsteuerabzugs auf 50 % gem. § 15 Abs. 1 b UStG aufgrund der privaten Mitbenutzung ist aber in jedem Fall zu beachten. Bei der vollen Zuordnung ergibt sich ein Vorsteuerbetrag von 50 % v. 8.000 € = 4.000 € und bei der 70 %igen Zuordnung ein Vorsteuerbetrag von (70 % v. 8.000 € = 5.600 €; 50 % v. 5.600 € =) 2.800 €.

Da der PKW aber auch zu 20 % für nicht zum Vorsteuerabzug berechtigende Umsätze verwendet wird, ist gem. § 15 Abs. 2 i. V. mit Abs. 4 UStG eine Kürzung des Abzugsbetrags vorzunehmen. Für diese Kürzung ist nur die unternehmerische Nutzung zu betrachten, da die private Mitbenutzung aufgrund der 50 %-Beschränkung nach § 3 Abs. 9 a Satz 2 UStG nicht steuerbar ist. M kann daher $^{50}/_{70}$ des Vorsteuerbetrags abziehen, d. h. bei der vollen Zuordnung zum Unternehmen ($^{50}/_{70}$ v. 4.000 € =) 2.858 € (C) und bei der 70 %igen Zuordnung ($^{50}/_{70}$ v. 2.800 € =) 2.000 € (D).

## Zu Aufgabe 408

Richtig:  A, D

Aufgund der vollen Zuordnung zum Unternehmen liegt beim Verkauf ein steuerbares Hilfsgeschäft vor. Dieser Umsatz ist auch steuerpflichtig, da § 4

Nr. 28 UStG wegen Mitbenutzung für steuerpflichtige Umsätze nicht in
Betracht kommt. Bei Anwendung des Steuersatzes von 16 % auf die
Bemessungsgrundlage von 25.000 € ergibt sich eine Umsatzsteuer von
4.000 € (A).

Der Verkauf erfolgt innerhalb des Zeitraums von 4 Jahren i. S. des § 15 a
Abs. 2 UStG (kürzere Verwendungsdauer von 4 Jahren ist zu berücksichtigen), er berechtigt in vollem Umfang zum Vorsteuerabzug; die Verwendung im Erstjahr ergab nur eine Vorsteuerabzugsberechtigung von $^{50}/_{70}$ von
50 %. Pro Kalenderjahr sind (8.000 : 4 =) 2.000 € an Vorsteuer zu würdigen, davon sind im Erstjahr ($^{50}/_{70}$ v. 50 % v. 2.000 € =) 715 € anteilig pro
Kalenderjahr abgezogen worden (= $^{1}/_{4}$ v. 2.858 €).

Für 2 Kalenderjahre (1. 10. 01 bis 1. 10. 03) ist die Beschränkung des
Vorsteuerabzugs aufgrund der tatsächlichen Nutzung zutreffend gewesen.
Für die Restzeit von 2 Jahren besteht aufgrund des in vollem Umfang
steuerpflichtigen Verkaufsumsatzes ein Anspruch gem. § 15 a Abs. 4 und 6
UStG in Höhe von (2.000 ∕ 715 =) 1.285 € pro Jahr, d. h. von insgesamt
(2 × 1.285 =) 2.570 € (D). (Andere Berechnung: 8.000 € Vorsteuer, 2.858 €
im Erstjahr abgezogen, 5.142 € für 2 der 4 Jahre Verwendungsdauer nachträglich abzugsfähig – Berichtigungsbetrag $^{2}/_{4}$ v. 5.142 = 2.571 €).

### Zu Aufgabe 409

Richtig:   B, D

N wird für die Lieferung des Fahrzeugs gem. § 2 a UStG wie ein Unternehmer behandelt, da es sich um ein neues Fahrzeug i. S. des § 1 b Abs. 2
und 3 UStG handelt, das bei der Lieferung in das übrige Gemeinschaftsgebiet gelangt.

N kann nach § 15 Abs. 1 Nr. 1 i. V. mit Abs. 4 a nur einen Vorsteuerbetrag
in Höhe von 16 % v. 38.000 € = 6.080 € geltend machen, da bei einer
steuerpflichtigen Lieferung nur so viel Umsatzsteuer angefallen wäre (B).
Für N ist der Umsatz als innergemeinschaftliche Lieferung gem. § 4 Nr. 1 b
i. V. mit § 6 a UStG steuerfrei, sodass ein Vorsteuerabzug gem. § 15 Abs. 2
i. V. mit Abs. 3 Nr. 1 UStG nicht ausgeschlossen ist.

Der Vorsteuerabzug ist nach § 15 Abs. 4 a Nr. 3 UStG erst im Zeitpunkt der
innergemeinschaftlichen Lieferung möglich (D).

### Zu Aufgabe 410

Richtig:   B, C

Voranmeldungszeitraum ist nach § 18 Abs. 2 Satz 1 UStG das Kalendervierteljahr. Lediglich in den Fällen, in denen die Zahllast für das vorangegangene Kalenderjahr positiv (§ 18 Abs. 2 Satz 2 UStG) oder negativ (§ 18
Abs. 2 a UStG) mehr als 6.136 € beträgt, ist der Kalendermonat der Vor-

anmeldungszeitraum, im Fall der positiven Zahllast zwingend, im Fall der negativen Zahllast möglich. In allen anderen Fällen ist das Kalendervierteljahr der Voranmeldungszeitraum (C, D).

Die Voranmeldungen sind nach § 18 Abs. 1 Satz 1 UStG bis zum 10. Tag nach Ablauf des Voranmeldungszeitraums abzugeben. Diese Frist ist nach § 18 Abs. 6 UStG i. V. mit § 46 UStDV auf Antrag um einen Monat zu verlängern. Die Auflage der Anmeldung und Entrichtung einer Sondervorauszahlung gilt nach §§ 47, 48 UStDV nur für Unternehmer, deren Voranmeldungszeitraum der Kalendermonat ist. R hat daher zum 10. 4. 02 keine Sondervorauszahlung zu entrichten. Hat er bislang keine Fristverlängerung beantragt, so reicht nach § 48 Abs. 1 UStDV die Antragstellung bis zum 10. 4. 02 aus; die erste Voranmeldung für 02 ist dann zum 10. 5. 02 abzugeben.

S dagegen muss die Sondervorauszahlung bis zum 10. 2. 02 anmelden und entrichten, um die Fristverlängerung in Anspruch nehmen zu können. Die erste Voranmeldung für 02 hat er dann bis zum 10. 3. 02 abzugeben. Eines erneuten Fristverlängerungsantrags bedarf es zum 10. 2. 02 nicht.

# Zu Ihrer Arbeitserleichterung

ist ein gesonderter Antwortbogen

beigefügt, auf dem für jedes Fachgebiet

die Aufgabennummern und Lösungs-

buchstaben angegeben sind.

Durchkreuzen Sie die nach Ihrer Meinung

richtigen Lösungsbuchstaben und

vergleichen Sie diese dann mit den

Lösungen im jeweiligen Fachgebiet.

## Einzelheiten siehe Arbeitsanleitung auf Seite 13.